Fred Bernitzke

W0074677

Grundwissen Elternarbeit

in der Sozialpädagogik

1. Auflage

Bestellnummer 60001

■ Bildungsverlag EINS

Haben Sie Anregungen oder Kritikpunkte zu diesem Produkt?
Dann senden Sie Ihre E-Mail an 60001_001@bv-1.de
Autor und Verlag freuen sich auf Ihre Rückmeldung.

www.bildungsverlag1.de

Bildungsverlag EINS GmbH
Hansestraße 115, 51149 Köln

ISBN 978-3-427-60001-5

© Copyright 2014: Bildungsverlag EINS GmbH, Köln
Das Werk und seine Teile sind urheberrechtlich geschützt. Jede Nutzung in anderen als den
gesetzlich zugelassenen Fällen bedarf der vorherigen schriftlichen Einwilligung des Verlages.
Hinweis zu § 52 a UrhG: Weder das Werk noch seine Teile dürfen ohne eine solche
Einwilligung eingescannt und in ein Netzwerk eingestellt werden. Dies gilt auch für Intranets
von Schulen und sonstigen Bildungseinrichtungen

Inhaltsverzeichnis

Vorwort

Grundwissen Elternarbeit setzt sich mit der geforderten Erziehungs- und Bildungspartnerschaft in sozialpädagogischen Einrichtungen auseinander. Das Buch richtet sich an Schülerinnen[1], die zur Sozialassistentin oder Erzieherin ausgebildet werden. Das Grundwissen Elternarbeit vermittelt das erforderliche Handlungswissen für die Arbeit in sozialpädagogischen Einrichtungen.

Elternarbeit ist auch Öffentlichkeitsarbeit. Die Einrichtung öffnet sich für andere, gewährt Einblick in das Handeln und ist ein Partner der Vernetzung im sozialen Dienstleistungsangebot des Gemeinwesens. Die pädagogischen Fachkräfte sind in den Einrichtungen gesetzlich zur Elternarbeit verpflichtet. Zur Gestaltung der angestrebten Erziehungs- und Bildungspartnerschaft werden im Verlauf des vorliegenden Buchs zahlreiche Vorschläge entwickelt.

Zum Aufbau des Buches

In den ersten vier Kapiteln (Elternarbeit im Wandel, Ziele, Aufgaben und Konzeption, Bedeutung und Verortung, Elternrollen) geht es um die Entwicklung, die Grundsätze und die Rollenwahrnehmung im Rahmen der Elternarbeit.

Im Kapitel 5 (Formen der Elternarbeit) stehen die unterschiedlichen Zugangswege in der Elternarbeit im Mittelpunkt, die in mündliche, schriftliche und elektronische Formen der Elternarbeit sowie um handlungsbezogene Formen der Elternmitwirkung unterteilt werden. Auf die besonderen Formen der Elternarbeit in den unterschiedlichen sozialpädagogischen Einrichtungen (Krippe, Kindertagesstätte, Hort und Heim) wird zusätzlich eingegangen.

Die verschiedenen Methoden der Elternarbeit verdeutlicht das Kapitel 6. Hier erhalten die sozialpädagogischen Fachkräfte Anregungen für einen gezielten Einsatz von Medien und für eine abwechslungsreich gestaltete Elternarbeit.

Die letzten Kapitel setzen sich kritisch mit der Wirksamkeit der Elternarbeit auseinander und analysieren die Probleme und Grenzen, an die Erzieherinnen bei der Verwirklichung der angestrebten Erziehungs- und Bildungspartnerschaft geraten.

---

[1] *Aus Gründen der besseren Lesbarkeit wird in diesem Buch in der Regel die weibliche Form verwendet. Gemeint sind jedoch immer beide Geschlechter.*

1 Elternarbeit im Wandel

In den letzten Jahrzehnten hat sich die Elternarbeit gravierend gewandelt. Dies gilt sowohl für die Situation der Eltern als auch für die Veränderungen in den sozialpädagogischen Einrichtungen. Der gesellschaftliche, wirtschaftliche und technische Wandel führt zu Veränderungen in den Lebenslagen von Familien:

Elternsituation	mit Auswirkung auf die Elternarbeit in sozialpädagogischen Einrichtungen
Verstärkte Berufstätigkeit beider Elternteile bzw. alleinerziehender Elternteile	• Flexibilisierung und Verlängerung der Öffnungszeiten • Veränderte Zeiten, in denen Eltern ansprechbar sind • weniger Zeit für die Elternmitarbeit
Weniger Zeit für die Erziehung im familiären Umfeld	Höherer Zeitbedarf zur Abstimmung in der Erziehungspartnerschaft mit den Erzieherinnen (z. B. durch regelmäßige Elterngespräche)
Weniger Großfamilien mit gemeinsamer Erziehungs- und Betreuungsverantwortung	Erhöhter Unterstützungsbedarf der Familien
Berufstätigkeit führt zu einem Betreuungsbedarf für Kinder unter drei Jahren	Heterogenität der Elternschaft bezüglich der Altersgruppen der betreuten Kinder
Zunehmende Anzahl von Eltern mit Migrationshintergrund	Heterogenität der Elternschaft bezüglich Kultur und Religion
Zunahme von Informationen über pädagogische Vorgehensweisen anhand spezieller Medien (z. B. Zeitschriften, Ratgeber, Fernsehberichte mit erzieherischen Inhalten) und gesteigerte Erwartungen an die Umsetzung dieser Ansätze in der Einrichtung	Heterogenität der Elternschaft bezüglich des Erziehungswissens und der pädagogischen Erwartungen an die Einrichtung
Verstärkte Suche nach Angeboten mit hohem Erlebnis- und/oder Spaßfaktor	Veränderte Erwartungen an die Angebote in den sozialpädagogischen Institutionen
Veränderte Geschlechterrollen	Stärkere Integration der Väter in die Elternarbeit der Einrichtung
Unsicherheit im erzieherischen Umgang mit den Kindern und zunehmende Zahl von Kindern mit Verhaltensauffälligkeiten	Erweiterung der Informations- und Beratungsangebote für Eltern
Zunehmende Zahl von Eltern mit psychosozialen Störungen (z. B. Burn-out, Depressivität, Angststörungen)	Heterogenität der Elternschaft bezüglich ihrer psychosozialen Stabilität und Belastbarkeit

Elternsituation	mit Auswirkung auf die Elternarbeit in sozialpädagogischen Einrichtungen
Berufsbedingte Konfrontation der Eltern mit Qualitätsstandards sowie Einforderung einer stärkeren Kundenorientierung	• Sozialpädagogische Einrichtungen als Dienstleistungsanbieter • Transparenz der Qualitätsstandards

Die Erzieherinnen treffen verstärkt auf Eltern, die überfordert und verunsichert sind. Die Familien werden mit zahlreichen Veränderungen konfrontiert:

- veränderte **Familienstrukturen** (z. B. in Trennung lebende Eltern, Alleinerziehende, Patchworkfamilien, wenige Großfamilien)

- veränderte **Wertvorstellungen** (z. B. Geschlechterrollen, weniger allgemeingültige Normen, Vielfalt an Orientierungsangeboten)

- veränderte **wirtschaftliche Bedingungen** (z. B. Arbeitslosigkeit, zunehmende Arbeits- verdichtung, unregelmäßige Arbeitszeiten, Mobilität)
(vgl. Wünsche, 2011, S. 130 f.)

Die zunehmende Erwerbstätigkeit von Müttern, die auch auf wirtschaftliche Verände- rungen zurückgeführt werden kann, wirkt sich auch auf die Wertvorstellungen in der Gesellschaft aus. In der nachfolgenden Übersicht werden die vermuteten Konsequenzen aus der Erwerbstätigkeit von Müttern für Kleinkinder in West- und Ostdeutschland erfasst (siehe Zusammenstellung der Befragungsergebnisse in Fröhlich-Gildhoff u. a., 2011).

Fragestellung: „Ein Kleinkind wird sicherlich darunter leiden, wenn seine Mutter berufs- tätig ist." Ergebnisse der Zustimmung („stimme voll und ganz zu" bzw. „stimme eher zu"): Die Eltern in den neuen und alten Bundesländern unterscheiden sich deutlich in ihrer Einschätzung, ob Kinder unter der Berufstätigkeit der Mutter leiden. Während in der DDR die Berufstätigkeit der Mutter „normal" war, wurde in Westdeutschland die Erwerbs-

tätigkeit kritisch bewertet. In den letzten Jahren nehmen die Befürchtungen, dass ein Kind unter der Berufstätigkeit der Mut- ter leidet, sowohl in Ost- als auch in West- deutschland kontinuierlich ab.

Die Erzieherinnen werden mit neuen Anforderungen konfrontiert und müssen auf die soziale Ungleichheit von Bildungs- chancen, die Multikulturalität der Eltern- schaft, die Überforderung der Eltern und die zunehmenden Problemlagen, in die Kinder geraten, angemessen reagieren.

Entscheidend für das Gelingen der Eltern- arbeit ist die Grundeinstellung der Erziehe- rinnen gegenüber den Eltern. Der Einstel-

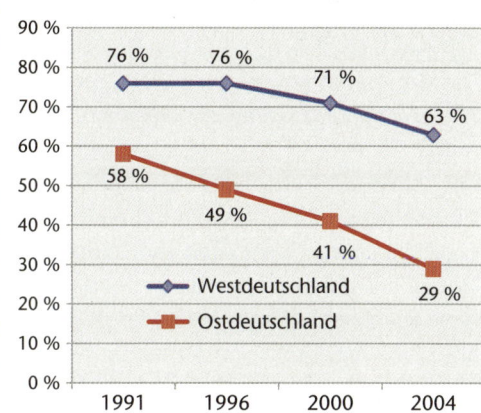

Konsequenzen aus der Erwerbstätigkeit von Müt- tern für Kleinkinder in West- und Ostdeutschland (Fröhlich-Gildhoff, 2011)

lungswandel der Erzieherinnen gegenüber der Elternarbeit kann in vier Phasen unterteilt werden. Die Eltern nehmen dabei die Rolle als Störenfriede, als Träger, als Partner und als Kunden ein.

Eltern als Störenfriede

Die Erzieherinnen blickten auf die Eltern, die sie als Erziehungslaien ansahen, verächtlich herab. Die Eltern wurden als **Störenfriede** im Erziehungsalltag gesehen, die im Vorraum abgefertigt wurden und die den Gruppenraum nicht betreten durften. Die Erzieherinnen wollten sich möglichst unbehelligt mit den Kindern beschäftigen und ihre pädagogische Arbeit nicht offenlegen. Die Eltern waren Zaungäste des Geschehens in der Einrichtung. Die Erziehung der Kinder erfolgte in altersgetrennten Gruppen.

Den Eltern wurde von Erzieherinnenseite oftmals egoistisches Verhalten unterstellt, das nur zur Befriedigung der eigenen Interessen diente (z. B. längere Öffnungszeiten). Das geringe Engagement der Eltern an der Arbeit in den sozialpädagogischen Einrichtungen wurde häufig als Ausdruck von mangelndem Interesse, Oberflächlichkeit und Bequemlichkeit interpretiert. Die Eltern wurden lediglich als Helfer (aus-)genutzt, um „niedere" Arbeiten zu erledigen (z. B. bei Renovierung des Außengeländes oder beim Reparieren von Spielmaterialien). Eine klare Trennung von professioneller Betreuung durch ausgebildete Erzieherinnen und den wenig qualifizierten Betreuungsbemühungen durch die Eltern als „natürliche" Erzieher bestimmte das Denken und Handeln. Die Durchführung von thematischen Elternabenden, die in der Regel Vortragsabende waren, wurde als wichtiger Bestandteil der Elternabend gesehen, um die Eltern als Erziehungslaien zu bilden.

Eltern als Träger

Die autoritären Strukturen in der Gesellschaft und in der Kindererziehung waren engagierten Eltern ein Dorn im Auge. Sie schlossen sich in Elterninitiativen zusammen, um selbst als Träger von sozialpädagogischen Einrichtungen neue pädagogische und politische Ideen zu verwirklichen. In dieser Zeit entstanden vor allem in Hochschulstädten sogenannte Kinderläden. Das Interesse an neuen pädagogischen Konzepten (z. B. die antiautoritäre Erziehung von Alexander Neill in Summerhill, die anthroposophische Erziehung nach Rudolf Steiner in der Waldorfpädagogik oder die Reggio-Pädagogik) führte zur Gründung neuer Einrichtungen. Eltern wurden zu Trägern, Mitarbeitern sowie Helfern im Erziehungsalltag, und nahmen somit ganz unterschiedliche Rollen ein. Die Eltern verstanden sich dabei als Partner in der gemeinsamen Erziehungsverantwortung und gestalteten das Erziehungsangebot selbstbewusst und engagiert mit. Die Erziehungseinstellungen der Eltern setzten sich im pädagogischen Konzept dieser Einrichtungen konsequent fort.

Eltern als Partner

Das veränderte Elternverständnis beeinflusste auch die Regeleinrichtungen und das Bild der Eltern als **Erziehungs- und Bildungspartner** gewann an Kontur. In der pädagogischen Diskussion wurde das Prinzip Partnerschaft auf verschiedene Ebenen übertragen. Die Kinder werden als Partner (siehe Thomas Gordon, Familienkonferenz) ernst genommen und die Eltern werden für die Erzieherinnen zu Partnern in der Erziehungsverantwortung. Den Eltern werden Kompetenzen zugebilligt,  die gewinnbringend in die pädagogische Arbeit eingebracht werden können. Diese für viele Eltern aufwendige Rolle fordert von ihnen aktives Mitgestalten und damit zeitliches Engagement. Erzieherinnen und Eltern begegnen sich auf Augenhöhe. Beide sind Experten für die Erziehung von Kindern und bringen unterschiedliche Perspektiven und Kompetenzen sowie Ziele und Erwartungen ein. Beide sind gleichberechtigte Partner in der Wahrnehmung der gemeinsamen Erziehungsverantwortung. Wesentliche Kompetenzen des Kindes (z. B. Sprachkompetenz, Fein-/Grobmotorik, Lernmotivation, soziale Kompetenzen) werden in der Familie aufgebaut. Diese Leistung des Elternhauses sollte nicht unterschätzt werden.

Eltern und Erzieherinnen handeln in verschiedenen sozialen Systemen, die sie besonders gut kennen. Die Eltern sind Experten für das soziale System Familie, während die Erzieherinnen den Expertenstatus für das soziale System sozialpädagogische Einrichtung haben.

	Eltern als Experten	Erzieherinnen als Experten
Fachwissen	Kulturelles Fachwissen und kulturell begründetes Erziehungsverhalten	Pädagogisches Fachwissen und pädagogisch begründetes Erziehungsverhalten
Entwicklung	Biografie die Kindes	Entwicklung des Kindes in der Einrichtung
Verhalten	Verhalten des Kindes in der Familie und im Freizeitbereich	Verhalten des Kindes in der Gruppe
Soziale Systeme	Kind in seinen aktuellen familiären Lebensbedingungen	Kind in seinen aktuellen Lebensbezügen in der Einrichtung

(vgl. Dusolt, 2008, S. 12 f.)

Eine ganzheitliche Förderung setzt das Wissen von dem jeweils anderen System voraus. Nur dann ist das Verhalten des Kindes nachvollziehbar und verständlich. Von zentraler Bedeutung in der Elternarbeit sind deshalb der Erfahrungsaustausch (z. B. bei Entwicklungsgesprächen) und die gemeinsame Gestaltung des Erziehungsalltags in der Einrichtung. Hospitationen in der Einrichtung sind erwünscht. Die angestrebte Erziehungspartnerschaft beinhaltet eine positive wechselseitige Einstellung mit einem abgestimmten Miteinander zum Wohle des Kindes. Öffentliche und private Erziehung werden miteinander verknüpft und aufeinander abgestimmt. Die pädagogische Arbeit in der Einrichtung (z. B. Themenschwerpunkte, Projekte) baut auf den familiären Erfahrungen der Kinder auf. Zur Pflege der Partnerschaft ist eine beständige Kommunikation mit einem offenen Erfahrungsaustausch und einem eindeutigen Rollenverständnis erforderlich. Beide Seiten, Erzieherinnen und Eltern, müssen an einem Strang ziehen.

Die Erziehungspartnerschaft ist von besonderer Bedeutung, wenn das Kind verhaltensauffällig wird und die Erzieherinnen mit den Eltern gemeinsam nach Ursachen und Hilfsmöglichkeiten suchen, psychosoziale Dienste einbinden oder abgestimmte Maßnahmen in der Familie und in der Einrichtung zur Verminderung der Probleme umsetzen. Wenn keine Erziehungs- und Bildungspartnerschaft besteht, besteht die Gefahr der gegenseitigen Schuldzuweisung. Aggressives Verhalten des Kindes erklären die Erzieherinnen z. B. mit dem unkontrollierten Fernsehkonsum in der Familie, während die Eltern die Aggressionen auf die beengten Räumlichkeiten und die zu große Anzahl der Kinder in der Einrichtung zurückführen. An die Stelle gemeinsam praktizierter Erziehungspartnerschaft treten eskalierende Konflikte.

Die zurückgehende Bedeutung der Familienerziehung verdeutlicht die nachfolgende Übersicht von Martin R. Textor (2011), der die durchschnittliche Schlafdauer mit der Ganztagsbetreuung und der durchschnittlichen Fernsehzeit verknüpft:

(Angaben in Stunden)	1 Jahr	2 Jahre	3 Jahre	4 Jahre	5 Jahre
Schlafdauer	13:45	13:00	12:00	11:30	11:00
Wachzeit	10:15	11:00	12:00	12:30	13:00
Ganztagsbetreuung	8:00	8:00	8:00	8:00	8:00
Fernsehzeit	0:00	0:00	1:15	1:15	1:15
Familienzeit	2:15	3:00	2:45	3:15	3:45

(Textor, 2011 b, S. 10)

Die nachfolgende grafische Darstellung verdeutlicht die relativ geringe Familienzeit, die verbleibt, wenn das Kind acht Stunden in der Ganztagseinrichtung betreut wird.

Elternarbeit, die zu einer tragfähigen Erziehungspartnerschaft führen soll, benötigt Zeit, die in den Dienstplänen zu berücksichtigen ist. In der Regel steht die direkte Arbeit mit dem Kind im Fokus und die Elternarbeit wird nebenbei erledigt. Weiter ist zu hinterfragen, wie bei einer Gruppenstärke von 20 bis 25 Kindern eine Erziehungs- und Bildungspartnerschaft mit allen Eltern wahrgenommen werden kann. Mit einer zunehmenden Zahl von Eltern, bei denen beide Teile in Vollzeit erwerbstätig sind, steigt die Nachfrage nach Ganztagsbetreuungsplätzen für Kinder unter drei Jahren. Die Bedeutung der

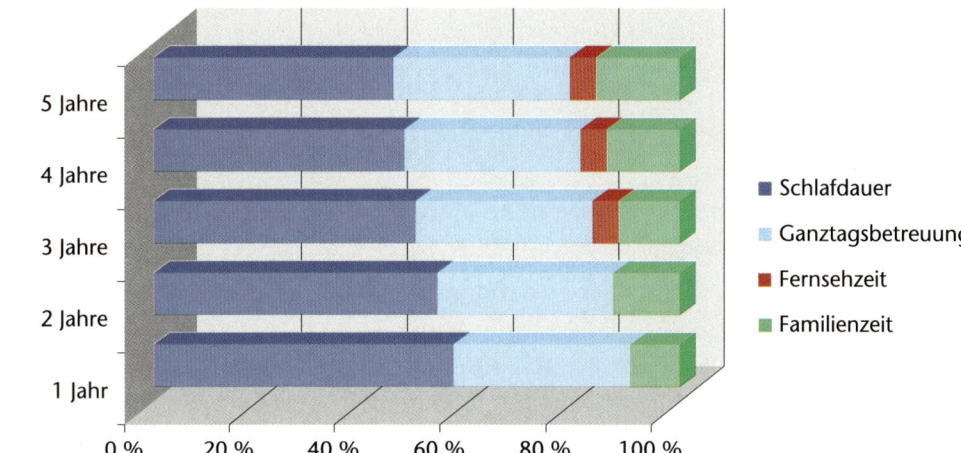

Einrichtungen für die Erziehung der Tageseinrichtungen nimmt zu und die Bedeutung der Familienerziehung geht zurück. Die Zeit der Eltern für die Elternarbeit wird geringer Elternarbeit muss sich deshalb den verändernden Rahmenbedingungen anpassen.

Erziehungs- und Bildungspartnerschaft, die auf Dialog und Austausch mit den Eltern angelegt ist, benötigt qualifizierte Erzieherinnen, die mit Eltern auf Augenhöhe kommunizieren. Dazu sind entsprechende Fort- und Weiterbildungen unerlässlich.

Eltern als Kunden

In einer in den 1990er Jahren propagierten Perspektive werden die **Eltern als Kunden** gesehen, die eine definierte soziale Dienstleistung der Kinderbetreuung in den Einrichtungen einkaufen. Hintergrund: Eltern werden in ihrem beruflichen Alltag mit betriebswirtschaftlichen Konzepten konfrontiert, die z. B. eine größere Verantwortung für ihre Arbeitsleistung, eine stärkere Kontrolle unter Qualitätsgesichtspunkten und ein neues Verständnis gegenüber Kunden beinhaltet. Die im betrieblichen Bereich entwickelten Konzepte werden  von den Eltern auch auf den sozialen Dienstleistungsbereich übertragen und inzwischen auch im sozialpädagogischen Bereich eingefordert. Eltern, die solchen Ansprüchen als Arbeitnehmer genügen müssen, erwarten die Verwirklichung dieser Forderungen auch bei der Betreuung ihrer Kinder. Träger von sozialpädagogischen Einrichtungen wenden die betriebswirtschaftlichen Prinzipien vermehrt auf ihre Einrichtungen an. Die Eltern werden mit ihren Kindern zu Kunden, die im Mittelpunkt stehen. In ihrer neuen Rolle als Leistungserbringer werden die Erzieherinnen mit den Wünschen und Interessen der Eltern konfrontiert, die sich zunehmend kritischer und vergleichender mit dem Betreuungsangebot ihrer Region auseinandersetzen. Waren Eltern in der Vergangenheit froh, einen Betreuungsplatz für ihr Kind in erreichbarer Nähe zu finden, so ist die Entscheidung für eine bestimmte sozialpädagogische Einrichtung für immer mehr Eltern das

Ergebnis einer persönlichen Marktanalyse. Betreuungsangebote von verschiedenen Einrichtungen werden miteinander verglichen und die Erfahrungen anderer Eltern gehen in die Entscheidungsfindung der Eltern für eine bestimmte Einrichtung mit ein.

Elternerwartungen

Erwartungen an die Elternarbeit werden nicht nur von den Eltern als Partner oder Kunden gerichtet, auch die Kinder, der Träger und die Gesellschaft bringen ihre Vorstellung von einer guten und effektiven Elternarbeit ein.

Einige Träger sehen die Elternarbeit im Kontext des Gemeinwesens und erwarten, dass sich die Eltern nicht nur für die Kindertagesstätte, sondern auch für andere Einrichtungen des Trägers engagieren. Die Elternmitarbeit ist für einige Träger ein fester Bestandteil der Kostenkalkulation (z. B. Mitwirkung der Eltern bei Spielzeugbasaren, Renovierung, Arbeiten im Außengelände).

Die Kinder sind an einer spannungsfreien Beziehung zwischen Elternhaus und Einrichtung interessiert. Sie sind stolz auf ihre Gruppe und entwickeln Sympathie für die Erzieherinnen. Sie erwarten ein entsprechendes Interesse ihrer Eltern an den Aktivitäten in der Einrichtung und deren Mitwirkung z. B. bei Festen.

Die Erzieherinnen stehen im Spannungsfeld dieser Erwartungen:

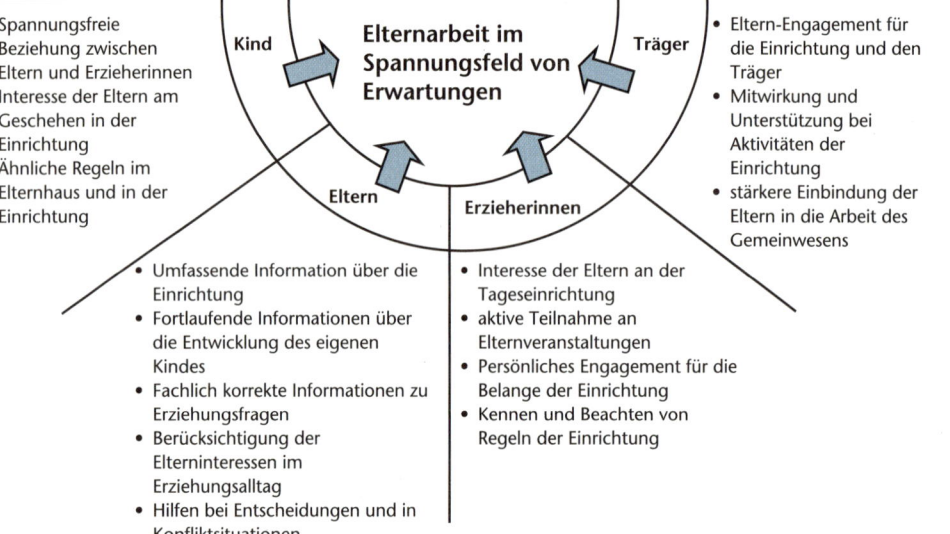

Die unterschiedlichen Erwartungen von Eltern und Erzieherinnen werden in der Studie von Andrea Stuck und Bernhard Wolf (2004) deutlich, bei der 796 Erzieherinnen und 4.113 Eltern befragt wurden. Für die Eltern steht die Betreuung ihrer Kinder im Mittelpunkt, während die Erzieherinnen in den Einrichtungen den Schwerpunkt auf die Erziehung der anvertrauten Kinder legen.

Die Bedeutung des Bildungsauftrags der Kindertagesstätte wird von Eltern und Erzieherinnen noch zu wenig erkannt. Wobei unklar ist, was Eltern und Erzieherinnen unter

Bildung verstehen. Der Bildungsauftrag der Kindertagesstätten wurde erst in den letzten Jahren deutlicher herausgestellt. Dies zeigt sich auch in der Erweiterung der Eltern-Erzieherinnen-Beziehung von der Erziehungspartnerschaft zur Erziehungs- und Bildungspartnerschaft (vgl. Roth, 2010, S. 17 f.).

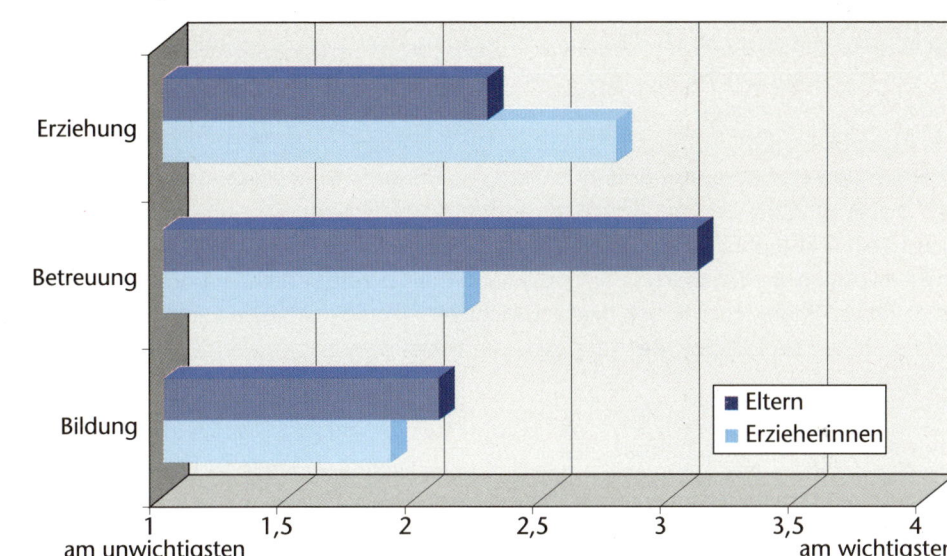

Erwartungen an die Arbeit in Kindertagesstätten von Eltern und Erzieherinnen (Stuck/Wolf, 2004)

Aus den unterschiedlichen Erwartungen erwachsen für alle, die im sozialpädagogischen Bereich Verantwortung tragen, Forderungen, die in der nachfolgenden Übersicht exemplarisch verdeutlicht werden.

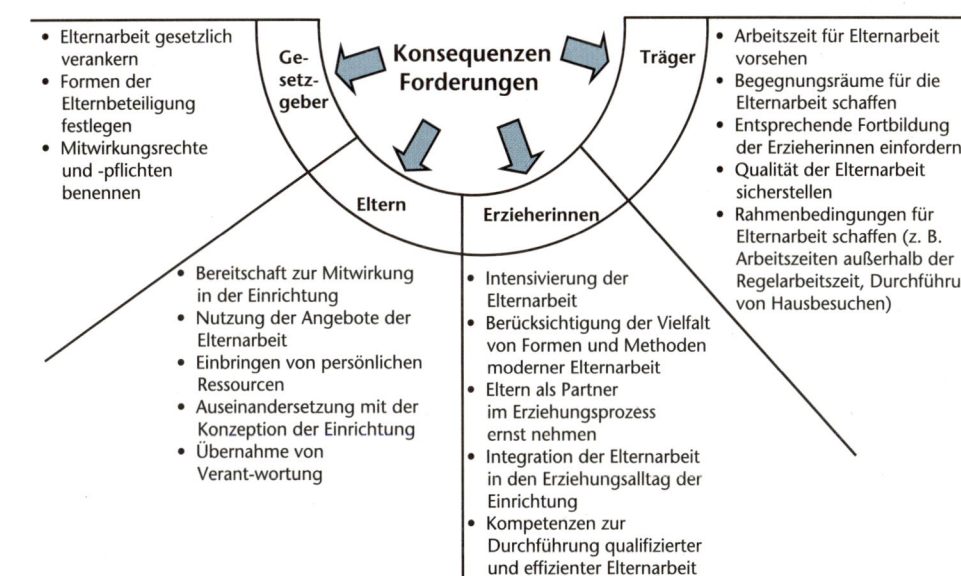

Die verschiedenen Formen der Elternarbeit ermöglichen der Erzieherin, den unterschiedlichen Anforderungen in bestimmten Bereichen gerecht zu werden. Die Erzieherinnen sollten sich nicht nur auf die Kommunikation und Interaktion mit den Eltern beschränken (d. h. Elternarbeit im engeren Sinn), sondern auch im Austausch mit dem Träger für die Voraussetzungen einer effektiven Elternarbeit sorgen. Einflussnahme auf gesetzliche Regelungen setzt ein politisches Engagement voraus, das von Erzieherinnen nur im geringen Umfang wahrgenommen wird. Über die Interessenvertretungen (z. B. Berufsverbände, Trägervertretungen) und direkt über die Parteien (z. B. Abgeordnete, Gremien) kann eine politische Wirkung erzielt werden. Die Erwartungen, Wünsche und Bedürfnisse der Eltern und Erzieherinnen sind in Einklang zu bringen. Im erziehungspartnerschaftlichen Dialog ist in der Einrichtung ein Konzept für die Elternarbeit zu entwickeln, das von beiden Seiten akzeptiert und unterstützt wird. Dieses Konzept sollte aufeinander abgestimmte Formen der Elternarbeit berücksichtigen. Im Zentrum der Planung steht immer das Wohl des Kindes. Elternarbeit darf sich nicht verselbstständigen und zum Selbstzweck werden, indem sie lediglich den Interessen und Bedürfnissen der Eltern und Erzieherinnen gerecht wird.

Fehlhaltungen in der Elternarbeit

Häufig ist der Blick der Erzieherinnen auf bestehende Mängel gerichtet und es kommt zu defizitären Formen der Elternarbeit. Die Ressourcen der Eltern geraten dabei aus dem Blickfeld. Werner Sacher (2008) benennt verschiedene falsche Formen der Elternarbeit:

- **Defizitorientierte Elternarbeit:** Die Erzieherinnen suchen den Kontakt zu den Eltern nur dann, wenn Probleme auftreten oder Klärungs- und Handlungsbedarf besteht.

- **Konzeptlose Elternarbeit:** Die Elternarbeit ist durch ziellosen Aktionismus geprägt. Es fehlt ein klares Verständnis von Zielen und Aufgaben der Elternarbeit in der Einrichtung. Die Elternarbeit verläuft zufällig und ohne Kontinuität.

- **Impressionistische Elternarbeit:** Die Elternarbeit wird in willkürlich ausgewählten Bereichen für kurze Zeit mit hohem Aufwand betrieben. So wird einmalig ein innovativer Elternbrief mit neuem, mehrfarbigem Layout erstellt. Neue Formen der Elternarbeit wie z. B. ein Elterncafé werden in der Einrichtung kurzfristig angeboten und nach kurzer Zeit wieder aufgegeben.

- **Kolonialistische Elternarbeit:** Die Erzieherinnen verstehen hierbei die Familie als Außenstelle der Einrichtung. Es besteht der Wunsch, die Erziehung in der Familie z. B. beim Medienverhalten zu kontrollieren und korrigierend einzugreifen.

- **Erlebnisorientierte Elternarbeit:** Die Erzieherinnen versuchen durch eindrucksvolle Veranstaltungen die Eltern für die Einrichtung zu begeistern. Die Nachhaltigkeit der aufwendig betriebenen Aktionen wird nicht hinterfragt.

- **Undifferenzierte Elternarbeit:** Die Erzieherinnen unterstellen, dass alle Eltern an allen Angeboten der Elternarbeit Interesse haben und differenzieren nicht nach den Bedürfnissen und Lebenslagen der Eltern.

- **Erwachsenenzentrierte Elternarbeit:** Die Elternarbeit konzentriert sich im Wesentlichen auf die Interaktion zwischen den Erzieherinnen und den Eltern. Erziehungs- und Bildungspartnerschaft wird in diesem Fall dann als gelungen bewertet, wenn beide, Eltern und Erzieherinnen, in ihren Erziehungsvorstellungen, -zielen und -maßnahmen weitgehend übereinstimmen.

(vgl. Sacher, 2008, S. 279)

Aufgaben

1. Die veränderte Lebenssituation der Eltern wirkt sich massiv auf die Gestaltung der Elternarbeit aus. Verdeutlichen Sie an Beispielen, wie die sozialpädagogischen Einrichtungen bezüglich ihrer Elternarbeit auf diese Veränderungen reagieren sollten. Begründen Sie jeweils Ihre Vorschläge.

2. Die Einschätzungen von vermuteten negativen Konsequenzen aus der Erwerbstätigkeit der Mutter für ihr Kleinkind haben sich in den letzten Jahren gewandelt und unterscheiden sich deutlich in Ost- und Westdeutschland (siehe Tabelle oben). Erläutern Sie die Ursachen für diese beiden Effekte.

3. Vergleichen Sie die Sichtweise der Eltern als Partner und mit der Sichtweise als Kunden. Erläutern Sie die Unterschiede und Gemeinsamkeiten dieser beiden Sichtweisen der Eltern und veranschaulichen Sie Ihre Aussagen.

4. Wenn ein Kind eine sozialpädagogische Einrichtung besucht, dann ist die Betreuungszeit in dieser Einrichtung deutlich höher als die Zeit, die die Familie aktiv mit dem Kind verbringt. Welche Konsequenzen ergeben sich daraus für die Elternarbeit?

5. Sollte die maximale Betreuungszeit in sozialpädagogischen Einrichtungen gesetzlich begrenzt werden? Stellen Sie Pro- und Kontra-Argumente gegenüber.

6. Überprüfen Sie am Beispiel der Einrichtung, in der Sie ein Praktikum absolviert haben, inwieweit die genannten Forderungen an die Elternarbeit dort bereits erfüllt sind.

2 Ziele, Aufgaben und Konzeption der Elternarbeit

2.1 Ziele

Die Zielsetzungen der Elternarbeit unterscheiden sich in den verschiedenen sozialpädagogischen Arbeitsfeldern erheblich. Zum einen beruht die Elternarbeit auf freiwilligen Angeboten, zum anderen besteht der gesetzliche Auftrag zur Kooperation mit dem Elternhaus (siehe Kap. 3.1). Nachfolgende Ziele bilden die Grundlage der Elternarbeit in sozialpädagogischen Einrichtungen.

Grundlagen der Elternarbeit

Stärkung der Erziehungs- und Bildungskompetenz

Ein übergeordnetes Ziel der Elternarbeit besteht in der Optimierung der elterlichen Erziehungs- und Bildungskompetenzen. Dabei muss auf die unterschiedlichen Voraussetzungen der Eltern aufgebaut werden. Die Eltern sollten durch gezielte Informationen über die Entwicklung ihres Kindes geeignete Fördermöglichkeiten erkennen, ihr erzieherisches Handeln reflektieren und zum Wohle ihres Kindes handeln.

Besseres Verständnis des Kindes

Eine gelungene Elternarbeit führt zu einem besseren Verständnis des Kindes und seiner Entwicklung, da neben der Gruppensituation in der sozialpädagogischen Einrichtung auch sein Verhalten in der häuslichen Situation Berücksichtigung findet. Elternarbeit sollte dazu führen, dass zwischen den Erzieherinnen und den Eltern ein Grundkonsens in Erziehungsfragen entsteht.

Transparenz der Arbeit in der Einrichtung

Werden die Eltern in die sozialpädagogische Arbeit einbezogen (z. B. durch Hospitationen), so werden pädagogische Ziele und Konzeptionen sowie das erzieherische Handeln für Eltern transparenter. Elternarbeit gibt den Eltern eine Orientierung und weckt das Interesse der Eltern an der Einrichtung. Durch Hospitationen erhalten Eltern einen unmittelbaren Eindruck von der Arbeit der Erzieherinnen. Sie können das pädagogische Handeln (Erziehungsstil, Umgang mit Konflikten) selbst erleben. Das Hospitieren führt auch zu einem Lernen am Modell, die Eltern können sich am Beispiel der Erzieherinnen orientieren.

Aufbau einer vertrauensvollen Beziehung

Eine auf Erziehungs- und Bildungspartnerschaft angelegte Elternarbeit führt zu einer vertrauensvollen, offenen Beziehung der an der Erziehung beteiligten Personen. Die Eltern, die zur Mitwirkung ermutigt werden, bringen sich engagiert in die Arbeit der Einrichtung ein.

Abstimmung des Erziehungshandelns von Eltern und Erzieherinnen

Die angestrebte Erziehungspartnerschaft setzt einen offenen Austausch über familiäre und einrichtungsbezogene Erziehungsvorstellungen voraus. Eltern und Erzieherinnen sollten sich miteinander über Erziehungsziele, -stile, -mittel sowie den Umgang mit Problemsituationen austauschen. Eigenes Erziehungsverhalten und persönliche Erziehungseinstellungen werden dabei reflektiert und können verändert werden. Die Erzieherinnen können und sollten dabei nicht allen Erziehungswünschen und Vorstellungen der Eltern gerecht werden. Unterschiede werden immer vorhanden sein. Kinder können durchaus differenzieren und damit umgehen, wenn unterschiedliche pädagogische Vorgehensweisen in der Familie und in der sozialpädagogischen Einrichtung praktiziert werden.

Konfliktvermeidung
Zur Erfüllung des Erziehungs- und Bildungsauftrags ist ein abgestimmtes Vorgehen zwischen Elternhaus und sozialpädagogischer Einrichtung unerlässlich. Dies gilt auch in den Fällen, in denen die Rolle der Eltern als Erzieher zeitlich befristet von den Mitarbeiterinnen in den sozialpädagogischen Einrichtungen übernommen wird.

Eine beständige Kooperation mit den Eltern verbessert die Beziehung zwischen den Partnern im Erziehungsprozess. Das Verhalten des anderen wird verständlicher und Missverständnisse können frühzeitig aus dem Weg geräumt werden. So kann sich eine vertrauensvolle Beziehung zum Wohl des Kindes entwickeln.

Elternarbeit zur Erfüllung des gesetzlichen Auftrags
Die Erzieherinnen sind im Rahmen der Jugendhilfe zur Zusammenarbeit mit den Eltern verpflichtet. Dies gilt auch für den Heimbereich. Eine Unterbringung im Heim stellt eine Übergangsphase dar, die eine Wiedereingliederung des Kindes in die Alltagssituation der Familie zum Ziel hat. Eine effektive Zusammenarbeit mit den Eltern ist die Voraussetzung, damit die Erziehungsfunktion wieder durch die Eltern wahrgenommen werden kann. Im Rahmen der Elternarbeit werden dazu Hausbesuche und Hilfeplangespräche durchgeführt.

Integration der Einrichtung in das Gemeinwesen
Die Aktivierung der Elternschaft und eine Öffnung der Einrichtung für das Gemeinwesen fördert die Entwicklung der Einrichtung zu einem Begegnungszentrum für Familien (z. B. Eltern-Kind-Gruppen, Vermittlung von Tagesmüttern oder Babysittern, Freizeitangebote für Familien, Eltern-Kind-Projekte). Die Einrichtung erfährt damit eine stärkere Integration in den Stadtteil und eine bessere Verknüpfung mit anderen Einrichtungen und sozialen Diensten im Umfeld. Ebenfalls eine gute Einbindung in das Gemeinwesen, verbunden mit einer frühzeitigen Kontaktaufnahme zu den Eltern, stellen Miniclubs und Krabbelgruppen dar. Dort können sich die Eltern zusammen mit ihren Kindern vor der Aufnahme in eine Einrichtung regelmäßig treffen.

Mitbestimmung, Mitverantwortung, Beteiligung
Eltern sind als Erziehungspartner in Entscheidungsprozesse der Einrichtung einzubinden, sie wirken z. B. bei der Erstellung der Konzeption, der Jahresplanung und der Organisation von Festen mit. Die Mitbestimmung beinhaltet auch die Übernahme von Verantwortung für das pädagogische Angebot und die Rahmenbedingungen in der Einrichtung. Eltern werden dabei zu kompetenten Interessensvertretern für die Belange ihrer Kinder und der Situation vor Ort. Häufig ist zu beobachten, dass Eltern für die Einrichtung zum Sprachrohr gegenüber dem Träger werden oder sich öffentlichkeitswirksam einbringen.

Informationsaustausch zwischen Eltern und Erzieherinnen

Nur durch einen regelmäßigen Informationsaustausch zwischen Eltern und Erzieherinnen zum Zweck eines gemeinsamen und gleichen Informationsstands können optimale Entwicklungsbedingungen geschaffen werden, da auf diese Weise die Entwicklung des Kindes umfassend erfasst und mögliche Auffälligkeiten frühzeitig erkannt werden. Durch die gegenseitige Offenheit wird das Verhalten des Kindes im Kontext der Einrichtung und in der Familie deutlich und verständlich, was eine ganzheitliche Betrachtungsweise ermöglicht. Die familienergänzende Erziehungsfunktion in den Einrichtungen setzt Wissen in Bezug auf die Situation in der Familie voraus. Die Offenheit im Informationsaustausch bewirkt Transparenz und Verständnis für das pädagogische Handeln des Erziehungspartners in seinem Umfeld.

Beratung der Eltern und Vermittlung von Hilfsangeboten

Die Erzieherinnen bringen ihre Kompetenzen in der Beratung der Eltern bei Erziehungsproblemen ein. Da die Erzieherin das Verhalten des Kindes alltäglich erlebt und auch die jeweilige Familiensituation kennt, beruht ihre Beratung bei Erziehungsfragen auf umfassende Beobachtungen. Bei Erziehungsproblemen, Auffälligkeiten des Kindes oder Entwicklungsverzögerungen können gemeinsam mit den Eltern hilfreiche Lösungsmöglichkeiten erarbeitet werden, die auch für die Eltern umzusetzen sind. Im Rahmen der Beratung sollten die Erzieherinnen gleichzeitig Kontakt zu den zuständigen Beratungsstellen und psychosozialen Fachdiensten herstellen.

Entwicklung bedarfsgerechter Angebote und Betreuungsformen

Die Erkundung der Elterninteressen und -wünsche bilden die Grundlage zur Weiterentwicklung der Einrichtung. Um diesem Ziel gerecht zu werden, sollten z. B. regelmäßig Elternbefragungen durchgeführt werden, deren Ergebnisse veröffentlicht und mit allen Beteiligten (Träger, Erzieherinnen und Eltern) offen diskutiert werden. Dabei müssen auch langfristige Ziele und Entwicklungen unter strategischen Gesichtspunkten verfolgt werden. So ist z. B. der Elternwunsch nach einer integrativen Gruppe, in der Kinder mit und ohne Behinderung(en) gemeinsam aufwachsen können, mit baulichen und personellen Veränderungen verbunden. Dies kann nur langfristig umgesetzt werden. Ein häufiger Wechsel von Konzepten und Angeboten, um kurzfristig den sich ständig verändernden Elternwünschen entgegenzukommen, wirkt kontraproduktiv und kann nicht das Ziel sein.

Erweiterung und Bereicherung des Betreuungsangebots durch aktive Mitwirkung der Eltern

Die Eltern können durch ihr Mitwirken das Betreuungsangebot der Einrichtung erweitern und den Kindern neue Erfahrungs- und Lernmöglichkeiten bieten. So können Eltern Arbeitsgemeinschaften oder Projekte anbieten oder sich in Veranstaltungen einbringen. Eltern verfügen über wertvolle Ressourcen, die für die sozialpädagogische Einrichtung nutzbar gemacht werden können. Diese Kompetenzen gilt es zu erkennen und zu aktivieren. Die Erzieherinnen sollten die Eltern zum Mitwirken auffordern und ihnen Mut zur Mitarbeit machen. Durch aktive Mitarbeit können die Eltern den Alltag in der Einrichtung unmittelbar kennenlernen. Eine aktive Mitarbeit ist ein Zeichen einer gelungenen Erziehungspartnerschaft.

Erfahrungsaustausch von Eltern untereinander

Die Elternarbeit sollte auch den Erfahrungsaustausch unter den Eltern anregen. Dabei sind offene Formen wie Elterncafés ohne bzw. nur mit geringer Präsenz der Erzieherinnen bis hin zu Elterngesprächskreisen, bei denen die Erzieherinnen die Moderation übernehmen, möglich. Auf der Basis des Erfahrungsaustauschs werden gegenseitige Unterstützung, soziale Vernetzungen (z. B. Nachbarschaftshilfe) und freundschaftliche Beziehungen zwischen den Eltern angebahnt.

Feedback über die eigene Arbeit

Im Rahmen der Elternarbeit erhalten die Erzieherinnen eine beständige Rückmeldung über ihre Arbeit. Neben den mündlichen Rückmeldungen z. B. beim Tür-und-Angel-Gespräch sollten aber auch schriftliche Befragungen der Eltern durchgeführt werden, um umfassendere und objektive Einschätzungen der Eltern zu erhalten.

Zentrale Ziele der Elternarbeit

Zentrale Ziele in der Elternarbeit sind:

- Wertschätzung und Akzeptanz in der Beziehung zwischen Eltern und Erzieherinnen

- Partizipation der Eltern bei der Gestaltung des Bildungs- und Betreuungsangebots

- Vermittlung von gemeinsam getragenen Werten und Regeln des Zusammenlebens

- Einbindung der Eltern in die Arbeit der Einrichtung

- Gemeinsame Verantwortung für die Entwicklung des Kindes

- Regelmäßiger, zeitnaher Informationsaustausch zwischen Eltern und Mitarbeitern über den Entwicklungsstand, Fortschritte und Veränderungen, die das Kind betreffen

- Offenheit in der gegenseitigen Information über die aktuelle Lebenssituation und Veränderungen des Kindes

- Beratung und Information der Eltern zur Stärkung ihrer Entscheidungs- und Erziehungskompetenz

- Aktive Mitwirkung und Beteiligung der Eltern an Entscheidungen in der Einrichtung

2.2 Aufgaben

Die Erzieherin nimmt in der Elternarbeit vier Rollen wahr, die mit den verschiedenen Aufgaben in der Elternarbeit korrespondieren.

Rollen einer Erzieherin

- **Brückenbauerin:** Die Erzieherinnen sind Bindeglied zwischen Familie und Einrichtung. Durch vielfältige Angebote der Elternarbeit stellen sie die Verbindung zwischen den beiden Erziehungsorten her, um die angestrebte Erziehungs- und Bildungspartnerschaft zu verwirklichen.

- **Mitteilende:** Die Erzieherinnen geben Informationen über die Entwicklung des Kindes, über Ereignisse und Angebote in der Einrichtung.

- **Vermittelnde:** Die Erzieherinnen sind mit den sozialen Diensten, den Beratungsdiensten und den Anlaufstellen von Unterstützungsleistungen vernetzt und können für die Eltern die erforderlichen Verbindungen herstellen.

- **Beraterin:** Die Erzieherinnen unterstützen die Eltern in der Weiterentwicklung ihrer Erziehungskompetenzen.

(vgl. Sacher, 2008, S. 231)

Elternberatung/Elterninformation, Elternmitarbeit und Elternbildung

Die Aufgaben der Elternberatung werden drei Schwerpunkten zugeordnet: Elternberatung/Elterninformation, Elternmitarbeit und Elternbildung.

In der folgenden Abbildung werden einige Beispiele für die drei genannten Aufgabenfelder aufgelistet.

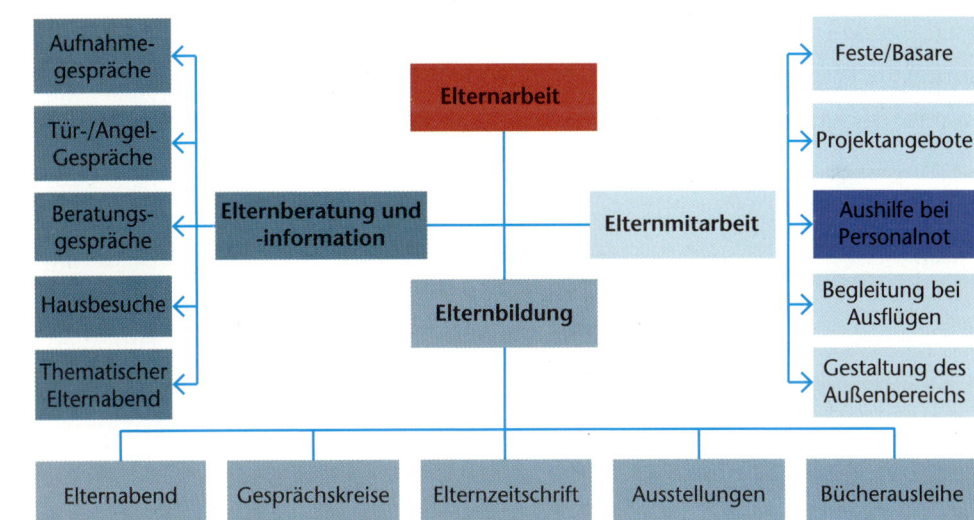

Formen der Elternarbeit mit Beispielen (Bernitzke/Schlegel, 2004, S. 50)

Die nachfolgende Übersicht verdeutlicht die Unterschiede zwischen den drei Aufgabenbereichen im Hinblick auf die Zielsetzungen, die inhaltlichen Ausgestaltung und den Ausgangspunkt der Elternarbeit.

	Elternberatung und Elterninformation	Elternbildung	Elternmitarbeit
Ziele	• Eltern Entscheidungs- und Orientierungshilfe geben, wobei die letzte Entscheidung bei den Eltern liegt	• Eltern Wissen vermitteln, um diesen ein besseres Verständnis für die Erziehungsarbeit zu geben • Verbreiterung der Wissensbasis zur Wahrnehmung der Bildungs- und Erziehungspartnerschaft • Reflexion des Erziehungsverhaltens	• Gegenseitiger Informationsaustausch und besseres Verständnis von Erzieherinnen und Eltern • Verwirklichung gemeinsamer Ziele
Inhalte	• Analyse von Erziehungssituationen • Hinweis auf andere Einrichtungen • Entscheidungshilfe	• Sozialpädagogisch bedeutsames Wissen (z. B. Pädagogik, Psychologie, Kinder- und Jugendliteratur, Gesundheitserziehung)	• Mithilfe in verschiedenen Erziehungssituationen
Ausgangspunkt	• Eltern kommen mit aktuellen Anliegen bzw. Problemen zur Erzieherin • Erzieherin stellt Verhaltensauffälligkeiten des Kindes fest • Erzieherin beobachtet Fehlverhalten der Eltern	• Eltern benötigen Informationen (z. B. über Medienwirkung, Drogen, Nutzung technischer Medien, sexuellen Missbrauch) • Eltern wünschen Hilfe bei Kaufentscheidungen (z. B. Bilderbücher) • Eltern wollen sich über pädagogische Konzepte informieren	• Eltern wollen sich für die Einrichtung engagieren, um für ihre Kinder eine bessere Ausstattung und bessere personelle Bedingungen zu schaffen • Eltern sind bereit, sich als Partner im Erziehungsprozess zu engagieren und Verantwortung zu übernehmen

	Elternberatung und Elterninformation	Elternbildung	Elternmitarbeit
Formen (Beispiele)	• Einzelgespräch • Aufnahmegespräch • Beratungsgespräch • Hausbesuch • Entwicklungsgespräche in der Einrichtung	• Thematischer Elternabend, evtl. mit Referentin • Elternseminar/ Elterntraining • Gesprächskreis • Elternzeitschrift • Auslegen von Büchern und/oder Spielen • Ausleihe von Büchern	• Unterstützung bei der Gestaltung der Gruppenräume und des Außengeländes • Reparatur von Spielzeug • Mithilfe bei personellen Engpässen (z. B. bei Aktivitäten außerhalb der Einrichtung)

2.2.1 Elternberatung und Elterninformation

Elternberatung und Elterninformation umfassen die verschiedenen Gesprächssituationen im Erziehungsalltag, in denen Eltern und Erzieherinnen miteinander direkt kommunizieren. Im Mittelpunkt stehen die schriftliche und mündliche Weitergabe von Informationen. Um den Erziehungsalltag in einer sozialpädagogischen Einrichtung zu verstehen und um dort mitwirken zu können, sollten die Eltern umfassende Informationen über Planung, Ablauf und Ergebnisse der Arbeit mit den Kindern erhalten.

Die Elternberatung ist ein freiwilliges Gesprächsangebot in Problem- und Entscheidungssituationen. In diesen Fällen sind die Erzieherinnen als Expertinnen gefragt, da sie zum einen das Kind aus dem erzieherischen Alltag kennen und zum anderen über das berufliche Wissen verfügen, um angemessene Entscheidungshilfen anbieten zu können. Eine Elternberatung findet z. B. bei Entwicklungsgesprächen statt, wenn Fördermöglichkeiten und Hilfen für das Kind entwickelt werden. Beratungsmöglichkeiten sind im begrenzten Umfang bei familiären Problemen möglich. Dabei können die Erzieherinnen nur im eingeschränkten Umfang selbst Hilfestellungen anbieten oder auf Hilfsmöglichkeiten wie Beratungsstellen oder soziale Dienste (z. B. Frühförderstellen, Erziehungsberatung, Selbsthilfegruppen) verweisen. Die Beratung durch Erzieherinnen weist präventiven Charakter auf, wenn z. B. durch die rechtzeitige Vermittlung erforderlicher Hilfen die Entstehung von Beeinträchtigungen vermieden werden können. Im Vorfeld sollten sich die Erzieherinnen umfassend über die psychosozialen Dienste (wie Frühförderstellen, Erziehungs- und Familienberatung, Angebote der Jugendämter, ambulante Dienste, heil- und sonderpädagogische Beratungsstellen, sozialpsychiatrische Dienste, Sozialberatungsstellen, Mutter-Kind-Einrichtungen, Selbsthilfegruppen) im Einzugsgebiet der Einrichtung informieren.

In den Beratungsgesprächen können die Erzieherinnen lediglich informieren und die Inanspruchnahme eines Hilfsangebots empfehlen. Eltern können nicht verpflichtet werden, bestimmte Beratungsangebote wahrzunehmen. Nur in wenigen Ausnahmefällen, z. B. wenn gravierende Verstöße gegen das Kindeswohl vorliegen, sind Maßnahmen auch gegen den Willen der Eltern geboten.

Häufig haben die Eltern Angst, ihnen unbekannte Einrichtungen aufzusuchen und sich mit ihren Fragen und Problemen an weitere, ihnen zunächst unbekannte Personen zu wenden. Im Elterngespräch können die Erzieherinnen auf die Ängste und Unsicherheiten der Eltern eingehen und die Vorteile und Entlastungsmöglichkeiten durch die Inanspruchnahme der Hilfsangebote verweisen. In Ausnahmefällen ist auch eine Begleitung der Eltern zum Erstgespräch bei den psychosozialen Diensten angebracht.

2.2.2 Elternmitarbeit

Die Elternmitarbeit bindet Eltern in das Alltagsgeschehen der Einrichtung aktiv ein. Eltern werden als Partner ernst genommen und sind an Planungsprozessen (z. B. Konzeptionsentwicklung, Neugestaltung des Außengeländes) sowie an der Durchführung von Angeboten beteiligt. Der Umfang der Elternmitarbeit ist von der pädagogischen Konzeption der Einrichtung und den Möglichkeiten und Interessen der Eltern abhängig. Ein hohes Maß an Elternbeteiligung signalisiert eine starke Identifikation der Eltern mit der Einrichtung. Die Eltern werden zu Mitgestaltern und nehmen auf die Erfahrungswelt der Kinder in der Einrichtung unmittelbar Einfluss. Die gezielte Berücksichtigung der Elternressourcen führt in der Regel zu einer Bereicherung der Angebote bzw. der Ausstattung der Einrichtung. Durch die Mitwirkung der Eltern können sich für die Einrichtungen neue Möglichkeiten auftun, die mit den vorhandenen Mitteln nicht zu realisieren wären. Die Elternmitarbeit kann auch zu einer Entlastung der Erzieherinnen führen, wenn Eltern z. B. bei Personalengpässen einspringen, Ausflüge begleiten oder bei Veranstaltungen helfen.

Die Elternmitarbeit kann auf unterschiedliche Weise die Arbeit der sozialpädagogischen Einrichtung bereichern. Das Engagement der Eltern und das Einbeziehen in den Erziehungsalltag kennzeichnen eine partnerschaftliche Zusammenarbeit. Dies kommt z. B. zum Tragen, wenn die Eltern ihre Kompetenzen bei Projekten einbringen, die Durchführung von Veranstaltungen unterstützen, sich bei der Gestaltung und dem Erhalt des Gebäudes und des Außengeländes engagieren, erforderliche Reparaturen durchführen oder in der Einrichtung unterschiedliche Dienste übernehmen.

Dabei ist die Übernahme von Diensten nicht unproblematisch. Zum einen bieten die Eltern ihre Mitwirkung an, zum anderen gehen sie davon aus, dass eigene Ideen von ihnen eingebracht werden können. Vor der Übertragung von Diensten ist eine Einweisung der Eltern unabdingbar. Den Eltern sollte vorher klar sein, welche Aufgaben auf sie zukommen, welche Befugnisse sie haben und welche Pflichten zu beachten sind. Nur wenn dies gegeben ist, sind unerfreuliche Auseinandersetzungen und demotivierende Zurechtweisungen zu vermeiden. Dies gewährleistet ein weiteres Engagement der Eltern für die Einrichtung.

Es ist sinnvoll, ein Qualifizierungskonzept für Eltern, die sich zur Mitarbeit bereit erklärt haben, zu entwickeln. Dies sollte Maßnahmen einer systematischen und gezielten Personalentwicklung (z. B. Fort- und Weiterbildungen) enthalten. Die Erzieherinnen organisieren und unterstützen die Elternmitarbeit, schaffen Rahmenbedingungen für die ehrenamtlich tätigen Eltern und initiieren die Mitarbeit weiterer Eltern, um die Kontinuität der Elternmitarbeit sicherzustellen. Die Erfahrung zeigt dabei, dass es schwieriger ist, Eltern aus bildungsfernen Schichten für die Mitarbeit zu gewinnen.

2.2.3 Elternbildung

Mit der Aufnahme von unter Dreijährigen in sozialpädagogischen Einrichtungen gewinnt die Elternbildung an Bedeutung. Die Eltern haben wenig Zeit, erzieherische und pflegerische Kompetenzen zu erwerben. Die Elternbildung kann sowohl direkt (z. B. Elterngesprächskreise, Bücherausleihe) als auch indirekt (z. B. Erzieherin als Modell bei Hospitationen) erfolgen. Im Gegensatz zur Elternberatung und Elterninformation, die sich konkret mit aktuellen Anlässen beschäftigt, vermittelt die Elternbildung den Aufbau einer Wissensbasis, die Eltern dazu befähigt, Erziehungssituationen kritisch zu reflektieren, eigene Handlungskompetenz aufzubauen und das pädagogische Handeln der Erzieherinnen besser zu verstehen.

Eltern erhalten z. B. Informationen über die kindliche Entwicklung und altersgerechte Beschäftigungsmöglichkeiten. Erzieherinnen erläutern Kriterien zur Auswahl altersgemäßer Spiele, Bücher, Medien oder Aktivitäten. Elternbildung setzt sich kritisch mit dem Rollenverhalten der Eltern und der Bedeutung der Vaterrolle für das Kleinkind auseinander. Die Nutzung des Medienangebots wird gemeinsam mit den Eltern reflektiert und eine dem Kind gerechte Freizeitgestaltung angeregt. Das Bildungsangebot kann sich auch über die Elternschaft der Einrichtung hinaus an alle Interessierte des Gemeinwesens richten.

Elternbildung ist aktiv von den Erzieherinnen zu gestalten, während die Eltern als Lernende dabei eine eher passive Rolle einnehmen. Eltern werden durch die vermittelten Inhalte informiert und sensibilisiert. Somit hat die Elternbildung auch eine präventive Wirkung. Im Rahmen der Elternbildung kann eine Vernetzung mit den psychosozialen Diensten im Gemeinwesen intensiviert werden. Vertreter dieser Dienste sollten im Rahmen der Elternarbeit über ihre Hilfsangebote informieren und mögliche Vorbehalte der Eltern ausräumen.

1. Ordnen Sie die Ziele der Elternarbeit den verschiedenen Aufgaben zu.

2. Elternberatung und Elterninformation können durch die Erzieherinnen in der Einrichtung angeboten werden. Zeigen Sie auf, inwieweit die Erzieherinnen dies selbst leisten können und in welchen Fällen andere Fachdienste und Experten heranzuziehen sind.

3. Die qualifizierte Weiterleitung hilfebedürftiger Eltern an entsprechende Fachdienste setzt gute Kenntnisse über die Hilfsangebote in der Region voraus. Erstellen Sie ein Verzeichnis von Hilfsdiensten für die Region, in der Sie wohnen.

4. Die Elternmitarbeit weist zwar zahlreiche Vorteile auf, ist aber nicht unproblematisch. Stellen Sie mögliche Nachteile bzw. Gefahren dar, die sich aus der Elternmitarbeit ergeben könnten. Entwickeln Sie Strategien, um diese Nachteile zu vermindern.

5. Die Bildungspartnerschaft zwischen Erzieherinnen und Eltern ist eine zentrale Forderung, die die Gestaltung der Elternarbeit beeinflusst. Verdeutlichen Sie, welche Aufgaben in der Elternarbeit der Bildungspartnerschaft dienen.

3 Bedeutung und Verortung der Elternarbeit

Im Mittelpunkt der Elternarbeit steht das Kind, das Bindeglied zwischen den Erzieherinnen und den Eltern. Elternarbeit zielt auf das Wohl des Kindes ab und muss dabei rechtliche und trägerspezifische Vorgaben unter Beachtung des familiären Umfeldes berücksichtigen.

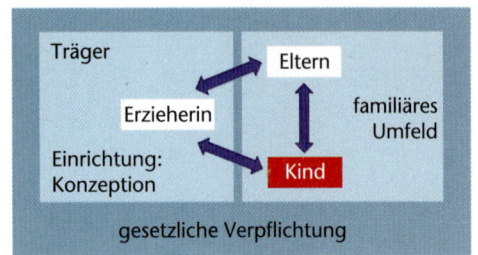

3.1 Gesetzliche Verpflichtung

Die Elternarbeit ist in Deutschland gesetzlich geregelt. Das Erziehungsrecht ist im Grundgesetz (GG) verankert, die Zusammenarbeit von pädagogischen Fachkräften und Eltern ist im Sozialgesetzbuch (SGB) festgeschrieben und wird durch Landesgesetze weiter konkretisiert.

Artikel 6 GG stattet die Eltern mit dem Erziehungsrecht aus und legt den Vorrang des elterlichen Willens vor dem staatlichen Einfluss fest.

§ **Art. 6 GG**

(1) Ehe und Familie stehen unter dem besonderen Schutze der staatlichen Ordnung.

(2) Pflege und Erziehung der Kinder sind das natürliche Recht der Eltern und die zuvörderst ihnen obliegende Pflicht. Über ihre Betätigung wacht die staatliche Gemeinschaft.

(3) Gegen den Willen der Erziehungsberechtigten dürfen Kinder nur auf Grund eines Gesetzes von der Familie getrennt werden, wenn die Erziehungsberechtigten versagen oder wenn die Kinder aus anderen Gründen zu verwahrlosen drohen.

(4) Jede Mutter hat Anspruch auf den Schutz und die Fürsorge der Gemeinschaft.

(5) Den unehelichen Kindern sind durch die Gesetzgebung die gleichen Bedingungen für ihre leibliche und seelische Entwicklung und ihre Stellung in der Gesellschaft zu schaffen wie den ehelichen Kindern.

Die Eltern haben als die wichtigsten Bezugspersonen entscheidenden Einfluss auf die kindliche Entwicklung. Sie tragen die Hauptverantwortung. Alle sozialpädagogischen Einrichtungen haben im Sinne des Grundgesetzes nur ein nachrangiges oder übertragenes Erziehungsrecht.

Das SGB VIII (Kinder- und Jugendhilfe) bezieht sich in § 1 Abs. 2 auf das Grundgesetz (Artikel 6), in dem die besondere Stellung der Eltern bezüglich ihrer Erziehungs- und Pflegeverantwortung herausgestellt wird:

§ **§ 1 Abs. 2 SGB VIII**

Pflege und Erziehung der Kinder sind das natürliche Recht der Eltern und die zuvörderst ihnen obliegende Pflicht. Über ihre Betätigung wacht die staatliche Gemeinschaft.

In § 22 SGB VIII (Grundsätze der Förderung) wird auf die Bedürfnislagen der Familien und die erforderliche Unterstützung durch die Tageseinrichtungen hingewiesen:

§ **§ 22 SGB VIII**

(1) Tageseinrichtungen sind Einrichtungen, in denen sich Kinder für einen Teil des Tages oder ganztägig aufhalten und in Gruppen gefördert werden. Kindertagespflege wird von einer geeigneten Tagespflegeperson in ihrem Haushalt oder im Haushalt des Personensorgeberechtigten geleistet. Das Nähere über die Abgrenzung von Tageseinrichtungen und Kindertagespflege regelt das Landesrecht. Es kann auch regeln, dass Kindertagespflege in anderen geeigneten Räumen geleistet wird.

(2) Tagespflegeeinrichtungen für Kinder und Kindertagespflege sollen

1. die Entwicklung des Kindes zu einer eigenverantwortlichen und gemeinschaftsfähigen Persönlichkeit fördern,

2. die Erziehung und Bildung in der Familie unterstützen und ergänzen,

3. den Eltern dabei helfen, Erwerbstätigkeit und Kindererziehung besser miteinander vereinbaren zu können.

(3) Der Förderauftrag umfasst Erziehung, Bildung und Betreuung des Kindes und bezieht sich auf die soziale, emotionale und geistige Entwicklung des Kindes. Er schließt die Vermittlung orientierender Werte und Regeln ein. Die Förderung soll sich am Alter und Entwicklungsstand, den sprachlichen und sonstigen Fähigkeiten, der Lebenssituation sowie den Interessen und Bedürfnissen des einzelnen Kindes orientieren und seine ethnische Herkunft berücksichtigen.

Ausdrücklich wird die Unterstützung und Entlastung der Eltern bei der Ausübung einer Erwerbstätigkeit eingefordert. Der Förderauftrag umfasst u. a. die Berücksichtigung der ethnischen Herkunft der Kinder, was zu einem interkulturellen Vorgehen führt. Im Weiteren wird im § 22a SGB VIII (Förderung in Tageseinrichtungen) die Zusammenarbeit von pädagogischen Fachkräften mit den Erziehungsberechtigten geregelt:

§ **§ 22a Abs. 2 SGB VIII**

(2) Die Träger der öffentlichen Jugendhilfe sollen sicherstellen, dass die Fachkräfte in ihren Einrichtungen zusammenarbeiten

1. mit den Erziehungsberechtigten und Tagespflegepersonen zum Wohl des Kindes und zur Sicherung der Kontinuität des Erziehungsprozesses,

2. mit anderen kinder- und familienbezogenen Institutionen und Initiativen im Gemeinwesen, insbesondere solchen der Familienbildung und -beratung,

3. mit den Schulen, um den Kindern einen guten Übergang in die Schule zu sichern und um die Arbeit mit Schulkindern in Horten und altersgemischten Gruppen zu unterstützen. [...]

Die Erziehungsberechtigten sind an den Entscheidungen in wesentlichen Angelegenheiten der Erziehung, Bildung und Betreuung zu beteiligen, d. h. die Eltern müssen nicht zwangsläufig bei allen Angelegenheiten eingebunden werden. Der Begriff Beteiligung macht deutlich, dass die Einflussnahme über eine reine Information oder Anhörung der Eltern hinausgeht. Zu den wesentlichen Angelegenheiten gehören die pädagogische Ausrichtung der Einrichtung, die z. B. in der Konzeption zum Ausdruck kommt, die Öffnungszeiten und die Ausstattung der Einrichtung (in Bezug auf Personal, Einrichtung und Materialien).

§ **§ 24 SGB VIII**

(1) Ein Kind hat vom vollendeten dritten Lebensjahr bis zum Schuleintritt Anspruch auf den Besuch einer Tageseinrichtung. Die Träger der öffentlichen Jugendhilfe haben darauf hinzuwirken, dass für diese Altersgruppe ein bedarfsgerechtes Angebot an Ganztagsplätzen oder ergänzend Förderung in Kindertagespflege zur Verfügung steht.

In den verschiedenen Bundesländern regeln Landesgesetze, in welcher Form die Elternarbeit zu gestalten ist. Aus der Vielzahl der landesrechtlichen Regelungen werden nachfolgend Auszüge aus den Gesetzen in Nordrhein-Westfalen, Bayern und Sachsen im Bereich der Kindertagespflege exemplarisch wiedergegeben.

Nordrhein-Westfalen: Kinderbildungsgesetz (KiBiz)

§ 2 KiBiz: Allgemeine Grundsätze

Jedes Kind hat einen Anspruch auf Bildung und auf Förderung seiner Persönlichkeit. Seine Erziehung liegt in der vorrangigen Verantwortung seiner Eltern. Kindertageseinrichtung und Kindertagespflege ergänzen die Förderung des Kindes in der Familie und unterstützen die Eltern in der Wahrnehmung ihres Erziehungsauftrages.

§ 3 KiBiz: Aufgaben und Ziele

(1) Kindertageseinrichtungen und Kindertagespflege haben einen eigenständigen Bildungs-, Erziehungs- und Betreuungsauftrag.

(2) Die Förderung des Kindes in der Entwicklung seiner Persönlichkeit und die Beratung und Information der Eltern insbesondere in Fragen der Bildung und Erziehung sind Kernaufgaben der Kindertageseinrichtungen und der Kindertagespflege. Das pädagogische Personal in den Kindertageseinrichtungen und die Tagespflegepersonen haben den Bildungs- und Erziehungsauftrag im regelmäßigen Dialog mit den Eltern durchzuführen und deren erzieherische Entscheidungen zu achten.

§ 9 KiBiz: Zusammenarbeit mit den Eltern und Elternmitwirkung

(1) Das Personal der Kindertageseinrichtungen und Tagespflegepersonen arbeiten mit den Eltern bei der Förderung der Kinder partnerschaftlich und vertrauensvoll zusammen. Die Eltern haben einen Anspruch auf eine regelmäßige Information über den Stand des Bildungs- und Entwicklungsprozesses ihres Kindes. Dazu ist den Eltern mindestens einmal im Kindergartenjahr ein Gespräch anzubieten.

(2) In jeder Kindertageseinrichtung werden zur Förderung der Zusammenarbeit von Eltern, Personal und Träger die Elternversammlung, der Elternbeirat und der Rat der Kindertageseinrichtung gebildet. Das Verfahren über die Zusammensetzung der Gremien in der Tageseinrichtung und die Geschäftsordnung werden vom Träger im Einvernehmen mit den Eltern festgelegt. Die Mitwirkungsgremien sollen die Zusammenarbeit zwischen den Eltern, dem Träger und dem pädagogischen Personal sowie das Interesse der Eltern für die Arbeit der Einrichtung fördern.

(3) Die Eltern der die Einrichtung besuchenden Kinder bilden die Elternversammlung. Diese wird mindestens einmal im Kindergartenjahr von dem Träger der Kindertageseinrichtung bis spätestens 10. Oktober einberufen. Eine Einberufung hat außerdem zu erfolgen, wenn mindestens ein Drittel der Eltern dies verlangt. In der Elternversammlung informiert der Träger über personelle Veränderungen sowie pädagogische und konzeptionelle Angelegenheiten. Zu den Aufgaben der Elternversammlung gehört die Wahl der Mitglieder des Elternbeirates.

(4) Der Elternbeirat vertritt die Interessen der Elternschaft gegenüber dem Träger und der Leitung der Einrichtung. Dabei hat er auch die besonderen Interessen von Kindern mit Behinderungen in der Einrichtung und deren Eltern angemessen zu

berücksichtigen. Der Elternbeirat ist vom Träger und der Leitung der Einrichtung rechtzeitig und umfassend über wesentliche Entscheidungen in Bezug auf die Einrichtung zu informieren und insbesondere vor Entscheidungen über das pädagogische Konzept der Einrichtung, über die personelle Besetzung, die räumliche und sächliche Ausstattung, die Hausordnung und die Öffnungszeiten sowie die Aufnahmekriterien anzuhören. Gestaltungshinweise hat der Träger angemessen zu berücksichtigen. Entscheidungen, die die Eltern in finanzieller Hinsicht berühren, bedürfen der Zustimmung durch den Elternbeirat. Hierzu zählen vor allem die Planung und Gestaltung von Veranstaltungen für Kinder und Eltern sowie die Verpflegung in der Einrichtung.

(5) Der Rat der Kindertageseinrichtung besteht aus Vertreterinnen und Vertretern des Trägers, des Personals und des Elternbeirates. Aufgaben sind insbesondere die Beratung der Grundsätze der Erziehungs- und Bildungsarbeit, die räumliche, sachliche und personelle Ausstattung sowie die Vereinbarung von Kriterien für die Aufnahme von Kindern in die Einrichtung.

(6) Die Elternbeiräte der Tageseinrichtungen für Kinder können sich auf örtlicher Ebene zu der Versammlung von Elternbeiräten zusammenschließen und ihre Interessen gegenüber den Trägern der Jugendhilfe vertreten. Absatz 4 Satz 2 gilt entsprechend. Sie werden dabei von den örtlichen und überörtlichen öffentlichen Trägern der Jugendhilfe unterstützt. Die Versammlung der Elternbeiräte wählt in der Zeit zwischen dem 11. Oktober und dem 10. November einen Jugendamtselternbeirat. Die Gültigkeit der Wahl des Jugendamtselternbeirates setzt voraus, dass sich 15 v. H. aller Elternbeiräte im Jugendamtsbezirk an der Wahl beteiligt haben. Dem Jugendamtselternbeirat ist vom Jugendamt bei wesentlichen die Kindertageseinrichtungen betreffenden Fragen die Möglichkeit der Mitwirkung zu geben.

(7) Die Jugendamtselternbeiräte können sich auf Landesebene in der Versammlung der Jugendamtselternbeiräte zusammenschließen. Die Jugendamtselternbeiräte wählen bis zum 30. November eines jeden Jahres aus ihrer Mitte den Landeselternbeirat. Die Gültigkeit der Wahl des Landeselternbeirates setzt voraus, dass sich Jugendamtselternbeiräte aus 15 v. H. aller Jugendamtsbezirke an der Wahl beteiligt haben. Dem Landeselternbeirat ist von der Obersten Landesjugendbehörde bei wesentlichen die Kindertageseinrichtungen betreffenden Fragen die Möglichkeit der Mitwirkung zu geben.

(8) Näheres zum Verfahren und über die Zusammensetzung der Gremien auf Jugendamts- und Landesebene regeln die Versammlungen der Elternbeiräte und der Jugendamtselternbeiräte in einer Geschäftsordnung. Der gewählte Landeselternrat erhält für die mit der Wahrnehmung der Aufgaben verbundenen Ausgaben bis zu 10.000 EUR jährlich. Die Ausgaben sind dem Landschaftsverband Rheinland jährlich spätestens bis zum 1. Dezember des Jahres nachzuweisen. Abschlagszahlungen sind zu verrechnen.

Kinderbildungsgesetz (KiBiz) Nordrhein-Westfalen, 2011

Bayerisches Kinderbildungs- und Betreuungsgesetz (BayKiBiG)

§ **Art. 14 BayKiBiG: Zusammenarbeit der Kindertageseinrichtungen mit den Eltern**

(1) Eltern und pädagogisches Personal arbeiten partnerschaftlich bei der Bildung, Erziehung und Betreuung der Kinder zusammen.

(2) Die pädagogischen Fachkräfte informieren die Eltern regelmäßig über den Stand der Lern- und Entwicklungsprozesse ihres Kindes in der Tageseinrichtung. Sie erörtern und beraten mit ihnen wichtige Fragen der Bildung, Erziehung und Betreuung des Kindes.

(3) Zur Förderung der besseren Zusammenarbeit von Eltern, pädagogischem Personal und Träger ist in jeder Kindertageseinrichtung ein Elternbeirat einzurichten. Soweit die Kindertageseinrichtung Kinder ab Vollendung des dritten Lebensjahres betreut, soll der Elternbeirat zudem die Zusammenarbeit mit der Grundschule unterstützen.

(4) Der Elternbeirat wird von der Leitung der Kindertageseinrichtung und dem Träger informiert und angehört, bevor wichtige Entscheidungen getroffen werden. Der Elternbeirat berät insbesondere über die Jahresplanung, den Umfang der Personalausstattung, die Planung und Gestaltung von regelmäßigen Informations- und Bildungsveranstaltungen für die Eltern, die Öffnungs- und Schließzeiten und die Festlegung der Höhe der Elternbeiträge.

(5) Die pädagogische Konzeption wird vom Träger in enger Abstimmung mit dem pädagogischen Personal und dem Elternbeirat fortgeschrieben.

(6) Ohne Zweckbestimmung vom Elternbeirat eingesammelte Spenden werden vom Träger der Kindertageseinrichtung im Einvernehmen mit dem Elternbeirat verwendet.

(7) Der Elternbeirat hat einen jährlichen Rechenschaftsbericht gegenüber den Eltern und dem Träger abzugeben.

Bayerisches Kinderbildungs- und Betreuungsgesetz, 2005

Sächsisches Gesetz zur Förderung von Kindern in Tageseinrichtungen (SächsKitaG)

§ **§ 6 SächsKitaG: Mitwirkung von Kindern und Erziehungsberechtigten**

(1) Die Erziehungsberechtigten wirken durch die Elternversammlung und den Elternbeirat bei der Erfüllung der Aufgaben der Kindertageseinrichtung, die ihre Kinder besuchen, mit. Sie sind bei allen wesentlichen Entscheidungen zu beteiligen. Dies gilt insbesondere für die Fortschreibung oder Änderung der pädagogischen Konzepte und für die Kostengestaltung.

(2) Der Träger der Einrichtung trifft im Benehmen mit der Elternschaft Bestimmungen zur Organisation der Elternversammlung sowie zu Bildung und Organisation des Elternbeirates.

(3) Der Träger und die Leitung der Kindertageseinrichtung erteilen den Erziehungsberechtigten, der Elternversammlung und dem Elternbeirat die erforderlichen Auskünfte.

(4) Zur Beratung und Unterstützung der Elternbeiräte der Einrichtungen können Elternbeiräte auf der Gemeinde- und der Kreisebene gebildet werden.

(5) Die Kinder wirken entsprechend ihrem Entwicklungsstand und ihren Bedürfnissen insbesondere im schulpflichtigen Alter bei der Gestaltung ihres Alltages in den Kindertageseinrichtungen mit.

Sächsisches Gesetz zur Förderung von Kindern in Tageseinrichtungen, 2011

Die gesetzlichen Regelungen setzen den Rahmen, in dem die Elternarbeit stattfindet. Exaktere Vorgaben sind im Bereich der schulischen Elternarbeit zu finden. So werden genaue Vorgehensweisen formuliert, wie Elternvertretungen gewählt werden, in welchen Bereichen die Eltern einzubinden sind bzw. mitwirken können. Für sozialpädagogische Einrichtungen sind vergleichbare Vorgaben nur ansatzweise vorhanden.

Elternmitbestimmung

Länderübergreifend fasste die Jugend- und Kulturministerkonferenz 2004 (Seite 6) folgenden Beschluss zur Rolle der Eltern und des Elternhauses:

„Aufgrund der gemeinsamen Bildungs- und Erziehungsverantwortung wirken Fachkräfte und Eltern partnerschaftlich zusammen. Regelmäßige Gespräche mit den Eltern über das Kind sowie Informations- und Bildungsangebote für Eltern in der Tageseinrichtung sind von großer Bedeutung. Bei Entscheidungen über wichtige Angelegenheiten, die die Tageseinrichtung betreffen, sind die Eltern entsprechend zu beteiligen."

Die Elternmitbestimmung leitet sich aus gesetzlichen Regelungen ab und zeigt sich in folgenden drei Formen:

Elternmitbestimmung in der Betreuung, Bildung und Erziehung des eigenen Kindes
Die Eltern haben das Recht, individuelle Ziele und Vorgehensweisen in der Einrichtung, die das eigene Kind betreffen, mitzubestimmen. Den Wünschen der Eltern ist dann zu entsprechen, wenn damit das Kindeswohl nicht gefährdet und keine unverhältnismäßig hohen Kosten entstehen. So könnte z. B. die Teilnahme der Kinder an Festen untersagt oder die Beachtung religiöser Vorgaben bei der Nahrungszubereitung eingefordert werden.

Elternmitbestimmung in der Betreuung, Bildung und Erziehung aller Kinder

Eltern können gemeinsam fordern, dass z. B. ihre Vorstellungen zur Konzeption der Einrichtung Berücksichtigung finden. Allerdings sind die Vorstellungen der Eltern nicht immer interessensgleich, so dass die Erzieherinnen Kompromisse mit den Eltern aushandeln müssen. Abhängig vom Bundesland sind unterschiedliche rechtliche Bestimmungen zur Elternmitbestimmung in den Einrichtungen zu beachten.

Elternmitbestimmung in Gremien

Die Elternarbeit im Elternbeirat, im Elternausschuss usw. wird durch Verordnungen in den einzelnen Bundesländern geregelt. Als gewählte Vertreter der Elternschaft haben die Eltern klar definierte MitspracheGmöglichkeiten, die z. B. die Öffnungszeiten, die räumliche Gestaltung, die Sachausstattung oder die Konzeption der Einrichtung betreffen.

Aufgaben

1. Vergleichen Sie die oben dargestellten gesetzlichen Regelungen in Nordrhein-Westfalen, Bayern und Sachsen. In welchen Bereichen bestehen Übereinstimmungen bzw. abweichende Regelungen?

2. In einer Kindertagesstätte sind folgende Veränderungen geplant:

   a) Alterserweiterung mit der Aufnahme von Kindern unter drei Jahren,

   b) Umwandlung der Einrichtung in eine integrative Einrichtung mit der Aufnahme von Kindern mit Behinderung,

   c) aus Kostengründen Umwandlung der kirchlichen Kindertagesstätte in eine kommunale Einrichtung,

   d) Neubesetzung der Leitungsstelle,

   e) Änderung des Namens der Einrichtung.

   Erläutern Sie, inwieweit die Elternvertretung zu beteiligen ist. Belegen Sie Ihre Einschätzung mit den gesetzlichen Regelungen.

3. Es bestehen klare Vorgaben für die Elternarbeit in der Schule und eher allgemeine Vorgaben für die Arbeit in sozialpädagogischen Einrichtungen. Verdeutlichen Sie, worauf diese unterschiedliche Handhabung zurückgeführt werden kann.

3.2 Konzeptionelle Einbindung

Die meisten pädagogischen Einrichtungen haben das Thema Elternarbeit in ihrer Konzeption verankert. Häufig wird dort konkretisiert, in welcher Form die Einbindung der Eltern in der Einrichtung erfolgt (z. B. Elternabende, Informationsgespräche, Elternbriefe usw.). In Einrichtungen, die von Elterninitiativen getragen werden, wird in der Konzeption zudem die aktive Mitarbeit der Eltern eingefordert.

Elternarbeit aus Erzieherinnen-Perspektive

Die unterschiedliche Motivation der Erzieherinnen für die Elternarbeit fasst Schmitt-Wenkebach (1976) in folgenden Sichtweisen zusammen:

„Ich mache Elternarbeit der Kinder zuliebe"
Dieser Einstellung liegt zum einen die Auffassung zugrunde, dass die Eltern zum Wohle der Kinder ihre Erziehung überdenken und verändern sollten, und zum anderen wird Elternarbeit als ein Bedürfnis der Kinder interpretiert. Die Erzieherinnen sehen sich in der Pflicht, auf die Eltern beratend und korrigierend einzuwirken, um negative Auswirkungen auf die Entwicklung der Kinder zu verhindern. In dieser Haltung kommt eine belehrende Grundhaltung zum Ausdruck, die zu einem missionarischen Eifer in der Elternarbeit führen kann.

Das andere Verständnis dieser Grundhaltung geht vom Stolz der Kinder auf ihre Einrichtung, ihre Gruppe aus. Die Kinder haben das Bedürfnis, den Eltern ihren Bereich zu zeigen und die Eltern mit in den Alltag einzubinden. Die so verstandene Elternarbeit gibt den Eltern und Kindern die Möglichkeit, den Alltag in der sozialpädagogischen Einrichtung gemeinsam zu erleben. Die Erzieherinnen, die bei der Elternarbeit die Kinder im Fokus haben, arbeiten in der Elternarbeit vorwiegend defizitorientiert, d. h. sie versuchen, die bei den Eltern erkannten Erziehungsmängel durch geeignete Maßnahmen entgegenzuwirken (z. B. Einzelgespräche, Hausbesuche, Elternabende mit Referenten sowie Hospitationen und Teilnahme an Festen und Feiern).

„Ich mache Elternarbeit der Eltern zuliebe"
Die Erzieherinnen gehen hier von den Erwartungen der Eltern aus und erkennen einerseits Unsicherheiten und Defizite in der Erziehungsarbeit der Eltern und andererseits den Wunsch, die sozialpädagogische Einrichtung näher kennenzulernen. Um den Eltern gerecht zu werden, bieten die Erzieherinnen im Rahmen von Informationsveranstaltungen Hilfen zur Erziehung in der Familie an (z. B. Vorträge, Seminare, Ausstellungen)  und ermöglichen die Teilnahme am Alltag in der sozialpädagogischen Einrichtung (z. B. Hospitationen, Feste und Feiern, Ausflüge).

„Ich mache Elternarbeit aufgrund gesellschaftlicher Notwendigkeit"
In dieser Aussage wird die gesellschaftliche Wirkung der Arbeit in sozialpädagogischen Einrichtungen zum Ausdruck gebracht. So findet z. B. die Arbeit mit Kleinkindern immer mehr Beachtung in der Öffentlichkeit. Zum einen wird den Kindertagesstätten in Deutschland vorgeworfen, ihren Bildungsauftrag zu wenig wahrzunehmen, was zum Versagen der Kinder in der Schule führe, wie dies weltweite Vergleichsstudien zur Leistungsfähigkeit von Schulkinder belegen. Forderungen nach einer früheren Einschulung werden laut.

Zum anderen werden die Eltern als Interessensvertreter ihrer Kinder und damit als Lobbyisten für die sozialpädagogischen Einrichtungen gesehen. Die kritische, öffentliche Auseinandersetzung mit der Arbeit in sozialpädagogischen Einrichtungen erfordert in der Elternarbeit Aufklärung über das Erziehungskonzept der Einrichtung, die methodischen Ansätze und inhaltlichen Schwerpunkte (z. B. Informationsschriften, Elternbriefe, Informationsveranstaltungen). Elternarbeit als Unterstützung der Einrichtungsinteressen beinhaltet eine enge Zusammenarbeit mit den Eltern (z. B. im Elternausschuss), um die notwendige gesellschaftliche Anerkennung und Unterstützung zu erhalten. Eltern können sich in der Kommunalpolitik sowie beim Träger der Einrichtung für die Einrichtung stark machen, um in Zeiten leerer Kassen dennoch die erforderlichen Mittel zu erhalten. Dies setzt voraus, dass die Eltern als Partner der Erzieherinnen im Kindergarten ernst genommen und eingebunden werden.

„Ich mache Elternarbeit, weil es vorgeschrieben ist"
Diese Erzieherinnen ziehen sich auf eine formale Position zurück. Die Elternarbeit wird als notwendiges Übel verstanden, dem man nur soweit gerecht werden muss, wie es der Gesetzgeber (z. B. im SGB VIII oder in entsprechenden Landesregelungen zur Arbeit in sozialpädagogischen Einrichtungen) vorschreibt. Nach diesem Verständnis werden durch die Elternarbeit Ressourcen der Einrichtung verschwendet, die man lieber den Kindern zu Gute kommen lassen möchte. Auch eine geringe Beteiligung der Eltern an Angeboten der Einrichtung weist scheinbar darauf hin, dass Eltern kein Interesse an der Elternarbeit haben. Warum Energien in die Elternarbeit stecken, wenn sie von den Erzieherinnen als unnötige Belastung und von den Eltern als überflüssiges Angebot gesehen werden? Unmut und eine negative Grundeinstellung verhindern eine Elternarbeit, die mit Engagement, Freude und Überzeugung auf die Eltern zugeht und diese einbindet.

„Ich mache Elternarbeit, weil es mir die Arbeit mit den Kindern erleichtert"
In dieser Sichtweise werden die positiven Auswirkungen der Elternarbeit auf den erzieherischen Alltag deutlich. Elternarbeit dient zur Abstimmung der Erziehungs- und Bildungspartnerschaft zwischen Elternhaus und Einrichtung, die sich gegenseitig ergänzen und nicht gegeneinander arbeiten. Aus diesem Verständnis heraus ist es wichtig, sich gegenseitig zu informieren und den Eltern Angebote zur Optimierung ihres Erziehungsverhaltens zu geben.
(vgl. Schmitt-Wenkebach, 1976, S. 18 f.)

Aus heutiger Sicht können noch folgende Sichtweisen hinzugefügt werden:

„Ich mache Elternarbeit, um die Eltern zufrieden zu stellen"

In dieser Einstellung kommt der Kundengedanke in der Elternarbeit zum Ausdruck und das Bemühen der Einrichtung, die Kundenzufriedenheit zu erhöhen. Kundenzufriedenheit und Kundenbindung werden als zentrale Ziele gesehen. Mit diesem Verständnis ist auch die folgende Aussage verknüpft:

„Ich mache Elternarbeit, um zu wissen, was die Eltern wünschen"

Die Zufriedenheit der Eltern ist davon abhängig, inwieweit es den Erzieherinnen gelingt, die Interessen und Wünsche der Eltern zu erkennen und diese in der Einrichtung zu realisieren. Ergebnisse von mündlichen und schriftlichen Elternbefragungen, die eine umfassende und objektive Beschreibung der Elternwünsche widerspiegeln, werden in der sozialpädagogischen Einrichtung als Planungsinstrument genutzt.

„Ich mache Elternarbeit, weil auch die Eltern Verantwortung für die Arbeit in unserer Einrichtung tragen"

In dieser Aussage werden die Eltern als Erziehungs- und Bildungspartner ernst genommen. Die Eltern werden in partnerschaftlicher Verantwortung mit in die pädagogische Arbeit einbezogen. Dieses Vorgehen verstärkt die Identifikation der Eltern mit der Einrichtung, die sich für die sozialpädagogische Einrichtung engagieren.

Elternarbeit aus Eltern-Perspektive

Aus der Elternperspektive ergeben sich folgende Einstellungen zur Elternarbeit:

„Elternarbeit dem Kind zuliebe"

Hinter dieser Sichtweise werden Schuldgefühle gegenüber dem Kind deutlich. Die Mitwirkung der Eltern an der Elternarbeit soll dem Kind signalisieren, dass sich die Eltern für seinen Bereich interessieren und sich für seine Belange einsetzen.

„Elternarbeit der Erzieherinnen zuliebe"

Werden die Eltern von den Erzieherinnen direkt angesprochen, an Angeboten der Elternarbeit teilzunehmen, dann beteiligen sich die Eltern an den Veranstaltungen, um die Erwartungen der Erzieherinnen nicht zu enttäuschen. Im Rahmen dieser Veranstaltungen nutzen diese Eltern häufig die Gelegenheit, um Näheres über die Entwicklung ihres Kindes zu erfahren.

„Elternarbeit zur Verwirklichung persönlicher Vorstellungen"

Viele Eltern haben konkrete Vorstellungen über die Förderung ihres Kindes in der sozialpädagogischen Einrichtung. Ihre Erwartungen basieren auf einem hohen Leistungsanspruch gegenüber dem Kind und in der Folge auch gegenüber der Einrichtung (z. B. Umfang und Qualität der Hausaufgabenbetreuung im Hort). Aufmerksam verfolgen sie in den Medien wie Elternzeitschriften oder Fernsehberichte die pädagogischen Entwicklungen. Sie überprüfen die Leistungen des Kindes mit ihren Leistungsansprüchen und vergleichen das Angebot in den sozialpädagogischen Einrichtungen mit den neuen Konzepten (z. B. integrative Gruppen, offener Ansatz, Erlebnispädagogik, spielzeugfreier Kindergarten). Die Eltern pochen auf die Verwirklichung neuer Ideen auch in ihrer Einrichtung. Bisweilen verfahren Eltern nach dem Motto: „Je früher man beginnt, umso leichter fällt es den Kindern" und fordern bestimmte Angebote ein. So besteht bei einigen Eltern der Wunsch nach intensiver musikalischer Früherziehung, andere fordern die Vermittlung einer Fremdsprache bereits in der Kindertagesstätte. Die Elternarbeit bietet diesen Eltern die Plattform, ihre Wünsche und Interessen zu vertreten und ggf. durchzusetzen. Für die Erzieherinnen ist der Umgang mit diesen hochmotivierten und fachlich versierten Eltern nicht einfach, da sie sich von ihnen in die Defensive gedrängt fühlen können und glauben, ihre Erziehungsarbeit rechtfertigen zu müssen.

„Elternarbeit aus sozialer Verantwortung"
Nur wenige Eltern verfolgen Elternarbeit uneigennützig aus sozialen Motiven. Im Mittelpunkt steht der Einsatz für die Gemeinschaft und das Engagement für Schwächere. Diese Einstellung kommt z. B. zum Ausdruck, wenn sich die Eltern für integrative Kindergruppen stark machen.

„Elternarbeit als Hilfe in Problem- und Entscheidungssituationen"
Mit dieser Erwartungshaltung treten Eltern an die Erzieherinnen heran, die unsicher sind und für ihre Entscheidung fachliche Unterstützung benötigen. Soll der fünfjährige Michael eingeschult werden oder ist eine Rückstellung sinnvoller? Die vierjährige Sabrina hat Schwierigkeiten bei der Bildung von S-Lauten. Ist eine logopädische Behandlung erforderlich oder ist die Sprachauffälligkeit noch im Bereich des Normalen? Was können die Eltern zur Verminderung der Sprachauffälligkeit beitragen? Wie können die Erzieherinnen in der Kindertagesstätte die Entwicklung der Lautbildung unterstützen? Die Eltern erwarten konkrete Hilfen bzw. Hinweise auf fachkundige Fachdienste, die das Problem beheben können.

Mögliche Konflikte in der Elternarbeit

Die unterschiedlichen Motive der Eltern und Erzieherinnen führen häufig zu Konflikten, wie 64 % der von der Universität Dortmund befragten Erzieherinnen aus Kindertagesstätten bekunden. Am häufigsten löst die Orientierung der Eltern an schulischem Leistungsdenken Auseinandersetzungen aus. Daneben werden Konflikte durch unterschiedliche Erziehungsauffassungen von Eltern und Erzieherinnen sowie durch das mangelnde Interesse der Eltern an der Arbeit in den Einrichtungen und der Elternarbeit ausgelöst. Jeder siebte Konflikt beruht auf den zu hohen Erwartungen der Eltern an die Arbeit der Erzieherinnen mit den Kindern.

Erzieherinnen wurden in einer Kita-Studie des Deutschen Jugendinstituts (2007) befragt, wie wichtig ihnen bestimmte Inhalte der Elternarbeit sind.

Inhalte der Zusammenarbeit	sehr wichtig	wichtig	weniger wichtig/unwichtig
Eltern regelmäßig über Entwicklung und Verhalten ihres Kindes informieren	87,0 %	12,9 %	0,1 %
Eltern über die Gruppe und pädagogische Inhalte der Arbeit informieren	54,0 %	44,0 %	2,0 %
Beratung der Eltern im Hinblick auf andere Stellen oder Dienste (z. B. Erziehungsberatung)	51,7 %	43,8 %	4,5 %
Organisatorisches (z. B. Bring- oder Abholzeiten)	33,8 %	55,2 %	11,0 %
Gemeinsame Aktivitäten (Ausflüge, Basteln usw.)	29,9 %	59,8 %	10,2 %
Austausch zwischen den Eltern anregen	24,2 %	58,5 %	17,3 %
Allgemeine Fragen der Kindererziehung	22,0 %	66,5 %	11,6 %

Bedeutung der Inhalte bei der Zusammenarbeit mit Eltern (Gragert u. a., 2007, S. 18)

Planung der Elternarbeit

Elternarbeit sollte in einer sozialpädagogischen Einrichtung von den Erzieherinnen konzeptionell verankert werden. Zur Planung der Elternarbeit dient folgende Vorgehensweise:

Situations- und Bedarfsanalyse („Wo stehen wir?")
Die Situations- und Bedarfsanalyse setzt sich mit den Eltern, den Teammitgliedern, dem Träger und dem Gemeinwesen auseinander.

Zunächst sollte die Zusammensetzung der Elternschaft (z. B. Familienstrukturen, Familiengröße, Berufe, Erwerbstätigkeit der Eltern, Migrationshintergrund, Bildungsnähe, Wohnsituation) geklärt werden. Dies ist von Bedeutung, um den unterschiedlichen Bedürfnissen der verschiedenen Elterngruppen gerecht zu werden.

Bezogen auf das Team werden die Bedürfnisse der Erzieherinnen, die Kompetenzen und Erfahrungen mit den verschiedenen Formen sowie die derzeit praktizierten Formen der Elternarbeit erfasst. Dabei sollte die Wirksamkeit der praktizierten Formen der Elternarbeit reflektiert werden.

Die Vorstellungen und die Erwartungen des Trägers hinsichtlich der Elternarbeit sind ebenfalls zu berücksichtigen und in die ganzheitliche Betrachtung einzubeziehen (z. B. stärkere Elternmitarbeit bei Renovierungsmaßnahmen, um Kosten zu sparen; Eltern in das kirchliche Gemeindeleben integrieren).

Weiterhin sollte die Situationsanalyse das Gemeinwesen einbeziehen, indem z. B. die psychosozialen Dienste, Beratungsstellen, Schulen oder Selbsthilfegruppen hinsichtlich ihrer Vorstellungen zur Mitwirkung bei der Elternarbeit angesprochen werden.

Zielbestimmung („Wo wollen wir hin?")
Im Team sollte Einvernehmen darüber hergestellt werden, was unter Erziehungs- und Bildungspartnerschaft mit den Eltern verstanden wird. Die Teammitglieder müssen sich auf der Basis der Situations- und Bedarfsanalyse gemeinsam verständigen, welche Ziele mit der Elternarbeit verfolgt werden. Die Zielvorstellungen können hinsichtlich der drei zentralen Bereiche der Elternarbeit (Elternmitarbeit, Elternbildung sowie Elternberatung/ Elterninformation) strukturiert werden.

Allgemeine Ziele (z. B. Partizipation, Transparenz, Erfahrungsaustausch) sollten konkretisiert werden. Es ist z. B. näher zu bestimmen, was unter Partizipation verstanden wird und wie sich die Partizipation im Erziehungsalltag der Einrichtung zeigen sollte.

Die Ziele sind hinsichtlich ihrer Wichtigkeit und Bedeutsamkeit zu bewerten.

Methodenauswahl („Wie gehen wir vor? Welche Formen der Elternarbeit sind zielführend?")
Den Zielen sind entsprechende Formen der Elternarbeit zuzuordnen. Ist ein zentrales Ziel die Stärkung der Partizipation, dann ist zu überlegen, wie Eltern stärker eingebunden werden können und wie die Erzieherinnen den Eltern auf Augenhöhe begegnen. So könnten Elternvertreter an Teamsitzungen teilnehmen, stärkeren Einfluss auf die konzeptionelle Einrichtung haben, ihre Ideen oder Projektvorschläge einbringen.

Jahresplanung („Wann setzen wir die ausgewählten Formen der Elternarbeit ein?")
Im Rahmen der Jahresplanung können diese Aktivitäten zeitlich strukturiert werden.

Qualitätskontrolle („Wie gut ist unsere Elternarbeit? Sind wir auf dem richtigen Weg?") Zur Überprüfung der Qualität der Elternarbeit werden die Eltern direkt angesprochen. Eine schnelle Rückmeldung ist bei thematischen Elternabenden gegeben, wenn nach der Veranstaltung die Eltern ihre Zufriedenheit schriftlich (z. B. Ankreuzverfahren auf vorbereitetem Plakat) oder mündlich (z. B. Abschlussreflexion) kundtun. Um eine umfassendere Einschätzung der Eltern zu erhalten, sollten regelmäßig Elternbefragungen durchgeführt werden (siehe Kapitel 6.4 Befragungen).

(vgl. Textor/Blank, 1996, S. 13 f.ö)

Aufgaben

1. *Vergleichen Sie die Erzieherinnen-Perspektive mit der Perspektive der Eltern. Erläutern Sie die Gemeinsamkeiten und Unterschiede.*

2. *Zeigen Sie auf, in welchen unterschiedlichen Sichtweisen von Eltern und Erzieherinnen in der Elternarbeit Konfliktpotenzial steckt.*

3. *Leiten Sie aus den Befragungsergebnissen des Deutschen Jugendinstituts (2007) Konsequenzen für die Gestaltung der Elternarbeit ab. Begründen Sie Ihre Aussagen.*

4. *Führen Sie den Planungsprozess am Beispiel der Einrichtung, in der Sie ein Praktikum abgeleistet haben, durch.*

3.3 Trägerspezifische Forderung

Für den Träger ist der Betrieb einer sozialpädagogischen Einrichtung mit hohen Kosten verbunden, die durch Elternbeiträge und Zuschüsse nicht gedeckt sind. Kirchliche und private Träger verbinden mit ihrem finanziellen Engagement bestimmte Erwartungen, die auch mit der Elternarbeit verknüpft sind. Elternarbeit kann dem Träger auf vielfältige Weise nutzen.

Erwartungen des Trägers

Einrichtungsqualität
Die Elternmitarbeit kann, wenn die Ressourcen der Eltern erkannt und genutzt werden, zur Verbesserung der Qualität der sozialpädagogischen Einrichtung beitragen. Dies betrifft sowohl die Rahmenbedingungen (z. B. Raumgestaltung, Außengelände, Materialausstattung) als auch die inhaltliche Ausrichtung (z. B. Gestaltung von Arbeitsgemeinschaften durch qualifizierte Eltern).

Weiterentwicklung der Einrichtung
Eltern, die sich in der Erziehungs- und Bildungspartnerschaft einbringen, geben Anregungen zur pädagogischen Ausrichtung der Einrichtung. Zur Verwirklichung der geforderten Inklusion von Kindern mit Beeinträchtigungen können betroffene Eltern z. B. eine Neuorientierung unterstützen und ihre Erfahrungen einbringen.

Kostenreduzierung

Die Elternmitarbeit ist für Einrichtungen, die von Elterninitiativen und Elternvereinen getragen werden, unerlässlich, um die Sachkosten, für die der Träger aufkommen muss, zu vermindern. Zur Instandhaltung der Räume, zur Pflege des Außengeländes oder zur Bereitstellung von Verbrauchsmaterialien können die Eltern durch ihre engagierte Mitarbeit einen wesentlichen Beitrag leisten. Die Mitarbeit führt zudem zu einer stärkeren Identifikation der Eltern mit der Einrichtung.

Finanzielle Unterstützung

Durch Spenden (z. B. Geld- oder Sachspenden, Erlöse durch Kuchenverkauf) können Eltern die Einrichtung in die Lage versetzen, z. B. Anschaffungen zu verwirklichen, die aus dem zur Verfügung stehenden Haushalt der Einrichtung nicht zu finanzieren wären.

Lobbyarbeit durch Eltern

Eltern sind eine Lobby, die auch den Trägerinteressen dienen kann, wenn z. B. die Eltern in der Kommune die finanzielle Unterstützung für die Neugestaltung oder Erweiterung der Einrichtung einfordern.

Einbindung der Eltern in die Trägerarbeit

Vor allem kirchliche und private Träger sehen durch die Elternarbeit eine Chance, Eltern stärker einzubinden. Wenn bei einem Gottesdienst Erzieherinnen und Kinder der Kindertagesstätte mitwirken, dann nehmen häufig auch die Eltern an der Veranstaltung teil und bauen u. U. (wieder) eine Beziehung zur religiösen Arbeit des Trägers auf.

Wertevermittlung

Kirchliche und private Träger gehen mit der Errichtung von sozialpädagogischen Einrichtungen hohe finanzielle Verpflichtungen ein und erwarten, dass die Werte, für die der Träger einsteht, auch in der pädagogischen Arbeit zum Ausdruck kommen. Im Leitbild oder in der Konzeption werden diese Erwartungen des Trägers konkretisiert.

Die Erziehungs- und Bildungspartnerschaft als essentielles Element der Arbeit in den sozialpädagogischen Einrichtungen ist zum einen vom Träger einzufordern, zum anderen muss der Träger das Team dazu qualifizieren, die Erziehungspartnerschaft verantwortungsvoll wahrzunehmen (z. B. durch Fortbildungen oder Supervisionen).

Aufgaben

1. *Verdeutlichen Sie die trägerspezifischen Forderungen einer kommunalen Kindertagesstätte mit der Elternarbeit in einer katholischen Kindertagesstätte oder der in einer Waldorfeinrichtung.*

2. *Zeigen Sie auf, welche Möglichkeiten ein Träger hat, seine Vorstellungen zur pädagogischen Arbeit in der Einrichtung durchzusetzen.*

3.4 Qualitätsverständnis

Die Qualitätsdiskussion wird inzwischen auch in sozialen Einrichtungen geführt. Eine sozialpädagogische Einrichtung wird als Dienstleistungsunternehmen gesehen, das seine Kunden zufriedenstellt und zugesagte Leistungen erbringt. Durch die Auseinandersetzung mit der Qualität rücken die Eltern als Kunden mit ihren Bedürfnissen, Interessen und Wünschen stärker in den Fokus. Im Mittelpunkt steht die Frage nach dem konkreten Nutzen der Angebote für Kinder und Eltern. Die Erzieherinnen haben den Bedarf der Eltern zu ermitteln und ihre Angebote darauf abzustimmen. Frank Jansen und Peter Wenzel sehen darin für die Erzieherinnen die größte Herausforderung, die sie in Zukunft zu bewältigen haben.

(vgl. Jansen/Wenzel, 2000, S. 22 f.)

Trägerverantwortung für die Qualität

Die Träger von sozialpädagogischen Einrichtungen sind für die Qualitätsfeststellung, Qualitätssicherung und Qualitätsweiterentwicklung in ihren Institutionen verantwortlich. Sie sind rechtlich verpflichtet, ihr Angebot auf die Bedürfnisse der Familien abzustimmen und den Aufbau einer Erziehungs- und Bildungspartnerschaft zum Wohlergehen der Kinder zu sichern. Um eine funktionierende Kommunikation zwischen den Familien und den Einrichtungen zu ermöglichen, sind die Eltern an Entscheidungsprozessen in den Einrichtungen zu beteiligen.

Im Qualitätshandbuch für Träger wurden im Sinne der Familienorientierung und Elternbeteiligung für den Träger folgende Qualitätskriterien formuliert:

- Träger und Fachpersonal formulieren gemeinsam ihre fachlichen Standards für die Zusammenarbeit mit Familien,

- Qualitätsstandards werden in vereinbarten Zeitabständen überprüft,

- Eltern mit Migrationshintergrund erhalten wichtige Informationen in ihrer Muttersprache,

- es finden regelmäßig Elternbefragungen bezüglich der Wünsche und Erwartungen statt,

- Eltern werden an der Angebotsentwicklung in der Einrichtung beteiligt,

- die Eltern werden schriftlich zum Beteiligungsverfahren (Elternbeirat, Elternausschuss) informiert,

- Kommunikationsformen zwischen Eltern und Erzieherinnen unterliegen klaren Regeln,

- es findet regelmäßige Elterninformation zur Entwicklung des Kindes statt und

- die Kommunikation zwischen Erzieherinnen und Eltern zur Nutzung des Selbsthilfepotenzials der Familien im Umfeld wird unterstützt.

(vgl. Fthenakis u. a., 2003, Modul 6 "Familienorientierung und Elternbeteiligung")

Unter dem Druck knapper werdender Kassen und einer Zunahme betriebswirtschaftlichen Denkens (z. B. Eltern als Kunden) wird auch im sozialen Bereich die Frage nach der Qualität, Effektivität und Effizienz gestellt. Es bestehen jedoch Probleme, die Qualität in sozialen Einrichtungen exakt zu bestimmen. Nicht alles, was zur Qualität beiträgt, ist objektiv messbar (z. B. emotionale Aspekte in der Beziehung, Qualität der Interaktionen zwischen Eltern und Erzieherinnen).

Dimensionen der Qualität

Die Elternarbeit der Einrichtung zählt zu den Qualitätsmerkmalen einer Institution und ist in der Regel Bestandteil des Überprüfungsverfahrens zur Bestimmung der Einrichtungsqualität. Die Qualität einer Einrichtung muss zunächst hinsichtlich der Dimensionen (Orientierungs-, Struktur-, Prozess- und Ergebnisqualität) differenziert werden. Weiterhin sind überprüfbare Kriterien zu entwickeln, um Qualität messbar zu machen.

In sozialpädagogischen Einrichtungen zeigt sich die Qualität der Elternarbeit anhand folgender Dimensionen. Diese drei Qualitätsdimensionen sind voneinander abhängig und bedingen sich gegenseitig.

Dimension	Orientierungs-qualität (Qualität der Konzeption)	Strukturqualität (Qualität des Potenzials)	Prozessqualität (Qualität des Prozesses)	Ergebnisqualität (Qualität der Produkte)
Einfluss-größen (Beispiele)	• Normen, Gesetze • Wertvorstellungen • Bedürfnisse der Eltern	• Einrichtungsgröße • Qualifikation der Mitarbeiter • Gruppengröße • Räumlichkeiten	• Kommunikation • Umgang mit den Eltern • Gesprächsführung	• Kompetenzverbesserungen der Eltern • Mitwirkung und Mitarbeit von Eltern • Konzeption des Ganztags
Anspruch	„Inwieweit kennen und berücksichtigen wir die Erwartungen der Eltern?"	„Was trauen uns die Eltern zu?"	„Wie werden die Eltern bei der Leistungserbringung eingebunden?"	„Welche Ergebnisse erwarten die Eltern von uns?"

Qualität von Elternarbeit (vgl. Krenz, 2001)

Orientierungsqualität

Die Orientierungsqualität umfasst die Konzeption der Einrichtung, die Wertvorstellungen, Einstellungen und Haltungen der pädagogischen Fachkräfte über die Erziehungs- und Bildungsarbeit in der sozialpädagogischen Einrichtung. Diese Grundorientierungen bestimmen den Umgang miteinander. Nach Strätz (2001) umfasst die Orientierungsqualität fünf Dimensionen:

Orientierungsqualität

- Bildungs- und Erziehungsauftrag der Einrichtung
- Lebensweltorientierung
- Partizipation/Partnerschaftlichkeit
- Integration
- Regionale Bedarfsorientierung

(vgl. Strätz, 2001, S. 41)

Die Einrichtung hat den Auftrag, ihre Orientierung offenzulegen und sie in Handlungsschritte umzusetzen.

Strukturqualität

Die Strukturqualität umfasst die Rahmenbedingungen, unter denen die Elternarbeit erbracht wird. Diese Bedingungen werden durch gesetzliche Vorgaben, Regelungen auf der kommunalen Ebene und Entscheidungen des Einrichtungsträgers bestimmt. Die strukturelle Ebene beinhaltet vorwiegend politisch steuerbare Aspekte der Qualität. Die Strukturqualität (Zeit, Personal, Räumlichkeiten) begrenzt die Handlungsmöglichkeiten für die Elternarbeit.

Bei der Analyse der Qualität in Tageseinrichtungen für Schulkinder hat Strätz (2001) sieben Strukturdimensionen herausgearbeitet:

- Personalausstattung
- Kompetenzen der Fachkräfte
- Arbeitsbedingungen
- Raumstrukturen
- Zeitstrukturen
- Infrastruktur/Vernetzung
- Finanzen

(vgl. Strätz, 2001, S. 41)

Strukturqualität

Prozessqualität

Die Prozessqualität wird von den vorgegebenen Strukturen beeinflusst. Unter Prozesse werden alle Handlungen bezeichnet, die dazu dienen, unter Einsatz der vorhandenen Mittel die festgelegten Ziele in der Elternarbeit zu erreichen. Die Prozesse in der Einrichtung legen fest, was zu tun ist. Verfahren dagegen machen Aussagen, wie (Art und Weise) der Ablauf gestaltet wird. Wird das Augenmerk auf Prozesse gerichtet (Prozessmanagement), dann sind die Prozesse genau zu beschreiben, die Verantwortlichen für die Prozesse zu benennen und die Wechselwirkung mit anderen Abläufen/Schnittstellen zu beachten. Das Prozessmanagement zielt auf eine Steigerung der Effizienz und

Effektivität der Einrichtung ab. Die Abläufe sollen transparenter und die Zusammenarbeit zwischen den beteiligten Personen optimiert werden.

Diese Regelungen sind zu dokumentieren, um Verbindlichkeit und Transparenz zu gewährleisten. Im Bereich der Elternarbeit stehen die Interaktionen mit den Eltern und die Gestaltung der Elternarbeit im Mittelpunkt der Prozessqualität.

Das rechts stehende Schaubild beschreibt die Prozesse bei der Durchführung von Elternabenden und der Durchführung eines Hausbesuchs.

Alle Interaktionen, Kooperationen und Kommunikationsprozesse innerhalb der Einrichtung fließen mit in die Prozessqualität ein. Dabei werden die Formen des partnerschaftlichen Umgangs miteinander und

Wie gut werden Prozessabschnitte der Elternarbeit gestaltet?	
Elternabend	**Hausbesuch**
Elternwünsche	Allgemeine Information
Themenauswahl	Terminvereinbarung
Ablaufplanung	Teilnehmerfestlegung
Auswahl des Referenten	Themenbereiche
Kostenplanung	Durchführung
Einladung	Reflexion
Durchführung	Dokumentation
Auswertung	

die Zusammenarbeit unabhängig von Ort, Zeit und Inhalt der Prozesse erfasst. Zur Prozessqualität gehören Verlässlichkeit und Beziehungskontinuität, Konfliktverarbeitung, Gestaltung von Handlungsbereichen (z. B. Elternabend, Tür-und-Angel-Gespräche, Elternberatung, Gesprächskreise).

Ergebnisqualität

Die Ergebnisqualität beinhaltet eine Analyse, inwieweit die Ziele der Elternarbeit verwirklicht werden. (Soll-Ist-Vergleich). Die Dokumentation der Ergebnisse kennzeichnet die Wirksamkeit und Effektivität der Elternarbeit. In einer Studie zur Qualität für Schulkinder in Tageseinrichtungen wurden drei Dimensionen herausgestellt:

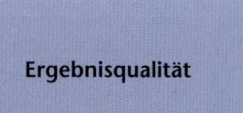

Ergebnisqualität

- **Konzeptionelle Dimension**
  z. B. Analyse des Umfeldes, Konzeptionsentwicklung, Verwirklichung der Elternwünsche

- **Ziel- und Planungsdimension**
  z. B. methodische Kompetenzen der sozialpädagogischen Arbeit im Hinblick auf die Zielerreichung

- **Operationalisierungsdimension**
  z. B. methodische Kompetenzen hinsichtlich der Operationalisierung und Überprüfung der Ziele

(vgl. Strätz, 2001, S. 41)

Den Zusammenhang zwischen Struktur-, Prozess- und Ergebnisqualität verdeutlicht nachfolgendes Schema.

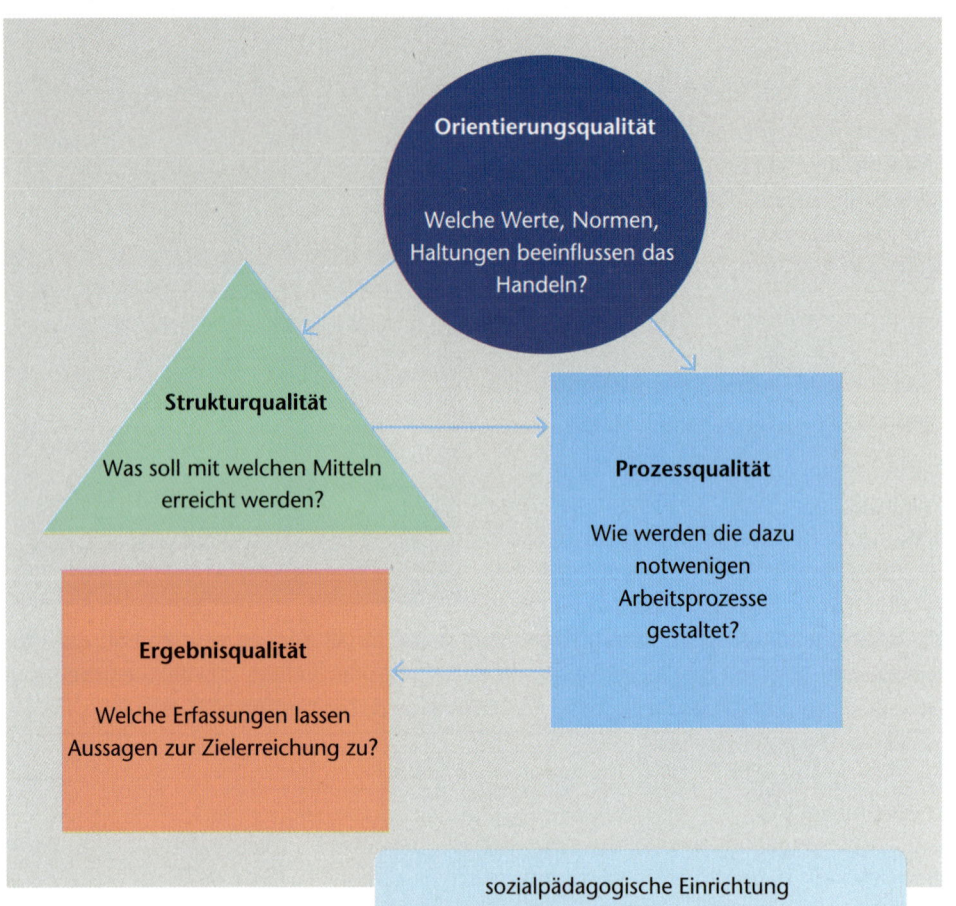

Zusammenhang zwischen Struktur-, Prozess- und Ergebnisqualität (Bernitzke, 2006, S.40)

Überprüfung der Qualität

Zur Überprüfung der Einrichtungsqualität können Beobachtungen, Befragungen oder eine Analyse der Unterlagen und Materialien herangezogen werden. Bezogen auf die Elternarbeit ergeben sich folgende Aktivitäten:

Beobachtungen
Geschulte Beobachter analysieren die Elternkontakte z. B. beim Holen und Bringen der Kinder, bei terminierten Gesprächen oder bei Elternveranstaltungen (z. B. Elternabende, Feiern).

Befragungen

Die Erzieherinnen werden z. B. zur Gestaltung der Elternarbeit, zur konzeptionellen Basis, zum Umfang (Häufigkeit und Dauer der verschiedenen Angebote) oder zur Nutzung der Angebote durch die Eltern befragt. Die Befragung der Eltern überprüft, inwieweit die verschiedenen Angebote der Elternarbeit wahrgenommen und genutzt werden.

Unterlagen und Materialien

Berücksichtigt werden die schriftlichen Elterninformationen (z. B. Elternbriefe, Aushänge), die Dokumentation der pädagogischen Arbeit (z. B. Ergebnisse von terminierten Elterngesprächen), die Fortbildungsaktivitäten zur Gestaltung der Elternarbeit und die Verankerung der Elternarbeit in der Konzeption der Einrichtung.

Auf der Basis von Qualitätskriterien kann der Erfolg in der Erziehungs- und Bildungspartnerschaft mit den Eltern überprüft werden:

Ergebnisqualität	Indikatoren	Überprüfungsverfahren
Eltern bringen sich aktiv in die Elternarbeit ein.	Eltern organisieren ein Elterncafé.	• Beobachtung
	Eltern beteiligen sich an der Gestaltung des Außengeländes.	• Beobachtung • Befragung • Anwesenheitsliste
	Eltern gestalten die Homepage der Einrichtung.	• Beobachtung
	Eltern helfen beim Sommerfest mit.	• Beobachtung • Anwesenheitsliste
	Eltern begleiten bei Ausflügen.	
	Eltern übernehmen Projekte in der Einrichtung.	• Beobachtung • Teilnehmerliste

Die Qualitätsüberprüfung in Kindertagesstätten soll exemplarisch am Beispiel der von Daena Schlecht u. a. (2008) entwickelten Skalen zur Einschätzung dargestellt werden. Dieses Verfahren erfasst die pädagogische Qualität nach internationalen Standards unter Berücksichtigung der Bildungspläne in Deutschland in Kindertagesstätten. Die Überprüfung kann sowohl durch Selbsteinschätzung als auch durch Fremdeinschätzung erfolgen.

Auf der Basis von definierten Kategorien erfolgt eine Einstufung in fünf Qualitätsstufen:

Stufe 1 (akzeptabel)
Stufe 2
Stufe 3 (gut)
Stufe 4
Stufe 5 (sehr gut)

Die Stufe 2 und die Stufe 4 sind Zwischenstufen, wenn nicht alle Kriterien, die unter Stufe 3 oder Stufe 5 zu finden sind, in der Einrichtung erfüllt werden können. Die Zuordnung zu den Qualitätsstufen ist davon abhängig, in welchem Umfang die vorgegebenen Kriterien in der Einrichtung erfüllt werden.

Stufe 1 (akzeptabel)	Stufe 3 (gut)	Stufe 5 (sehr gut)
Stufe 2		Stufe 4
Schriftliche Elterninformationen (Elternbrief, Elternzeitung, Aushang) über die Gruppe bzw. Einrichtung	Eltern werden mit pädagogischer Konzeption vertraut gemacht	Angebot der Hospitation vor der Aufnahme des Kindes
Jährliche Durchführung eines Elternabends bzw. -nachmittags	Zweimal im Jahr Durchführung eines Elternabends bzw. -nachmittags	Jährliche schriftliche Elternbefragung
Unregelmäßige Durchführung von Entwicklungsgesprächen	Jährliche Durchführung von Entwicklungsgesprächen	Durchführung von zwei Entwicklungsgesprächen im Jahr
Respektvoller, positiver Umgang mit den Eltern	Elternmitarbeit bei Ausflügen, Festen	Eltern beteiligen sich an der pädagogischen Arbeit durch Angebote
Unregelmäßige Elterngespräche über Aktivitäten des Kindes	Regelmäßige Elterngespräche über Aktivitäten des Kindes	Tägliche Elterngespräche über Aktivitäten des Kindes
Erzieherin kennt die Familiensituation	Erzieherin unterstützt Erziehungspartnerschaft durch gemeinsame Planung, Absprachen usw.	Eltern sind an Planungs- und Entscheidungsprozessen beteiligt (z. B. als Elternvertreter)
Erzieherin kennt kulturelle und religiöse Besonderheiten	Erzieherin berücksichtigt kulturelle und religiöse Besonderheiten	Erzieherin bezieht kulturelle und religiöse Besonderheiten in ihre pädagogische Arbeit ein

(vgl. Schlecht u. a., 2008, S. 44)

1. Qualität beinhaltet auch die Frage nach der Effektivität und Effizienz der Eltern-arbeit. Erläutern Sie die Begriffe Effektivität und Effizienz. Verdeutlichen Sie an zwei Beispielen, wie Effektivität und Effizienz in der Elternarbeit überprüft werden können.

2. Verdeutlichen Sie den Einfluss der Strukturqualität in der Elternarbeit.

3. Zeigen Sie die Bedeutung des Trägers für die Qualität der Elternarbeit in seinen Einrichtungen auf.

4. Veranschaulichen Sie die Prozessschritte an folgenden Beispielen: Aufnahmege-spräch und Erstellung einer Kita-Zeitung.

5. Die Erfassung der Qualität erfolgt durch Beobachtungen, Befragungen und die Analyse von Materialien. Verdeutlichen Sie, wie diese Erfassungsinstrumente mög-lichst objektiv zur Überprüfung der Elternarbeit eingesetzt werden können.

4 Die Rolle der Eltern

Die Elternrolle hat sich in den letzten Jahrzehnten grundlegend verändert. Dies gilt sowohl für die Rollenbeziehung gegenüber der Einrichtung als auch der Geschlechterrolle in der Gesellschaft sowie dem Verständnis der Elternrolle gegenüber dem Kind.

Soziale und individuelle Rolle

Definition
Die soziale Rolle besteht aus Normen und Erwartungen, die an das Verhalten eines bestimmten Rollenträgers (oder an eine bestimmte Position) in einer Gruppe gerichtet sind. Die individuelle Rolle kennzeichnet die Normen und Erwartungen, die an das Verhalten einer bestimmten Person in einer bestimmten zukünftigen Situation gerichtet werden. Die Erwartungen haben sich dabei aus früheren ähnlichen Situationen entwickelt.

Beispiel: *Die verschiedenen Elternrollen werden im Folgenden am Beispiel von Jürgen Müller verdeutlicht, dessen vierjähriger Sohn Lars die katholische Kindertagesstätte Arche Noah besucht. Herr Müller wurde von der Elternschaft als Vertreter gewählt und er ist Vorsitzender des Elternausschusses. Die Kita wird durch einen Förderverein unterstützt. Herr Müller ist seit einem Jahr aktiv im Förderverein aktiv.*

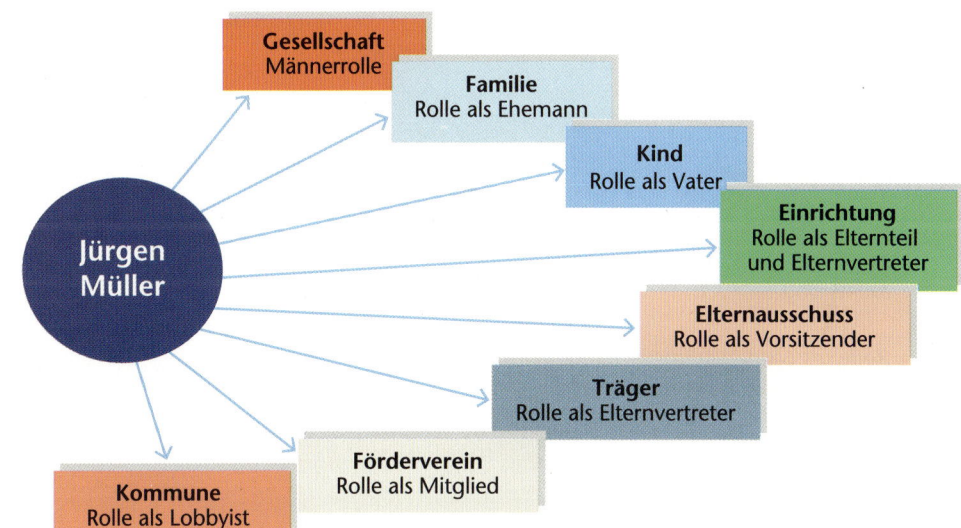

Bezogen auf seine Elternrolle lassen sich für Herrn Müller in den verschiedenen Situationen acht unterschiedliche Rollen identifizieren.

Geschlechterrolle

In der Gesellschaft ist ein deutlicher Rollenwandel erkennbar. Die Rolle des Mannes, der für den finanziellen Erhalt der Familie sorgt und die Erziehung des Kindes der Ehefrau überlässt, ist überholt. Inzwischen tragen beide Elternteile zur finanziellen Sicherung der Familie bei und der Vater trägt ebenso wie die Mutter die Erziehungsverantwortung.

Rolle als Ehemann
An die Stelle einer hierarchischen Familienstruktur ist die partnerschaftliche Beziehung zwischen den Ehepartnern getreten.

Vaterrolle
Herr Müller nimmt die Erziehungsverantwortung für Lars wahr, indem er sich intensiv mit seinem Sohn beschäftigt und das Erziehungsverhalten mit seiner Ehefrau abstimmt.

Elternrolle
Am Aufnahmegespräch in der Kindertagesstätte Arche Noah haben beide Elternteile teilgenommen. Herr Müller kommt, soweit es seine beruflichen Verpflichtungen erlauben, zu den Elternveranstaltungen der Kindertagesstätte. Wenn seine Frau, die in Teilzeit arbeitet, Lars nicht bringen oder abholen kann, übernimmt Herr Müller diese Aufgabe und nutzt dies zu Tür-und-Angel-Gesprächen.

Rolle als Elternvertreter
Beim Abholen des Kindes wurde Herr Müller von der Gruppenerzieherin gefragt, ob er bereit wäre, im Elternausschuss mitzuwirken. Dabei wurden ihm die Aufgaben des Elternausschusses erläutert. Beim nächsten Elternabend hat sich Herr Müller bei der Wahl des Elternausschusses aufstellen lassen und wurde gewählt. Er trifft sich regelmäßig mit den anderen gewählten Eltern und der Leiterin der Kindertagesstätte.

Rolle als Vorsitzender des Elternausschusses
In der konstituierenden Sitzung des Elternausschusses wurde Herr Müller zum Vorstzenden gewählt. In dieser Funktion nimmt er an verschiedenen Teambesprechungen teil, lädt zu den Treffen des Elternausschusses ein und bringt die Elterninteressen auch gegenüber dem Träger zum Ausdruck. Im Pfarrgemeinderat hat sich Herr Müller für den Anbau eines Turnraums eingesetzt.

Rolle als Fördervereinsmitglied
Im Förderverein bringt Herr Müller seine Ideen zur Unterstützung der pädagogischen Arbeit in der Kindertagesstätte ein. Als Mitglied des Fördervereins organisiert Herr Müller z. B. eine Tombola, um mit Spendenmitteln neue Spielgeräte für das Außengelände anschaffen zu können.

Rolle als Lobbyist
Herr Müller spricht als Vertreter von Kita-Interessen verschiedene Mitglieder des Jugendhilfeausschusses an, damit die Aufwendungen für den Anbau des Turnraumes durch die Kommune bezuschusst werden.

Auch in der Elternarbeit werden unterschiedliche Erwartungen an den Rolleninhaber deutlich. In den verschiedenen Definitionen der Elternarbeit kommen die jeweiligen Sichtweisen im Verhältnis Erzieherinnen und Eltern zum Ausdruck, die sich in der Elternrolle als Lernende, Partner, Kunden, ehrenamtlich Helfende, Lobbyisten, Elternvertreter oder Arbeitgeber zeigen.

4.1 Eltern als Lernende

In den 1980er Jahren war die Elternarbeit durch eine belehrende Grundhaltung gekennzeichnet, die in folgender Definition der Elternarbeit deutlich wird.

> *Definition*
> *Elternarbeit als ...*
> - *die Summe aller pädagogischen Angebote für Eltern und Bemühungen zur Verbesserung des elterlichen Erziehungsverhaltens,*
> - *die Offenlegung und Abstimmung der Erziehung zwischen Familien und außerfamiliären Erziehungseinrichtungen, und*
> - *die Verbesserung der Erziehungssituation in außerfamiliären Einrichtungen unter Einbeziehung der Eltern.*
> *(vgl. Furian, 1982, S. 12 f.)*

In diesem Verständnis der Elternarbeit wird deutlich, dass es um die Optimierung des elterlichen Erziehungsverhaltens geht. Erzieherinnen und Eltern begegnen sich nicht auf Augenhöhe. Den qualifizierten Erzieherinnen stehen unwissende Eltern gegenüber, deren Erziehungspraktiken zu hinterfragen und zu verbessern sind. Elterninformation und -beratung sowie Erziehungsbildung stehen deshalb im Vordergrund der Elternarbeit. So stellen vor allem thematische Elternabende eine gute Möglichkeit dar, umfassend über problematische Erziehungssituationen zu sprechen und über richtiges pädagogisches Verhalten zu informieren (z. B. zu Themen wie „Mein Kind ist aggressiv", „Trotzverhalten", „Gesunde Ernährung", „Das Lernen lernen"). Eine logische Fortsetzung dieses Vorgehens besteht im Elterntraining, bei dem Eltern ihr pädagogisches Handeln kritisch überprüfen können und zu einem pädagogisch angemesseneren Erziehungsverhalten angeleitet werden.

Das Einbeziehen der Eltern in die pädagogische Arbeit der Einrichtung, eine partnerschaftliche Verantwortung für die Erziehung, Betreuung und Bildung der Kinder ist in diesem Verständnis der Elternarbeit nicht beabsichtigt, da Eltern keine für die Einrichtung relevanten Kompetenzen zugestanden werden. Eltern, die sich in die pädagogische Arbeit einmischen, werden hier als Störenfriede gesehen.

Aufgaben

1. Stellen Sie grafisch die Beziehung zwischen den Eltern und den Erzieherinnen dar.

2. In der Fernsehsendung „Die Super-Nanny" erhalten Eltern Erziehungstipps, um herausfordernde Erziehungssituationen besser bewältigen zu können. Sollten die Erzieherinnen Ausschnitte aus dieser Reihe für thematische Elternabende heranziehen? Stellen Sie die Pro- und Kontra-Argumente gegenüber.

3. Ordnen Sie die verschiedenen Formen der Elternarbeit (siehe Kapitel 5) der Sichtweise „Eltern als Lernende" zu.

4.2 Eltern als Partner

Die Bezeichnung Erziehungs- und Bildungspartnerschaft weist darauf hin, dass Eltern und Erzieherinnen im Hinblick auf das Kind vergleichbare Ziele verfolgen, dabei ihre unterschiedlichen Stärken und Kompetenzen einbringen und als gleichberechtigte Partner zum Wohle des Kindes handeln.

Günter Stürmer berücksichtigt die veränderte Einstellung zu den Eltern, wenn er in seiner Definition die Elternarbeit im Bereich der Kindertagesstätte und Krippe folgendermaßen kennzeichnet:

> *Definition*
> *Elternarbeit ...*
> * *umfasst die Gesamtheit der Angebote einer Kindertageseinrichtung an die Familien ihres Einzugsgebietes.*
>
> * *ist elementarer Bestandteil der pädagogischen Arbeit, die auf die Betreuung, Erziehung und Bildung ausgerichtet ist.*
>
> * *beruht auf der konstruktiven, partnerschaftlichen und dialogischen Kooperation zwischen Eltern und Erzieherinnen.*
>
> *Elternarbeit beinhaltet ...*
> * *Informationen über die Einrichtung.*
>
> * *die Abklärung gegenseitiger Erwartungen.*
>
> * *eine aktive Mitwirkung der Eltern.*
>
> * *Begegnungsmöglichkeiten für Eltern.*
>
> * *die Unterstützung anderer sozialer Netzwerke im Gemeinwesen.*
>
> *(vgl. Stürmer, 2001, S. 14)*

Dieses Verständnis nimmt die Eltern als Partner ernst und schafft Raum für eine konstruktive Zusammenarbeit zum Wohl des Kindes. Eine Partnerschaft zeigt sich darin, dass Erzieherinnen und Eltern trotz unterschiedlicher Voraussetzungen in der Bildung und Erziehung des Kindes zusammenarbeiten. In diesem partnerschaftlichen Verhältnis hat jeder Erziehungspartner unterschiedliche Kompetenzen, Fähigkeiten oder Bildungsvoraussetzungen, die aber zum Wohl des Kindes gemeinsam eingebracht werden. Die Elternbildung kann einen wichtigen Beitrag dazu leisten, dass die Eltern das erzieherische Handeln, die pädagogischen Konzepte und die Ziele der Erzieherinnen besser verstehen. Nur dann können die Eltern auf die pädagogische Arbeit Einfluss nehmen.

Eine Erziehungspartnerschaft stellt die Kooperation in den Mittelpunkt, auch wenn durchaus eine Konkurrenzsituation zwischen der Mutter (als Ersterzieherin), die sich bis dahin hauptsächlich um das Kind gekümmert hat, und der Erzieherin (als Zweiterzieherin), die zeitlich begrenzt für das Kind die Erziehungsverantwortung wahrnimmt, entstehen kann. Oft sind die Eltern betroffen, weil sich das Kind bei der Erzieherin scheinbar wohler fühlt als bei der Mutter, z. B. wenn es sich beim Bringen sofort freudig der Erzieherin zuwendet und die Mutter unbeachtet ohne Verabschiedung stehen lässt. Die Erzieherin muss sich darüber im Klaren sein, dass die Kinder, für die sie verantwortlich ist, nicht „ihre Kinder" sind. Letztendlich tragen die Eltern die Erziehungsverantwortung.

Die Erziehungspartnerschaft kann Familien stabilisieren. Dies kann vor allem dann gelingen, wenn in der Einrichtung über den Kontakt zwischen den Eltern soziale Netzwerke geknüpft und dadurch Grundlagen für die Familienselbsthilfe geschaffen werden.

Eine Erziehungspartnerschaft kann auch Ausdruck einer systemischen Sichtweise sein, die das Erziehungsgeschehen in der Familie und in der Einrichtung ganzheitlich bewertet. Veränderungen in den beiden Lebensbereichen des Kindes beeinflussen sich gegenseitig. Gravierende Veränderungen in der Familie (z. B. Trennung der Eltern), können sich wiederum auf das Verhalten des Kindes auch in der Einrichtung auswirken.

Die fünf Säulen entwicklungsfördernder Erziehung

Eine Erziehungspartnerschaft kann nur dann gelingen, wenn Eltern und Erzieherinnen in ihrem Erziehungsverständnis weitgehend übereinstimmen. Eine gute Grundlage für das gemeinsame erzieherische Handeln ergibt sich aus dem Modell der fünf Säulen entwicklungsfördernder Erziehung von Tschöpe-Scheffler (2007, S. 40 f.):

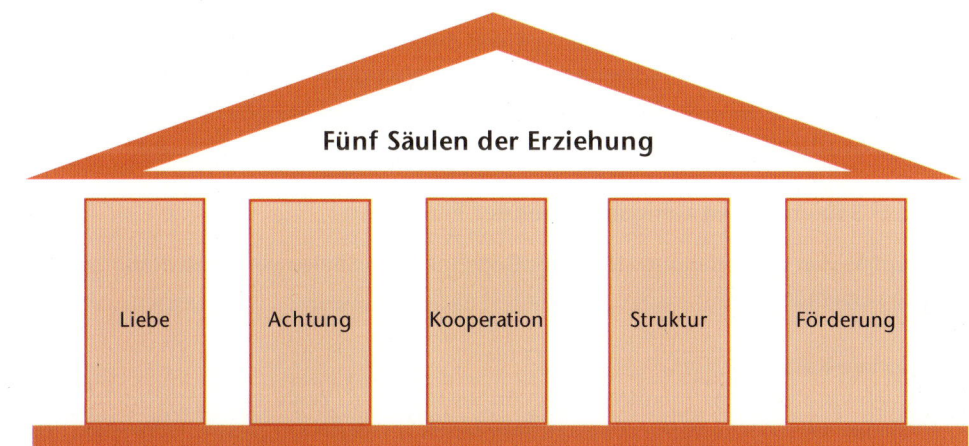

Liebe und emotionale Wärme
Grundlegend für jede Erziehung ist die emotionale Wärme, auf der jegliches Lernen im Entwicklungsverlauf beruht. Die Erziehungs- und Bildungsprozesse entwickeln sich am besten in einer liebevollen und fürsorglichen Beziehung, in der Wohlwollen und echte Anteilnahme zum Ausdruck kommen.

Achtung und Respekt

Die Anerkennung der kindlichen Persönlichkeit und seiner Individualität führt zur Achtung des Kindes. Erzieherisches Handeln umfasst auch Kritik am kindlichen Verhalten. Die korrigierende Erziehung darf aber nie mit einer Missachtung der kindlichen Persönlichkeit einhergehen. Mit dem „Eigen-Sinn" des Kindes wird respektvoll umgegangen.

Kooperation

Die Erziehenden beziehen das Kind in Entscheidungen ein, sie erklären Zusammenhänge und befähigen das Kind, einen eigenen Standpunkt zu vertreten. Das Kind kann dadurch im Entwicklungsverlauf immer mehr Selbstverantwortung übernehmen. Dazu müssen Erziehende den entsprechenden Freiraum lassen und Einschränkungen des Kindes selbstkritisch hinterfragen.

Struktur und Verbindlichkeit

Durch Strukturen (z. B. Rituale, Handlungsgewohnheiten, Vereinbarungen, Regeln) erhält das Kind Orientierungshilfen und Handlungssicherheit. Grenzen sind in der Erziehung notwendig, dürfen aber nicht zu einem dirigistischen Verhalten der Erziehenden ohne Entwicklungsfreiraum führen. Grenzüberschreitungen sind mit Konsequenzen zu versehen.

Allseitige Förderung

Anregungen durch die Umwelt sprechen das Neugierverhalten des Kindes an und wecken die Freude am Entdecken der Welt und der Kultur. Eine selbstgesteuerte Entwicklung sollte durch die Erziehenden ermöglicht und unterstützt werden, ohne das Kind zu überfordern. Dazu muss eine anregende Umgebung für das Kind geschaffen werden, die das Kind ganzheitlich anspricht.

Die fünf Säulen entwicklungshemmender Erziehung

Den fünf Säulen der Erziehung stehen als Gegenpole die Säulen einer entwicklungshemmenden Erziehung:

Emotionale Kälte

Die Ablehnung und das Ignorieren des Kindes führen zu physischer, psychischer und emotionaler Vernachlässigung. In einer anderen Form der emotionalen Kälte dient das Kind zur Befriedigung eigener emotionaler Bedürfnisse. Das Kind erfährt überbehütende, einengende Erziehungsmaßnahmen, die keinen Freiraum zur eigenen Lebensgestaltung lassen.

Missachtung

Geringschätzende Bemerkungen und abwertende Kommentare entwürdigen und erniedrigen das Kind. Das Kind, das den eigenen Erwartungen nicht entspricht, wird z. B. vor anderen Personen bloßgestellt. Dies kann Minderwertigkeitsgefühle und Unsicherheit auslösen und die Entwicklung eines gesunden Selbstvertrauens verhindern.

Dirigismus

Die Erziehenden geben kompromisslos den Weg vor, den das Kind zu bestreiten hat. Die Meinung, die Argumente oder Ideen des Kindes bleiben unbeachtet und ungehört. Zur Durchsetzung des Erwachsenenwillens werden Sanktionen, Verbote und Entzugsstrafen eingesetzt. Das kindliche Autonomiestreben wird systematisch torpediert.

Chaos und Beliebigkeit

Wo Strukturen fehlen, machen sich Chaos und Beliebigkeit breit. Eine Laissez-faire-Haltung der Erziehenden gibt dem Kind keine Orientierung. Grenzenlose Freiheit führen zur mangelnden Selbstorganisation, Unzuverlässigkeit und Unsicherheit. Das Verhalten der Erziehenden ist für das Kind nicht durchschaubar und drückt keine Wertschätzung für das Kind aus.

Einseitige (Über-)Förderung und mangelnde Förderung

Übertriebene Leistungsansprüche können schnell zu einer Überforderung des Kindes führen. „Möglichst früh, möglichst viel" ist die Handlungsstrategie, die zu unzähligen von außen gesteuerten Angeboten führt. Die Erzieherinnen sollten in diesem Fall im Gespräch mit den Eltern auf die beiden Säulen entwicklungsfördernder und entwicklungshemmender Erziehung eingehen und gemeinsam eine Verständigung in der gemeinsamen Erziehungs- und Bildungspartnerschaft mit den Eltern suchen.

Die Ausgangslage der beiden Erziehungs- und Bildungspartner ist recht unterschiedlich. Während die Eltern eine umfassende Verantwortung für die Pflege und Erziehung ihrer Kinder haben, sind die Erzieherinnen familienergänzend tätig. Ihre Verantwortung für das Kind ist im Tagesverlauf zeitlich befristet, die Eltern sind dagegen durchgängig verantwortlich. Die Verantwortung für das anvertraute Kind ist auf wenige Jahre befristet, die Eltern sind dagegen tragen langfristig und über viele Jahre hinweg die Erziehungsverantwortung. Während die Erzieherinnen zumeist professionell rational begründet handeln, sind Eltern in ihrem Erziehungsverhalten stärker emotional und spontan.

Partnerschaft umfasst auch Partizipation, d. h. Teilhabe an der Gestaltung und Entwicklung der Einrichtung. In diesem Verständnis nehmen Eltern demokratische Rechte wahr, wenn sie die eigenen Vorstellungen mit den Belangen der Gemeinschaft in Einklang bringen müssen. In der Einrichtung sollte eine Beteiligungskultur entwickelt werden, in der die Teilhabe der Eltern klar geregelt und gelebt wird.

Grundsätze einer partizipativen Elternarbeit

- Das Wohl des Kindes steht im Zentrum (optimale Förderung der kindlichen Potenziale)

- Gegenseitige Akzeptanz von Eltern und Erzieherinnen als Experten, die aus unterschiedlichen Perspektiven auf das Kind schauen

- Offenheit gegenüber Eltern mit Migrationshintergrund und Berücksichtigung von unterschiedlichen Lebenswelten und Wertesystemen

- Entwicklung einer vertrauensvollen Beziehung und Offenheit auf der Basis gegenseitiger Akzeptanz und Geduld im Umgang miteinander

- Kontinuität in der Kooperation zwischen Erzieherinnen und Eltern

- Einbeziehung und Aktivierung der Eltern als gleichberechtigte Erziehungs- und Bildungspartner bei der Gestaltung der Einrichtung und in Entscheidungsprozesse

(vgl. Arnhold u. a., 2010, S. 13)

Weitere wichtige Kriterien und Grundsätze

Schweigepflicht

Eine Erziehungspartnerschaft kann nur dann aufgebaut werden, wenn zwischen den beiden Partnern ein Vertrauensverhältnis besteht. Dieses Vertrauen setzt die Beachtung der Schweigepflicht voraus. Die Eltern müssen sich sicher sein, dass persönliche Informationen nicht gegen ihren Willen an Dritte weitergegeben werden. Die Erzieherinnen sollten deshalb nur dann vertrauliche Informationen weiterleiten, wenn ihnen eine schriftliche Entbindung ihrer Schweigepflicht vorliegt. Nur wenn das Wohl des Kindes akut gefährdet ist, ist die Erzieherin verpflichtet, Informationen weiterzugeben.

Vertrauensbildung

Die Entwicklung einer vertrauensvollen Beziehung zwischen Eltern und Erzieherinnen ist von vielen Einflussgrößen abhängig. Der Vertrauensaufbau wird stark von Persönlichkeitsmerkmalen der beiden Erziehungspartner bestimmt. Offenheit und Ehrlichkeit, Verschwiegenheit und Zuverlässigkeit, Sympathie und Wertschätzung sind wichtige Elemente, die im persönlichen Kontakt bei vielfältigen Gesprächsanlässen (z. B. Tür-und-Angel-Gespräche, terminierte Einzelgespräche, Gespräche bei Festen) erkennbar werden und zu einem vertrauensvollen Verhältnis führen. Der Prozess der Vertrauensbildung ist bei Eltern erschwert, die mit anderen Einrichtungen oder Behörden bereits negative Erfahrungen gesammelt haben. Bei einer vertrauensvollen Erziehungspartnerschaft gehen die Gespräche über das Verhalten des Kindes hinaus und thematisieren auch familiäre oder persönliche Probleme.

Persönliche Anrede

Partnerschaft und freundschaftliche Beziehungen sind im Alltag mit einer vertraulichen Anrede (Du) verbunden. Für manche Erzieherinnen drückt das Duzen eine Beziehung auf Augenhöhe aus, so dass sich für sie die Du-Anrede als logische Folge aus der Erziehungspartnerschaft mit den Eltern ergibt. In unserer Kultur kennzeichnet das Du eine freundschaftliche Beziehung, die sich erst entwickeln muss. Die Sie-Anrede dagegen ist mit einer gewissen Distanz und Respekt voreinander verbunden.

Die Du-Anrede kann in folgenden Konstellationen problematisch sein:
- am Anfang der Erziehungspartnerschaft,
- bei großen Altersabständen zwischen Eltern und Erzieherinnen,
- bei einem deutlichen Autoritätsgefälle (z. B. Praktikantin – Führungskraft),
- bei persönlicher Abneigung.

(vgl. Dusolt, 2008, S. 19 f.)

Die Erzieherinnen sollten kritisch prüfen, inwieweit das Du als übliche Anredeform für die Eltern sinnvoll ist. Es ist durchaus möglich, auf der Sie-Ebene eine vertrauensvolle Erziehungspartnerschaft aufzubauen und im Respekt voreinander zu pflegen.

Der Begriff der Erziehungs- und Bildungspartnerschaft unterscheidet sich vom allgemeinen Partnerschaftsverständnis. Die Erziehungspartnerschaft ist zeitlich befristet und nicht auf Dauer angelegt. Die Beziehung definiert sich nur über das Kind als Bindeglied. Wenn das Kind die Einrichtung verlässt, endet diese Partnerschaft. Es handelt sich dabei um eine lockere Beziehung mit einer geringen Bindungsqualität, die eher rational als emotional begründet ist.

Erwartungsmodell der Erziehungs- und Bildungspartnerschaft

Das Erwartungsmodell verdeutlicht die Einflussgrößen, die sich auf die Elternarbeit und damit auf die Erziehungs- und Bildungspartnerschaft zwischen Eltern und Erzieherinnen auswirken. Entscheidend für das Engagement der Eltern ist ihre Bewertung der Selbstwirksamkeit, d. h. wie zuversichtlich die Eltern sind, dass sie etwas bewirken können. Weiterhin ist für das Elternengagement bedeutsam, wie sie ihre Elternrolle verstehen. Die Eltern sind umfassend für die Versorgung und Erziehung ihrer Kinder zuständig. Die Wahrnehmung dieses Erziehungsauftrags kommt sowohl im Engagement für die Elternarbeit als auch im Verhalten gegenüber dem Kind (Eltern-Kind-Interaktion) zum Ausdruck. Auf der anderen Seite sind die Erzieherinnen gehalten, den Vorgaben (gesetzliche Regelungen, Trägervorgaben, Konzeption der Einrichtung) gerecht zu werden. Das persönliche Verständnis ihrer Rolle als Erzieherin verbunden mit den Vorgaben zur Elternarbeit zeigt sich im Engagement der Erzieherinnen bei der Elternarbeit. Die individuelle Rolleninterpretation wird in der Interaktion zwischen der Erzieherin und den Kindern deutlich. Die praktizierte Elternarbeit wird in vielfältigen Formen begründet und entwickelt die Erziehungs- und Bildungspartnerschaft zum Wohle des Kindes. Im Zentrum aller Anstrengungen steht das Kindeswohl.

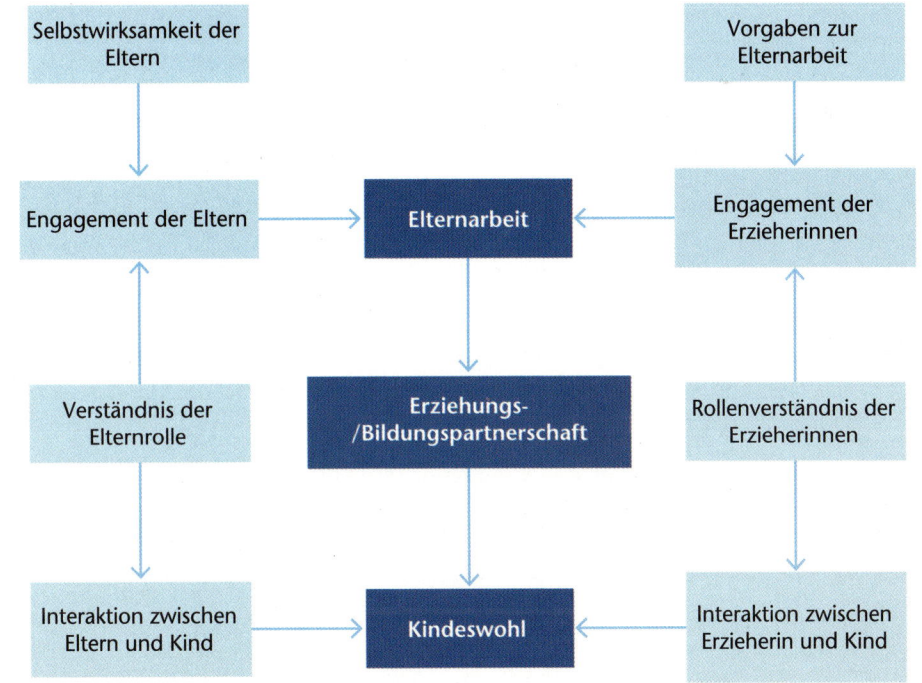

Erwartungsmodell der Erziehungs- und Bildungspartnerschaft

Aufgaben

1. *Im Mittelpunkt des partnerschaftlichen Handelns von Erzieherinnen und Eltern steht das Wohl des Kindes. Definieren und erläutern Sie den Begriff Kindeswohl.*

2. *Die systemische Sichtweise verknüpft die Erziehungssituation in der Familie mit der in der Einrichtung und verdeutlicht die wechselseitige Abhängigkeit. Stellen Sie diese Beziehung grafisch (z. B. als Mobile) dar. Verdeutlichen Sie, wie sich Veränderungen in der Familie oder in der Einrichtung auswirken können.*

3. *Ordnen Sie die verschiedenen Formen der Elternarbeit (siehe Kapitel 5) der Sichtweise Eltern als Partner zu.*

4. *Sie möchten mit den fünf Säulen entwicklungsfördernder Erziehung zu einer gemeinsamen Erziehungsbasis gelangen. Verdeutlichen Sie, wie Sie vorgehen. Veranschaulichen Sie die verschiedenen Säulen durch Beispiele.*

4.3 Eltern als Kunden

Eltern können als Kunden gesehen werden, die mit der sozialpädagogischen Einrichtung eine Dienstleistung vereinbaren (siehe Jansen/Wenzel, 2000). Sie sind somit Auftraggeber, die bestimmte Erwartungen an die von ihnen bezahlte Dienstleistung haben. In Zeiten der Überversorgung, wenn mehr Betreuungsplätze zur Verfügung stehen als benötigt werden, erhöht sich die Wettbewerbs- und Konkurrenzsituation zwischen den sozialpädagogischen Einrichtungen. Kundenorientierung ist dann das Gebot der Stunde und der Öffentlichkeitsarbeit kommt eine hohe Bedeutung zu. Die Erzieherinnen müssen ihr Dienstleistungsangebot transparent machen und öffentlichkeitswirksam präsentieren, um neue Kunden zu gewinnen.

Unter dem Kundenaspekt definieren Jansen und Wenzel die Elternarbeit folgendermaßen:

Definition
Elternarbeit ...

* *umfasst in einem sozialen Dienstleistungsunternehmen alle Aktivitäten der Einrichtung, um den Kundenwünschen gerecht zu werden und die Kundenzufriedenheit zu erhöhen.*

* *beinhaltet die Erfassung und Umsetzung der Elternwünsche und nimmt die Elterninteressen ernst.*

- *heißt, die Eltern als Kunden bei der Entwicklung von neuen bedarfsgerechten Angebots- und Betreuungsformen einzubeziehen.*

- *wird getragen von einem freundlichen, zuvorkommenden Umgang der Erzieherinnen mit den Eltern, für deren Interessen großes Verständnis entgegengebracht wird.*

(vgl. Jansen/Wenzel, 2000, S. 40 f.)

Die Eltern sind nicht auf ein bestimmtes Betreuungsangebot angewiesen, denn es gibt ein breites Betreuungsspektrum, das im Hinblick auf Öffnungszeiten, Konzeption usw. deutliche Unterschiede aufweist. Die Einrichtungen stehen untereinander in einem Wettbewerb um den Zuspruch der Eltern. In dieser Wettbewerbssituation werden Einrichtungen langfristig überleben, denen es gelingt, ein Dienstleistungsangebot zu entwickeln, das den Bedürfnissen der Kunden (Eltern und Kindern) entspricht. Die Arbeitsplätze von Erzieherinnen hängen von den Entscheidungen der Eltern als Kunden ab. Bei einer rückläufigen Kinderzahl werden Gruppen geschlossen und Mitarbeiter freigesetzt. Zwar führt die Alterserweiterung in den Kindertagesstätten (d. h. die Schaffung von Plätzen für unter Dreijährige) zurzeit zu einem deutlichen Mangel an Betreuungsplätzen und die Zahl der ausgebildeten Fachkräfte reicht nicht aus, der Nachfrage von Kindertageseinrichtungen als Arbeitgeber gerecht zu werden. Doch mittel- und langfristig wird der Rückgang der Kinderzahlen zu einem Überhang an Erziehungsfachkräften führen.

Wenn Eltern als Kunden ernst genommen werden, muss sich das Vorgehen der Erzieherinnen an betriebswirtschaftlichen Strategien ausrichten. Am Anfang steht die Bedarfsanalyse mit einer Situationsanalyse. Eine umfassende Situationsanalyse ist der Ausgangspunkt für die richtigen Marketingentscheidungen. Dabei sind externe Faktoren (z. B. Elternwünsche, Entwicklung der Kinderzahlen, Zuschüsse) und interne Faktoren (z. B. Angebotsformen, finanzielle Mittel, Personalzusammensetzung sowie Räumlichkeiten) zu analysieren. Zunächst muss ein Überblick über den Gesamtmarkt an Betreuungsmöglichkeiten erstellt werden. Es ist abzuklären, welche sozialpädagogischen Angebote für welchen Personenkreis im Einzugsgebiet der Einrichtung bestehen.

Eine Abgrenzung des Angebotsmarktes kann unter Berücksichtigung folgender Fragestellungen erfolgen:

- Welche Angebotsformen bestehen?
- Warum werden die Angebotsformen genutzt? (Motive der Eltern)
- Wer entscheidet über die Nutzung des Angebots?
- Wie hoch ist die Nachfrage nach dem Angebot?

Das Prinzip von Angebot und Nachfrage lässt sich in Anlehnung an Jansen/Wenzel wie folgt kennzeichnen:

(vgl. Jansen/Wenzel, 2000)

Zur Entwicklung von bedarfsgerechten Angeboten müssen die Abnehmer des Angebots (Eltern, Jugendämter) im Hinblick auf ihr Entscheidungsverhalten näher analysiert werden. Im Bereich des Marketings werden z. B. folgende Bestimmungsfaktoren unterschieden:

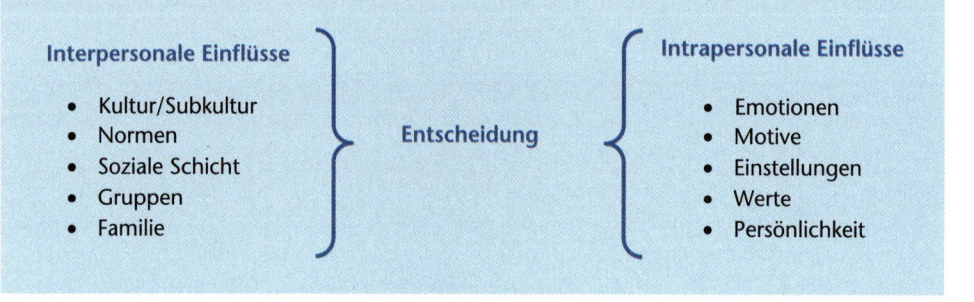

Zur Bewertung der Chancen und Risiken von Angeboten werden vor allem externe Einflussgrößen berücksichtigt. Dies ist jedoch in Zeiten eines starken Wandels nicht unproblematisch. Eine Chancen-Risiken-Analyse beeinflusst zum einen die Planung neuer Angebote (Vermeidung negativer Entwicklungen wie z. B. Überkapazitäten) und bildet zum anderen die Grundlage, um strategisch zu handeln (z. B. Zusagen von Aufsichtsbehörden, Vereinbarung über Zuschüsse).

Die Analyse im sozialpädagogischen Bereich zeigt, dass die Eltern als Kunden keine homogene Gruppe darstellen. Eltern unterscheiden sich sehr stark in ihren Wünschen und Interessen. Ihre Erwartungen beruhen auf unterschiedlichen Bildungsbiografien, Werteorientierungen, kulturellen Einflüssen, Bildungs- und Erziehungsvorstellungen oder Erfahrungen mit sozialpädagogischen Einrichtungen. Für die Erzieherinnen besteht die Aufgabe, mit den Eltern in einem kritischen Dialog zu einem einvernehmlichen Ergebnis zu gelangen. Erfahrungsgemäß dominieren in solchen Aushandlungsprozessen diejenigen Eltern, die sich besser artikulieren können. Zur Erfassung des Elternwillens müssen deshalb neben den Gruppendiskussionen mit Eltern auch andere Instrumente (z. B. schriftliche Befragungen, Gespräche) genutzt werden.

Die Sichtweise der Eltern als Partner oder Kunden kennzeichnet nicht nur eine begriffliche Unterscheidung, sondern hat erhebliche Auswirkungen auf die Elternarbeit der Erzieherinnen in den sozialpädagogischen Einrichtungen. Bernitzke und Schlegel fassen die Unterschiede in folgender Übersicht zusammen

| | Eltern als ... | |
	Partner	Kunden
Einstellung zu den Eltern	Eltern als gleichberechtigte Partner, die in den Erziehungsalltag umfassend einzubeziehen sind	• Eltern als Kunden mit spezifischen Wünschen und Interessen • Eltern sind zufriedenzustellen und an die Einrichtung zu binden
Elternrolle	• Mitgestalter • Mit-Verantwortliche für das sozialpädagogische Angebot	• Konsumenten • Nutzer einer sozialpädagogischen Dienstleistung
Elternverhalten	• aktiv sein • beraten • sich einbringen • mitwirken • Aufgaben übernehmen • Zeit investieren • Anregungen geben	• bewerten • wünschen • einfordern • auswählen • mit eigenen Vorstellungen/ Interessen vergleichen
Elternerwartung	• Fortlaufende Information • Mitsprache • Gestaltungsräume	• Leistungskatalog • Qualität • Wahlmöglichkeiten
Konsequenzen für Erzieherinnen	• Mitwirkung ermöglichen und gemeinsame Aktivitäten mit Eltern organisieren • Begegnungsmöglichkeiten für Eltern schaffen • gemeinsame Arbeitsgruppen (Eltern und Erzieherinnen) bilden • Eltern als Ressourcen nutzen (z. B. Elternkompetenzen)	• Öffentlichkeitsarbeit • Marketing, Präsentation des Leistungsangebots • Profilbildung der Einrichtung; Leistungen dokumentieren (z. B. Plakate, Informationsmaterial), Qualität der Leistung belegen; Elternzufriedenheit und -wünsche fortlaufend erfassen
Wirkung auf Eltern	Eltern identifizieren sich mit „ihrer" Einrichtung und setzen sich für sie ein	Eltern äußern Zufriedenheit bzw. Unzufriedenheit mit dem Dienstleistungsangebot der Einrichtung
Motto	„Wir sitzen alle in einem Boot."	„Der Kunde ist König."

(vgl. Bernitzke/Schlegel, 2004, S. 20)

Beide Positionen unterscheiden sich in ihrer Ausrichtung und in den Konsequenzen für die Elternarbeit erheblich. Jansen und Wenzel (2000) fordern in ihrem Buch „Von der Elternarbeit zur Kundenpflege" einen radikalen Wandel in der Elternarbeit, bei dem die Partnerrolle der Eltern zugunsten der Kundenrolle aufgegeben wird.

Wer diesen Wandel vollzieht, versteht sich als vor allem Anbieter von Betreuungsleistungen, die von den Kunden (Eltern mit ihren Kindern) eingefordert werden. Der gemeinsame Erziehungsauftrag tritt in den Hintergrund. Die Erziehungs- und Bildungspartnerschaft wird von einer Auftraggeber- und Auftragnehmer-Beziehung abgelöst.

Hierzu ergeben sich verschiedene Fragen:

* Welchen Auftrag erteilen die Eltern tatsächlich bzw. welche Erwartungen verbinden sie mit der erzieherischen Dienstleistung?

* Welche Rolle spielen die Kinder als eigentliche Kunden, deren Interessen von den Eltern vertreten werden?

* Wie kann die erbrachte Dienstleistung für die Eltern als Auftraggeber nachvollziehbar dokumentiert werden?

Kritische Einwände gegen die Kundenorientierung

Die Sichtweise der Elternarbeit unter Kundengesichtspunkten wird kontrovers diskutiert. Einige Autoren weisen darauf hin, dass die Erziehungspartnerschaft zwischen Eltern und Erzieherinnen ein viel zu hohes Gut darstellt, um es aus modernistischen Gründen vorschnell aufzugeben. Die vielfältigen Formen der Elternmitarbeit wären unter dem Gesichtspunkt der Kundenorientierung kaum denkbar. Welcher Kunde wäre bereit, in seiner Freizeit den Verkaufsraum des Supermarktes zu streichen, im benachbarten Möbelhaus eine Kinderbetreuungsfläche mit anderen Kunden zu errichten? Die Kundenhaltung ist eher von einer Erwartungs- und Konsumhaltung geprägt, die den Supermarkt danach auswählt, dass er freundlich gestaltet und das Möbelhaus ein Kinderbetreuungsangebot bereithält.

Bei dieser Diskussion gilt es, wie bei vielen pädagogischen Kontroversen: Man sollte Bewährtes nicht einfach über Bord werfen, sondern das Bewährte mit Neuem verbinden und damit weiterentwickeln. Die stärkere Ausrichtung an den Interessen und Wünschen der Eltern ist in Zeiten rückläufiger Kinderzahlen und verstärkter Konkurrenz durch andere Einrichtungen unausweichlich. So haben viele Einrichtungen die Öffnungszeiten flexibilisiert und die Betreuungszeiten (z. B. Ganztagsbetreuung) den Wünschen und Bedürfnissen der berufstätigen Eltern angepasst. Dominierten früher die Einrichtungen, die ihre freien Plätze aus der Warteliste auffüllen konnten, so haben heute einige Einrichtungen freie Kapazitäten und Eltern damit Wahlmöglichkeiten. Die Einrichtungen müssen sich profilieren, um den Eltern Vergleichsmöglichkeiten zu geben. In diesem Zusammenhang stehen Aspekte wie Qualitätsmanagement oder die Stärkung der Eigenverantwortung von Einrichtungen für ihren Erhalt im Vordergrund. In Zeiten stetigen und schnellen Wandels müssen auch sozialpädagogische Einrichtungen flexibel sein und pro-aktiv, d. h. vorausschauend, handeln. Dies gilt nicht nur für die Erzieherinnen sondern gleichermaßen auch für die Träger der Einrichtungen.

Bei Eltern handelt es sich keineswegs um „aufgeklärte Verbraucher", wie Textor (1999 b, S. 9) herausstellt. Ihnen fehlen Kriterien, um die pädagogische Arbeit in den sozialpädagogischen Einrichtungen bewerten und vergleichen zu können. Die Orientierung erfolgt häufig an formalen Kriterien wie Entfernung zur Einrichtung, Öffnungszeiten oder an den Bewertungen von anderen Eltern. Eine inhaltliche Auseinandersetzung (z. B. Situationsansatz, offene Arbeit, Projektangebote, Qualifizierung des Personals) kommt dabei in der Regel zu kurz.

Aufgaben

1. *Entwickeln Sie Kriterien, nach denen die Eltern als Kunden, die verschiedenen Einrichtungen vergleichen können. Verdeutlichen Sie, woran Eltern dabei eine gute Einrichtung erkennen können.*

2. *Die Einrichtungen müssen um Kunden werben. Erläutern Sie, welche Werbemaßnahmen zur Kundenwerbung von sozialpädagogischen Einrichtungen ergriffen werden können.*

3. *Verdeutlichen Sie, wie die sozialpädagogischen Einrichtungen eine dauerhafte Kundenbindung aufbauen können.*

4. *Stellen Sie verschiedene Möglichkeiten dar, wie die Einrichtungen Kundenwünsche erfassen können.*

5. *Ordnen Sie die verschiedenen Formen der Elternarbeit (siehe Kapitel 5) der Sichtweise Eltern als Kunden zu.*

4.4 Eltern als Experten in eigener Sache

In der Arbeit mit Kindern mit Behinderung(en) gewinnt das aus den USA stammende Empowerment-Konzept (Empowerment heißt übersetzt Selbstbemächtigung, Selbstbefähigung) an Bedeutung, das die Autonomie der Betroffenen und der Eltern stärken will. Die professionellen Helfer sollen die Eltern dazu befähigen, ihre Situation eigenverantwortlich und selbstständig zu bewältigen. Eltern sind nicht nur hilfebedürftig und hilflos im Umgang mit der Behinderung ihrer Kinder. Die Abhängigkeit der Eltern und Betroffenen von Experten und Institutionen soll auf ein Mindestmaß reduziert werden und nur, soweit von den Betroffenen gewünscht, begleitend und unterstützend zum Tragen kommen.

Bei einer differenzierten Betrachtung wird deutlich, dass die Eltern durchaus über Kompetenzen verfügen, die sie als Experten in eigener Sache einbringen können. Die Eltern müssen mit zahlreichen Herausforderungen zurechtkommen. Die Betreuung des beeinträchtigten Kindes, die Wahrnehmung zahlreicher Arztbesuche, das Nutzen von Fördermöglichkeiten, der Kontakt und Erfahrungsaustausch mit anderen Betroffenen fördert bei den Eltern Bewältigungs- und Alltagskompetenzen, fachliche und soziale

Kompetenzen sowie umfassende pädagogische Kompetenzen (vgl. Theunissen/Garlipp, 1999, S. 53 ff.). Die Eltern entwickeln zahlreiche Schlüsselqualifikationen im Bereich der Kommunikation, Organisation, Verantwortungsbewusstsein, Flexibilität und Durchhaltevermögen im Umgang mit ihren beeinträchtigten Kindern.

Das Elterntraining zielt auf ein personenbezogenes Empowerment der Eltern ab (siehe Kap. 5.1.13). Der Zusammenschluss von Eltern in Initiativen oder Selbsthilfegruppen kennzeichnet ein gruppenbezogenes Empowerment.

Aufgaben

1. *Stellen Sie die Unterschiede und Gemeinsamkeiten der Sichtweise Eltern als Partner und Eltern als Experten in eigener Sache dar.*

2. *Erläutern Sie, wie Erzieherinnen ein Empowerment der Eltern unterstützen können. Begründen Sie Ihre Vorschläge.*

4.5 Eltern als ehrenamtliche Helfer/Mitarbeiter

Das Ehrenamt in Kindertagesstätten hat eine lange Tradition. In dem bundesweiten Modellprojekt „Große für Kleine" wurden Möglichkeiten des ehrenamtlichen Engagements von Eltern in die Arbeit von Kindertagesstätten untersucht. Dabei geht es nicht um den Ersatz für hauptberuflich tätige Erzieherinnen, sondern um eine Erweiterung der Angebotsvielfalt durch das Einbringen von elterlichen Kompetenzen und eine Entlastung der Erzieherinnen.

Möglichkeiten des Engagements

- Durchführung von Projekten (z. B. Darstellung von Berufen der Eltern, Naturprojekte, naturwissenschaftliche Experimente, Arbeiten mit Holz)

- Bildungsangebote (z. B. Förderung handwerklicher Fähigkeiten, Aufbau naturwissenschaftlich-technischer Kompetenzen, Angebote zur musische Bildung, Deutsch für Mütter mit Migrationshintergrund). Das Bildungsangebot der sozialpäd. Einrichtung kann sich auch an die Eltern richten.

- Individuelle Förderung (z. B. Hausaufgabenbetreuung, Verbesserung der Sprachkompetenz)

- Soziales Lernen (z. B. Vermittlung von Geschlechterrollen, Unterstützung bei kultureller Anpassung)

- Organisatorische Unterstützung (z. B. Begleitung bei Ausflügen, Mithilfe in der Küche und in Essenssituationen, Übernahme von Arbeiten im Außengelände und Renovierungsarbeiten, Verwaltungsarbeiten, Betreuung der Homepage, Bücher- und Spieleausleihe).

Bevor Eltern eine Verpflichtung zur ehrenamtlichen Mitarbeit eingehen, sollten sie in der Einrichtung hospitieren, um einen Einblick in das zukünftige Tätigkeitsfeld zu erlangen. In dieser Phase lernen die Eltern den Erziehungsalltag mit seinen Belastungen (z. B. Lärmpegel, geringe Sitzhöhe), die Teammitglieder, die Kinder sowie die anderen Eltern kennen. Danach müssen sich die Eltern selbstkritisch fragen: Bin ich den Belastungen gewachsen, kann ich mich durchsetzen, kann ich meine Ideen kindgerecht verwirklichen, komme ich mit den Erzieherinnen zurecht, entsprechen meine pädagogischen Vorstellungen dem Konzept der Einrichtung?

Andererseits sollten die Erzieherinnen nach der Hospitationsphase für sich abklären, ob die zukünftig ehrenamtlich Tätigen in das Team bzw. Einrichtung passen, inwieweit das Angebot mit der Konzeption der Einrichtung übereinstimmt, ob die Personen den Anforderungen und Belastungen gerecht werden können und in welchem Umfang Unterstützungsleistungen durch das Team erforderlich sind.

Über die Selbsteinschätzung und die Bewertungen der Erzieherinnen sollte in einem Gespräch ohne Vorbehalte diskutiert werden. In diesem Gespräch sind der Umfang des Einsatzes der ehrenamtlich tätigen Person, weitere Hospitationen, die Unterstützung durch das Team sowie weitere Reflexionsgespräche festzulegen.

Zu Beginn des Einsatzes von ehrenamtlich tätigen Eltern sollten die anderen Eltern und die Kinder informiert werden, indem die Person vorgestellt und ihre Mitarbeit dargestellt wird. Eine erfolgreiche Tätigkeit von ehrenamtlich Tätigen setzt eine Begleitung durch die Erzieherinnen voraus. Diese Begleitung darf nicht so eng sein, dass sie das Engagement der ehrenamtlich tätigen Eltern erstickt, gleichwohl können sich die Eltern nicht über Regeln der Einrichtung hinwegsetzen. Im Rahmen der Begleitung kommt es zu regelmäßigen Reflexionsgesprächen, einen beständigen Erfahrungsaustausch, zur Teilnahme an Teamsitzungen, zur Vorstellung des Angebots an Elternabenden sowie zu Fortbildungsangeboten für die ehrenamtlich Tätigen.

Als Nachweis für das ehrenamtliche Engagement und als Anerkennung für die erbrachten Leistungen können Zertifikate ausgestellt werden, in denen die Dauer und die übernommenen Aufgaben sowie die Aus- und Fortbildungsaktivitäten dokumentiert sind.

Rahmenbedingungen von ehrenamtlicher Mitwirkung

Zur Gewährleistung der Aufsichtspflicht ist darauf zu achten, dass Aufgaben nur an gewissenhafte und zuverlässige Personen von den Erzieherinnen übertragen werden können. Die Verantwortung bleibt letztlich bei den Erzieherinnen. Rechtlich entspricht der Status der ehrenamtlich Tätigen dem Status von Praktikanten in der Einrichtung.

Bei der Tätigkeit in der Küche sind die länderspezifischen Regelungen zu erforderlichen Nachweisen (z. B. Gesundheitszeugnis, Hygienebelehrung) zu beachten. Aus datenschutzrechtlichen Gründen müssen die ehrenamtlich tätigen Eltern zur Verschwiegenheit verpflichtet werden. Es empfiehlt sich, mit den Eltern eine schriftliche Vereinbarung zu treffen, um den Umfang der Tätigkeit, Schweigepflicht, Aufsichtspflicht und Haftung, Erstattung von Kosten (z. B. Material, Fahrtkosten) zu regeln.

1. Stellen Sie die Vor- und Nachteile der ehrenamtlichen Mitarbeit von Eltern in der Einrichtung gegenüber.

2. Die ehrenamtlich tätigen Eltern sollten auf ihre Mitarbeit vorbereitet und begleitet werden. Erstellen Sie ein Konzept, wie die Vorbereitung und Begleitung von ehrenamtlich tätigen Eltern gestaltet werden sollte.

3. Erläutern Sie die Grenzen der ehrenamtlichen Mitarbeit von Eltern. Begründen Sie Ihre Aussagen.

4.6   Eltern als Interessensvertreter ihrer Kinder

Eltern sind Interessenvertreter für die Belange ihrer Kinder (z. B. in Elternvereinigungen, Verbänden, Elternselbsthilfegruppen), und Lobbyisten gegenüber politischen Gremien. Die Eltern können die Interessen der Kinder einrichtungsintern (z. B. gegenüber Erzieherinnen und Träger) oder einrichtungsextern (z. B. gegenüber kommunalen Entscheidungsträgern) zum Ausdruck bringen.

Einrichtungsinterne Interessensvertretung

Erzieherinnen
Die Eltern haben die Erziehungsverantwortung für ihre Kinder und damit auch die Verpflichtung dafür Sorge zu tragen, dass den Bedürfnissen und den Interessen der Kinder in den sozialpädagogischen Einrichtungen entsprochen wird. Die Eltern sollten sich deshalb z. B. über die Konzeption der Einrichtung, die pädagogische Arbeit oder das Verpflegungsangebot umfassend informieren, um gegenüber den Erzieherinnen die Interessen des Kindes fachlich fundiert vertreten zu können. Die Eltern können z. B. Vorschläge zur Verbesserung des Betreuungsangebots einbringen oder auf die Beseitigung von Missständen drängen.

Träger
Die Verantwortung für das Angebot der sozialpädagogischen Einrichtung liegt letztlich beim Träger. Die Eltern sollten sich auf dieser Ebene dafür einsetzen, dass die personellen und sachlichen Voraussetzungen geschaffen werden, die in den Einrichtungen das Wohl des Kindes sicherstellen. So könnten sich die Eltern z. B. beim Träger dafür einsetzen, dass in der Einrichtung selbst gekocht wird und kein (kostengünstiges) Catering die Kinderverpflegung übernimmt, das mit seinem Essensangebot ein Altenheim und eine Betriebskantine versorgt. Immer häufiger wird in den Einrichtungen selbst gekocht (z.B. durch Hauswirtschafterinnen), um eine abwechslungsreiche, kindgerechte und gesunde Ernährung zu verwirklichen. Die Ausgewogenheit und Frische der verarbeiteten Nahrungsmittel, die kindgemäßen Anforderungen an eine ausgewogene Ernährung sollten von den Eltern eingefordert werden.

Einrichtungsexterne Lobbyarbeit

Kommunale Ebene

Auf kommunaler Ebene ist der Jugendhilfeausschuss ein Gremium, um die Interessen der Kinder in den Einrichtungen einzubringen. Auf unterschiedlichen Wegen (Jugendamt, Parteien, Verbände usw.) können die Eltern die Interessen ihrer Kinder vertreten. Über die Medien (z. B. Leserbriefe, Berichte der Lokalredaktion) kann auf änderungsbedürftige Verhältnisse und die Bedürfnisse und Interessen der Kinder hingewiesen werden.

Länderebene

Grundlegende Änderungen (z. B. Betreuungsschlüssel, Personalausstattung, Fachkräfteverordnung, Kostenfreistellung, Bauzuschüsse) können häufig nur auf der Landesebene erreicht werden. Ansprechpartner sind das Sozialministerium, die Landesjugendämter, die im Landesparlament vertretenen Parteien sowie verschiedene Dachorganisationen im sozialen Bereich (z. B. Paritätischer Wohlfahrtsverband, Caritasverband, Diakonisches Werk, Arbeiterwohlfahrt). Diese Dachverbände finden im Gesetzgebungsverfahren Gehör und können dafür sorgen, dass verschiedene Gruppierungen in der Gesellschaft ihre Interessen einbringen können. Im Bereich der Schulen sind Elternvertretungen auch auf Landesebene (z. B. Landeselternbeirat) organisiert, so dass die Elternvertreter direkt bei den zuständigen Ministerien und Aufsichtsbehörden die Interessen ihrer Kinder vertreten können.

Erfolgreiche politische Lobbyarbeit findet häufig vor konkreten Entscheidungssituationen statt. Bei der Interessensvertretung für die Kinder sollten die Eltern strategisch geschickt kommunizieren und dabei folgende Aspekte beachten:

Wichtige Aspekte bei der Lobbyarbeit

Aufmerksamkeit erzeugen

Die Öffentlichkeit sollte durch eine Erstinformation in den Medien oder in Gesprächen mit den zuständigen Stellen bzw. Personen auf den Notstand, die Unterversorgung oder den Änderungsbedarf aufmerksam gemacht werden.

Wahrnehmung erhöhen und Bekanntheitsgrad steigern

Durch eine wiederholte Information unter Einbeziehung unterschiedlicher Gesprächspartner (z. B. Politiker, Trägervertreter) und Nutzung verschiedener Medien (z. B. Leserbriefe, Plakate, Zeitungsberichte) sollte das Anliegen der Eltern im Bewusstsein der Entscheidungsträger und der Öffentlichkeit verankert werden. Wenn die Eltern eine große Unterstützung ihres Anliegens erwarten, dann sind Unterschriftensammlungen, Postkarten- und E-Mail-Aktionen sowie Demonstrationen weitere Mittel, um den Bekanntheitsgrad und steigern und die Bedeutung des Anliegens zu dokumentieren.

Einstellungen verändern

Je nachdrücklicher die Interessen der Kinder durch die Eltern vertreten und mit schlagkräftigen Argumenten gestützt werden, desto wahrscheinlicher ist eine Einstellungsänderung. Dabei können Eltern über Briefe, Telefonate, Gespräche mit den Entscheidungsträgern ihre Interessen zum Ausdruck bringen. Die Eltern können zudem durch ihre Teilnahme an entscheidenden Sitzungen und Wortmeldungen ihre Argumente vorbringen. Da die berechtigten Anliegen der Eltern häufig an der Finanzierungsfrage scheitern, sollten sich die Eltern auch mit Finanzierungsfragen auseinandersetzen.

Unterstützung gewinnen

Die Verwirklichung der Elternanliegen kann schneller gelingen, wenn es sich um angesehene Persönlichkeiten oder durchsetzungsstarke Gruppen (z. B. Parteien, Kinderschutzbund, Elterninitiativen, Gremien) für die Sache der Kinder einsetzen.

Beziehungen auf Dauer gestalten

Die unterstützenden Gruppen sollten als strategische Partner dauerhaft gewonnen werden, um eine gegenseitige Unterstützung bei anderen Vorhaben zu nutzen.

Aufgaben

1. *Erzieherinnen sind zur Loyalität gegenüber ihrem Arbeitgeber verpflichtet. Nehmen Sie kritisch dazu Stellung, inwieweit sich die Erzieherinnen der Lobbyarbeit der Eltern anschließen sollten und dies auch können.*

2. *Die Eltern begründen ihr Engagement mit dem Kindeswohl, das sie gefährdet sehen. Überprüfen Sie an den folgenden Beispielen die Elterninteressen und das Wohl des Kindes:*

   a) *Die Eltern fordern eine deutliche Alterserweiterung der Kindertagesstätte mit entsprechenden räumlichen Erweiterungen, um Kinder ab dem 6. Monat betreuen zu können.*

   b) *Die Eltern setzen sich für die Einstellung einer zusätzlichen Fachkraft für interkulturelle Arbeit ein, um Kinder mit Migrationshintergrund besser fördern zu können.*

   c) *Die Eltern wünschen die Vermittlung einer Fremdsprache (Englisch) in der Kindertagesstätte.*

   d) *Die Eltern drängen auf die Ausdehnung der Vorschulerziehung, damit den Kindern der Übergang in die Grundschule leichter fällt.*

   e) *Die Eltern engagieren sich landesweit für eine Verbesserung des Betreuungsschlüssels in den Einrichtungen („Kleine Kinder brauchen kleine Gruppen").*

4.7 Elternvertreter

In der Elternversammlung werden zu Beginn eines Kindergartenjahres aus ihrer Mitte Elternvertreter für die sozialpädagogische Einrichtung gewählt. In den verschiedenen Bundesländern bestehen verschiedene Strukturen zur Organisation der Elternarbeit. In Berlin besteht z. B. für den Kindertagesstätten-Bereich folgender formale Aufbau:

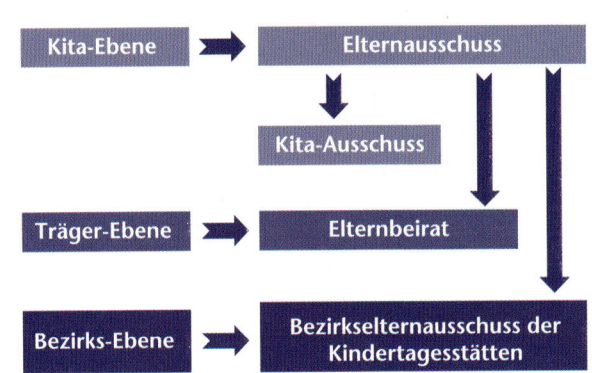

Jede Kita-Gruppe wählt zwei Elternvertreter (Gruppenelternsprecher) in den Elternausschuss.

Der Elternausschuss wählt drei bis vier Gruppenelternsprecher in den Kita- Ausschuss der jeweiligen Kindertagesstätte.

Jede Kita entsendet einen Elternvertreter in das Elterngremium des Trägers, wenn dieser mehrere Einrichtungen unterhält.

Der Bezirkselternausschuss setzt sich aus je zwei Vertretern der Elternausschüsse der Kitas zusammen.

Struktur der Elternvertretung in Berlin

Die erste Stufe der Elternvertretung umfasst die Gruppenelternsprecher, die von den Eltern der Kita-Gruppe zu Beginn eines Kindergartenjahres (in der Regel nach den Sommerferien) gewählt werden. Die Elternvertreter sind als Ansprechpartner das Bindeglied zwischen Eltern und Gruppenerzieherinnen.

Der Kita-Ausschuss ist bei allen wichtigen Angelegenheiten (Öffnungszeiten, räumliche Veränderungen, sachliche Ausstattung, Konzeptionsentwicklung, Gestaltung des Kita-Alltags, Mittelbewirtschaftung, Aufnahmeverfahren) der Einrichtung zu beteiligen. Elternvertreter können Elternversammlungen einberufen.

Unterhält ein Träger mehrere Kitas, so ist ein Elternbeirat zu wählen. Die Elternvertreter kümmern sich dabei um kitaübergreifende Angelegenheiten (z. B. Vertretungskonzept, wenn Erzieherinnen ausfallen; Qualifizierung des Personals, Essensversorgung, Qualitätssicherung).

Auf der Ebene des Jugendamtes können Eltern ihre Interessen im Bezirkselternausschuss einbringen. In diesem Gremium werden die Umsetzung von Gesetzesänderungen oder die Bedarfsplanung erörtert. Hier soll die Kommunikation zwischen den Eltern und den zuständigen Behörden erfolgen.

Ein höherer Verbindlichkeitsgrad in den Regelungen findet sich im schulischen Bereich. Die Lehrerinnen und Lehrer sind gesetzlich zur Elternarbeit verpflichtet. Im Schulgesetz für das Land Berlin (§ 4 Grundsätze für die Verwirklichung) wird z. B. das Zusammenwirken von Schule und Erziehungsberechtigten zur größtmöglichen Entfaltung der Persönlichkeit von Schülerinnen und Schülern eingefordert. Die geforderte Zusammenarbeit reduziert sich nicht nur auf die willkommene Mithilfe bei Festen, sondern umfasst die partnerschaftliche Mitwirkung in zahlreichen schulischen Bereichen.

Die Eltern können auf unterschiedlichen Ebenen (Schule, Kommune/Stadt, Bundesland, Bundesebene) ihre Interessen vertreten. In der folgenden Übersicht werden die verschiedenen Ansprechpartner auf den unterschiedlichen Vertretungsebenen am Beispiel von Berlin aufgezeigt. In den anderen Bundesländern bestehen vergleichbare Strukturen.

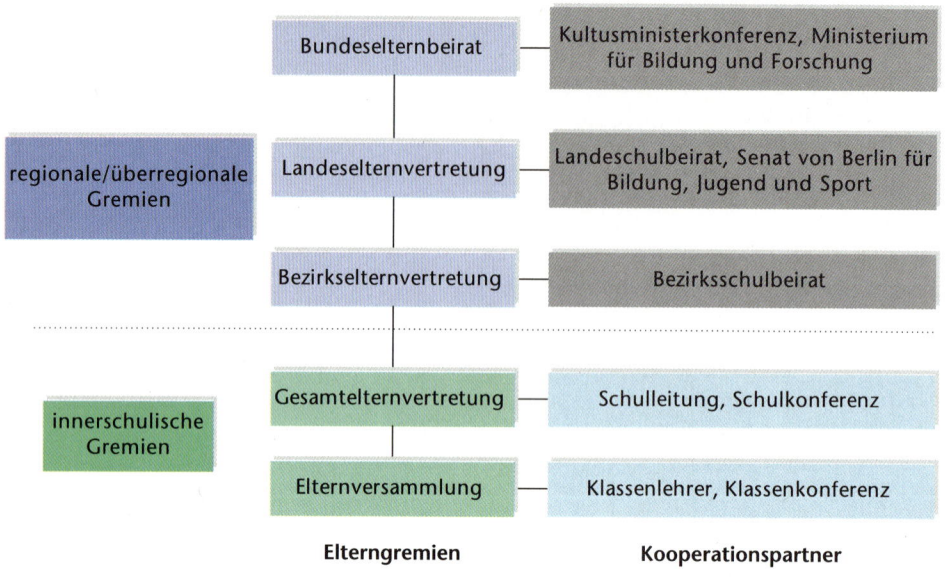

(vgl. Bernitzke, 2006, S. 7)

Aufgaben

1. *Verdeutlichen Sie die Struktur der Elternvertretung im schulischen Bereich (siehe Landesgesetze und Landesverordnungen). Recherchieren Sie im Internet die für ihr Bundesland geltenden Regelungen.*

2. *Nur wenige Eltern sind in der Regel bereit, sich in Elternvertretungen wählen zu lassen. Zeigen Sie die Bedenken der Eltern auf.*

3. *Als Erzieherin haben Sie die Aufgabe, die Wahl der Elternvertretung in der Einrichtung zu organisieren. Verfassen Sie eine Rede, in der Sie die Eltern von der Bedeutung der Elternarbeit überzeugen und zur Mitarbeit in der Elternvertretung bewegen.*

4. *Die Elternvertretung ist im schulischen Bereich rechtlich klar geregelt. In sozialpädagogischen Einrichtungen findet man deutlich weniger Vorgaben. Vergleichen Sie in dem Bundesland, in dem Sie leben, die Regelungen für Elternvertretungen in der Schule und in der Kindertagesstätte.*

5. *Begründen Sie, warum das Elternrecht in der Schule stärker verankert ist als in den sozialpädagogischen Einrichtungen.*

4.8 Eltern als Arbeitgeber bzw. Träger

Die Vielfalt von Betreuungsangeboten wird durch das Engagement von Elterninitiativen und -vereinen erweitert, die sich zur Gründung einer eigenen Einrichtung entschließen. Die ersten sozialpädagogischen Einrichtungen wurden in den 1970er Jahren von studentischen Elterninitiativen als Gegenentwurf zur damaligen konservativen, autoritären Erziehungshaltung gegründet. Die Forderung nach alternativen Lebensformen und die Verwirklichung der Emanzipation, der Verzicht auf autoritäre Strukturen und die Ermöglichung einer freien Entwicklung ohne Zwänge sollten durch die neuen Tageseinrichtungen umgesetzt werden.

Zur Verwirklichung pädagogischer Ideen und zur Anpassung des Betreuungsangebots an die Bedürfnisse von Kindern und Eltern sind Elterninitiativen und Elternvereine bereit, sozialpädagogische Einrichtungen als Träger zu betreiben. Dabei müssen Eltern in ihrer Trägerfunktion gesetzliche Auflagen zur Betriebserlaubnis einhalten, die Finanzierung sicherstellen, ein attraktives Betreuungskonzept entwickeln und einen funktionierenden Einrichtungsbetrieb gewährleisten. Die Leistungen erbringen die Eltern ehrenamtlich. Als Träger fungieren Elternvereine z. B. in Waldorfeinrichtungen.

Von Elterninitiativen und -vereinen getragene Einrichtungen sind häufig Vorreiter bei der Verwirklichung von neuen pädagogischen Konzepten. Kleine Institutionen können zeitnah und flexibel auf gesellschaftliche Veränderungen reagieren und dabei relativ schnell und unbürokratisch Ideen umsetzen.

Die elterngetragenen Einrichtungen haben zahlreiche Herausforderungen zu bewältigen. Zum einen stehen diese Einrichtungen unter einem starken finanziellen Druck. Wirtschaftlichkeit und Effizienz müssen gewährleistet sein. Zum anderen ist das ehrenamtliche Engagement der Eltern auf Dauer sicherzustellen, damit die Einrichtung handlungsfähig bleibt. Die Elterninitiative als verhältnismäßig kleiner Träger kann nicht so wirtschaftlich handeln wie Träger mit zahlreichen Einrichtungen (z. B. beim Großeinkauf, in der Essensversorgung oder Personalverwaltung). Aus Kostengründen engagieren sich die Eltern auch ehrenamtlich im Tagesbetrieb der Einrichtung. Sie übernehmen z. B. die Nahrungszubereitung, helfen bei Personalengpässen aus oder gestalten Projekte für die Kinder. Da die Eltern in der Regel ihr Engagement mit dem Verlassen der Kinder aus der Einrichtung beenden, besteht ein großes Problem, die erforderliche ehrenamtliche Tätigkeit von Eltern auf Dauer sicherzustellen. Mit dem Wechsel von Verantwortung tragenden Personen gehen auch Veränderungen in den konzeptionellen Vorstellungen einher. Daraus ergeben sich bisweilen starke Veränderungen in der Schwerpunktsetzung der pädagogischen Arbeit der Einrichtung mit dem Wechsel der handelnden Personen.

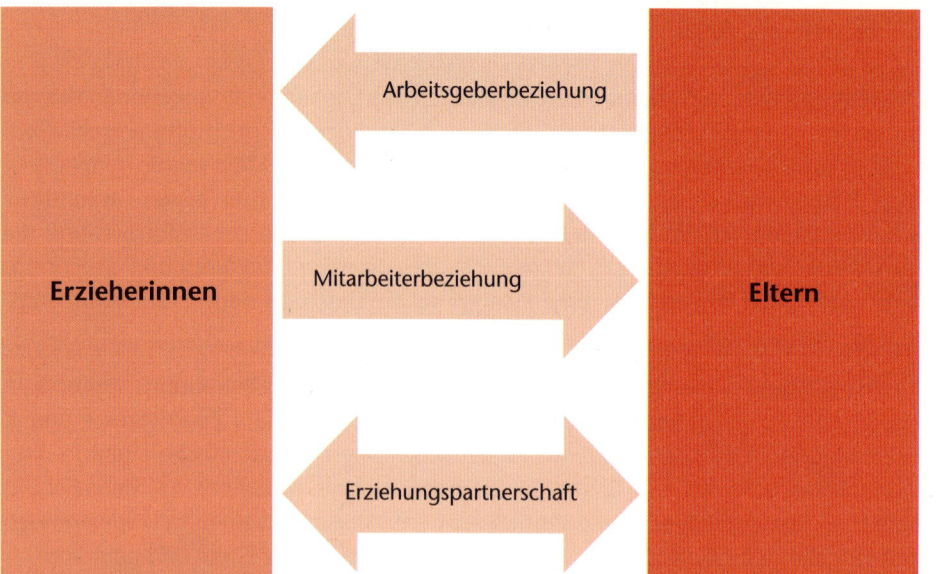

Erzieherinnen

Arbeitsgeberbeziehung

Mitarbeiterbeziehung

Erziehungspartnerschaft

Eltern

Bezogen auf die Elternarbeit ergibt sich für die Erzieherinnen unter Umständen ein spannungsgeladenes Verhältnis mit Rollenkonflikten zu den Eltern. Die Erzieherinnen sind erstens weisungsabhängig von den Eltern als Arbeitgeber. Zweitens sind im Erziehungsalltag Eltern als Helfer eingesetzt, d. h. Erzieherinnen geben Anweisungen, müssen sich mit dem Erziehungsverhalten der unterstützenden Eltern auseinandersetzen. Drittens sind Eltern Erziehungspartner in der gemeinsamen Erziehungsverantwortung für das Kind.

Aufgaben

1. *Verdeutlichen Sie mögliche Rollenkonflikte zwischen Erzieherinnen und Eltern, die sich aus den unterschiedlichen Elternrollen ergeben können.*

2. *Veranschaulichen Sie am Beispiel von Waldorfeinrichtungen die Erwartungen an die Elternmitarbeit.*

5 Formen der Elternarbeit

Es bestehen vielfältige Formen der Elternarbeit, die im folgenden Abschnitt nach diesen Kriterien unterteilt werden:

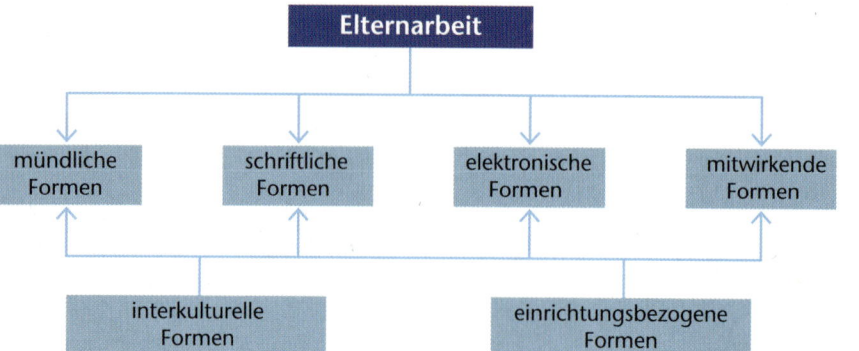

Nachfolgend werden zahlreiche Formen der Elternarbeit dargestellt. Die Erzieherinnen sollten bei der Gestaltung der Elternarbeit folgende Aspekte beachten:

- Eltern haben unterschiedliche Interessen.
- Eltern interessieren sich nicht zur gleichen Zeit für dasselbe.
- Eltern sprechen auf verschiedenen Formen der Elternarbeit unterschiedlich an.
- Eltern benötigen, abhängig von ihrer Lebenssituation, unterschiedliche Angebote.

5.1 Mündliche Formen der Elternarbeit

Wenn die mündliche Kommunikation zwischen Erzieherinnen und Eltern gelingen soll, sind positive Gesprächselemente als Türöffner zu nutzen und blockierende Gesprächshaltungen, also Gesprächskiller, zu vermeiden. Thomas Gordon (2011) hat die gesprächsfördernden und -hemmenden Kommunikationsformen sehr gut herausgearbeitet.

Türöffner in der Elternarbeit

- **Respektvoller, wertschätzender Umgang mit den Eltern:** Ein solcher Umgang ist die Basis für den Aufbau einer tragfähigen Erziehungspartnerschaft. Den Eltern wird auf gleicher Augenhöhe begegnet.

- **Akzeptanz der Eltern:** Die akzeptierende Grundhaltung gegenüber den Eltern ist eine weitere Basiskomponente zur Erziehungspartnerschaft.

- **Ermutigung zum Kompetenzaufbau:** Im Gespräch sollten die Erzieherinnen den Eltern deren Ressourcen bewusst machen und herausarbeiten, wie diese Fähigkeiten zur Kompetenzentwicklung des Kindes gezielt eingesetzt werden können.

- **Vermeidung von Vorwürfen und Vorhaltungen:** Die Erzieherinnen sollten zu vermeintlichen Defiziten des Kindes auf Schuldzuweisungen verzichten und im Gespräch die Stärken verdeutlichen.

- **Abbau von inneren Barrieren und Verunsicherungen:** Viele Eltern haben Ängste (z. B. Versagensängste) und Hemmungen gegenüber den Erzieherinnen. Durch aktives Zuhören können innere Widerstände vermindert und die Basis für ein offenes Gespräch geschaffen werden.

- **Motivation und Neugierde bei den Eltern erzeugen:** Im Elterngespräch sollten die Erzieherinnen durch neue Ideen, unerwartete Sichtweisen oder überraschende Vorschläge Interesse an weiteren Elterngesprächen wecken.

- **Offenheit und Flexibilität gegenüber Ideen und Vorschlägen der Eltern:** Die Erzieherinnen müssen in der Lage sein, sich auf die Eltern einzulassen und ihre Impulse aufzugreifen. Dazu kann es erforderlich sein, Umwege zu gehen, um an das gewünschte Ziel zu gelangen.

- **Vertraulichkeit:** Vertraulichkeit und Verschwiegenheit sind grundlegende Voraussetzungen für Offenheit im Gespräch.

- **Interesse an den Elternaussagen:** Interesse bekunden, indem die Äußerungen der Eltern aufgegriffen werden oder durch Nachfragen vertieft werden. Weiterhin können Unklarheiten beseitigt und Missverständnisse ausgeräumt werden.

Blockaden in der Elternarbeit

- **Erhobener Zeigefinger:** Eine belehrende Haltung ist Ausdruck einer kontrollierenden Funktion der Erzieherin, die problematische Erziehungspraktiken der Eltern, mit denen sie nicht einverstanden ist, aufdeckt. Mit erhobenem Zeigefinger kann keine vertrauensvolle Beziehung entstehen.

- **Warnungen und Drohungen:** Diese signalisieren eine überlegene Position der Erzieherinnen im Gespräch, durch die uneinsichtige Eltern unter Druck gesetzt werden sollen. Die Erziehungshaltung der Eltern wird mit vermeintlich negativen Folgen infrage gestellt. Sollten Eltern den Vorschlägen und Vorgaben der Erzieherinnen nicht Folge leisten, wird den Eltern die Verantwortung für die Konsequenzen übergeben (z. B. „Wenn Sie nicht dafür sorgen, dass …, dann sind wir gezwungen ... zu veranlassen.")

- **Befehlen und kommandieren:** Erzieherinnen, die durch Befehle das Gespräch steuern, bringen damit eine hierarchische Struktur von Über- und Unterordnung zum Ausdruck. Eine Erziehungspartnerschaft kann dadurch nicht aufgebaut und gefestigt werden. Eltern fühlen sich wie Kinder behandelt und bauen dann Widerstände auf.

- **Vorwürfe und Beschuldigungen:** Werden die Erziehungspraktiken der Eltern infrage gestellt und mit Vorwürfen versehen, dann geraten Eltern in die Defensive und sind gezwungen, sich zu verteidigen, um die Vorwürfe zu entkräften. Die Erzieherin be- und verurteilt die Position der Eltern. Eine positive Beziehung und gemeinsame Erziehungsverantwortung kann durch Beschuldigungen nicht entwickelt werden.

- **Verhören:** Intensives (Nach-)Fragen kann den Charakter eines Verhörs haben und bei Eltern beklemmende Gefühle auslösen. Ausfragen und Infragestellen signalisieren die Überlegenheit des Gesprächspartners. Es gilt das Prinzip: Wer fragt, der führt. Die

Eltern fühlen sich in die Enge getrieben und müssen sich rechtfertigen. Die Eltern werden versuchen, möglichst schnell der unangenehmen Situation zu entkommen.

- **Aufdecken von Defiziten:** Die Eltern identifizieren sich mit ihrem Kind und fühlen sich für die Stärken und Schwächen des Kindes verantwortlich. So werden von den Eltern die schwächer ausgeprägten Fähigkeiten entweder auf die Vererbung oder auf ihre unzureichenden Erziehungsbemühungen zurückgeführt. Die Eltern fühlen sich als Versager, die dem Gespräch mit den Erzieherinnen aus dem Weg gehen. Die Defizitorientierung im Gespräch versperrt den Blick auf die Stärken des Kindes, auf die Eltern stolz sein können.

- **Unverständliche Fachsprache:** Die Erzieherinnen sollten im Elterngespräch darauf achten, dass die Eltern ihre Aussagen verstehen können. Häufig werden im Gespräch Fachbegriffe (z. B. Situationsansatz, offene Planung, Projektarbeit, ADHS, Konzeption, Portfolio) verwendet, die Eltern nicht kennen. Unsichere Eltern wagen nicht nachzufragen, so dass die Aussagen der Erzieherin wirkungslos bleiben.

- **Bloßstellen vor anderen Eltern:** Eine fatale Wirkung wird erzielt, wenn Eltern vor anderen Personen bloßgestellt werden. Wenn z. B. beim Elternabend ein problematisches Verhalten oder Vorkommnis dargestellt wird, das eindeutig bestimmten anwesenden Eltern zugeordnet werden kann. Diese fühlen sich vorgeführt und vor anderen Eltern gedemütigt. Eine partnerschaftliche Beziehung ist auf Dauer beeinträchtigt.

- **Ironie:** Dieses Stilmittel ist in Elterngesprächen nicht angebracht. Die Eltern fühlen sich nicht ernstgenommen und persönlich herabgesetzt.

- **Vorurteile gegenüber Elterngruppen:** Erzieherinnen, die Vorurteile gegenüber bestimmten Elterngruppen haben, zeigen dies unbewusst nonverbal und bringen dies durch verächtliche Mimik, Gestik, Vermeiden von Blickkontakt, Wortwahl oder Tonfall zum Ausdruck.

- **Bagatellisieren und Herunterspielen:** Dieses Verhalten signalisiert den Eltern, dass ihre Aussagen und Befürchtungen nicht ernst genommen werden. Das Selbstvertrauen des Gesprächspartners verringert sich.

- **Ratschläge:** Häufig gilt der Grundsatz „Ratschläge sind auch Schläge". Von einer besserwissenden, überlegenen Position gibt die Erzieherin den unwissenden Eltern vor, was zu tun ist.

- **Verletzung der Vertraulichkeit:** Stellen Eltern fest, dass vertrauliche Informationen weitergegeben werden, dann wird einem offen und ehrlich geführten Gespräch die Basis entzogen. Vorsicht und Misstrauen bestimmen die Gesprächsatmosphäre, die Eltern verschließen sich und ziehen sich zurück.

- **Hektik:** Werden die Gespräche unter Zeitdruck geführt, fehlt die Zeit zum Nachdenken und die Ruhe, die Aussagen des Gesprächspartners auf sich wirken zu lassen. Informationen können zwar aufgenommen, aber nicht hinterfragt werden. Gespräche im Eiltempo verlaufen ohne erforderliche Gesprächspausen. Nonverbale Signale (z. B. Blick auf die Uhr, Unruhe) und verbale Hinweise (z. B. „Ich habe für das Gespräch heute 15 Minuten vorgesehen.") sind Ausdruck des Zeitdrucks. Das Begrenzen der Besprechungszeit ist im beruflichen Kontext sicher sinnvoll, um die Besprechungsteilnehmer zu disziplinieren und Folgetermine pünktlich wahrnehmen zu können. Ein sehr kurz gewählter Zeitrahmen führt jedoch zu Hektik.

- **Mitschrift:** Wenn die Erzieherin die Erlaubnis eingeholt hat, sich während des Elterngesprächs Notizen zu machen, dann drängt sich bei den Eltern die Frage nach dem Warum auf. Vermutungen und Befürchtungen über die weitere Verwendung der Mitschrift bestimmen den weiteren Gesprächsverlauf. Die Eltern antworten möglicherweise weniger offen und ehrlich. Das Mitschreiben bei Gesprächen ist sicher sinnvoll, wenn wichtige Informationen (z.B. Allergien des Kindes, Ansprechpartner im Notfall usw.) festgehalten werden. Ein Mitschreiben als Gesprächsprotokoll dagegen legt die Befürchtung nahe, dass Protokolle, deren Inhalte die Eltern nicht überprüfen können, gespeichert und ggf. weitergeleitet werden.

Gruppengröße in der Elternarbeit

Die mündlichen Formen der Elternarbeit unterscheiden sich hinsichtlich der Anzahl der beteiligten Eltern. Während an Beratungsgesprächen nur wenige Personen beteiligt sind, können bei thematischen Elternabenden oder Festen weit über hundert Personen anwesend sein. Bei der Entscheidung, wie groß die Elterngruppen sein sollten, sind folgende Vor- und Nachteile von kleinen bzw. großen Gruppen zu beachten:

	Vorteile	Nachteile	Anlässe
große Gruppen	• Viele Eltern können gleichzeitig informiert werden • Viele Eltern sind an Entscheidungsprozessen beteiligt • Kostenersparnis bei externen Referenten • Größere Meinungsvielfalt • Bessere Möglichkeit mehr Eltern (auch aus anderen Gruppen) kennenzulernen	• Unpersönliche Atmosphäre/Anonymität • Manche Eltern haben Hemmungen, vor großen Gruppen zu sprechen • Einzelinteressen kommen zu kurz • Häufig frontale Steuerung durch moderierende Erzieherin • Einzelpersonen dominieren • Unterschiedliche Interessen von Elterngruppen • Gruppendynamische Prozesse weniger gut steuerbar	• Grundsätzliche Entscheidungen (z. B. Umwandlung in eine integrative Einrichtung, Änderung der Öffnungszeiten, Verpflegungsangebot) • Informationen über Inhalte, die die Allgemeinheit interessieren (thematischer Elternabend) • Veranstaltungen der Einrichtung (z. B. Sommerfest)

	Vorteile	Nachteile	Anlässe
kleine Gruppen	• Persönliche Beziehung wird gestärkt • Geschützterer Rahmen • Mehr Kontaktmöglichkeiten zwischen den Eltern • Auf Interessen einzelner Eltern bzw. Elterngruppen kann besser eingegangen werden • Abläufe leichter plan- und strukturierbar	• Zeitaufwendiges Verfahren, bis alle Eltern erreicht werden • Geringere Identifikation mit der gesamten Einrichtung	• Treffen mit bestimmten Elterngruppen (z. B. Väter, Familien mit Migrationshintergrund, Alleinerziehende) • Elternstammtisch • Elterngesprächskreis • Elterntraining

5.1.1 Aufnahme-/Anmeldegespräch

Der erste verbindliche Kontakt der Erzieherinnen zu den Eltern ergibt sich im Anmeldegespräch, das in der Regel mit der Einrichtungsleitung geführt wird. Der Erstkontakt hat eine grundlegende Bedeutung für die zukünftige Zusammenarbeit mit den Eltern und verdeutlicht Transparenz und Offenheit der Einrichtung. Dem Anmeldegespräch kommt eine doppelte Funktion zu: Zum einen werden die Eltern mündlich und schriftlich über die Einrichtung informiert; zum anderen lernen die Leitungskraft sowie Mitarbeiterinnen die Erziehungsberechtigten und in der Regel auch das Kind kennen. Die Erzieherinnen sollten bei der Terminierung des Aufnahme- und Anmeldegesprächs darauf achten, dass auch Väter an diesem Gespräch teilnehmen können.

Im Rahmen des Anmeldegesprächs erfolgt eine anschauliche Darstellung des Angebots und des Selbstverständnisses der Einrichtung. Zudem können die Eltern ihre Erwartungen und Bedürfnisse hinsichtlich des Betreuungsbedarfs äußern. Auf beiden Seiten besteht Interesse, sich möglichst positiv zu zeigen, damit der erste Eindruck, der lange Zeit nachwirkt, in guter Erinnerung bleibt.

Ablauf des Anmeldegesprächs

In der Vorbereitung auf das Aufnahmegespräch ist darauf zu achten, dass eine angenehme Gesprächsatmosphäre herrscht und das Gespräch störungsfrei verlaufen kann. Neben der geeigneten Wahl des Raumes sollten auch Zeiten genutzt werden, in denen sich die Erzieherinnen ausreichend Zeit für die Eltern nehmen können.

Phase	Ziele	Vorgehensweise/Beispiele
Kennenlernphase	• Vertrauensbasis herstellen • Empathie zeigen • Gesprächsbereitschaft und Offenheit erzeugen	• Begrüßung, Vorstellung der beteiligten Personen • Freude über Interesse bekunden und aktuelle Situation (z. B. Sommerfest) ansprechen • Mit dem Kind Kontakt aufnehmen und eine Beschäftigungsmöglichkeit für das Kind arrangieren
Informationsphase: Einrichtung → Eltern	• Eltern Entscheidungshilfen bei der Auswahl der Einrichtung geben	• Darstellung der Einrichtung (Ziele, pädagogisches Konzept, Beispiele zur Arbeitsweise, Betreuungsangebote, Verpflegungsangebot, Raumsituation, Personalausstattung, Betreuungszeiten) • Ablauf von Geburtstagsfeiern in der Gruppe • Kleidung des Kindes • Erläuterung der Formen der Elternarbeit und der Erwartungen an die Eltern
Informationsphase: Eltern → Einrichtung	• Optimales Betreuungsangebot für das Kind entwickeln	• Erfassen der Elternerwartungen hinsichtlich der Betreuung und Versorgung des Kindes • Beweggründe für die Anmeldung • Entwicklungstand, Interessen, Bedürfnisse, Fähigkeiten des Kindes • Reaktion des Kindes auf die neue Situation, mögliche Ängste des Kindes • Stärken des Kindes sowie gesundheitliche oder körperliche Einschränkungen (z. B. Unverträglichkeiten beim Essen, Medikamente) • Familiensituation (Familienmitglieder, berufliche Situation, Geschwisterkinder), bei getrennten Eltern: Umgangsregelungen • Abholberechtigungen • Erziehungsverhalten der Eltern (z. B. Erziehungsziele, Konflikthandhabung, Rituale) • Kulturelle Prägung (z. B. Werte, Normen)

Phase	Ziele	Vorgehensweise/Beispiele
Formalitäten	• Erforderliche Daten vollständig erfassen	• Erfassen der persönlichen Daten • Schriftliche Informationen über die Einrichtung (z. B. Konzeption) aushändigen • Erforderliche Einverständniserklärungen einholen
Rundgang	• Einrichtung mit Räumlichkeiten und Betreuungsangeboten kennenlernen	• Vorstellen des pädagogischen Fachpersonals und anderer Mitarbeiter der Einrichtung • Erläuterung des Raumangebots und der Raumnutzung sowie des Außengeländes
Abschluss	• Erste Eindrücke reflektieren und Informationsdefizite schließen	• Rückmeldung zum ersten Eindruck einholen und weitergehende Informationen zum Gesehenen geben • Weiteres Vorgehen (Ergänzung von fehlenden Unterlagen, Zeitpunkt der Aufnahme; Hospitationsmöglichkeiten) absprechen • Klare Vereinbarungen zum Aufnahmeablauf treffen (z. B. Eingewöhnungsphase bei Kindern unter drei Jahren, schrittweises Verlängern der Anwesenheit in der Einrichtung)

Die Erzieherinnen sollten bedenken, dass auf die Eltern eine Vielzahl von neuen Informationen und unterschiedlichen Eindrücken einwirkt und diese erst verarbeitet werden müssen. Dabei gilt es, eine Überforderung der Eltern zu vermeiden. Beim erkennenbaren Interesse an der Einrichtung können bereits schriftliche Informationen (z. B. Einrichtungsflyer, Konzeption, Elternbrief) ausgehändigt oder zugesandt werden, damit sich die Eltern auf das Aufnahmegespräch vorbereiten können. Zudem sollten den interessierten Eltern weitere Kontaktmöglichkeiten wie Gespräche, Hospitationen, Teilnahme an Veranstaltungen angeboten werden.

Jansen und Wenzel (2000), die das Aufnahmegespräch unter dem Gesichtspunkt der Kundenzufriedenheit sehen, geben folgende Hinweise zur Gestaltung des Gesprächs:

Hinweise zur Gestaltung des Gesprächs

• **Freundlichkeit:** Den neuen Eltern als Kunden mit Freundlichkeit und gepflegtem Äußeren begegnen, um bei den Eltern Aufgeschlossenheit und Sympathie auszulösen.

• **Blickkontakt:** Durch direkte Ansprache und Blickkontakt den Eltern das Interesse an ihrer Person, ihren Bedürfnissen und Wünschen signalisieren.

- **Ungeteilte Aufmerksamkeit:** Die Eltern sollen im Aufnahmegespräch die ungeteilte Aufmerksamkeit durch eine ungestörte Gesprächssituation erfahren. Das Elterngespräch hat Vorrang vor allen anderen internen Arbeiten und Ereignissen.

- **Angebot für das Kind:** Während des Aufnahmegesprächs sollte ein Angebot für das Kind organisiert werden, bei dem es bereits andere Kinder und Erzieherinnen beim Spielen kennenlernen kann.

- **Keine Wartezeiten:** Eltern haben sich für das Aufnahmegespräch freie Zeit organisiert (z. B. Urlaub, Überstundenausgleich). Die Erzieherinnen dürfen bei diesem Termin keine Wartezeit entstehen lassen. Dies kann eine geringe Wertschätzung signalisieren.

- **Gastlichkeit:** Die Erzieherinnen sollten darauf achten, dass sich die Eltern in der Einrichtung wohlfühlen. Das Angebot von Getränken und Plätzchen sind Zeichen der Gastlichkeit.

- **Rundgang:** Im Rahmen des Aufnahmegesprächs sollten die Eltern Gelegenheit haben, ihren ersten Eindruck mit einem Rundgang durch die Räumlichkeiten der Einrichtung zu vervollständigen.

- **Diskretion:** Vertrauliche Gespräche (z. B. über familiäre Situation) erfordern eine diskrete Atmosphäre.

- **Zuverlässigkeit und Transparenz:** Am Ende des Gesprächs sollten die Eltern Kopien von allen Schriftstücken erhalten, die im Rahmen des Aufnahmegesprächs unterschrieben wurden.

(vgl. Jansen/Wenzel, 2000, S. 67 f.)

Das Anmeldegespräch bei Familien mit Migrationshintergrund

Einer besonderen Vorbereitung bedarf das Anmeldegespräch bei Eltern nicht-deutscher Herkunft. Hier ist besondere Sensibilität erforderlich, da abhängig von der individuellen Lebensgeschichte gegenüber staatlichen Einrichtungen Ängste bestehen könnten, die Unsicherheit, Vorsicht und Verschlossenheit auslösen. Deshalb ist es in diesen Gesprächssituationen besonders wichtig, durch eine aufgeschlossene, wertschätzende Grundhaltung das Vertrauen des Gesprächspartners zu gewinnen. Liegen Einschränkungen im Sprachverständnis der Eltern vor, sollte ein Dolmetscher hinzugezogen werden.

Die Informationsphase sollte um weitere inhaltliche Schwerpunkte ergänzt werden:
- Herkunftsland
- rechtliche Grundlage für den Aufenthalt
- Sprachstand des Kindes
- Kultur und Religion
- Erziehungsvorstellungen

Wenn zu einem Zeitpunkt mehrere Kinder neu aufgenommen werden, bietet sich ein Einführungselternabend oder Elternnachmittag an, um allgemeine Informationen weiterzugeben. Bei einem Orientierungselternabend kann ausführlich auf die Konzeption eingegangen werden und die Aussagen durch Videos oder Bilder veranschaulicht werden.

Die Durchführung des Einführungselternabends ist effizient, da die Erzieherinnen intensiver auf die Situation des Kindes und der Familie eingehen und die allgemeinen Informationen, die alle Eltern betreffen, am gemeinsamen Abend vermitteln können. Zudem bietet dieser Abend für die Eltern die Gelegenheit, sich mit anderen Gruppenmitgliedern auszutauschen und mit neuen Eltern Kontakte zu knüpfen.

5.1.2 Schnuppertage

Mit den Schnuppertagen können verschiedene Ziele verfolgt werden:

Gewinnung neuer Eltern

Die Wahrnehmung von Schnuppertagen können auch Eltern nutzen, die verschiedene Einrichtungen kennenlernen und zwischen ihnen auswählen wollen. Sie können mit dem Kind das Erziehungsgeschehen unmittelbar erleben und dadurch auf einer besseren Grundlage ihre Entscheidung für eine bestimmte Einrichtung treffen.

Vorbereitung der Aufnahme

In der Phase zwischen Anmeldung und tatsächlicher Aufnahme in die Einrichtung können Schnuppertage vereinbart werden, damit die angemeldeten Kinder vorab den Einrichtungsalltag, die Gruppenerzieherin und die Gruppenkinder kennenlernen können. Dazu bieten sich Zeiten an, in denen die Einrichtung weniger stark ausgelastet ist (z. B. am Nachmittag, zu Schulferienzeiten). Mithilfe dieser Erfahrung kann für die aufzunehmenden Kinder die spätere Eingewöhnung in die Einrichtung erleichtert werden.

5.1.3 Tür-und-Angel-Gespräche

Die am häufigsten genutzte Form der Elternarbeit stellt das Tür-und-Angel-Gespräch dar, ein eher informeller Elternkontakt. In der Bring- und Abholsituation kann es zu spontanen Eltern-Erzieherinnen-Gesprächen kommen, in denen eher beiläufig Informationen ausgetauscht werden. Diese unkomplizierte Kommunikationsmöglichkeit ermöglicht ein besseres Eingehen auf das Kind, wenn z. B. Informationen über Vorfälle, besondere Ereignisse oder gesundheitliche Probleme gegeben werden. Vor allem für die Eltern der neu aufgenommenen Kinder ist das Tür-und-Angel-Gespräch ein wichtiger Kommunikationsweg, um eine vertrauensvolle Beziehung zu den Erzieherinnen aufzubauen. Die Gesprächsbereitschaft signalisiert gegenüber den Eltern Wertschätzung, Akzeptanz und Interesse. Die ungezwungene Gesprächsatmosphäre erleichtert die Kontaktaufnahme und vermeidet den förmlichen Charakter eines terminierten Gesprächs. Die Tür-und-Angel-Gespräche sind die Grundlage für eine sich entwickelnde Erziehungs- und Bildungspartnerschaft. Die persönliche Beziehung zwischen Eltern und den Erzieherinnen erhöht bei den Eltern die Bereitschaft, die Angebote der Elternarbeit anzunehmen und sich zu engagieren.

Vorteile von Tür-und-Angel-Gesprächen

- ungezwungene, spontane Kontaktaufnahme
- Stärkung der persönlichen Beziehung
- Aufbau eines Vertrauensverhältnisses
- geringer Aufwand
- schneller Informationsaustausch
- schnelles Ausräumen von Missverständnissen

Mit dem Tür-und-Angel-Gespräch sind jedoch auch Nachteile verbunden, die von den Erzieherinnen zu bedenken sind.

Nachteile von Tür-und-Angel-Gesprächen

- **Zeitaufwand:** Tür-und-Angel-Gespräche vermindern die Betreuungszeit für die erzieherische Arbeit mit den Kindern in der Gruppe. Einige Eltern, die nach Kontaktmöglichkeiten suchen, nutzen diese Gesprächsform, um Privates zu besprechen.

- **Ablenkung:** Durch das Tür-und-Angel-Gespräch kann sich die Erzieherinnen nicht auf die Kindergruppe konzentrieren und ihrer Aufsichtspflicht nur eingeschränkt nachkommen.

- **Überforderung:** Wenn die Mitarbeiter in kurzer Zeit mit zahlreichen, unterschiedlichen Informationen unterschiedlicher Eltern konfrontiert werden, können sie leicht den Überblick verlieren. Wichtiges geht dann unter, wird vergessen bzw. es treten Verwechslungen auf. Wenn eine Information nicht beachtet wird, dann weisen die Eltern später zu Recht darauf hin: „Das habe ich Ihnen bereits mitgeteilt!"

Um diese Probleme zu verringern, sollten die Erzieherinnen bei einem erkennbaren Gesprächsbedarf der Eltern einen Termin für ein Gespräch vereinbaren. Dies verdeutlicht das Interesse an den Problemen der Eltern und gibt dem Gespräch den erforderlichen zeitlichen Rahmen. Um wichtige Informationen nicht zu vergessen, sollten die Mitarbeiter eine kurze, schriftliche Notiz anfertigen. Gerlinde Knisel-Scheuring (2002) empfiehlt, eigene „Kundenkarten" für die Eltern anzulegen, auf denen die Informationen der Eltern festgehalten werden können.
(vgl. Knisel-Scheuring, 2002, S. 48)

Elke Schlösser (2004) regt an, dass sich die Erzieherinnen selbstkritisch mit folgenden Fragen zu den Tür-und-Angel-Gesprächen auseinandersetzen:
- Bin ich als Erzieherin an diesem informellen Kontakt interessiert?
- In welchem Umfang und mit welchen Personen will ich diese Gespräche führen?
- Vermeide ich den Kontakt zu bestimmten Eltern, die mich z. B. verunsichern?
- Was möchte ich in den Tür-und-Angel-Gesprächen vermitteln?
- Wie kann ich meine Ziele im Gespräch umsetzen?
- Will ich mit bestimmten Eltern ins Gespräch kommen?
- Wo sind für mich die Grenzen dieser Gesprächsform?
- Wie kann ich Tür-und-Angel-Gespräche in andere Gesprächsformen umleiten?
- Wie sollte das Team mit Tür-und-Angel-Gesprächen umgehen?
(vgl. Schlösser, 2004, S. 46)

Haben die informellen Tür-und-Angel-Gespräche zur Anbahnung und Stärkung der vertrauensvollen Beziehung zu den Eltern für die Erzieherinnen einen hohen Stellenwert, dann sollten gerade die Bring- und Abholzeiten mit ausreichend Personal abgedeckt werden.

5.1.4 Terminierte Einzelgespräche

Von zentraler Bedeutung für die Erziehungspartnerschaft sind regelmäßig terminierte Einzelgespräche, die im Jahr in der Regel zweimal durchgeführt werden sollten. In diesem Rahmen können Themen wie die Entwicklung des Kindes, Auffälligkeiten, Stärken und Schwächen, Auswirkungen von familiären Belastungssituationen in einem intensiven Gespräch erörtert werden. Für solche Einzelgespräche ist eine Dauer von mindestens 30 Minuten anzusetzen. Regelmäßige Gespräche sind die Basis für den Aufbau von Vertrauen, gegenseitigem Verständnis und Offenheit.

In diesen Gesprächen können Erziehungseinstellungen, Ziele und Methoden der Erziehungspartner aufeinander abgestimmt werden. Häufig stimmen die Vorstellungen überein, manchmal müssen Kompromisse gesucht werden, in einigen Fällen ist die Unterschiedlichkeit in der einrichtungsbezogenen und familiären Erziehung zu akzeptieren. Die Erzieherin erhält Informationen über die familiäre Situation, die zum einen das Verhalten des Kindes erklärbar machen (z. B. bevorstehende Trennung der Eltern, Tod eines Angehörigen) und zum anderen bei ihrem Umgang mit dem Kind berücksichtigen werden können. In belastenden Situationen kann die Erzieherin Hilfe anbieten bzw. Kontakt zu sozialen Diensten vermitteln. Im terminierten Einzelgespräch können auch Konflikte zwischen Eltern und Erzieherinnen thematisiert werden, um eine Klärung und Bereinigung der Situation herbeizuführen.

Die regelmäßigen Einzelgespräche sind von den Erzieherinnen gut vorzubereiten und zu strukturieren. Auf zwei häufig praktizierte Gesprächsformen, Entwicklungsgespräch und Konflikt- bzw. Problemgespräch, wird im Folgenden ausführlicher eingegangen.

Entwicklungsgespräche

Entwicklungsgespräche sind regelmäßig mit allen Eltern durchzuführen und sollten in der Konzeption der Einrichtung verankert sein. Diese individuellen Gespräche beinhalten einen umfassenden Austausch zwischen Erzieherinnen und Eltern über Entwicklungsprozesse des Kindes und dessen Lernverhalten. Grundlage des Entwicklungsgesprächs sind die Beobachtungen der Erzieherinnen, die zu objektiven, nachvollziehbaren und belegbaren Aussagen über die Entwicklung des Kindes in den verschiedenen Entwicklungsbereichen führen. Differenzierte dokumentierte Beobachtungen verhindern, dass den Erzieherinnen Wahrnehmungsfehler unterlaufen und sie sich von auffälligen Defiziten in ihren Aussagen leiten lassen. Die Erzieherin sollte zudem die Beobachtungen und Einschätzungen von Kolleginnen berücksichtigen. Im Entwicklungsgespräch sollten mit den Eltern gemeinsame Erziehungsziele und -methoden vereinbart werden.

Diese Einzelgespräche erhöhen die Sensibilität der Eltern für das Kind und verbessern die Aufmerksamkeit der Eltern. Die bewusste Wahrnehmung des Kindes kommt bei den Eltern im Alltag häufig zu kurz. Auf der Basis der dokumentierten Beobachtungen kann ein abgestimmtes Vorgehen bei der kindlichen Entwicklungsbegleitung vereinbart werden. Es empfiehlt sich, gerade beim ersten Entwicklungsgespräch, eine weitere Erzieherin einzubeziehen, um das Gespräch anschließend reflektieren zu können. Die Unterstützung einer weiteren Erzieherin ermöglicht die Berücksichtigung von unterschiedlichen Sichtweisen. Das Einbeziehen einer weiteren Kollegin ist mit den Eltern im Vorfeld abzustimmen und zu erläutern. Es hat sich bewährt, wenn am Gespräch die gleiche Anzahl von Elternteilen und Erzieherinnen teilnehmen (z. B. beide Elternteile und zwei Erzieherinnen). Einseitige Erhöhung der Teilnehmerzahl (z. B. zwei Erzieherinnen, Psychologe, Logopädin) ist häufig kontraproduktiv.

Vorbereitend sind folgende Aufgaben zu erledigen:

Einladung
In der Einladung sollte deutlich werden, dass es sich um ein Entwicklungsgespräch handelt, das in bestimmten Abständen durchgeführt wird. Ablauf und Ziele von Entwicklungsgesprächen können im Rahmen eines Elternabends für alle Eltern verdeutlicht werden. Die Einladung zum Gespräch kann sowohl mündlich als auch schriftlich erfolgen. Bei der Terminfestlegung ist darauf zu achten, dass beide Elternteile teilnehmen könnten. Die Terminvereinbarung ist rechtzeitig vorzunehmen. Es hat sich bewährt, die Eltern am Tag vor dem Gespräch nochmals an den vereinbarten Termin zu erinnern. Bezüglich der voraussichtlichen Gesprächsdauer sollten bei der Terminfestlegung verbindliche und klare Vereinbarungen getroffen werden.

Raumvorbereitung
Es sollte ein abgeschlossener, heller, freundlicher und angenehm temperierter Raum ausgewählt werden, in dem das Gespräch störungsfrei geführt werden kann. Auch die Störung durch Telefonanrufe sollte vermieden werden. Das Angebot von Getränken und Keksen sowie Obst unterstützen eine entspannte Atmosphäre. Kinder sollten grundsätzlich nicht am Gespräch teilnehmen, auch wenn diese das Bedürfnis haben, bei den Eltern zu bleiben, wenn sie in der Einrichtung sind.

Datenerhebung
In der Entwicklungsdokumentation sollten Beobachtungen, Einschätzbögen, Kinderzeichnungen usw. aufbewahrt werden. Vor dem Gespräch sollten die Einschätzungen der Kolleginnen, die das Kind ggfs. in anderen Situationen erlebt haben, eingeholt werden.

Gesprächsplanung und Ziele
In der Gesprächseinleitung sollte die Erzieherin nochmals die Ziele eines Entwicklungsgesprächs und der Beobachtungszeitraum herausgestellt werden. Beim Gespräch ist darauf zu achten, dass es sich um einen Dialog handelt und das Gespräch nicht einseitig verläuft. Beobachtungen und Erfahrungen von Erzieherinnen und Eltern sind gleichermaßen zu beachten.

Kinderzeichnungen, Bilder oder humorvolle Begebenheiten aus dem Erziehungsalltag sind dazu geeignet, die Gesprächsatmosphäre in der Einstiegsphase aufzulockern. Es sollte vermieden werden, dass die Erzieherin das Gespräch dominiert und die Eltern sich nicht mehr trauen, ihre Erfahrungen, Beobachtungen und Wünsche einzubringen. Beim Gespräch sollte deutlich herausgestellt werden, dass die Aussagen auf den persönlichen Wahrnehmungen der Erzieherin in verschiedenen Handlungsfeldern beruhen. Dabei kann auf Spielorte, -aktivitäten und -partner, die das Kind bevorzugt, näher eingegangen werden.

Verzichtet werden sollte dagegen auf eine Analyse von Stärken und Schwächen sowie Bewertungen. Solche Aussagen verhindern, das Kind unvoreingenommen zu sehen. Wichtiger sind Ich-Botschaften, die die Gefühle der Erzieherinnen bei den Erlebnissen mit dem Kind verdeutlichen. Am Ende des Entwicklungsgesprächs werden Vereinbarungen getroffen, wie die Entwicklung des Kindes sowohl von den Eltern als auch von den Erzieherinnen unterstützt werden kann. Der Termin für das nächste Entwicklungsgespräch kann bereits zu diesem Zeitpunkt vereinbart werden.

Gesprächshaltung

Die Erzieherinnen beeinflussen durch nonverbale Signale unbewusst das Verhalten des Gesprächspartners. Deshalb ist z. B. darauf zu achten, dass die Erzieherin den Eltern körperlich zugewandt ist, den Blickkontakt hält und eine ruhige Körperhaltung einnimmt.

Dem Gesprächspartner sollte signalisiert werden, dass man sich die Zeit nimmt, um in einer ruhigen Atmosphäre ohne Zeitdruck auf alle wichtigen Aspekte einzugehen. Aktives Zuhören und Ich-Botschaften sind die erforderlichen Gesprächstechniken zum Gesprächserfolg.

Folgender Ablauf bietet sich bei Entwicklungsgesprächen an:

- **Warming-up-Phase:** Die Erzieherin sollte die Gesprächsatmosphäre auflockern und entspannen, indem sie z. B. Getränke anbietet, über positiv besetzte Themen (z. B. Neugestaltung der Gruppenräume) spricht.

- **Erzieherinnenperspektive:** Darstellung der Entwicklung des Kindes in den verschiedenen Bereichen anhand von Veranschaulichung durch Beobachtungen, Kinderzeichnungen, Ereignissen, Interessensschwerpunkten usw.

- **Elternperspektive:** Die Eltern berichten aus den Erfahrungen und Beobachtungen im häuslichen Bereich, dem Freizeitverhalten mit dem Kind und von besonderen Interessen usw.

- **Vergleich des Kindes in den beiden Erziehungssituationen:** Aussagen werden im Hinblick auf identische und abweichende Erfahrungen analysiert. Vor allem bei unterschiedlichen Erfahrungen sind die Gründe bzw. Auslöser und Rahmenbedingungen näher zu beleuchten.

- **Abstimmung der zukünftigen Entwicklungsbegleitung:** Die Eltern und Erzieherinnen legen gemeinsam fest, worauf sie in der weiteren Entwicklung stärker achten wollen, wie das Kind in seiner Entwicklung unterstützen können oder welche Maßnahmen ggfs. eingeleitet werden sollen, um gewünschte Veränderungen zu erreichen und Entwicklungen zu unterstützen.

- **Abschluss/Ausblick:** Am Ende des Gesprächs sollten wesentliche Aspekte des Gesprächs nochmals zusammengefasst und Vereinbarungen genannt sowie das Zeitfenster für das nächste Entwicklungsgespräch festgelegt werden.

Nach dem Gespräch sollte die Erzieherin das Entwicklungsgespräch reflektieren, indem sie sich ihrer eigenen Gefühle im Gespräch bewusst macht, ihre Ziele und die Zielerreichung bewertet, Konsequenzen für das nächste Gespräch ableitet und Kolleginnen über die Ergebnisse des Entwicklungsgesprächs informiert. Die Erzieherinnen sollten auch auf die Reaktionen der Eltern während ihrer Berichte achten, um herauszufinden, wo Eltern zur gemeinsamen pädagogischen Mitarbeit bereit sind, in welchen Bereichen sie abweisend reagieren oder gar skeptisch sind. In einer abschließenden Bilanz sollten Übereinstimmungen und Unterschiede in der Beurteilung der kindlichen Entwicklung aufgelistet werden.

Das Ergebnis von Entwicklungsgesprächen ist stichwortartig festzuhalten, um später wieder darauf zurückgreifen zu können. Datenschutzbestimmungen sind dabei zu beachten (z. B. Aufbewahrung der Daten in einem abschließbaren Fach).

Entwicklungsgespräche sollten nicht mit Konfliktgesprächen vermischt werden.

Konflikt-/Problemgespräche

Konflikt- bzw. Problemgespräche werden anlassbezogen vereinbart. Solche Gespräche sollten frühzeitig geführt werden, bevor sich Auffälligkeiten oder Fehlentwicklungen verstärken.

Empfohlener Ablauf bei Konflikt- oder Problemgesprächen:

- **Warming-up-Phase:** Aufbau einer positiven Gesprächsatmosphäre, Vermittlung von Wertschätzung und Zuneigung für das Kind, Bericht über positive Erfahrungen mit dem Kind in verschiedenen Situationen, Würdigung der erzieherischen Leistungen der Eltern

- **Problembestimmung:** objektive Darstellung der Beobachtungen und genaue Problembestimmung, Verdeutlichung der eigenen Betroffenheit

- **Bericht der Eltern zum Problem im häuslichen Umfeld:** Verdeutlichung, inwieweit sich das Problemverhalten des Kindes sich auch zu Hause zeigt

- **Ursachenanalyse:** Suche nach auslösenden Bedingungen und Konsequenzen, die das Fehlverhalten verstärken, Reaktionen von Bezugspersonen auf das Problemverhalten, vermeintliche Vorteile des Kindes aufgrund des Fehlverhaltens

- **Zielbestimmung:** gemeinsame Formulierung von realistischen Zielen bei der Problemlösung, Erstellung von Kriterien, an denen sich die Zielerreichung erkennen lässt

- **Suche nach Lösungsmöglichkeiten:** gemeinsame Sammlung von Lösungsalternativen, Bewertung der Umsetzbarkeit der Lösungsmöglichkeiten mit den vorhandenen Ressourcen, Auswahl der am besten zu realisierenden Alternative

- **Festlegung des weiteren Vorgehens:** Konkretisierung der ausgewählten Lösungsalternative, Vereinbarungen über Umsetzung in der Einrichtung und in der Familie, Vereinbarung zur gegenseitigen Unterstützung und der beständigen gegenseitigen Information über Veränderungen im Fehlverhalten

- **Überprüfung des Erfolgs:** Festlegung eines Termins zur Überprüfung der ausgewählten Lösungsmöglichkeit

Das Konflikt- oder Problemgespräch darf nicht zu einem Frontalangriff auf die Eltern werden, die sich dann in der Verteidigungsposition sehen. Im Mittelpunkt steht das Kindeswohl. Tragbare Lösungen sind nur gemeinsam mit den Eltern zu entwickeln. Deshalb müssen Eltern zur Mithilfe motiviert werden und einen gewissen Leidensdruck verspüren. Sollten zentrale Ursachen des Problemverhaltens im familiären Umfeld bestehen, sollten die Erzieherinnen auf die Hilfsmöglichkeiten von Beratungsstellen verweisen und ggf. den Kontakt vermitteln.

5.1.5 Beratungsgespräche

Erfolgt ein Beratungsgespräch, können sechs Phasen im Beratungsprozess, der auf eine Problembearbeitung abzielt, unterschieden werden:

Phase	Ziele	Vorgehensweise/Beispiele
Orientierung	• Aufbau einer tragfähigen Beziehung • Vereinbarung über den Ablauf • Abklärung der Gesprächsinhalte	• Vermittlung von Wertschätzung, Empathie • Vereinbarung über das Ziel des Beratungsprozesses, über die Zeitdauer und die Schweigepflicht • Benennung des Problems
Klärung	• Klärung der Problemsituation	• Differenzierte Darstellung des Problems • Auseinandersetzung mit den Ursachen • Analyse der Bedingungen, die das problematische Verhalten aufrechterhalten • Beratende Erzieherin bietet weitere Sichtweisen (Perspektivenwechsel, Reflexionshilfen) an, um ein umfassenderes objektivere Darstellung zu gelangen
Ziele	• Benennung der Ziele	• Abklärung der Ziele und • Bewertung ihrer Umsetzbarkeit

Phase	Ziele	Vorgehensweise/Beispiele
Veränderungs-strategien	• Sammlung und Bewertung neuer Lösungsmöglichkeiten	• Analyse der bisherigen Lösungsansätze und Vorgehensweisen • Entwicklung und Erörterung neuer Lösungsmöglichkeiten, Hilfe zur Selbsthilfe
Vorgehen	• Festlegung des Vorgehens; • Vereinbarungen treffen	• Lösungsmöglichkeit muss problemgerecht und für die Eltern und die sozialpädagogische Einrichtung umsetzbar sein • Vereinbarungen über die Verbindlichkeit der Umsetzung der gefundenen Lösungsmöglichkeiten müssen getroffen werden • Festlegung der Aufgabenverteilung
Abschluss	• Ergebnisse des Beratungsgesprächs zusammenfassen	• Rückmeldung zum Stand der Beratung • Zuversicht über den Erfolg des Vorgehens zum Ausdruck bringen • Ermutigung der Eltern • Verabredung zum gegenseitigen Informationsaustausch bzw. den nächsten Termin vereinbaren

Die Erzieherinnen sollten mit verschiedenen Gesprächs- und Beratungstechniken vertraut sein, um den Beratungsprozess optimal gestalten zu können (siehe Bachmair u. a. 1996). In der Beratung kommen Techniken des aktiven Zuhörens wie Paraphrasieren, Verbalisieren emotionaler Erlebnisinhalte, Spiegeln, Strukturieren oder Fragen zur Anwendung.

Durch einen Perspektivwechsel werden die Eltern in die Situation des Gesprächspartners versetzt und erleben so die Situation aus der Sicht des anderen. Der Perspektivwechsel kann z. B. durch ein Rollenspiel unterstützt werden.

Die Erzieherinnen sollten den Eltern beim Beratungsgespräch Wertschätzung und Respekt, Verständnis und Empathie, Offenheit und Echtheit entgegenbringen. Diese Grundhaltung kommt im aktiven Zuhören (pädagogische Form der klientenzentrierten Gesprächspsychotherapie) zum Tragen (siehe Kapitel 6.5 Gesprächsführung).

Günter Knerr (1978) differenziert die Gruppe der Eltern nach folgenden acht Grundhaltungen:
• Eltern, die alles am eigenen Maßstab messen
• Eltern, die klagen, aber jede Hilfe zurückweisen
• Feindselige, aggressive Eltern
• Gestresste, überforderte Eltern

- Geschwätzige Eltern
- Eltern, die jeden Sachverhalt in Abrede stellen
- Eltern, die vorschnell zu Strafen bereit sind
- Ängstliche Eltern

(vgl. Knerr, 1978)

Auch wenn diese Kategorisierung nach Knerr zur Bildung von Vorurteilen verleitet, ist es wichtig, sich mit den Grundhaltungen der Eltern auseinanderzusetzen und das Beratungsverhalten individuell auf die Elternpersönlichkeit auszurichten.

Die Erfahrung in der Erziehungsberatung zeigte, dass Gespräche mit den Eltern nicht immer zum gewünschten Ergebnis führen. Die Holländerin Maria Aarts entwickelte mit ihrem Marte-Meo-Konzept ein wirksames Verfahren, bei dem die Eltern-Kind-Interaktionen anhand von Videoaufnahmen analysiert werden (siehe Kapitel 5.1.14 Elterncoaching).

Aufgaben

1. *Eltern fragen Sie vor dem Anmeldegespräch, ob sie das Kind mitbringen können. Wie reagieren Sie auf die Anfrage? Stellen Sie die Vor- und Nachteile, die sich bei der Anwesenheit des Kindes ergeben, gegenüber.*

2. *Inwieweit unterscheidet sich das Anmeldegespräch bei Familien mit Migrationshintergrund von dem Anmeldegespräch mit deutschen Familien?*

3. *Begründen Sie, warum die Tür-und-Angel-Gespräche für die Erziehungspartnerschaft von besonderer Bedeutung sind.*

4. *Verdeutlichen Sie anhand folgender Beispiele, wie Sie als Gruppenerzieherin mit diesen Elterninformationen im Tür-und-Angel-Gespräch umgehen:*
   a) *Das Kind hat am Morgen erbrochen.*
   b) *Das Kind wird heute von der Nachbarin abgeholt.*
   c) *Die Eltern wollen sich trennen.*
   d) *Das Kind will nicht mehr in die Kindertagesstätte.*

5. *Erläutern Sie die hohe Bedeutung von terminierten Elterngesprächen für die Elternarbeit.*

6. *Stellen Sie dar, wie Sie ein terminiertes Elterngespräch vorbereiten und welche Materialien Sie zum Elterngespräch mitbringen.*

7. *Knerr unterscheidet bei den Eltern zwischen acht verschiedenen Grundhaltungen. Verdeutlichen Sie, wie Sie als Erzieherin auf diese Grundhaltungen reagieren sollten.*

5.1.6 Telefonische Kontakte

Wenn persönliche Kontakte zwischen Eltern und pädagogischen Fachkräften im Rahmen der Bring- bzw. Abholzeit nicht möglich sind (z. B. „Buskinder" in ländlichen Gebieten), dann sollten telefonische und schriftliche Kommunikationsstrukturen aufgebaut werden. Telefonische Kontakte stellen ein niedrigschwelliges Angebot in der Elternarbeit dar, das weniger aufwendig ist als Hausbesuche oder vereinbarte Gesprächstermine in der Einrichtung.

Im Gegensatz zur persönlichen Kommunikation wird beim Telefonkontakt nur ein Teil der Kommunikation übertragen; die nonverbalen Signale sind weitgehend ausgeblendet. Ein Lächeln, Entspannung oder Anspannung sind dagegen durchaus hörbar. Die beiden Gesprächspartner kommunizieren in verschiedenen Situationen mit unterschiedlichen Einflüssen (mithörende Personen, anwesende Kinder, Bearbeitung von Unterlagen, Arbeiten am Computer). Da nicht alle Sinnesorgane beim Telefonieren aktiv beteiligt sind, ist der Aufwand bei der Übermittlung von Informationen oder beim Überzeugen des Gesprächspartners gegenüber dem persönlichen Gespräch deutlich höher.

Zur Optimierung von telefonischen Kontakten können in den Einrichtungen Standards formuliert werden. Jansen und Wenzel (2000) sehen in jedem Anruf der Eltern eine Chance, die Zufriedenheit der Eltern zu erhöhen.

Standards für Telefonanrufe

- Erreichbarkeit während der Öffnungszeit
- Zuständigkeitsregelung unter den Mitarbeitern
- Anrufentgegennahme spätestens beim vierten Klingeln
- Regelung erfolgt nach dem ersten Elternanruf
- Zusicherung von Rückrufen
- Aktivierung des Anrufbeantworters außerhalb der Öffnungszeiten
- Weiterleitung an kompetente Ansprechpartner bei fehlender Zuständigkeit

(vgl. Jansen/Wenzel, 2000, S. 64)

Reiter (2008) gibt als „Telefon-Knigge" folgende Hinweise, was beim Telefonieren unterbleiben sollte:
- Rauchen
- Kaugummi kauen
- Trinken (Schluckgeräusche werden sehr deutlich übertragen)
- Essen
- Nebengespräche mit verdeckter Hörmuschel (besser: Stummschaltung)
- parallel zum Telefonat andere Vorgänge erledigen

(vgl. Reiter, 2008, S. 194)

Positiv wirkt dagegen, wenn gelacht wird, der Zuhörer zustimmende Signale („ja, hmm …") erhält oder verbindliche Übergänge formuliert werden („Habe ich Sie richtig verstanden …?", „Sie meinen also …").

Die Erzieherinnen sollten mit den Eltern ein Zeitfenster vereinbaren, in denen sie zu Gesprächen zur Verfügung stehen. Dringende Anliegen außerhalb der Gesprächszeiten können auf dem Anrufbeantworter gespeichert und durch Rückruf abgeklärt werden.

Es muss sichergestellt werden, dass die Informationen bzw. Vereinbarungen, die am Telefon getroffen wurden, dokumentiert und an alle pädagogischen Mitarbeiter weitergeleitet werden.

5.1.7 Hospitation

Um den Eltern einen Einblick in die pädagogische Arbeit der Einrichtung zu gewähren, bieten sich Hospitationen an. Hospitationen sind in Eingewöhnungsphasen die Regel und werden zudem von vielen Einrichtungen nach Absprache für alle Eltern, die sich von der erzieherischen Arbeit einen Eindruck verschaffen wollen, angeboten. Die Dauer der Hospitation kann sich im Einvernehmen mit den Mitarbeitern von mehreren Stunden bis zur Anwesenheit über einen ganzen Tag erstrecken. Die Möglichkeit der Hospitation ermöglicht Eltern, die auf der Suche nach einer geeigneten Betreuung für ihr Kind sind, zwischen verschiedenen Einrichtungen mit ihren Angebotsstrukturen zu vergleichen.

Durch die Hospitation erhalten die Eltern einen umfassenden und realistischen Eindruck von der pädagogischen Arbeit in der Einrichtung, da sie die Umsetzung der Konzeption im Erziehungsalltag erleben, und sich einen Eindruck vom Verhalten ihres Kindes in der Betreuungssituation machen können. Die Arbeitsweise der Erzieherinnen wird für die Eltern transparenter. Zudem erleben die Eltern, wie ihr Kind mit der neuen Situation, den Erzieherinnen und den Kindern in der Gruppe zurechtkommt.

Die Hospitation hat für die Eltern zudem weitere Vorteile: Sie lernen andere Bücher, Spiele, und Materialien kennen, sie erleben, wie Erzieherinnen mit Kindern umgehen (Erziehungsstil), erfahren andere Erziehungsmethoden und Methoden, um z. B. Konflikte zu regeln. Sie erhalten Anregungen für Beschäftigungsangebote in unterschiedlichen Bereichen (z. B. Bewegung, Musik, kreatives Gestalten) und sie können diese Erfahrungen auf ihr eigenes Erziehungsverhalten übertragen.

Auf der anderen Seite können sich die Mitarbeiter ein besseres Bild von der Bezugsperson des Kindes machen. Die Einstellungen und das pädagogische Selbstverständnis der Eltern werden in der Reflexion der Hospitation deutlich. Zudem können die pädagogischen Fachkräfte die Möglichkeit erkunden, inwieweit die Eltern an einer aktiven Mitwirkung interessiert und befähigt sind.

Mit einer Hospitation sind aber auch Nachteile verbunden. Die Eltern können Abläufe und Vorgehensweisen zwar beobachten, aber nicht pädagogisch einordnen. So können unwesentliche Kleinigkeiten den Gesamteindruck beeinflussen und zu einer unsachgemäßen Bewertung führen. Die Anwesenheit einer weiteren Person stellt einen Störfaktor dar und wirkt sich auf das Verhalten der Kinder und Erzieherinnen aus. So wird z. B. das eigene Kind den Kontakt zu den Eltern suchen. Häufig sind die Kinder der hospitierenden Eltern gehemmt. Die Hospitation ist nicht geeignet, um den Eltern das problematische Verhalten ihrer Kinder zu verdeutlichen.

Die Durchführung von Hospitationen sollte im Team besprochen und mit klaren Regeln für die Eltern versehen werden. Die Eltern aller Kinder müssen aus Datenschutzgründen damit einverstanden sein, dass in der Einrichtung Hospitationen durchgeführt werden. Bereits bei der Aufnahme des Kindes sollte dies angesprochen und geregelt werden.

Die Rolle der Eltern in der Hospitation besteht zunächst in der stillen Beobachtung. Die Eltern können situationsbezogen einbezogen werden, sie haben aber keine Erziehungsfunktion gegenüber den Kindern der Gruppe. Die Zahl von hospitierenden Eltern muss klein gehalten werden (max. zwei Personen). Für die hospitierenden Eltern sind erwachsenengerechte Stühle bereitzustellen.

Nach der Hospitation sollte mit den Eltern eine Nachbesprechung durchgeführt werden, in der auf die Eindrücke der Eltern eingegangen wird und die Erzieherin ihre pädagogischen Intentionen erläutern kann.

5.1.8 Hausbesuche

Eine aktivierende Elternarbeit schließt auch Hausbesuche ein. Der Hausbesuch erlaubt das Eintauchen in das häusliche Erfahrungsfeld des Kindes mit seinen sozialen, beruflichen, religiösen kulturellen Bezugssystemen. Die Hausbesuche geben einen Einblick in die Lebenssituation der Familie, die Wohnsituation sowie das Wohnumfeld. Das Verhalten des Kindes kann unter Berücksichtigung seiner Lebenssituation neu bewertet und verstanden werden. Auch für die Kinder ist ein Hausbesuch ein positives Ereignis. Sie sind in der Regel stolz darauf, wenn sie von ihrer Erzieherinnen zu Hause besucht werden.

Die oftmals große Distanz zwischen Einrichtung und Elternhaus kann durch den Hausbesuch vermindert werden. Wie Grabbe (1990) betont, ist ein Hausbesuch eine pädagogische Gratwanderung: ein Spagat zwischen menschlicher Nähe und professioneller Distanz. Der private Rahmen, in dem der Hausbesuch durchgeführt wird, darf nicht darüber hinwegtäuschen, dass die Vertreter der Einrichtung in dienstlicher Funktion zu den Eltern kommen. Die Rolle des pädagogischen Mitarbeiters muss für die Eltern erkennbar bleiben.

Ein Hausbesuch ist mit den Eltern, die mit dem Betreten ihrer Wohnung einverstanden sein müssen, abzusprechen. Häufig sind Familien mit Migrationshintergrund besonders gastfreundlich und freuen sich, wenn Mitarbeiterinnen der Einrichtung sie zu Hause besuchen. Hausbesuche vermitteln der Erzieherin einen Gesamteindruck von den Erziehungseinflüssen, da neben dem einrichtungsbezogenen Setting die Einflüsse des Wohnumfeldes sichtbar werden.

Planung und Durchführung des Hausbesuchs

Die Durchführung von Hausbesuchen ist nicht unproblematisch und sollte deshalb sehr gut geplant und vorbereitet werden. In der Vorbereitung auf den Hausbesuch muss deutlich werden, dass es um das Wohl des Kindes geht und das Kind im Mittelpunkt des Besuchs steht. Beim Besuch selbst kommt es auch zum Gespräch mit den Eltern (siehe König/Volmer 1982). Ein Hausbesuch kommt dann infrage, wenn man das Kind in seiner familiären Situation kennenlernen und erleben möchte. Um zu vermeiden, dass der Hausbesuch als Kontrolle empfunden wird, sollte der Hausbesuch auf einem nachvollziehbaren und begründeten Anlass beruhen. So wäre es denkbar, dass ein Hausbesuch durchgeführt wird, wenn z. B. das Kind erkrankt ist und ein „Krankenbesuch" absolviert

wird, als Dank für die Mitarbeit (verbunden mit einem kleinen Präsent als Anerkennung) oder wenn ein besonderer Festtag begangen wird. Weiterhin ist möglich, dass mit allen Eltern vereinbart wurde, die Kinder einmal zu Hause zu besuchen. Hausbesuche sollten nicht nur dann durchgeführt werden, wenn negative Vorfälle beziehungsweise Probleme vorliegen. Der Hausbesuch ist kein geeigneter Rahmen für Problemgespräche, denn es ist z. B. keine störungsfreie Situation gegeben, denn das Kind oder andere Personen sind dabei anwesend. Auch nach einem Problemgespräch wird ein Hausbesuch von den Eltern negativ gesehen und als Sanktion erlebt.

Der Hausbesuch könnte sich inhaltlich am nachfolgenden Leitfaden für Hausbesuche orientieren oder unter einem Thema wie Einschulung oder Entwicklung des Kindes stehen.

Gesprächsleitfaden für Hausbesuche

Person des Kindes
- Wie ist der Gesundheitszustand des Kindes (Kinderkrankheiten)?
- Welche Beeinträchtigungen, Allergien usw. liegen vor?
- Welche Interessen und Hobbys hat das Kind?

Sozialer Hintergrund
- In welcher Geschwistersituation lebt das Kind? Wie ist das Verhältnis zu den Geschwistern?
- Mit welchen Spielpartnern (Freundeskreis) ist das Kind zusammen?
- Welche Vereinszugehörigkeiten bestehen?

Verhaltensbereiche
- Inwieweit unterscheidet sich das Verhalten des Kindes in der Familie vom Verhalten in der Einrichtung?
- Wie erleben die Eltern das Spielverhalten des Kindes? Wie geht das Kind mit Niederlagen und Frustrationen um?

- Welche sportliche Aktivitäten und Interessen hat das Kind?
- Wie wird die Freizeit gestaltet?
- Wie sieht sein normaler Tagesablauf aus?
- Wie verhält sich das Kind bei Konflikten?
- Welche Gefühle äußert das Kind? Welche Ängste zeigt das Kind?

Elternverhalten
- Essen die Eltern gemeinsam mit dem Kind?
- Gestalten die Eltern gemeinsame Freizeitaktivitäten?
- Welchen Erziehungsstil praktizieren die Eltern und welche Erziehungsmittel setzen sie ein?
- Wie ist die Rollenverteilung von Vater und Mutter in Erziehungsfragen?
- Wie werden in der Familie Konflikte geregelt?

Einstellung zur Einrichtung
- Besucht das Kind die Einrichtung gern? Warum bzw. warum nicht?
- Fühlt es sich in der Gruppe wohl?
- Hat das Kind Freunde in der Gruppe?
- Was erzählt das Kind zu Hause von der Einrichtung?

Elternarbeit
- Wie erleben die Eltern die Elternarbeit?
- Wie zufrieden sind die Eltern mit der Elternarbeit?
- Fühlen die Eltern sich gut informiert?
- An welchen Angeboten der Elternarbeit haben die Eltern das stärkste Interesse?
- Was sollte für die Eltern noch getan werden?

(vgl. Korte, 2004, S. 43 f.)

Dieser Leitfaden nennt verschiedene Inhaltsbereiche für den Hausbesuch, ist aber nicht als verpflichtender Fragenkatalog zu verstehen, den die Erzieherin beim Hausbesuch abarbeitet. Es gilt die Devise: Wer fragt, der führt, d. h. wer Fragen stellt, drängt den Gesprächspartner in die Rolle des Ausgefragten. Sich nur auf die Fragen zu konzentrieren bewirkt, dass die Erzieherinnen ausschließlich das erfahren werden, was im Vorfeld aufgelistet wurde. Die Erzieherin muss beim Hausbesuch flexibel sein, auf die vorgefundene Situation spontan reagieren können und für eine ungezwungene Gesprächsatmosphäre sorgen.

Der jeweilige Hausbesuch ist vorher mit den Eltern abzusprechen. Die Durchführung von Hausbesuchen sollte mit den Eltern im Vorfeld (z. B. im Rahmen eines Elternabends oder beim Aufnahmegespräch) angesprochen werden, um die Eltern über die Intentionen der pädagogischen Mitarbeiterinnen zu informieren. Das Anliegen des Hausbesuchs, die Uhrzeit und die vorgesehene Dauer des Besuchs (in der Regel eine bis eineinhalb Stunden) sollten den Eltern vorher klar sein. Den Eltern sollte vorher mitgeteilt werden, welche Teammitglieder am Hausbesuch teilnehmen. Auch die Eltern sollten vor dem Hausbesuch Rückmeldung geben, welche Personen anwesend sind. Sind Personen beim Hausbesuch anwesend, die nicht zur Familie gehören, sollte über deren Funktion (z. B. Dolmetscher) oder Bezug zur Familie (z. B. Nachbarn, Freunde) informiert werden. Bei der Durchführung des Hausbesuchs sollten die Erzieherinnern ausreichend Zeit zum Spielen mit dem Kind einplanen.

Den Hausbesuch sollten jeweils zwei Mitarbeiter durchführen. Dies dient als Schutz für die Besuchenden sowohl im sozialen Bereich (Unterstellungen, Missverständnisse) als auch im physischen Bereich (Gefahr, die von gewalttätigen Familienmitgliedern ausgehen könnte).

In der Vorbereitung auf den Hausbesuch sollte man sich vor allem bei Eltern aus einem anderen Kulturkreis auf die Gebräuche beim Empfang von Gästen vorbereiten, um den Gastgeber nicht zu kränken bzw. aus Unkenntnis unhöflich zu sein.

Unter Berücksichtigung der zahlreichen Vor- und Nachteile (siehe nachfolgende Zusammenstellung) sollte im Team gemeinsam entschieden werden, ob und in welchem Umfang Hausbesuche als Bestandteil der Elternarbeit durchgeführt werden.

Vor- und Nachteile des Hausbesuchs:

Vorteile	Nachteile
• Kontakt zu Eltern, zu denen nur ein geringer Kontakt besteht (z. B. wegen Abholung der Kinder durch Dritte) • Interesse und besondere Wertschätzung gegenüber den Eltern ausdrücken • Einblick in die familiäre Situation, in das soziale Umfeld und die räumlichen Gegebenheiten des Kindes	• Eingriff in die Privatsphäre der Eltern • Hoher Zeitaufwand • Mitarbeiter treffen auf eine „vorbereitete" Situation • Misstrauen einiger Eltern gegenüber den Mitarbeitern als „staatliche Kontrollinstanz"
• Kontaktbarrieren können abgebaut werden durch ein persönliches Kennenlernen in einer ungezwungenen Atmosphäre • Kontaktaufnahme mit weiteren Bezugspersonen des Kindes (Geschwistern, Großeltern, Nachbarn) • Eltern werden außerhalb der Einrichtung in ihrer Alltagssituation erlebt • Umgang des Eltern mit dem Kind im häuslichen Umfeld • Hinweise für terminierte Einzelgespräche in der Einrichtung	• Hemmschwellen bei Eltern, die schlechte Erfahrungen mit Institutionen gemacht haben • Hoher Personalaufwand (zwei Fachkräfte sind gebunden, Vor- und Nachbereitung der Hausbesuche) • Große persönliche Nähe kann zum Verlust der professionellen Distanz führen • Mitarbeiter treffen auf unbekannte Personen, die sie nicht einschätzen können (z. B. Gewaltbereitschaft)

Aufgaben

1. In einer Kindertagesstätte hat das Team entschieden, dass Kinder die Telefonanrufe entgegennehmen dürfen und diese entsprechend weiterleiten. Bewerten Sie diese Regelung im Hinblick auf Kundenorientierung und Qualität der Einrichtung.

2. Stellen Sie die Vor- und Nachteile des Einsatzes von Anrufbeantwortern außer- und innerhalb der Öffnungszeiten dar.

3. Eine Berufsanfängerin möchte nicht, dass Eltern in ihrer Gruppe hospitieren. Überzeugen Sie die Kollegin von der Notwendigkeit, auch in ihrer Gruppe Hospitationsmöglichkeiten anzubieten.

4. Erläutern Sie die Gründe, warum mindestens zwei Erzieherinnen an den Hausbesuchen teilnehmen sollten.

5. Inwieweit unterscheiden sich Hausbesuche bei Familien mit Migrationshintergrund von Hausbesuchen bei deutschen Familien?

5.1.9 Thematischer Elternabend

Eine klassische Form der Elternarbeit stellt der thematische Elternabend dar, der im Vergleich zu den anderen Formen der Elternarbeit in den letzten Jahren jedoch an Bedeutung verloren hat. Mit dem Elternabend werden folgende Ziele verfolgt:

* Vermittlung von Wissen
* Stärkung der Handlungskompetenz der Eltern
* Aktivierung der Eltern
* Vorbereitung der Eltern auf die Mitwirkung in der Einrichtung
* Zusammentreffen aller Eltern der Einrichtung und Kontaktmöglichkeiten

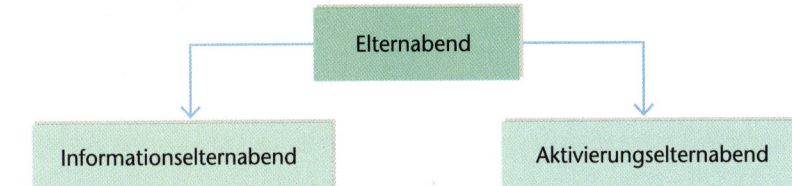

Mögliche Schwerpunkte von Elternabenden

Informationselternabend

Beim Informationselternabend steht die Wissensvermittlung im Vordergrund. Durch Mitarbeiterinnen der Einrichtung oder externe Referenten wird eine zuvor ausgewählte Thematik elterngerecht dargestellt. So steht z. B. die Informationsvermittlung im Mittelpunkt des ersten Elternabends für die neuen Eltern in der Einrichtung. Im Rahmen dieses Informationsabends stellen sich die Ansprechpartner der Einrichtung vor. Sie informieren z. B. über das Konzept der Einrichtung.

Der zweite Elternabend könnte einen vertiefenden Charakter haben, wenn sich die Eltern mit den Regeln und Grundsätzen in der Einrichtung vertraut gemacht haben und gemeinsame Vereinbarungen und Absprachen zwischen den Eltern und den Erzieherinnen getroffen werden. Es soll erreicht werden, dass die Eltern pädagogisches Grundsätze und Erziehungsmethoden der Einrichtung mittragen. Weiterhin ist ein Einvernehmen darüber herzustellen, wie die Kooperation zwischen den Eltern und den Mitarbeiterinnen gestaltet wird.

Zu den beiden Elternabenden sollten auch andere, bereits engagierte Elternvertreter eingeladen werden, die über ihre Erfahrungen berichten. Die Informationen der Einrichtung werden aus der Perspektive der „erfahrenen" Eltern veranschaulicht und bewertet. Die praktizierte Erziehungs- und Bildungspartnerschaft wird dadurch deutlich und ermutigt auch neue Eltern, sich in der Einrichtung zu engagieren.

Die folgenden Elternabendthemen dienen der Stärkung der pädagogischen Handlungskompetenz der Eltern:
- Lernen – aber richtig
- Computer im Kinderzimmer?!
- Gesunde Ernährung
- Konflikte im Kindesalter
- Freundschaften
- Kinder fordern uns heraus
- Kinder und Sexualität
- Mein Kind hat Angst
- Regeln und Grenzen in der Erziehung
- Wut, Streit, Aggressionen
- Kinder stark machen – Übergänge bewältigen
- Macht und Ohnmacht in der Erziehung
- Entwicklung kindlichen Selbstvertrauens
- Was tun, wenn die Lernbereitschaft nachlässt …?
- Hilfe bei Hausaufgaben
- Rechtschreibprobleme
- Gewalt
- Suchtverhalten – was tun?
- Null Bock auf Schule!

Häufig stellt sich die Frage: Sollen Referenten einbezogen werden oder wird der Abend selbst gestaltet?

Bei der Übernahme eines thematischen Elternabends durch Teammitglieder sollten folgende Aspekte beachtet werden:

- **Bedürfnisse der Eltern**: Die Erzieherinnen kennen recht genau die Anliegen der Eltern und die Erwartungen an den Elternabend. Wenn sie den Elternabend gestalten, reden sie nicht an den Eltern vorbei oder über die Eltern hinweg, sondern treffen recht genau die Interessen der Eltern.

- **Expertenrolle:** Einige Eltern akzeptieren nicht den Expertenstatus der Erzieherinnen bei bestimmten Themen. Die Eltern kennen die Teammitglieder in ihrer Gruppenfunktion und trauen den Erzieherinnen als Experten kein umfassendes, wissenschaftlich fundiertes Wissen zu.

- **Neutrale Position:** Referenten fällt es leichter, eine neutrale Position einzunehmen, und geraten nicht in das Kreuzfeuer von einrichtungsinternen Auseinandersetzungen. Dies ist vor allem dann wichtig, wenn das Thema einrichtungsintern kontrovers diskutiert wird. Die Referenten sind unabhängig und bringen als fachliche Autorität ihre Anregungen ein.

- **Einarbeitungsaufwand:** Referenten sind mit der Thematik vertraut und in der Regel auf dem aktuellen Wissensstand, so dass sie mit geringem Aufwand ihre Erkenntnisse weitergeben können. Die Erzieherinnen müssen sich bei bestimmten Themen erst einarbeiten, um einen ausreichend großen Wissenshintergrund zu haben, um bei Elternfragen kompetent antworten zu können.

- **Kosten:** Mit einem Referenten sind u. U. Kosten verbunden (Honorar und Fahrtkosten), die von der Einrichtung, den Eltern oder vom Förderverein aufzubringen sind. Weitere Kosten können bei Personen, die im dienstlichen Auftrag den Elternabend gestalten, entfallen.

Aktivierungselternabend

Steht eine stärkere Elternmitwirkung im Mittelpunkt, dann sind Aktivierungselternabende zu gestalten. Auf der Basis einer Situationsanalyse soll die Bereitschaft der Eltern zur engagierten Mitarbeit geweckt werden. Wenn z. B. das Außengelände neu gestaltet werden muss und die finanziellen Möglichkeiten der Einrichtung dabei sehr begrenzt sind, dann könnten die Eltern mit den Erzieherinnen am Elternabend Vorschläge zur Neugestaltung des Außengeländes entwickeln. Wenn die Neugestaltung damit auch zu einer Sache der Eltern wird, die sich dafür verantwortlich fühlen, ist deren Bereitschaft, bei der Umsetzung der Vorschläge mitzuwirken deutlich höher als bei einem allgemeinen Aufruf (z. B. Aushang mit Teilnahmeliste).

Zur Aktivierung der Eltern könnten folgende Themen dienen:
- Aktive Eltern (z. B. Eltern-Kind-Ausflug)
- Einrichtung eines Elterncafés
- Der Raum als „dritter Erzieher": Neugestaltung der Räumlichkeiten
- Starke Eltern – starke Kinder (Resilienz)

Häufig wird an solchen Elternabenden über das geringe bzw. nachlassende Interesse der Eltern geklagt. Die geringe Beteiligung kann auch auf wenig attraktive, weil frontale Vortragsmethoden zurückgeführt werden. Wird dagegen methodisch variabel vorgegangen, indem die Eltern stärker einbezogen werden, dann nimmt häufig auch das Interesse der Eltern zu.

Die Durchführung eines thematischen Elternabends sollte gut vorbereitet werden und sich am folgenden Ablauf orientieren.

Möglicher Ablauf eines thematischen Elternabends

Phase	Ziele	Vorgehensweise/Beispiele
Planungsphase	• Elterninteressen erkunden	• Elternwünsche durch schriftliche oder mündliche Befragung erkunden, dabei die Elternvertretungen einbeziehen • Aktuelle Themen (z. B. aus Fachzeitschriften) oder Probleme aufgreifen • Finanzielle Aufwendungen erfassen und Finanzierung sicherstellen
Realisierungsphase Vorbereitung	• Referenten gewinnen • Organisatorische Vorbereitungen treffen • Eltern informieren und motivieren	• Fachkompetente Referenten (auch pädagogische Mitarbeiterinnen) ansprechen und die Durchführung des thematischen Elternabends absprechen • Termin festlegen • Medienbedarf abklären und entsprechende Medien bereitstellen • Raum auswählen, schmücken und bestuhlen • Durch Aushänge, Plakate, Elternbrief, persönliche Einladung der Eltern, Ankündigung in der Presse auf den Elternabend hinweisen • Einladung der Presse
Realisierungsphase Durchführung	• Ablauf begleiten und steuern	• Leitung/pädagogische Mitarbeiter: Begrüßung der Eltern und Vorstellung des Referenten • Hinweis auf die Bedeutung des Themas
		• Referent • Impulsreferat/Arbeitsgruppen • Diskussion
Realisierungsphase Auswertung	• Wirkung und Zufriedenheit erfassen	• Leitung/pädagogische Mitarbeiter: Erfassung der Zufriedenheit durch Plakat • Sammlung weiterer Themenvorschläge
Reflexionsphase	• Verbesserungsmöglichkeiten entwickeln	• Reflexion der verschiedenen Phasen und Entwicklung von Optimierungsmöglichkeiten • Anzahl der anwesenden Eltern • Auswertung der Elternrückmeldungen • Konsequenzen für weitere Elternabende ableiten

Planungsphase

Eine hohe Beteiligung der Eltern am Elternabend ist abhängig von der Attraktivität und Aktualität der ausgewählten Themen. Deshalb ist in der Planungsphase auf das Interesse der Eltern zu achten. Tür-und-Angel-Gespräche oder Umfragen geben Hinweise auf ein aktuelles Informationsbedürfnis (z. B. Aggressivität, Gewaltdarstellungen auf Handys); daneben gibt es wiederkehrende Anliegen (z. B. Angst, Medieneinfluss, Verhaltensauffälligkeiten). Entstehen Kosten (Raummiete, Honorare, Reisekosten, Medien), so ist abzuklären, wer diese Kosten übernimmt. So könnte der Förderverein oder die Volkshochschule finanziell beteiligt werden, oder durch einen Teilnahmebeitrag, Spenden oder Verkauf von Getränken und Speisen versucht werden, die Kosten zu decken. Bei der Festsetzung des Termins sollten Überschneidungen mit örtlichen Terminen oder beliebten Fernsehsendungen (z. B. Sportübertragungen) vermieden werden.

Realisierungsphase

Spätestens acht Wochen vor Beginn des Elternabends beginnt die Auswahl eines kompetenten Referenten für den Elternabend. Neben der Fachkompetenz sind Aufwendungen für Honorar und Reisekosten sowie bisherige Erfahrungen mit dem Referenten bei der Auswahl zu beachten. Zu den Aufgaben der Einrichtung gehört die Öffentlichkeitsarbeit, um die Eltern und andere Interessierte auf die Veranstaltung aufmerksam zu machen. Wirksamer als schriftliche Informationen ist die persönliche Ansprache der Eltern, da die direkte Ansprache zu einer höheren Verbindlichkeit führt.

Bei der Durchführung der Veranstaltung haben die pädagogischen Mitarbeiter (in der Regel die Leiterin) eine moderierende Funktion. Sie begrüßt die Eltern, geht kurz auf die Thematik ein, unterstützt den Referenten, leitet die Diskussion, bedankt sich beim Referenten, erläutert die Form der Rückmeldung und verabschiedet am Ende die Eltern. Entscheidend für den Erfolg des Elternabends ist der persönliche Bezug des Referenten zu den Eltern, denn die Informationen, die vermittelt werden, könnten die Eltern auch aus Büchern, Zeitschriften oder anderen Medien erhalten. Der Referent muss als Fachmann in der Lage sein, die Informationsmenge zu strukturieren und auf die Zuhörergruppe zu transferieren. Durch den Dialog mit den Eltern werden die soziale und emotionale Dimension angesprochen. Die Fragen der Eltern können geklärt, Unsicherheiten und Ängste vermindert und Klarheit geschaffen werden. Dazu muss eine gute methodische Planung (z. B. Einsatz von Medien, Bildung von Diskussionsgruppen, Fallbeispiele, Rollenspiele) erfolgen, die den teilnehmenden Eltern und dem zu vermittelnden Inhalt gerecht werden (siehe auch Kapitel 6: Methoden der Elternarbeit).

Reflexionsphase

Eine Woche nach dem Elternabend sollte im Team eine differenzierte Reflexion durchgeführt werden, die folgende Gesichtspunkte berücksichtigt:

- Beteiligung der Eltern
- Verlauf des Abends
- Auswahl des Referenten
- Schwachstellenanalyse in der Organisation
- Konsequenzen

Thematische Elternabende sind aber auch ohne Vorträge denkbar. So können Diskussionsrunden, Berichte über Projektwochen, Weiterentwicklung von neuen Angebotsformen in der Einrichtung im Mittelpunkt des Elternabends stehen.

Wie die Erfahrung zeigt, dauern Elternabende oft zu lang und überfordern die Eltern, die einen anstrengenden, langen Arbeitstag hinter sich haben. Deshalb ist eine Mischung von sachlich-informierenden Elementen und persönlich-interaktiven Komponenten erstrebenswert. Die Gestaltung des Elternabends sollte einen Methodenwechsel (z. B. Impulsreferat, Rollenspiel, Bilder), Wechsel der Sozialform (z. B. Partnergespräche, Kleingruppenarbeit) und handlungsorientierte Vorgehensweisen berücksichtigen. An die Stelle des Elternabends können auch Elternnachmittage treten. Bis zur Abholzeit könnten die Kinder in der Gruppe betreut werden, danach können sie in den Elternnachmittag einbezogen werden.

Checklisten für den Elternabend
Für die Planung und Durchführung eines thematischen Elternabends können die nachfolgenden Checklisten herangezogen werden.

Bereits bei der Planung sollten Eltern einbezogen werden, die ihre Ideen einbringen und Aufgaben übernehmen.

Bereich	Aufgabe	Zuständigkeit	Termin
Themenbereich	• Thema unter Berücksichtigung der Eltern- und Teamvorschläge eingrenzen		
Organisationsteam	• Organisationsteam bilden • Zuständigkeiten für Referentensuche klären, Einladung, Verpflegung, Raumvorbereitung, Medien- und Materialbeschaffung regeln		
Helferteam	• Helferteam für den Elternabend gewinnen und Aufgaben zuweisen		
Experten	• Experten, Referenten zum Thema gewinnen • Mit Referenten Absprachen treffen (z. B. Inhalte, Termin, Medien, Honorar) • endgültiges Thema festlegen		
Zielgruppe	• Zielgruppe definieren • Teilnehmerzahl abschätzen • Raum festlegen		

Bereich	Aufgabe	Zuständigkeit	Termin
Ablauf	• Ablaufplan mit Zeitbedarf erstellen (z. B. Begrüßung, Einführung, Referat, Diskussion, Imbiss) • Inhaltliche Schwerpunkte festlegen • Methodenwechsel einplanen • Moderatorin auswählen		
Einladung	• Einladung mit Tagesordnung verfassen • Einladungsliste (Träger, Presse, Eltern, kooperierende Einrichtungen) erstellen • Einladung versenden bzw. Plakate aushängen		
Material/ Medien	• Material und Medien (z. B. Anschauungsmaterial, Broschüren, Bücher, Plakate) zum Thema beschaffen bzw. bestellen		
Verpflegung	• Verpflegungsangebot (z. B. Getränke, Kekse usw.) festlegen		
Kosten	• Gesamtkosten ermitteln (z. B. Honorar/ Fahrtkosten für Referenten, Ausleihgebühr für Medien, Verpflegungsangebot) • Kostenabdeckung sicherstellen		

Checkliste zur Planung

Bereich	Aufgabe	Zuständigkeit	Termin
Raum	• Raum (Stühle, Tische, Pult, Leinwand) herrichten • Sicherheitsvorkehrungen (z. B. Stolperfallen beseitigen, Beleuchtung des Eingangs) treffen		
Helferteam	• Helferteam (z. B. Eltern, Praktikanten) ggf. einweisen		
Medien	• Funktionstüchtigkeit der Medien überprüfen und, falls möglich, Ersatz bereithalten		
Material-tisch	• Materialtisch vorbereiten		
Moderation	• Ablauf mit den präsentierenden Personen absprechen bzw. aktualisieren		

Bereich	Aufgabe	Zuständigkeit	Termin
Verpflegung	• Getränke kühlen und Verpflegungsangebot anrichten		
Geschenk	• Geschenk für den Referenten besorgen		
Feedback-bogen	• Feedbackfragebogen oder Flipchart bereit legen		

Checkliste zur Durchführung

Bewerten Sie Ihre Zufriedenheit mit dem heutigen Elternabend. Kreuzen Sie Ihre Zustimmung zu den folgenden Aussagen an.	stimme voll zu	stimme eher zu	teils/teils	stimme eher nicht zu	stimme überhaupt nicht zu
Der Elternabend brachte für mich neue Erkenntnisse.					
Die Auswahl der Inhalte entsprach meinen Erwartungen.					
Durch den Elternabend habe ich Anregungen für den Umgang mit meinem Kind gewonnen.					
Der Ablauf des Elternabends war für mich gelungen.					
Der Referent hat das Thema verständlich dargestellt.					
Fragen und Erfahrungen der Eltern wurden umfassend einbezogen.					
Der Elternabend fand in einer angenehmen Atmosphäre statt.					
Der Elternabend war sehr abwechslungsreich.					
Die Teilnahme am Elternabend war für mich gewinnbringend.					

Bewerten Sie Ihre Zufriedenheit mit dem heutigen Elternabend. Kreuzen Sie Ihre Zustimmung zu den folgenden Aussagen an.	stimme voll zu	stimme eher zu	teils/teils	stimme eher nicht zu	stimme überhaupt nicht zu
Welche Themen sollten in den nächsten Veranstaltungen aufgegriffen werden?					
Was sollte bei der Durchführung von Elternabenden verbessert werden?					

Feedbackbogen

Bei der Entscheidung, ob und in welchem Umfang Elternabende in der Einrichtung angeboten werden, sollten sich die Erzieherinnen die folgenden Vor- und Nachteile bewusst machen:

Vorteile	Nachteile
• Einbeziehung vieler Eltern • Relativ geringer Zeitaufwand • Fachkundige Wissensvermittlung durch Referenten • Erweiterung der Wissensbasis für die Erziehungspartnerschaft • Klärung persönlicher Fragen möglich	• Anonymität • Überforderung einiger Eltern • Große Gruppe kann einige Eltern hemmen, sich einzubringen • Kosten (Honorar/Reisekosten für Referenten) • Dominanz und Selbstdarstellungsbedürfnis einzelner Eltern

Aufgaben

1. *Erläutern Sie, welche Aufgaben Eltern bei der Durchführung eines Elternabends übernehmen können.*

2. *Erzieherinnen beklagen häufig, dass die Eltern, für die ein Informationselternabend besonders wichtig wäre, nicht teilnehmen. Wie könnten diese Eltern von der Notwendigkeit der Teilnahme überzeugt werden?*

3. *Die Erzieherinnen planen zum Thema „Zappelphilipp – mein Kind ist unruhig" einen Kinderarzt als externen Referenten einzuladen. Stellen Sie dar, welche Vor- und Nachteile mit dem Einsatz des Referenten verbunden sind.*

4. *Für die Durchführung eines Elternabends mit Referenten, Getränken und kleinem Imbiss entstehen Kosten in Höhe von etwa 500 Euro. Erörtern Sie Möglichkeiten, wie Sie den Elternabend finanzieren könnten. Bewerten Sie die Wirkung der Finanzierungsmöglichkeiten auf die Eltern.*

5.1.10 Elternstammtisch

Eine informelle und eher unverbindliche Form der Elternarbeit stellt der Elternstammtisch dar. Es liegt keine feste Tagesordnung vor und es bestehen keine festen Strukturen. Häufig wird das Treffen von Elternvertretern organisiert. Zum Stammtisch werden in der Regel auch die pädagogischen Mitarbeiterinnen eingeladen. In dieser ungezwungenen Atmosphäre werden kreative Potenziale freigesetzt und es können sich neue Ideen und Projektinitiativen für die Einrichtung entwickeln.

Bei dieser Form der Elternarbeit verwischen die Grenzen zwischen professionellem erzieherischen Handeln und privaten Kontakten. Die Mitarbeiterinnen begeben sich u. U. auf eine Gratwanderung zwischen privaten Kontakten und dienstlichen Belangen. In der ungezwungenen Gesprächsatmosphäre besteht die Gefahr, dass in der vermeintlich guten Beziehung zwischen Eltern und Mitarbeiterinnen einrichtungsinterne oder sogar vertrauliche Informationen weitergegeben werden. Andererseits erhalten die Erzieherinnen in den Gesprächen ebenfalls Hintergrundinformationen über die häusliche Situation der Kinder. Die Erfahrung zeigt, dass am Elternstammtisch häufig nur ein kleiner Kreis von Eltern interessiert ist.

5.1.11 Elterngesprächskreis

Eine gute Strategie, die Zusammenarbeit und Partnerschaft zwischen Erzieherinnen und Eltern zu gestalten, stellen Elterngesprächskreise dar. Wenn Eltern in diesen Gesprächen als Experten für die Situation ihrer Kinder ernst genommen werden und die Erzieherinnen vermitteln, dass die Eltern für ihre Kinder das Beste wollen, ist die Basis für eine vertrauensvolle Erziehungspartnerschaft gelegt.

Der Elterngesprächskreis geht über den thematischen Elternabend hinaus und stellt für interessierte Eltern eine Möglichkeit dar, sich zu Erziehungsfragen kontinuierlich weiterzubilden. Die Eltern treffen sich regelmäßig in einem bestimmten Zeitraum. Im Vordergrund können entweder das Informationsbedürfnis (z. B. Bearbeitung ausgewählter Themenkreise) oder das Kontaktbedürfnis (z. B. Erfahrungsaustausch, gemeinsame Aktivitäten) stehen. Die Elterngesprächskreise geben den Beteiligten die Möglichkeit, über ihre Fragen und Erfahrungen, ihre Probleme und Ängste zu sprechen. Im Erfahrungsaustausch ist auf Bewertungen von Vorgehensweisen oder Schuldzuweisungen zu verzichten und die gemeinsame Suche nach Handlungsalternativen anzustreben.

Themenbezogene Gesprächskreise

In diesem Gesprächskreis werden pädagogische Fragestellungen erörtert und systematisch bearbeitet. Da die Zusammensetzung des Gesprächskreises häufig konstant ist, sollten die pädagogischen Mitarbeiterinnen in der Lage sein, gruppendynamische Prozesse (z. B. Sympathie/Antipathie, Untergruppenbildung) zu erkennen und angemessen darauf zu reagieren. Die Themen des Gesprächskreises entwickeln sich aus den Interessen und den Bedürfnissen der Elterngruppe. Neben dem Erfahrungsaustausch können auch Referate gehalten werden bzw. anhand der Fachliteratur Themenbereiche erarbeitet und diskutiert werden. Eine Erzieherin übernimmt die Moderation und ergänzt die Beiträge der Eltern durch ihr Fachwissen.

Informelle Gesprächskreise

Die informellen Gesprächskreise haben keine formale Struktur sondern entstehen eher zufällig. So stellen der Elternstammtisch oder das Treffen beim Elterncafé in der Einrichtung den Rahmen, in dem sich die Eltern treffen und austauschen. Es geht dabei stärker um die persönlichen Einstellungen und die Pflege von Kontakten zu Eltern, die in einer vergleichbaren Lebenssituation sind und den Erfahrungsaustausch, der bisweilen über den pädagogischen Bereich hinausgeht.

In den Elterngesprächskreisen sind vor allem dann Konflikte zu erwarten, wenn sich die Eltern in ihren Wertorientierungen sehr stark unterscheiden. Die Erzieherin sollte in diesen Situationen hinterfragen, warum den Eltern bestimmte Erziehungsvorstellungen wichtig sind. Dies hilft auch den anderen Eltern, die abweichenden Einstellungen nachzuvollziehen. Damit kann der Prozess des Akzeptierens, der Annäherung und Verständigung sowie des
Aushandelns angeregt werden. Die Erzieherin sollte darauf achten, dass dabei die Perspektive des Kindes nicht aus dem Blickfeld der Eltern gerät („Was bedeutet dies für das Kind?").

Am Ende des Gesprächskreises sollte eine Abschlussrunde stehen, in der das Erlebte („Was habe ich heute Neues erfahren?", „Was nehme ich für mich mit?") und die Erwartungen („Welches Thema soll beim nächsten Treffen im Mittelpunkt stehen?", „Wie wollen wir weiter vorgehen?") angesprochen werden.

5.1.12 Runder Tisch

Der Begriff Runder Tisch wird dann verwendet, wenn sich unterschiedliche Interessensvertreter (z. B. Eltern, Teammitglieder, Trägervertreter, Migrantenvertreter, Mitarbeiter des Jugendamts, Politiker) gleichberechtigt zusammensetzen und gemeinsam beraten. Am Ende stehen Absprachen, die von allen Beteiligten getragen werden.

Ein runder Tisch wird häufig dann ins Leben gerufen, …

- wenn es darum geht, neue Ideen, die auf der Zustimmung unterschiedlicher Interessensgruppen beruhen, zu verwirklichen,

- wenn in einer verfahrenen Situation möglichst alle beteiligten Gruppen gemeinsam über eine einvernehmliche Problemlösung befinden sollen oder

- wenn den verschiedenen Interessensvertretern an einem regelmäßigen Meinungsaustausch gelegen ist.

Im Rahmen der Elternarbeit kann der runde Tisch von den verschiedenen Interessensgruppen als Instrument zur gezielten Weiterentwicklung der Einrichtung einberufen werden.

Aufgaben

1. *Erläutern Sie, welche Vorteile sich für die Erzieherinnen und Eltern aus der Teilnahme an Elternstammtischen ergeben können.*

2. *Zeigen Sie auf, welche Rolle die Erzieherinnen beim Elternstammtisch und bei den Elterngesprächskreisen einnehmen. Welche Rollenkonflikte können entstehen?*

3. *Nennen Sie konkrete Themen, zu denen das Erzieherinnenteam einen Runden Tisch einberufen könnte.*

5.1.13 Elterntraining/Elternschule

Bei nachlassender Erziehungskraft der Familien werden Elterntrainings immer notwendiger. Unterstützen statt Klagen ist die Devise. Das Elterntraining bzw. die Elternschule richtet sich an Eltern, die ihre Erziehungskompetenzen verbessern wollen, um ihre Elternrolle besser ausfüllen zu können (Empowerment). Ein Elterntraining ist mehr als eine Vortragsreihe, denn es umfasst Handlungselemente zur gezielten und kontrollierten Verbesserung der Erziehungskompetenzen.

Es liegen verschiedene Trainingskonzepte vor, in denen die Eltern in Kleingruppen systematisch auf die bessere Bewältigung des Erziehungsalltags vorbereitet werden. Die Eltern lernen ihre pädagogischen Handlungsmöglichkeiten besser kennen und auch konsequenter, akzeptierender, fairer und zielgerichteter mit ihren Kindern umzugehen (siehe Horst u. a. 2005).

Elterntrainings verfolgen folgende Ziele:
- Stärkung der Erziehungskompetenzen
- präventives Handeln zur Vermeidung problematischer Entwicklungen
- konstruktiver Umgang mit kindlichem Verhalten
- Vermittlung effektiver Strategien (z. B. Konflikthandhabung)

- Verbesserung der Kommunikationsfähigkeit
- Stärkung der kindlichen Resilienz
- Aufbau eines positiven Selbstbildes des Kindes
- ganzheitliche Förderung der kindlichen Entwicklung
- Gestaltung einer positiven Familienatmosphäre (pädagogisches Setting)

Die Durchführung des Trainings erfordert von der Leitung des Elterntrainings neben der fachlichen Kenntnis auch psychologische Kompetenzen im Umgang mit Gruppen, so dass ein Elterntraining in der Regel von Psychologen, Pädagogen bzw. speziell geschulten pädagogischen Mitarbeiterinnen angeboten wird. Ein besonderes Angebot für Alleinerziehende stellt PALME dar (**P**räventives Elterntraining für **all**einerziehende **M**ütter geleitet von **E**rzieherInnen).

Sanders unterscheidet fünf Stufen des Elterntrainings. Die Übergänge zu den einzelnen Stufen sind fließend. Deshalb bereitet es Schwierigkeiten, Konzepte einer bestimmten Stufe exakt zuzuordnen.

Stufe 5: Interventionen auf Familienebene
Diese Kinder weisen starke Verhaltensstörungen auf, die durch das familiäre Umfeld verstärkt werden. In Einzeltherapie werden bei den Eltern das Kommunikationsverhalten und die Verbreitung von Stresssituationen trainiert.

Stufe 4: Intensives Elterntraining
Im Rahmen eines Elterntrainings, das ca. 4-10 Einzel- oder Gruppensitzungen umfasst, wird den Eltern vermittelt, wie sie auf das Problemverhalten reagieren sollten, wie sie durch gezielte Verstärkung das Problemverhalten beeinflussen können oder wie durch das konsequente Nichtbeachten Verhaltensweisen verändert werden können.

Stufe 3: Information und aktives Training
Das Elterntraining (Einzel- oder Gruppensitzungen) beinhaltet das Einüben neuen Erziehungsverhaltens, um das Kind entwicklungsgemäß zu fördern. Die Eltern üben im Rollenspiel das neue Verhalten ein und erhalten über die Trainer ein Feedback.

Stufe 2: Erziehungstipps für Kinder bis zum Grundschulalter
In 4 Sitzungen (Dauer: je ca. 15 min.) werden die Eltern mündlich und schriftlich über Entwicklungs- und Erziehungsprobleme informiert.

Stufe 1: Vermittlung allgemeiner Erziehungsmethoden
Mit Bezugspersonen wie Eltern, Großeltern oder Erzieherinnen wird über Erziehungsfragen diskutiert; es werden Fernsehserien und Rundfunksendungen zu verschiedenen Erziehungsfragen produziert und ausgestrahlt.

Formen elternbezogener Hilfsmaßnahmen nach Sanders (1998, S. 282 f.) und Petermann (2000, S. 20)

Bundesweit finden folgende Elterntrainings statt:

Programm	Zielgruppe	Ziele	Inhalte	Dauer	Durchführung
FuN (Familie und Nachbarschaft)	benachbarte Familien	• Stärkung der Familie in ihrem sozialen Umfeld • Beratung und Begleitung durch soziale Dienste	• Erfahrungsaustausch der Familien untereinander • Auseinandersetzung mit Schlüsselproblemen z. B. Gewalt, Sucht, interkulturelle Integration	• 8 dreistündige Übungseinheiten an einem Nachmittag in der Woche	qualifizierte FuN-Trainerinnen
HIPPY (Home Instruction for Parents of Preschool Youngsters)	sozial benachteiligte Familien (insbesondere mit Migrationshintergrund) mit Kindern im Vorschulalter	• Stärkung der Erziehungskompetenz • Integration und Prävention	standardisiertes Spiel- und Lernmaterial zur Förderung der kognitiven, sprachlichen und motorischen Entwicklung	täglich 15 Min. gezielte Aktivität mit Eltern und Kind unter Anleitung	ausgebildete Laienhelfer (in der Regel Mütter aus der Zielgruppe) führen Hausbesuche durch
KitaStart!	Eltern, deren Kind zukünftig die Einrichtung besuchen werden	• Sensibilisierung und Stärkung der Eltern für die Bedürfnisse des Kindes und der Familie • aktive Gestaltung des Übergangs in die Kita	• Trennung vom Kind • Beobachtung • Bindung • Autonomie und Selbstbildung • Loslösen • Erwartungen	• 10 Einheiten (Dauer je 1,5 bis 2,5 Std.) • 4 Elternabende	ausgebildete Kursleiterin

Programm	Zielgruppe	Ziele	Inhalte	Dauer	Durchführung
Ostapje	sozial benachteiligte, belastete Familien mit Kindern im Alter ab 1,5 Jahren	• Förderung der Erziehungskompetenzen im Rahmen von Hausbesuchen • Stärkung der familiären Ressourcen	• Präventives Spiel- und Lernprogramm mit Förderangeboten in allen Entwicklungsbereichen und gezielter Kompetenzentwicklung der Eltern	Hausbesuche (ca. 30 bis 45 Min.) im Zeitraum von 18 Monaten, zunächst wöchentlicher, später zweiwöchentlicher Rhythmus	ausgebildete Laienhelfer aus der Zielgruppe führen Hausbesuche durch
PALME (Präventives Elterntraining für alleinerziehende Mütter geleitet von ErzieherInnen)	alleinerziehende Mütter	• Stabilisierung der Mutter-Kind-Beziehung • Stärkung sozialer und elterlicher Kompetenzen	• Selbstwahrnehmung der Mütter • Umgang mit Bedürfnissen und Emotionen des Kindes • Situation der Gesamtfamilie • Erproben und Einüben von neuen Erziehungsstrategien	20 Gruppensitzungen (jeweils 90 Min.)	ausgebildete Gruppenleiterinnen
Rucksack	Mütter mit Migrationshintergrund	• Sprachförderung und Elternbildung im Elementarbereich (Alter der Kinder 4 bis 6 Jahre) • Förderung der Zweisprachigkeit	Elternmaterialien und Übungsblätter zur muttersprachlichen Arbeit der Eltern mit den Kindern sowie Förderung der deutschen Sprache der Eltern in der Kita	Wöchentliches Übungsangebot über einen Zeitraum von 9 Monaten	speziell ausgebildete Elternbegleiterinnen (Mütter aus der Kita mit guter Kenntnis der deutschen Sprache oder pädagogisch ausgebildete Migrantinnen)

Programm	Zielgruppe	Ziele	Inhalte	Dauer	Durchführung
Starke Eltern – starke Kinder	Mütter und Väter ohne weitere Spezifikation	• Stärkung des Selbstbewusstseins der Eltern • Entlastung des Familienalltags • Austausch mit anderen Eltern	• Prävention von körperlicher und psychischer Gewalt in der Familie • Stärkung der Mitsprache und Mitbestimmungsrechte der Kinder	10 Veranstaltungen (Elternkurse des Deutschen Kinderschutzbundes)	Fachkräfte mit pädagogischer Ausbildung
STEP (Systematic Training for Effective Parenting)	Eltern ohne weitere Spezifikation	• Vermittlung eines demokratischen Erziehungsstils • Aufbau von Erziehungskompetenzen	Trainingsprogramm ist für verschiedene Altersgruppen konzipiert (z. B. 0 bis 6, 6 bis 12, 12 bis 18 Jahre)	10 wöchentliche Treffen (insgesamt 20 Stunden)	Ausbildung von STEP-Kursleiterinnen
Triple P (Positive Parenting Program)	Eltern ohne weitere Spezifikation	• Aufbau von Erziehungsfertigkeiten • Stärkung der Resilienz • gezielte Verminderung von Verhaltensauffälligkeiten	• Aufbau einer positiven Beziehung zum Kind • gezielter Verhaltensaufbau • Umgang mit verschiedenen Formen von Verhaltensstörungen	abhängig von der Übungsebene: bis zu 4 Kurzsitzungen (je ca. 20 Min.) bzw. bis zu 4 zweistündigen Sitzungen	Ausbildung von Fachkräften aus dem pädagogischen und Gesundheitsbereich

(vgl. Roth, 2010, S. 167 f.)

Exemplarisch wird im Folgenden auf zwei Konzepte des Elterntrainings näher eingegangen: das Triple P (Positive Parenting Program) und das Präventive Elterntraining für alleinerziehende Mütter geleitet von ErzieherInnen (PALME). (Auf das Elterntraining Rucksack wird später in Kapitel 5.6.1 Interkulturelle Elternarbeit noch näher eingegangen.)

Triple-P-Konzept

Ein bekanntes, aber auch kontrovers diskutiertes Elterntraining ist das Konzept Triple P (Positive Parenting Program). Dieses Programm wurde in Australien nach mehrjähriger Forschung entwickelt und geht von einem verhaltenstheoretischen Konzept aus (siehe Markie-Dadds u. a., 2004). Als Trainer werden ausgebildete pädagogische Fachkräfte aus dem Erziehungs- und Gesundheitswesen eingesetzt, z. B. Kinderärzte, Erzieherinnen, Lehrer, Pädagogen, Psychologen), die über Erfahrung in der Arbeit mit Eltern verfügen.

Das Triple-P-Training ist ein mehrstufiges Erziehungs- und familienunterstützendes Interventionsprogramm, um Verhaltens- und Entwicklungsprobleme zu bewältigen. Mithilfe des Trainings sollen Eltern befähigt werden, die kindliche Entwicklung zu fördern und konstruktiv auf das Verhalten des Kindes zu reagieren und damit erziehungsbedingten Stress zu vermindern. Das Triple-P-Training dient der Stärkung der Resilienzfaktoren bei Kindern und vermindert familiäre Risikofaktoren, die das Auftreten von Verhaltensauffälligkeiten fördern. Die Eltern können durch das Triple-P-Training soziale Kompetenzen erwerben und die Kinder werden zu einer stärkeren Selbstkontrolle befähigt. Mit der Steigerung der Erziehungskompetenzen verstärkt sich bei den Eltern das Erkennen der Selbstwirksamkeit, d. h. sie sind sicher, dass sie durch ihr erzieherisches Handeln etwas bewirken können.

Im Mittelpunkt steht die Kompetenzerweiterung der Eltern, die auf mehreren Erziehungsfertigkeiten basieren.

Bereiche	Erziehungsfertigkeiten
Positive Beziehung aufbauen	1. Zeit mit dem Kind gemeinsam verbringen 2. Miteinander reden 3. Wertschätzung und Zuneigung zeigen
Wünschenswertes Verhalten fördern	4. Anerkennen, loben 5. Aufmerksamkeit schenken, Zuwendung geben 6. Spannende Beschäftigung organisieren
Neue Fertigkeiten/Kompetenzen vermitteln	7. Selbst vorbildhaft sein 8. Unterschwelliges, beiläufiges Lernen nutzen 9. Fragen – Sagen – Tun 10. Punktekarte einsetzen

Bereiche	Erziehungsfertigkeiten
Umgang mit Problemverhalten verbessern	11. Familienregeln erstellen 12. Regelverstöße direkt ansprechen 13. Geringfügiges Problemverhalten konsequent ignorieren 14. Klare Anweisungen ruhig geben 15. Logische Konsequenzen einsetzen 16. Stille Zeit 17. Auszeit

(vgl. Franz, 2009, S. 10)

Als zentrale elterliche Kompetenz wird die Fähigkeit der Eltern zur Selbstregulation gesehen, d. h. die Eltern sollen befähigt werden, unabhängig von professioneller Hilfe Probleme bewältigen zu können. Im Triple-P-Training werden die Eltern zu selbstständigen Problemlöser qualifiziert, die ihren eigenen Bewertungen vertrauen und unabhängig von anderen Personen ihrer Erziehungsverantwortung gerecht werden. Die Eltern sollen befähigt werden, erlernte Werkzeuge und Fertigkeiten zielführend einzusetzen, eigenständig Handlungsstrategien zur Problembewältigung zu entwickeln, den Erfolg ihrer Handlungsweisen zu bewerten. Wenn dies gelingt, steigt die elterliche Selbstwirksamkeit in der Erziehung. Die Eltern erleben ihr eigenes erzieherisches Verhalten als wirksam und führen Veränderungen im Verhalten des Kindes nicht auf externe Ursachen wie Zufall, Alter des Kindes, Reifungseinflüsse oder Schicksal zurück.

Das Auftreten von Verhaltensstörungen und Erziehungsproblemen soll mit Hilfe des Trainings herabgesetzt werden. Das Triple-P-Training umfasst ein mehrstufiges Vorgehen, das in seiner Interventionsstärke auf die Erfordernisse der Eltern und Kinder angepasst ist.

Ebene	Zielgruppe	Trainingsangebot	Anwendungsgebiet
1. Allgemeine Informationen über Erziehung	Eltern, die sich über Möglichkeiten der Förderung ihrer Kinder informieren möchten	• Kurze schriftliche oder mündliche Information • Bereitstellung von Selbstlernmaterialien (z. B. Broschüre „Positive Erziehung", die „Kleinen Helfer") • Gruppenpräsentationen	Umgang mit alltäglichen Verhaltensauffälligkeiten wie z. B. Weinerlichkeit

Ebene	Zielgruppe	Trainingsangebot	Anwendungsgebiet
2. Kurzberatung für bestimmte Erziehungsprobleme	Eltern mit spezifischen Sorgen um das Verhalten oder die Entwicklung ihrer Kinder	Kurzes Trainingsprogramm mit 1 bis 4 Sitzungen (Dauer jeweils 20 Min.) zum Umgang mit konkreten Verhaltensauffälligkeiten	Umgang mit Wutanfällen, massiven Trotzreaktionen, Essenssituationen, Toilettentraining, Ungehorsam, Trennungsängsten, Aufräumen usw.
3. Kurzberatung und aktives Training	Eltern, die neben den genannten Sorgen Mängel in ihren Erziehungsfertigkeiten aufweisen	Kurzes Trainingsprogramm mit 4 Sitzungen (Dauer jeweils 20 Min.), zusätzlich Rollenspiele	Umgang mit dauerhaften Auffälligkeiten wie Essensstörungen, starke Ängste
4. Intensives Elterntraining	• Eltern von Kindern mit deutlich erkennbaren Verhaltensauffälligkeiten	• Training mit 4 zweistündigen Sitzungen sowie 4 wöchentlichen Telefonkontakten mit dem Trainer • Training der Eltern-Kind-Interaktion	Aggressivität, Aufmerksamkeitsstörungen, Lernprobleme
	• Eltern, die ein intensives Training zur Erlangung positiver Erziehungsfertigkeiten wünschen	• Stärkung der Erziehungsfertigkeiten, um auf unterschiedliche Auffälligkeiten angemessen reagieren zu können • Vermittlung verschiedener Erziehungsstrategien • Einzel- oder Gruppentraining	

Ebene	Zielgruppe	Trainingsangebot	Anwendungsgebiet
5. Erweiterte Interventionen auf Familienebene	Eltern von Kindern mit massiven, dauerhaften oder mehreren Verhaltensproblemen	• Intensives therapeutisches Programm mit Hilfen für gravierende Auffälligkeiten • Hausbesuche und Partnerunterstützung	Dauerhafte Verhaltensstörungen des Kindes sowie zusätzlich familiäre Schwierigkeiten wie Beziehungskonflikte, Depressionen, Ehekonflikte, Alkohol- oder Drogenmissbrauch usw.

Wie aus der Übersicht hervorgeht, hat das Triple-P-Training therapeutische Elemente, die für die Eltern nutzbar gemacht werden, um in der Familie mit Verhaltensproblemen zu Recht zu kommen. Die Inhalte des Trainings sind sehr praxisnah und konkret. Es werden jeweils Beispiele genannt, in denen die Umsetzung veranschaulicht wird.

Das Triple-P-Training zählt zu den wenigen Elterntrainings, die wissenschaftlich evaluiert sind. Mehrere Untersuchungen zur Effektivität des Programms zeigen, dass die geschulten Eltern besser auf ihre Kinder einwirken und die Verhaltensauffälligkeiten der Kinder deutlich zurückgehen. Nachgewiesen wurden dies z. B. bei Schlafproblemen, ADHS und depressiven Symptomen.

Die Kritik gegen das Triple-P-Konzept richtet sich vor allem an das kochbuchartige Vorgehen. Die Eltern würden ihr Kind mit den Techniken der Verhaltenstherapie dressieren und dabei zu wenig die Persönlichkeit des Kindes berücksichtigen. Alterstypische Verhaltensabweichungen werden zum behandlungsbedürftigen Problemverhalten. Einige Methoden (z. B. Auszeit, stiller Stuhl) gelten als sehr fragwürdige Erziehungsmethoden.

Präventives Elterntraining für alleinerziehende Mütter geleitet von ErzieherInnen (PALME)

Das PALME-Elterntraining umfasst 20 Gruppensitzungen (Dauer jeweils 90 Min.) und verfolgt folgende Ziele:
• Stabilisierung der Mutter-Kind-Beziehung
• Stärkung der Elternfunktionen und -kompetenzen
• Verbesserung des Einfühlungsvermögens in das Erleben des Kindes
• Optimierung der Wahrnehmung der kindlichen Bedürftigkeitssignale und Gefühle
• Trennung der Paarkonflikte von der gemeinsamen Elternverantwortung
• Weiterentwickelung von Kompetenzen im Umgang mit Konflikten
• Aufarbeitung vorhandener Selbstwertprobleme und Schuldgefühle
• Bearbeitung unbewusster Delegationen

(vgl. Franz, 2009, S. 10)

Das differenziert ausgearbeitete Training kann von Erzieherinnen durchgeführt werden, die in einer Schulung mit dem PALME-Konzept vertraut gemacht werden. Das PALME-Programm beinhaltet differenziert ausgearbeitete Gruppensitzungen, die klar strukturiert, didaktisch gut aufgearbeitet, methodisch sehr variabel gestaltet sind. Die insgesamt zwanzig Module bauen inhaltlich aufeinander auf und beginnen mit der emotionalen Selbstwahrnehmung der alleinerziehenden Mütter. Der nächste Schwerpunkt liegt auf der Wahrnehmung der kindlichen Bedürfnisse. Die Familiensituation, der Umgang mit Konflikten und die Gestaltung des Erziehungsalltags stehen in den danach folgenden Gruppensitzungen im Mittelpunkt.

Das Training richtet sich an belastete alleinerziehende Eltern und ist ein niedrigschwelliges Angebot, das sich von anderen professionellen Unterstützungsangeboten für alleinerziehende Eltern unterscheidet. So fällt es vielen Alleinerziehenden leichter, die angebotenen Hilfen des Elterntrainings wahrzunehmen. Es werden keine Eltern aufgenommen, die psychisch beeinträchtigt sind und einer psychotherapeutischen Behandlung bedürfen.

Das Elterntraining liefert keine Patentrezepte und schnelle Hilfen, sondern beschäftigt sich mit den Grundlagen einer gelingenden Erziehung. Wissenschaftliche Untersuchungen zur Wirkung des präventiven Elterntrainings zeigen, dass die Teilnehmerinnen psychisch stabiler und psychische und psychosomatische Störungen vermindert werden. Sie gehen mit den eigenen Emotionen kompetenter um. Um diese gewünschten Wirkungen zu erzielen, ist es erforderlich, das Elterntraining stark zu standardisieren (Einhalten des PALME-Manuals) und die Erzieherinnen zu einer einheitlichen Umsetzung zu schulen.

Beurteilung von Trainingsprogrammen

Inzwischen werden zahlreiche Trainingsprogramme angeboten, die zum Teil mit erheblichen Teilnahmekosten verbunden sind. Zur Auswahl von geeigneten Elterntrainings-programmen sollten nach Sigrid Tschöppe-Scheffler folgende Kriterien zur Auswahl herangezogen werden:

Selbsterkenntnis statt Rezeptwissen
Im Mittelpunkt sollte die selbstkritische Auseinandersetzung mit dem eigenen Erziehungsverhalten und Erziehungsverständnis stehen. Die Vermittlung von Rezeptwissen für bestimmte Situationen bleibt auf Handlungsanweisungen in wenigen Erziehungssituationen begrenzt und führt nicht zu einer Stärkung der Erziehungskompetenzen, die in unterschiedlichen Situationen erforderlich sind.

Unterstützung statt Belehrung
Eltern sollten zur Wahrnehmung ihrer Erziehungsaufgabe durch das Training Ermutigung und Unterstützung erfahren. Belehrungen führen zu Handlungsvorgaben (Rezeptwissen) und beeinträchtigen Prozesse der Selbsterkenntnis sowie Selbstreflexion bei den Eltern.

Erprobung neuer Handlungsmöglichkeiten
Im Elterntraining sollte nicht nur Wissen vermittelt, sondern vor allem die Handlungskompetenz der Eltern gestärkt werden. Die Gestaltung von entwicklungsfördernden Kommunikations- und Beziehungsprozessen sollte den Eltern praxisnah vermittelt werden.

Alltagstauglichkeit
Die Inhalte sollten auf die spezifische Lebenswelt und Erziehungssituation der Eltern bezogen sein und Übungen von Situationen, die aus dem Erziehungsalltag der teilnehmenden Eltern entnommen sind, umfassen.

Informationsgehalt
Das Trainingsprogramm sollte auf einem erprobten Konzept beruhen, das Informationen über die Entwicklungs- und Grundbedürfnisse der Kinder enthält, die individuelle Verschiedenheit berücksichtigt und für das Anderssein der Kinder sensibilisiert.

Ressourcenorientierung
Die Trainingsprogramme sollten die vorhandenen Potenziale der Eltern zur Erziehungsgestaltung aktivieren und damit die Selbstheilungskräfte der Familie zum Wohle des Kindes nutzen. Im Mittelpunkt steht die Ermutigung der Eltern.

Dauer des Trainings
Die Effektivität eines Trainings ist nicht von seiner Dauer abhängig, wie Studien belegen. Sehr umfassende Elterntrainings, die sich über einen längeren Zeitraum erstrecken, können schnell zur Überforderung der Eltern führen.
(vgl. Tschöppe-Scheffler, 2006, S. 185 f.)

5.1.14 Elterncoaching

Das Elterncoaching ist eine handlungsbezogene Form der Elternberatung, die über das Elterntraining hinausgeht und dem Wunsch der Eltern nach dem Aufbau eines effektiveren Erziehungsverhaltens entspricht. Während das Elterntraining mit Elterngruppen durchgeführt wird, arbeitet das Elterncoaching am Einzelfall. Elterncoaching ist keine Therapie mit Eltern, sondern stellt eine Form der Ausbildung von Eltern dar.

Unter Elterncoaching wird eine ziel- und lösungsorientierte Elternberatung verstanden, bei der die Interaktionen zwischen den Familienmitgliedern in das Zentrum der Betrachtung gestellt werden. Eine Form des Elterncoachings analysiert die Interaktionen zwischen Eltern und Kind mit Hilfe von Videoaufzeichnungen. Diese Unterstützung der Eltern mittels videogestützter Beratung entspricht dem von der Niederländerin Maria Aarts entwickelten Marte-Meo-Konzept.

Im Rahmen des Elterncoachings sollen die Eltern ihre Kinder differenzierter wahrnehmen und für ihre Kinder sensibilisiert werden. Im Elterncoaching werden zwar technische Hilfsmittel eingesetzt, das Elterncoaching stellt aber kein rezeptartiges technologisches Handeln in der Erziehung dar. Als Leitmotiv des Elterncoaching bezeichnet Wolfgang Loth den Respekt vor dem Kind. Kennzeichnend ist die Bereitschaft der Eltern, geeignete Bedingungen für eine positive Entwicklung des Kindes auch in unüberschaubaren Erziehungssituationen beizutragen. Im Mittelpunkt stehen nicht die Defizite der Eltern und Kinder, sondern die Absprache, gemeinsam Alternativen zu entwickeln, „wie *diese* Eltern *diese* Kinder für einen guten Weg motivieren können" (Loth, 2006, S. 33).

Marte-Meo-Konzept

Der Begriff „marte meo" kommt aus dem Lateinischen und bedeutet „aus eigener Kraft". In der Erziehungsberatung stellte Maria Aarts fest, dass die Gespräche mit den Eltern zu wenig in den Erziehungsalltag umgesetzt wurden, da die Eltern Probleme haben, die pädagogische Fachsprache zu verstehen und die Bedeutung der Gesprächsinhalte für den Alltag zu erkennen. Als besonders wirksam erwies sich die Analyse von Videoaufzeichnungen von alltäglichen Eltern-Kind-Interaktionen, in denen problematisches Verhalten häufig auftritt. In der gemeinsamen Analyse mit den Eltern können die Kommunikationsstrukturen aufgezeigt und die Stärken der Eltern gut herausgearbeitet werden. Diese Stärken gilt es für die Bewältigung von Erziehungsproblemen gezielt zu nutzen. Die Videoaufnahmen machen Selbstwirksamkeitserfahrungen der Eltern sichtbar, die nun erkennen, was sie im Erziehungsalltag bewirken. Die Eltern verfügen über zahlreiche gute Fertigkeiten im Umgang mit ihren Kindern, können aber deren Bedeutung für die Bewältigung von Alltagsproblemen selbst nicht erkennen. Mit der Videoanalyse werden im Marte-Meo-Konzept folgende Ziele bezogen auf das Elternverhalten verfolgt:

- Bewusstmachung, in welchen Situationen die Eltern bereits entwicklungsunterstützend kommunizieren

- Verdeutlichung, welche Verhaltensweisen konkret entwicklungsunterstützend sind

- Aufzeigen, wie sich entwicklungsunterstützende Kommunikation auf das Kind auswirkt

- Information über entwicklungsunterstützende Kommunikation

(vgl. Hawellek, 2006, S. 200)

Auf Basis der Videoanalyse wird zunächst **eine** Veränderung im Erziehungsverhalten vereinbart (Coaching-Zyklus). Nach Überprüfung der Wirksamkeit können weitere Coaching-Zyklen folgen.

Bezogen auf das Verhalten des Kindes werden aus den Videoanalysen folgende Fragestellungen bearbeitet:

- Welche Fähigkeiten und Fertigkeiten sind beim Kind bereits entwickelt?

- Welche Entwicklungsbedürfnisse bestehen aktuell? Wie ist das Kind im Vergleich zur Altersgruppe entwickelt?

- Wie können die Eltern ihr Kind auf der Grundlage der aktuellen Entwicklungsbedürfnisse gezielt bei der Bewältigung von Entwicklungsaufgaben unterstützen?

(vgl. Sirringhaus-Bünder, 2006, S. 218)

Die Eltern reagieren auf das Kind, indem sie das Kind begleiten. Sie vermitteln dem Kind Strukturen und geben damit Orientierung und Sicherheit. Das Eingehen auf das Kind schafft Sprachanlässe und stärkt die Beziehung zwischen Eltern und Kind. Auf der Basis der Video-Auswertung werden die Eltern zum „entwicklungsfördernden Dialog" mit dem Kind angeleitet. In diesem Dialog lernen die Eltern das Kind so zu behandeln, dass

es seine grundlegenden Entwicklungsbedürfnisse befriedigen und seine Entwicklungsaufgaben bewältigen kann. Im Training wird zu den Eltern eine wertschätzende Beziehung aufgebaut, sodass die Eltern gefördert und ermutigt werden, mit ihren Kindern
positiver umzugehen. Die Eltern bekommen eine bessere Einschätzung für ihre Selbstwirksamkeit im Erziehungsprozess.

Aufgaben

1. *Stellen Sie die Vor- und Nachteile gegenüber, wenn ein Elterntraining von einer
   sozialpädagogischen Einrichtung oder der örtlichen Volkshochschule angeboten
   wird.*

2. *Die Leiterin einer sozialpädagogischen Einrichtung schlägt vor, dass auch Erzieherinnen am Elterntraining teilnehmen sollten, um die Erziehungspartnerschaft zu
   stärken. Nehmen Sie zu diesem Vorschlag kritisch Stellung.*

3. *Bewerten Sie den Nutzen eines Elterntrainings hinsichtlich seiner dauerhaften Wirkung auf das Erziehungsverhalten der Eltern. Was könnte in der Einrichtung unterstützend zum Elterntraining angeboten werden?*

4. *Das Elterntraining orientiert sich häufig an bestimmten psychologischen Richtun-
   gen: verhaltensorientierte, humanistische oder tiefenpsychologische Konzepte.
   Überprüfen Sie aufgrund einer Internetrecherche an mindestens zwei Konzepten
   die psychologische Ausrichtung des Elterntrainings.*

5. *Vergleichen Sie das Elterntraining mit dem Elterncoaching. Welche Unterschiede
   und Gemeinsamkeiten bestehen?*

5.1.15 Die Bedeutung des Raums bei mündlichen Formen der Elternarbeit

Die räumlichen Bedingungen sind für das gute Gelingen der Elternarbeit von elementa-
rer Bedeutung. Die verschiedenen Qualitätskonzepte (z. B. Kronberger Kreis oder Kinder-
garten-Einschätz-Skalen) fordern ein Raumkonzept, das den unterschiedlichen Formen
der Elternarbeit gerecht wird und eine störungsfreie Kommunikation in Räumen ermöglichen, die möglichst nur für diesen Zweck genutzt werden.

Das Raumkonzept sollte zum einen der Anzahl der anwesenden Personen entsprechen
und zum anderen die erforderliche soziale Distanz zwischen den Beteiligten berücksichtigen. Im Hinblick auf die Personenzahl können in der Elternarbeit drei Abstufungen vor-
genommen werden.

- **Einzelgespräche:** Bei Einzelgesprächen sind insgesamt maximal vier Personen beteiligt.
  Es kommt zu einer intensiven Interaktion zwischen den Beteiligten, die schnell aufeinander reagieren (z. B. Aufnahmegespräch, Entwicklungsgespräch, Beratungsgespräch).

- **Gruppenangebote:** Die Gruppenangebote richten sich an bestimmte Elterngruppen
  (z. B. Eltern einer Kindergruppe, Teilnehmer von Elterngesprächskreisen), die ein

gemeinsames Ziel verfolgen und sich untereinander kennen. Im Rahmen von Gruppenangeboten werden bis zu vierzig Eltern angesprochen.

- **Einrichtungsaktivitäten:** An gruppenübergreifenden Einrichtungsangeboten sind bis zu hundert Eltern beteiligt (z. B. thematischer Elternabend mit Referenten, Sommerfest). Neben den Eltern können ggf. weitere Interessierte an der Veranstaltung teilnehmen. Die Gesamtgruppe ist relativ anonym, was z. B. die aktive Beteiligung von einigen Eltern an Diskussionen hemmen kann. Bei solchen Großveranstaltungen bilden sich schnell Untergruppen von Eltern, die sich bereits kennen.

Soziale Distanzzonen

Die soziale Distanz zwischen den beteiligten Personen kommt in vier Abstandszonen zum Ausdruck (vgl. Kirsten und Müller-Schwarz, 1976, S. 180). Die Erzieherin sollte bei der Raumgestaltung die persönlichen Distanzzonen der Eltern beachten und die vorgesehene Sitzanordnung mittels Perspektivenwechsel aus der Sicht der Eltern auf sich wirken lassen.

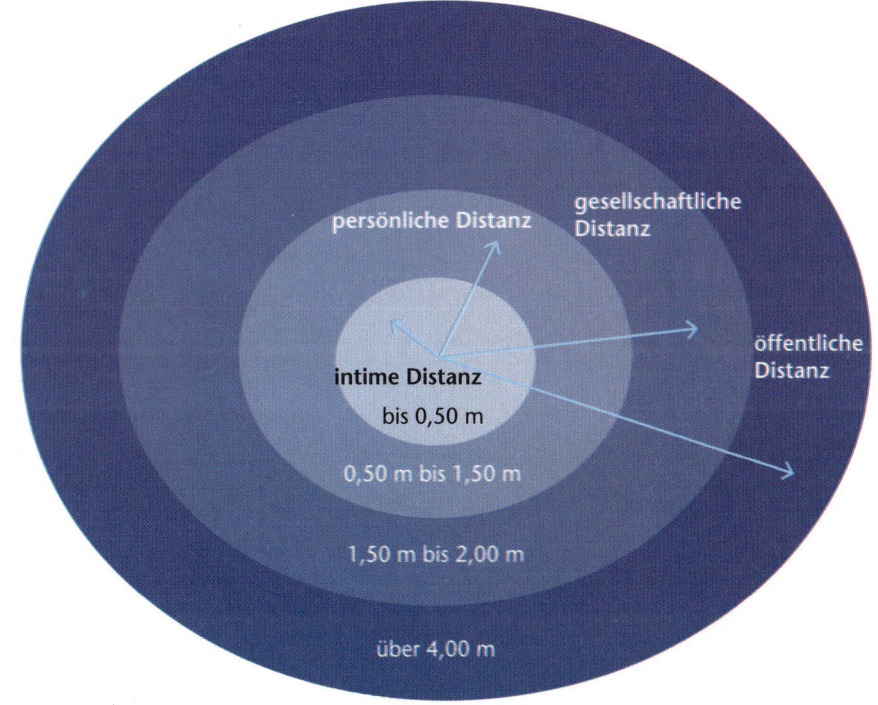

Soziale Distanzzonen

(Kirsten/Müller-Schwarz, 1976, S. 180)

- **Die intime Distanz:** Die intime Distanz (Abstand bis ca. 50 cm) signalisiert hohe Vertrautheit. Dringen fremde Personen in diese Zone ein (z. B. im Fahrstuhl, Sitznachbar bei einem Vortrag), so fühlt man sich bedroht und die Situation führt zu Unbehagen. Berührungen sind oft unvermeidlich. Der unerwünschte Körperkontakt und die körperliche Nähe zu Fremden lösen Spannungen bis hin zu Stressreaktionen aus.

- **Die persönliche Distanz:** Die persönliche Distanz (Abstand ca. 50 bis 150 cm) weist auf eine gewisse Vertrautheit hin und ermöglicht eine Kommunikation ohne Körperkontakt (z. B. Tür-und-Angel-Gespräche).

- **Die gesellschaftliche Distanz:** Die gesellschaftliche Distanz (Abstand ca. 150 bis 200 cm) kennzeichnet unpersönliche Kommunikationsabläufe (z. B. Verkaufsgespräch). In diesem Distanzbereich kann man anderen ausweichen, ohne unhöflich zu sein.

- **Die öffentliche Distanz:** Die öffentliche Distanz (Abstand: über 400 cm) verhindert eine unmittelbare Kommunikation und ist häufig Ausdruck für ein Hierarchiegefälle zwischen den Kommunikationspartnern (z. B. Referent bei einem thematischen Elternabend). Die Distanz kann durch ein Rednerpult, ein Podium, ein Podest oder eine Bühne verstärkt werden.

Die soziale Distanz spielt bei den verschiedenen Formen der Elternarbeit eine besondere Rolle.

Einzelgespräche

Die Einzelgespräche spielen sich in der persönlichen Distanzzone ab. Soll das Gespräch erfolgreich verlaufen, müssen die entsprechenden Rahmenbedingungen von den Erzieherinnen geschaffen werden, die für den Gesprächspartner Wertschätzung und Akzeptanz signalisieren.

Besprechungssituation

Die Erzieherin sollte darauf achten, dass ein gewisser Abstand zwischen ihr und den Eltern bewahrt bleibt und sie den Eltern nicht zu sehr „auf die Pelle rückt". Den Eltern sollte mit der Sitzordnung auch ein Rückzug (z. B. Vermeidung von Blickkontakt) möglich sein. Am besten ist dies beim Über-Eck-sitzen gewährleistet. Eine frontale Situation („gegenüber") ist zu vermeiden und erhöht den Druck auf die Eltern, da der Blickkontakt nicht vermieden werden kann. Ein Tisch (Tee- oder Konferenztisch) bringt im Elterngespräch eine gewünschte Distanz und bietet zudem die Ablagemöglichkeit für Unterlagen.

Es ist ein Raum zu wählen, der nicht durch Telefonate, Kinder, Besucher oder andere Einflüsse (z. B. Geräuschquellen) gestört wird. Steht kein eigener Raum für solche Gespräche zur Verfügung, sollte ein Gesprächszeitpunkt gewählt werden, in denen der Raum nicht von anderen genutzt wird (freier Gruppenraum am Nachmittag, Hausaufgabenraum der schulpflichtigen Kinder am Vormittag). Für andere sollte die Besprechungssituation durch ein Bitte-nicht-stören-Schild oder für Kinder durch eindeutige Symbole (z. B. rote Ampel) verdeutlicht werden. In Einzelgesprächen ist darauf zu achten, dass sich die Erzieherin und die Eltern auf Augenhöhe begegnen. Unterschiedliche Sitzhöhen oder eine

Gesprächssituation am Schreibtisch signalisieren Statusunterschiede. Zu vermeiden sind Situationen, in denen die Erzieherin auf einem Erwachsenen-Stuhl und die Eltern auf Kinder-Stühlen sitzen.

Gruppenveranstaltungen

Der Raumbedarf bei Gruppenveranstaltungen ist sehr unterschiedlich und kann von einer Kleingruppe bis zu einer Großveranstaltung mit allen Eltern einer Einrichtung reichen. Während sich Kleingruppenveranstaltungen an bestimmte Eltern richten, die sich als Gruppe verstehen (z. B. Eltern einer Kindergruppe, Elterngesprächskreis), d. h. ein gemeinsames Ziel verfolgen und sich untereinander kennen, ist der Personenkreis bei Großgruppenveranstaltungen viel weiter gefasst und umfasst u. U. auch Gäste.

Die Raumgestaltung kann durchaus auch ein Bestandteil der Thematik sein und auf das Thema ausgerichtet sein (z. B. Dekoration, Plakate, Büchertisch). Die Gestaltung sollte den Vortrag unterstützen, aber nicht vom Thema ablenken, wenn z. B. Eltern während des Vortrags zum Büchertisch laufen oder ihre Aufmerksamkeit auf Plakate konzentrieren.

Kleingruppenangebote

Die Gruppenangebote finden mit Personen, die sich mehr oder weniger vertraut sind (z. B. Eltern aus einer Kindergruppe), ebenfalls in der persönlichen Distanzzone statt. Bei einigen Angeboten (z. B. Referaten) werden auch gesellschaftliche Distanzzonen deutlich. Der Abstand ist abhängig von der beabsichtigten Kommunikationsform: Beim Erfahrungsaustausch ist der Gesprächsabstand geringer, während beispielsweise bei einem Bericht mit Präsentation über pädagogische Ansätze eine gesellschaftliche Distanz zwischen Vortragenden und Zuhören besteht. Mit zunehmender Vertrautheit verringern sich auch die Abstandsbereiche. Die Erzieherin sollte bei Gruppenangeboten zum einen die Eltern bei der Sitzanordnung einbeziehen (z. B. beim Umräumen stellen die Eltern die Stühle selbst und bestimmen somit auch selbst den Abstand zu den Sitznachbarn) bzw. durch Angebote wie Kennenlern-Spiele die Vertrautheit zwischen den Eltern erhöhen. Es bietet sich für die Gruppenangebote die Halb- und Vollkreisbestuhlung an. Sollen die Eltern eigene Notizen schreiben, Kleingruppen bilden oder etwas gestalten (z. B. Plakate) können, ist die Tischgruppenbestuhlung angebracht. Für die Moderationstechniken sind besonders quadratische Räume geeignet, die eine Halbkreis- bzw. U-förmige Anordnung erlauben. Die Erzieherin sollte bei der Bestuhlung drauf achten, dass die Tür nicht zu nah am Präsentationsbereich liegt, damit Zuspätkommende die Präsentation nicht stören und die Aufmerksamkeit der Eltern auf sich ziehen.

Großgruppenveranstaltungen

Bei Veranstaltungen mit Großgruppen ist bei der Sitzordnung auch die Medienausstattung zu beachten, damit alle Teilnehmer den Sprechenden verstehen und das Präsentierte wahrnehmen können. Abhängig von der Raum- und Gruppengröße sollte ein Mikrofon mit Verstärkeranlage vorhanden sein. Als Medien bieten sich neben dem traditionellen Overhead-Projektor mit entsprechender Projektionsfläche und Video-/DVD-Anlage mit Fernsehgerät vor allem die Nutzung eines Beamers an, an den sowohl Videogeräte als auch Computer angeschlossen werden können. Mit zunehmender Technisierung werden leider auch technische Störungen wahrscheinlicher. Es sollte deshalb sichergestellt werden, dass während der Veranstaltung technisch versierte Personen anwesend sind, die sich mit den eingesetzten Geräten auskennen und auftretende Pannen schnell beheben können.

Halbkreisbestuhlung

Die Halbkreisbestuhlung ermöglicht den Blickkontakt zwischen allen Teilnehmern und der Moderatorin. Die Vortragende hat eine hervorgehobene Position und kann sich optimal in Diskussionen einbringen. Diese kommunikationsfördernde Form der Bestuhlung ist jedoch sehr platzintensiv und deshalb nur bei kleineren Gruppen (bis etwa 20 Personen) zu verwirklichen.

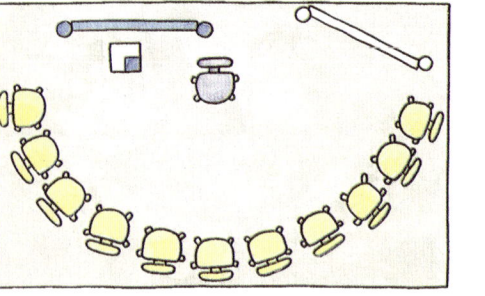

Halbkreis-Bestuhlung

Tischgruppen-Bestuhlung

Eine Alternative zur Halbkreis-Anordnung stellt die Tischgruppen-Bestuhlung dar. Die Eltern haben in der Gruppe untereinander und zur Referentin Blickkontakt. Arbeitsgruppen und Gesprächskreise können schnell gebildet werden. Nachteil: Die Tischgruppenbestuhlung verleitet auch zu störenden Seitengesprächen.

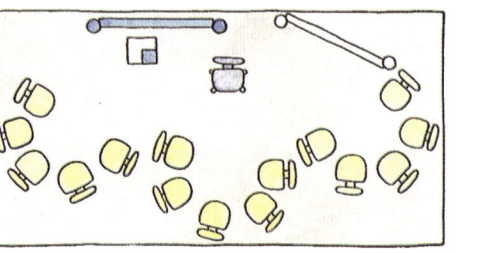

Tischgruppen-Bestuhlung

V- oder U-förmige Bestuhlung

Eine V- oder U-förmige Bestuhlung ermöglicht im eingeschränkten Maß den Blickkontakt zwischen den Zuhörern und ist damit nicht so unpersönlich wie die klassische Theaterbestuhlung. So können Kommunikationshemmnisse vermindert werden. Die Zuhörenden haben weniger das Gefühl, dass ihnen jemand „im Nacken" sitzt.

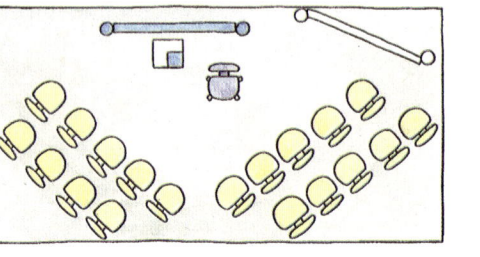

V-förmige Bestuhlung

Kino- bzw. Theaterbestuhlung

Die Kino- bzw. Theaterbestuhlung ermöglicht zwar, auf kleinem Raum eine große Anzahl von Teilnehmern unterzubringen, ist aber nicht kommunikationsfördernd. Die Zuhörenden sitzen in einer eher passiven, konsumierenden Haltung.

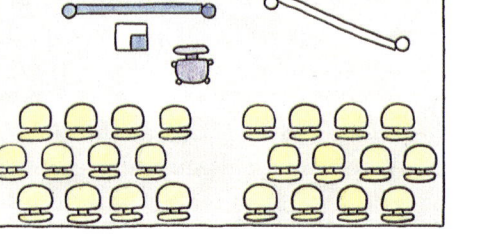

Kino-/Theater-Bestuhlung

1. Sie planen einen Gruppennachmittag, zu dem sich sechzehn Eltern angemeldet haben. Sie müssen bei der Bestuhlung zwischen Halbkreis und Tischgruppen entscheiden. Zeigen Sie die Vor- und Nachteile beider Bestuhlungsformen auf.

2. Sie organisieren einen thematischen Elternabend, zu dem Sie etwa achtzig Eltern erwarten. Es haben sich auch sechs Eltern mit eher geringen Deutschkenntnissen angemeldet, für die ein Dolmetscher simultan übersetzen wird. Stellen Sie dar, wie Sie den Raum bestuhlen wollen und begründen Sie Ihre Entscheidung.

3. Die V-förmige Bestuhlung und die Kino- bzw. Theater-Bestuhlung können zur passiven Konsumentenhaltung bei den Eltern führen. Verdeutlichen Sie, mit welchen Methoden die Referentin die Kommunikation zwischen sich und den Eltern sowie den Eltern untereinander anregen kann.

5.2 Schriftliche Formen der Elternarbeit

Schriftliche Materialien, die den Eltern mitgegeben oder auf elektronischem Weg zugeleitet werden, können in kurzer Zeit viele Adressaten erreichen. Die Eltern können auf diese Weise die Materialien zu einer von ihnen selbst gewählten Zeit nutzen. Grenzen bestehen darin, wenn die Eltern die Schriftsprache nur unzureichend beherrschen. Sozial benachteiligte Elterngruppen sowie Eltern mit Migrationshintergrund nutzen schriftliche Medien weniger und benötigen Unterstützung.

5.2.1 Einrichtungs-Flyer

Der Flyer bzw. das Faltblatt stellt eine Kurzinformation über die Einrichtung dar und wird auf ein DIN-A4-Blatt doppelseitig gedruckt. Die Informationsmenge auf einem Einrichtungs-Flyer ist sehr begrenzt, so dass nur kurze Informationen z. B. über Ziele und Konzept sowie Betreuungszeiten und Angebotsformen in prägnanter Form aufgeführt werden können. Das Faltblatt sollte das Interesse der Eltern für die Einrichtung wecken und die Besonderheiten sowie Vielfalt des Betreuungsangebots verdeutlichen. Durch Bilder und einen farbigen Ausdruck kann die Attraktivität des Flyers deutlich gesteigert werden. Neben der Adresse und der Verkehrsanbindung sollten auch Ansprechpartnerinnen in der Einrichtung genannt werden.

Bei der Gestaltung eines Flyers sollten folgende Hinweise beachtet werden:

- Auf der Titelseite deutlich herausstellen, worum es geht, durch Bilder einen Eyecatcher erzeugen und das Logo der Einrichtung verwenden.

- Keine textliche Überfrachtung schaffen, sondern auf eine aufgelockerte Informationsdichte achten, bei der das Verhältnis von bedruckter und nicht-bedruckter Fläche bei 1:2 liegen sollte.

- Mithilfe von Bildern mehrere Hirnareale ansprechen und somit eine bessere Verankerung im Gehirn des Lesers erreichen.

- Den Text durch Absätze und Überschriften strukturieren, um das schnelle Erfassen der Informationen zu ermöglichen.

- Auf eine gute Lesbarkeit der Schrift (Schriftart und Größe) achten. Der linksbündige Flattersatz wirkt deutlich lebendiger als ein statischer Blocksatz.

5.2.2 Projekt-Flyer

Auf neue oder besondere pädagogische Angebote in der Einrichtung kann im Projekt-Flyer verwiesen werden. Im Gegensatz zum Einrichtungs-Flyer wendet sich der Projekt-Flyer an bestimmte Zielgruppen innerhalb und außerhalb der Einrichtung, die differenziert über das Angebot informiert werden sollen. Durch den Projekt-Flyer können auch neue Eltern angesprochen werden, wenn diese durch den Projekt-Flyer auf attraktive Angebote der Einrichtung aufmerksam gemacht werden. Besondere Angebote (z. B. musikalische Früherziehung, Erzählwerkstatt, Fremdsprachenvermittlung) werden für die Eltern klar herausgestellt und verdeutlichen das Profil der Einrichtung öffentlichkeitswirksam nach außen.

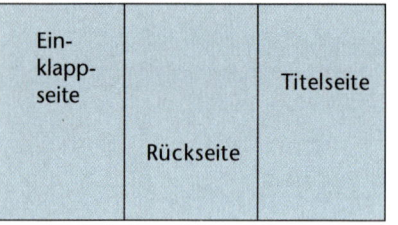 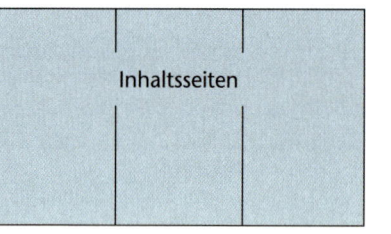 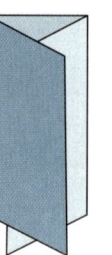

Formatierung eines Flyers als Wickelfalz

Bei der Verwendung von Projekt-Flyern sollte zunächst ein Standard-Flyer entwickelt werden, nach dessen Vorgaben die nachfolgenden Flyer gestaltet werden. Die identische Struktur, gleiche Farben, gleiche Platzierung der Inhalte/Bilder und der Schrifttyp erhöhen den Wiedererkennungswert und die Zuordnung des Flyers zur Einrichtung. Zudem erleichtert diese Vorgabe die Gestaltung von neuen Flyern.

5.2.3 Elternzeitung/Elternbrief

Elternzeitung und Elternbriefe stellen sowohl eine regelmäßige als auch eine anlassbezogene Information der Eltern da, in denen in der Regel über personelle Veränderungen, aktuelle Projekte, pädagogische Fragestellungen und Termine berichtet wird. Die Eltern werden dadurch über das Geschehen und Veränderungen in der Einrichtung zeitnah informiert sowie zur Mitwirkung angeregt. Die Erstellung einer Elternzeitung ist zwar aufwendig und kostet Zeit, doch es können auf diesem Weg alle Eltern erreicht werden. Werden Elternzeitungen oder Elternbriefe häufiger eingesetzt, dann sollte man eine einheitliche Formatvorlage (Seitenränder, Schriftgrößen, Layout usw.) verwenden, auf die immer wieder zurückgegriffen werden kann und zu einem einheitlichen Erscheinungsbild der Zeitung bzw. des Briefs mit einem hohen Wiedererkennungswert führt. Wiederkehrende Elemente (Logo, Papierformat, Farben, Anzahl der Spalten, Schriftart) erhöhen ebenfalls den Wiedererkennungseffekt.

Bei der Gestaltung ist darauf zu achten, dass die Informationen einen Bezug zur Lebenssituation der Eltern aufweisen. Die Sprache in Fachartikeln muss für die Eltern verständlich sein. So sind Fachbegriffe zu erläutern und es sollte auf Abkürzungen, die nur von Mitarbeitern verstanden werden, verzichtet werden.

In der Elternzeitung können folgende wiederkehrende Themenkomplexe angesprochen werden:

Elemente der Elternzeitung

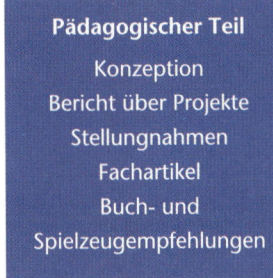

Organisatorischer Teil	Pädagogischer Teil	Offener Teil
Termine	Konzeption	Elternbeiträge
Veranstaltungen	Bericht über Projekte	Kindermund
Schließtage	Stellungnahmen	Kinderbilder
neue Mitarbeiter	Fachartikel	Karikaturen
neue Kinder	Buch- und Spielzeugempfehlungen	

Organisatorischer Teil

- Termine (z. B. Halbjahreskalender, Sitzungstermine des Elternausschusses, Vortragsveranstaltungen, Feste, Schließtage)
- Planungen (z. B. geplante Projekte)
- Veranstaltungshinweise (z. B. Ausstellungen, Veranstaltungen der Volkshochschule)
- Vorstellung von neuen Mitarbeiterinnen und Praktikantinnen
- Aufruf zur Unterstützung bei Festen (z. B. Helfer, Kuchen- und Salatspenden)

Pädagogischer Teil

- Aktivitäten in den Betreuungsgruppen (z. B. Tagesablauf, Ausflug „Besuch der Schreinerei Meier"; Projekt „spielzeugfreie Kindertagesstätte")
- Aktuelle Entwicklungen, die sich auf die pädagogische Arbeit auswirken (z. B. Vor- und Nachteile der offenen Gruppenarbeit; Einrichtung eines Snoezelen-Raums)
- Auseinandersetzung mit pädagogischen Fragestellungen (z. B. pädagogische Grundsätze, Regeln, Umgang mit trotzenden Kindern)
- Informationen zum Schwerpunkt, der beim nächsten thematischen Elternabend angesprochen werden soll (z. B. „Videospiele verbieten?", „Mein Kind ist unkonzentriert")
- Stellungnahme der Einrichtung zum Thema Kinderarmut in Deutschland

Freier Teil

- Diskussionsforum für Eltern (z. B. Elternwünsche, Anregungen, Verbesserungsvorschläge)
- Kindermund (lustige Sprüche der Kinder), Anekdoten und Zeichnungen der Kinder
- Bücher-, Musik- und Spielzeugempfehlungen (z. B. Besprechung von Kinderbüchern, CDs, Vorstellung von pädagogisch wertvollem Spielzeug).

Die Beiträge können von den Erzieherinnen oder den Eltern eingebracht werden. Die Herausgeber sollten allerdings darauf achten, dass die Elternzeitung nicht zu umfangreich wird.

Formale Aspekte

Bei der Erstellung der Elterninformationen sollten folgende formalen Aspekte beachtet werden:
- Fehlerfreie Darstellung
- Klare, verständliche Ausdrucksweise
- Keine belehrende Grundhaltung
- Gliederung der Beiträge (Überschriften, Zwischenüberschriften, Absätze)
- Visualisierung der Inhalte (Grafiken, Bilder, Übersichten, Zeichnungen)
- Kurze Darstellung
- Aktualität
- Verwendung des gleichen Layouts und Logos

Faustregeln für die Gestaltung

- Auf die erste Seite kommt ein Bild als Eyecatcher
- Jede Seite benötigt einen Aufmacher
- Oben rechts steht auf der Seite immer das Wichtigste
- Fotos sind attraktiver und lebendiger als Zeichnungen
- Wichtige Information am Anfang des jeweiligen Artikels platzieren
- Auf das Wort „unser" verzichten
- Kein Abdruck von Danksagungen
- Alle Namen (Vor- und Zuname) vollständig angeben
- Überschriften verweisen auf das Wichtigste
- Veranstaltungsangaben mit Ort und Anschrift versehen
- Bei der Übernahme von Fremdtexten und -bildern sind die Urheberrechte zu beachten

(vgl. Eimuth u. a., 2013, S. 323)

Untersuchungen beschäftigen sich mit der Frage, in welchem Umfang die Elterninformationen überhaupt von den Eltern zur Kenntnis genommen werden. Etwa 42 % der Eltern kennen die Inhalte der Elternbriefe bzw. Elternzeitungen. Je geringer das Bildungsniveau der Eltern, umso weniger werden die Elterninformationen gelesen. Es werden eher Elternbriefe und weniger die Elternzeitungen gelesen. Es gilt: Je kürzer die Informationsmitteilung, umso besser ist ihr Wirkungsgrad.

Elternbriefe, die in der Regel maximal zwei Seiten umfassen, richten sich in der Regel an alle Eltern und informieren über aktuelle Themen bzw. allgemeine Anlässe (z. B. Aktivitäten der Einrichtung, Projekte).

Einzelbriefe richten sich an bestimmte Eltern, die auf mündlichem Weg nicht erreichbar sind. Der persönliche Elternbrief hat einen dokumentarischen Charakter und damit eine stärkere Wirkung als eine mündliche Information, die schneller vergessen wird. Auf das, was man schwarz auf weiß in der Hand hat, kann man sich auch im Nachhinein leichter berufen.

Formen der Elternbriefe

Thematische Elternbriefe	Anlassbezogene Rundbriefe	Einzelbriefe
• Gesundes Frühstück • Umgang mit Gewalt • Inklusion und Integration • Elternpartizipation	• Aufruf zur Unterstützung bei der Neugestaltung des Außengeländes • Einladung zur Hospitation in der Einrichtung	• Persönliche Einladung zum Entwicklungsgespräch • Angebot eines Beratungsgesprächs bei auffälligem Verhalten des Kindes

Vergleichbar mit den Elternbriefen sind E-Mails. Aus Kostengründen (Papier- und ggf. Portokosten) bevorzugen einige Einrichtungen den Versand der Elternbriefe per E-Mail. Gegenüber der Papierform haben E-Mails zudem den Vorteil, dass sie gespeichert werden können und damit schnell verfügbar sind. Allerdings kann man nicht sicher sein, dass alle E-Mails die Empfänger erreichen, da E-Mails möglicherweise durch Spam-Filter abgefangen werden.

5.2.4 Auslage von Informationsschriften

Die Informationsschriften können z. B. über folgende Angebote in der Region informieren:
- Beratungsführer für Eltern
- Hilfsangebote der Jugendämter und freier Träger
- Vereine mit einer entsprechenden Jugendarbeit
- Einrichtungen für Kinder mit einem besonderen Förderbedarf
- Musikschulen
- Elternselbsthilfegruppen usw.

Bei den ausgelegten Informationsschriften sollte man die Seriosität gerade bei privaten Anbietern beachten. Die Eltern gehen davon aus, dass die Informationsschriften, die mit Genehmigung der Einrichtung ausgelegt sind, auch von den Erzieherinnen geprüft und als empfehlenswert eingestuft werden.

5.2.5 Aushänge

Aushänge an der Infowand bzw. am Schwarzen Brett dienen der fortlaufenden Elterninformation und der Kommunikation zwischen den Eltern. Durch den Aushang von Plänen oder von Vorhaben der Gruppen wird die Arbeit in der Einrichtung für die Eltern transparenter. Daraus können sich wiederum Gesprächsimpulse für ein kurzes Tür-und-Angel-Gespräch ergeben.

Die Aushänge können zum einen vor den einzelnen Gruppenräumen die Eltern der jeweiligen Gruppe gezielt informieren (z. B. Wochenplan oder Wochenberichte, Ausflüge, Projekte, Vorstellung der Praktikantinnen); zum anderen können die Informationen an alle Eltern gerichtet sein und sollten dann zentral, d. h. für alle gut zugänglich, angebracht werden.

Die Aushänge an der Infowand sollten klar und übersichtlich gegliedert sein, damit die Betrachter sich schnell einen Überblick verschaffen können bzw. Hinweise erhalten, die ihre erzieherische Arbeit unterstützen.

Als Struktur der Informationswand ist eine Dreiteilung sinnvoll:

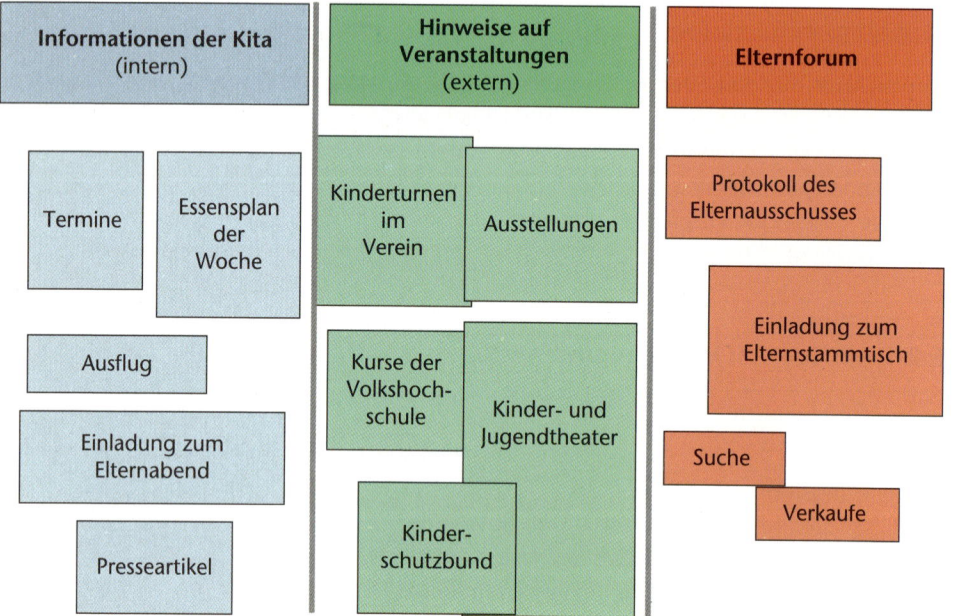

Gestaltungshinweise fürs Schwarze Brett

- Verantwortlichkeit im Team für das Schwarze Brett
- Aktualität der Aushänge
- Farbliche Hervorhebung wichtige Informationen
- Fehlerfreiheit der Texte

Achtung: Hinweise auf externe Veranstaltungen müssen von der Leitung der Einrichtung genehmigt werden.

Die Infowand vermittelt Besuchern einen guten Überblick über die Aktivitäten der Einrichtung, macht die Arbeit der Erzieherinnen transparent und verdeutlicht das Engagement der Elternschaft. Die Mitarbeiterinnen sollten sich deshalb bemühen, dass dieser Eindruck, der noch lange Zeit nachwirken kann, möglichst positiv besetzt ist.

Sind die räumlichen Voraussetzungen gegeben, kann man eine Info-Ecke einrichten, mit der das Schwarze Brett durch eine einladende Sitzecke mit weiteren Informationsmöglichkeiten (z. B. Programm der Volkshochschule, Veranstaltungshefte) aufgewertet wird. Dort könnten zudem Dokumentationen von Projekten, Zeichnungen der Kinder oder Plakate ausgestellt werden.

5.2.6 Fotowand

Einen anschaulichen Eindruck von den vielfältigen Aktivitäten in der Einrichtung vermittelt eine Fotowand. Die Bilder haben einen hohen Aufforderungscharakter und bieten Gesprächsanlässe zu den dargestellten Situationen. Eine Fotowand fördert die Transparenz und weckt das Interesse an der pädagogischen Arbeit in der Einrichtung. Die Fotowand wird gern genutzt, um die Projektarbeit und die Aktivitäten in verschiedenen Arbeitsgruppen für die Eltern zu dokumentieren. Nach Veranstaltungen (z.B. Weihnachtsfeier, Sommerfest) werden Auftritte, Stimmungen, Höhepunkte an der Fotowand verdeutlicht. Stolz berichten die Kinder ihren Eltern von den abgebildeten Ereignissen in der Einrichtung.

5.2.7 Mitteilungs-/Aufgabenhefte

Sind Tür-und-Angel-Gespräche nicht möglich, kann auch über Mitteilungs- bzw. Aufgabenhefte die Kommunikation zwischen den Eltern und den Erzieherinnen sichergestellt werden. Neben den telefonischen Kontakten zur individuellen Rückmeldung für die Eltern besteht hierbei die Möglichkeit, kurze Informationen über ein Mitteilungs- oder Aufgabenheft weiterzuleiten. Diese Mitteilungen können sich auf folgende Sachverhalte beziehen:
- Körperliche Beschwerden des Kindes
- Verhaltensauffälligkeiten
- Stand bei der Hausaufgabenerledigung und Übungsbedarf im häuslichen Bereich
- Bitte um Rückruf bzw. Gesprächsvereinbarung

Auch die Eltern können den schriftlichen Weg wählen, um Informationen weiterzuleiten (z. B. Abmeldung vom Mittagessen, Anmeldung zum Elternabend).

5.2.8 Elternbefragung

Die Elternbefragung ist ein objektives Verfahren, um die Bedürfnisse und Wünsche der Eltern, ihre Bereitschaft und Möglichkeiten zur Mitarbeit sowie die Zufriedenheit mit den Angeboten der Einrichtung zu erfassen.

Eine Elternbefragung verfolgt folgende Ziele:
* Umfassende und objektive Bewertung der Arbeit durch die Eltern
* Erfassung der Elternwünsche und -bedürfnisse (z. B. Themenvorschläge für Elternabende, Öffnungszeiten, Projekte)
* Weiterentwicklung bzw. Neuausrichtung der Einrichtung
* Qualitätsverbesserung und -sicherung
* Überprüfung der Zufriedenheit mit der pädagogischen Arbeit
* Ermittlung der Bereitschaft zur Mitarbeit bei Veranstaltungen

Die Befragungsergebnisse dienen vergangenheitsorientiert der Erfassung der Zufriedenheit der Eltern mit der Einrichtung und zukunftsorientiert der Ausrichtung der Einrichtung bezüglich ihrer weiteren Arbeitsschwerpunkte. Eine Befragung der Eltern (und auch Kinder) sollte wiederholt durchgeführt werden, um eine fortlaufende Überprüfung der pädagogischen Arbeit zu gewährleisten und Veränderungen (z. B. die Wirksamkeit von Maßnahmen) zu erfassen. Die Elternbefragung signalisiert den Eltern, dass ihre Meinung gefragt ist, sich die Einrichtung an den Eltern orientiert und die Erzieherinnen für Veränderungen offen sind.

Auf die Durchführung von Befragungen wird in Kapitel 6.4. Befragung noch ausführlich eingegangen.

5.2.9 Beschwerdebriefkasten

Der Beschwerdebriefkasten ist ein Weg, um mit Eltern ins Gespräch zu kommen. Beschwerden bieten die Chance zur gezielten Verbesserung. Beschwerden werden gezielt von den Erzieherinnen thematisiert, um zu wissen, was unzufriedene Eltern stört. Die Eltern verfolgen mit der Beschwerde immer eine bestimmte Absicht (z. B. Verbesserung des Versorgungsangebots, Erweiterung von Öffnungszeiten).

Die Erzieherinnen empfinden Beschwerden häufig als persönlichen Angriff und Belästigung, gegen die man sich zur Wehr setzen oder auf die man formal (z. B. mit einem Brief) reagieren muss. Falsch verstandene Beschwerden werden vorschnell als unberechtigt, unerfüllbar oder überzogen abgetan. Die Eltern werden als Querulanten und Nörgler abgetan. Ihre Beschwerden lösen bei den Erzieherinnen dann eine Abwehrhaltung aus (z. B. indem sie versuchen, den Eltern aus dem Weg gehen). Eltern, die sich beschweren, werden eher als Gegner wahrgenommen und nicht als Partner bzw. Unterstützer bei der Weiterentwicklung der Einrichtung gesehen.

Anonyme Beschwerden, bei denen der Absender unbekannt bleiben will, können als Denkimpuls bzw. Ausgangspunkt für Veränderungen verstanden werden. Persönliche

Beschwerden, bei denen sich die unzufriedenen Eltern zu erkennen geben, sind eine Aufforderung zu einem konstruktiven Dialog mit diesen Eltern. Eltern, die sich beschweren, haben ein starkes Interesse an der Einrichtung und verbinden mit ihrer Beschwerde die Hoffnung, dass sich etwas ändert. Eltern, die sich nicht beschweren, haben vielleicht schon resigniert. Ziel des Umgangs mit Beschwerden muss es nicht sein, die Zahl der Beschwerden zu verringern, sondern die unzufriedenen Eltern dazu zu bewegen, ihre Unzufriedenheit mit ihrer Beschwerde zum Ausdruck zu bringen. Nur dann kann sich die Einrichtung konzeptionell weiterentwickeln und langfristig die Zahl der Beschwerden tatsächlich minimieren.

Aufgaben

1. Stellen Sie die Vor- und Nachteile von Flyern gegenüber ausführlichen Darstellungen (z. B. dreiseitige Zusammenstellung der angebotenen Projekte) dar.

2. Begründen Sie die Bedeutung von identischen Layouts und Logos bei der Erstellung schriftlicher Einrichtungsinformationen.

3. Erstellen Sie für die Einrichtung, in der Sie ihr Praktikum abgeleistet haben, einen Einrichtungs-Flyer.

4. Eine Kindertagesstätte beabsichtigt einen neuen Flyer zu erstellen. Die professionelle Gestaltung von Flyern ist mit hohen Kosten verbunden. Entwickeln Sie Kriterien, die bei der Entscheidung zwischen professioneller Gestaltung oder selbst erstellten Flyern herangezogen werden können.

5. Aushänge sind von der Leitung zu genehmigen. Begründen Sie, welche Aushänge in einer Einrichtung nicht ausgehängt werden dürfen.

6. Die Fotowand gibt einen anschaulichen Eindruck von den Aktivitäten in der Einrichtung. Worauf würden Sie bei der Auswahl der Bilder achten?

7. Die Bezeichnung Beschwerdebriefkasten löst bei vielen Personen eher negative Assoziationen aus. Sammeln Sie Vorschläge für eine neue Bezeichnung, durch die Eltern angeregt werden sollen, ihre Unzufriedenheit zu äußern.

5.3   Elektronische Formen der Elternarbeit

Die rasante Entwicklung im technischen Bereich eröffnet zum einen neue Formen der Kommunikation (z. B. Soziale Netzwerke im Internet, eigene Website) und ermöglicht die Nutzung von technischen Medien und Hilfsmitteln (z. B. Computer, Notebook, Beamer, Video-Aufzeichnungen per Smartphone), die für sozialpädagogische Einrichtungen lange Zeit unerschwinglich waren.

5.3.1 Eltern-Kind-Beobachtung per Video

Bei dieser aufwendigen Form der Elternarbeit werden die Interaktionen zwischen Eltern und Kindern auf Video aufgezeichnet. Anschließend werden die Filme zusammen mit Fachkräften analysiert. Den Eltern werden so ihre Verhaltensmuster veranschaulicht, die sich auf die Beziehung zu ihrem Kind positiv bzw. negativ auswirken können. Die Eltern werden damit in die Lage versetzt, mit einem gewissen Abstand ihr eigenes Verhalten zu beobachten und zu reflektieren. Mögliche Fehlhaltungen können Eltern häufig selbst erkennen. Eigene Erziehungskompetenzen werden durch die Analyse der Videoaufzeichnungen deutlich. Durch die Videoauswertung können den Eltern Einsichten und Erkenntnisse vermittelt werden, die bei Elterngesprächen oft nicht möglich sind. Diese Form ist aufwendig und erfordert spezielle technische und im Hinblick auf die Auswertung psychologische Kenntnisse der pädagogischen Fachkräfte. Das Video-Training ist auch sehr zeitaufwendig. Für die Auswertung sollte in der Regel die doppelte Zeit eingeplant werden als für die Beobachtung.

Ziele, Inhalte und Formen

Mit dem Video-Training werden folgende Ziele verfolgt:

- Sensibilisierung für unbewusst ablaufende Interaktions- und Kommunikationsprozesse
- Kritische Auseinandersetzung mit dem eigenen Erziehungsverhalten und seiner Wirkung auf das Kind
- Bereitschaft zur Optimierung des Erziehungsverhaltens

Die Eltern-Kind-Beobachtung ist vor allem dann angebracht, wenn die Eltern einen gewissen Leidensdruck verspüren, weil sie hilf- und ratlos sind. Sie erkennen, dass in der Erziehung des Kindes etwas schief läuft oder das Kind verhaltensauffällig wird, können aber nicht erkennen, was sie selbst im Umgang mit dem Kind ändern sollten. Eine Videoaufzeichnung der Eltern-Kind-Interaktion ist auch dann angebracht, wenn bestimmte Erziehungssituationen häufig zu Problemen führen (z. B. Kind verliert bei einem Spiel, Hausaufgabensituation, Spielzeug aufräumen).

Durchführung

Zur Durchführung ist neben den Eltern mindestens eine Erzieherin, die das Kind kennen sollte und entsprechend technisch versiert ist, erforderlich. Es sollte eine typische Erziehungssituation (z. B. gemeinsames Brettspiel, Hausaufgabenerledigung) aufgenommen werden.

Bei der Durchführung gibt es mehrere Alternativen (siehe Dusolt, 2008, 48 f.):

Die Einrichtung verfügt über einen Raum mit einer Einwegscheibe. Eine solche Scheibe ist nur von einer Seite durchschaubar. Diese Ausstattung ist in der Regel nur in besonderen Einrichtungen zu finden, da die Aufzeichnung einen technisch entsprechend ausgestatten Beobachtungs- und Beobachterraum erfordert. Die Eltern können mit ihrem Kind vom Beobachterraum aus gefilmt werden, ohne dass dies sich störend auf die Eltern-Kind-Interaktion auswirken kann.

Ist die Videokamera im Beobachtungsraum fest installiert, besteht abgesehen von der Zoom-Funktion keine Möglichkeit die Kameraeinstellung zu verändern. In der Regel wird die Gesamtsituation erfasst, wichtige Details (z. B. Gesichtsausdruck, Gestik) werden nicht dokumentiert. Eine ungünstige Sitzposition, durch die wichtige Vorgänge verdeckt werden, kann nicht korrigiert werden, so dass die Videoaufzeichnungen nur eingeschränkte Auswertungsmöglichkeiten zulassen.

Die direkte Videobeobachtung stellt die technisch einfachste Lösung dar. Das Interaktionsgeschehen wird im Beobachtungsraum von der Erzieherin aufgenommen, die sich im Raum bewegen und auch gezielt Nahaufnahmen erstellen kann. Die Anwesenheit einer dritten Person hat zumindest in der Anfangsphase einen störenden Einfluss. Im weiteren Verlauf wird die filmende Erzieherin kaum mehr wahrgenommen. Um den Beobachtereinfluss möglichst gering zu halten. Ist es empfehlenswert, die Kamera im Hintergrund zu positionieren.

Hilfen und methodische Hinweise
Die folgenden Hinweise sollten bei der Durchführung der Eltern-Kind-Beobachtung per Video beachtet werden:

- **Einverständnis:** Videoaufnahmen können nur mit dem Einverständnis der Eltern erfolgen. Im Vorfeld sollten die Erzieherinnen mit den Eltern die Vorteile und Gefahren einer Videoaufzeichnung besprechen. Auch die Kinder sollten informiert werden, indem die technischen Geräte erläutert und Ausschnitte der aufgezeichneten Erziehungssituation den Kindern gezeigt werden.

- **Datenschutz und Schweigepflicht:** Die Aufnahmen der Erziehungssituationen sind nach der Analyse wieder zu löschen und dürfen ohne Zustimmung der Eltern keinen Dritten zugänglich gemacht werden.

- **Ausgewogene Analyse:** Die Auswertung sollte mit einer ersten Bewertung durch die Eltern erfolgen. Häufig sind die Eltern erschrocken, sehen vorwiegend Negatives und suchen nach Entschuldigungen. Die Erzieherinnen sollten deshalb darauf achten, dass die positiven Seiten des elterlichen Erziehungsverhaltens herausgestellt werden und im ausgewogenen Verhältnis verschiedene Verbesserungsmöglichkeiten aufgezeigt werden. Bei der Analyse sind auch nonverbale Signale zu beachten, die von den Eltern unbewusst eingesetzt werden und eine hohe emotionale Wirkung in der Interaktion mit dem Kind haben.

- **Verbesserungsmöglichkeiten:** Hinsichtlich der Optimierung des Elternverhaltens ist Geduld gefragt. Eingeschliffene Verhaltensmuster werden sich nicht durch das einmalige Ansehen von Erziehungssituationen ändern. Es sollte langsam begonnen werden und nur wenige zu verändernde Verhaltensweisen vereinbart werden. Gleichzeitig sollten die Eltern ermuntert werden, positive Verhaltensweisen verstärkt zu zeigen. Wie Dusolt feststellt, ist die Übertragung auf die häusliche Erziehungssituation schwierig und gelingt nur wenigen Eltern (vgl. Dusolt, 2008, S. 51). Die Videoaufzeichnungen sollten in bestimmten Intervallen wiederholt werden, um Entwicklungen und Veränderungen im Erziehungsverhalten zu erkennen. Die Erzieherinnen müssen bei allem pädagogischen Eifer darauf achten, dass das positive Selbstkonzept der Eltern und die Wahrnehmung ihrer Selbstwirksamkeit nicht zu Schaden kommen und sich die Eltern im schlimmsten Fall als unfähige Versager erleben.

Eine besondere Form des Videotrainings stellt das Marte-Meo-Konzept dar, das unter 5.1.14 Elterncoaching näher erläutert wird.

Vor- und Nachteile der Eltern-Kind-Beobachtung mit Video

Vorteile	Nachteile
• Objektive Form der Beobachtung • Mehrmaliges Ansehen von Schlüsselszenen • Höhere Änderungsbereitschaft der Eltern • Bei mehreren Aufzeichnungen sind Vergleiche möglich und Veränderungen im Verhalten sichtbar • Transparenz von pädagogischen Abläufen • Unbewusstes Verhalten (z. B. nonverbale Signale, Formulierungen) wird bewusst gemacht	• Eingriff in die Privatsphäre • Zeitaufwendiges Verfahren • Hoher technischer Aufwand • Mögliche Verunsicherung der Eltern • Geschulte pädagogische Fachkräfte zur Analyse erforderlich • Häufig nur geringer Transfer in die familiäre Erziehungssituation

5.3.2 Website der Einrichtung

Viele Einrichtungen haben einen Auftritt im Internet mit einer eigenen Website. Eltern und andere Interessierte haben die Möglichkeit, sich über die Einrichtung, Konzeption, Team, Projekte, Termine zu Hause am Computer zu informieren. Die Erzieherinnen sollten dieses Medium auch zur Elternarbeit nutzen. Häufig richtet der Träger eine Homepage für alle seine sozialpädagogischen Einrichtungen ein und legt damit das Erscheinungsbild (Corporate Design) fest. Die Spielräume zur individuellen Gestaltung sind dadurch sehr eingeschränkt. Kann dagegen die Website frei gestaltet werden, so stellt sich das Problem des Aufbaus der Internetseite. Eine individuell gestaltete Homepage, die professionell entwickelt wird, ist für viele Einrichtungen nicht bezahlbar. Greift man auf Baukastensysteme zurück, die eine einfache Programmierung erlauben, dann unterscheidet sich die eigene Seite kaum von der

Website anderer Einrichtungen. Mit etwas Glück findet man unter den Eltern technisch versierte Personen, die Erfahrung mit der Gestaltung und Einrichtung einer Homepage haben.

Auf der Website der Einrichtung sollten folgende Informationen zu finden sein:

- **Beschreibung der Einrichtung:** Neben einem kurz gehaltenen Einführungstext sollte vor allem auf die Betreuungsmöglichkeiten eingegangen werden. Dabei kann über Betreuungszeiten, Tagesablauf, spezielle Angebote, Projekte, Räumlichkeiten, Außengelände, Leitbild und pädagogische Ausrichtung informiert werden. Auch die Betreuungskosten (Betreuung, Verpflegung) sollten ausgewiesen werden.

- **Aktuelle Informationen:** Eine Website bietet im Gegensatz zu gedruckten Medien den Vorteil, aktuell zu sein. Was aber voraussetzt, dass die Informationen auf der Seite ständig aktualisiert werden müssen. Veraltete Informationen stellen den Informationsgehalt der gesamten Website in Frage. Es sollten deshalb Verantwortliche für die Pflege der Homepage benannt werden.

- **Kontaktmöglichkeiten:** Auf der Homepage sollten die Eltern die Möglichkeit haben, mit der Einrichtung zu kommunizieren. Über ein E-Mail-Formular können z. B. Eltern mit ihrem Anliegen direkt mit der Einrichtung in Kontakt treten.

- **Impressum (mit Haftungsausschluss):** Das Teledienstgesetz schreibt vor, dass die Website über ein Impressum verfügen muss, aus dem der Name der Einrichtung, die Anschrift, die Telefonnummer, E-Mail-Adresse sowie der Vertretungsberechtigte zu entnehmen sind. Weiterhin sollte ein Haftungsausschluss formuliert sein, aus dem hervorgeht, dass für den Inhalt verlinkter Seiten keine Haftung übernommen wird.

Hinweise zur Einrichtung einer Homepage

Einprägsame Internetadresse
In der Internetadresse sollte der Name der Einrichtung auftauchen, damit sich die Eltern die Adresse leicht merken und die Homepage der Einrichtung aufsuchen können. Heißt die Einrichtung Villa Kunterbunt so könnte die Webadresse z. B. www.kita-villa-kunterbunt.de, www.villa-kunterbunt-stuttgart.de, www.kita.villa-kunterbunt.de lauten.

Inwieweit die gewünschte Adresse noch verfügbar ist, kann bei der Vergabestelle der deutschen Webadressen denic (www.denic.de) erfragt werden. Die Überprüfung kann auch vom Provider übernommen werden.

Klares Design
Es gilt der Grundsatz: Weniger ist mehr! Dies gilt sowohl für die Gestaltung der Homepage als auch für die Informationsmenge, die auf der Website zu finden ist. Eltern, die sich informieren wollen, möchten möglichst schnell zu den gewünschten Informationen gelangen. Ein klares Design mit eindeutigen Strukturen sollte ein Ziel bei der Einrichtung der Homepage sein.

Übersichtliche Menüleiste
Die Menüleiste sollte nicht überladen und zu differenziert sein. Üblicherweise ist die Menüleiste am linken Bildrand oder oben zu finden.

Es bieten sich folgende Menüpunkte an:
- Startseite: Träger, Leitung, Team, Geschichte
- Neuigkeiten: Termine, Veranstaltungen
- Die KiTa: Konzeption, Projekte, Gruppen, Projekte/Themen, Jahresthema
- Elternbeirat: Mitglieder, Aufgaben, Veranstaltungen des Elternbeirats
- Kontakt: Anschrift, E-Mail-Adresse
- Impressum: Anschrift der Einrichtung mit Ansprechpartner, Telefon- ggfs. Faxnummer, E-Mail-Adresse, Trägeranschrift, Nennung der inhaltlich verantwortlichen Person nach §10 Abs. 3 MDStV

Die gewünschte Information sollte nach maximal drei Klicks gefunden werden, wobei der erste Klick bereits das Eingeben der Webadresse beinhaltet. Eine zu differenzierte Verästelung innerhalb der Struktur ist deshalb zu vermeiden.

Identischer Seitenaufbau

Es ist für Besucher der Homepage leichter, den Überblick zu behalten, wenn die Unterseiten gleichförmig aufgebaut sind und die Informationen immer an derselben Stelle zu finden sind. So sollte auch auf den verschiedenen Unterseiten der Homepage das Layout (Farben, Logo) identisch sein.

Abbildungen

Bilder erlauben eine schnellere Information als Texte. Werden Bilder verwendet, sollte eine Überfrachtung der Seiten mit Bildern vermieden werden. Gerade bei Fotos muss zudem geklärt sein, dass die Einrichtung keine Rechte anderer verletzt oder Personen abbildet werden, die ihre Zustimmung zur Veröffentlichung nicht gegeben haben.

Kurze Texte

Umfangreiche Texte werden selten gelesen. Der Besucher einer Homepage hält sich in der Regel nur kurze Zeit auf der Website der Einrichtung auf. Kurze Texte, die schnell erfasst werden können, sollten deshalb auf der Homepage zu finden sein. Längere Texte (z. B. die Geschichte der Einrichtung, Leitbild des Trägers, Konzeption der Einrichtung) können z. B. als pdf-Datei zum Herunterladen angeboten werden.

Gute Lesbarkeit

Auf der Website ist eine gute Lesbarkeit durch den Kontrast zwischen Text und Hintergrund sowie Schriftgröße zu gewährleisten. Nur dann ist ein ermüdungsfreies Lesen der Homepage gegeben.

5.3.3 Präsenz in sozialen Netzwerken am Beispiel facebook

Ein Beispiel ist facebook, das als soziales Netzwerk eine weltweite Kommunikationsplattform darstellt, und die auch von Eltern und Teammitgliedern häufig genutzt wird. Es bestehen in der Öffentlichkeit zwar zahlreiche Vorbehalte gegenüber facebook bezüglich des Datenschutzes und der Weitergabe von Informationen, aber da zunehmend mehr Eltern über facebook in Verbindung stehen, sollte sich auch die sozialpädagogische Einrichtung mit der eigenen Präsenz auf Facebook kritisch auseinandersetzen.

Zunächst war facebook als soziales Netzwerk für Studenten an einer amerikanischen Universität konzipiert, inzwischen können diese Kommunikationsplattform auch Firmen und Organisationen nutzen. In den letzten Jahren nahm die Zahl der sozialpädagogischen Einrichtungen, die dort vertreten sind, deutlich zu. Die Einrichtung kann sich kostenlos auf einer Seite präsentieren, es wird lediglich ein von der Einrichtung zu benennender Administrator mit eigenem facebook-Account benötigt.

Mit Zustimmung des Trägers könnte facebook als Medium genutzt werden, um sehr schnell und aktuell Informationen (z. B. Aktivitäten in den Gruppen, Projektergebnisse, Termine) zu verbreiten, mit Eltern über Kommentare auf der Pinnwand in einen Dialog zu treten (sogenannte Postings) und die Nutzung moderner Medien durch die Einrichtung zu dokumentieren. Facebook kann dabei die anderen schriftlichen und mündlichen Kommunikationsformen zwar nicht komplett ersetzen, aber sinnvoll ergänzen.

Aufgaben

1. *Erläutern Sie, welche Qualifikationen zur Durchführung einer Eltern-Kind-Beobachtung mit Video erforderlich sind.*

2. *Verdeutlichen Sie, wie mithilfe der Eltern-Kind-Beobachtung mit Video das Selbstkonzept der Eltern verbessert und ihre Selbstwirksamkeit verdeutlicht werden kann.*

3. *Überprüfen Sie anhand der Internetpräsenz von drei sozialpädagogischen Einrichtungen, inwieweit dort die oben genannten Hinweise zur Einrichtung einer Homepage erfüllt sind.*

4. *Stellen Sie die Vor- und Nachteile der Nutzung von sozialen Netzwerken (z. B. facebook) gegenüber.*

5.4 Mitwirkende Formen der Elternarbeit

Elternmitarbeit, in der die Erziehungs- und Bildungspartnerschaft am deutlichsten zum Ausdruck kommt, wird von Eltern und Erzieherinnen unterschiedlich gewertet. Wie die Studie von Bernhard Wolf (2002) belegt, bewerten die Eltern ihre Mitwirkung in der Kindertagesstätte deutlich geringer als die Erzieherinnen, die das Engagement der Eltern sehr hoch einschätzen. Offenbar sehen die Eltern ihre Mitwirkungs- und Mitgestaltungsmöglichkeiten nur im geringen Umfang gegeben, während die Erzieherinnen das Engagement als ausreichend hoch betrachten. Im Alltag zeigt sich jedoch, dass sich das Engagement der Eltern nur auf wenige Personen beschränkt.

Funktionen

Die Mitwirkung der Eltern erfüllt im Wesentlichen vier Funktionen:

- **Entlastung:** Die Eltern können z. B. durch die Übernahme von Diensten oder durch ihr Mitwirken bei Festen die Erzieherinnen entlasten und somit bestimmte Angebote erst möglich machen.

- **Ergänzung:** Die Elternmitarbeit stellt vielfach eine wünschenswerte Ergänzung zu den bestehenden Angeboten der Erzieherinnen dar.

- **Erweiterung:** Die Eltern, die sich mit neuen Ideen einbringen, dienen der Erweiterung von bestehenden Angeboten. So können qualifizierte Eltern Fremdsprachenangebote im Bereich der Kindertagesstätte entwickeln oder im Hortbereich Projekte anbieten.

- **Förderung:** Das Engagement von Eltern in Fördervereinen oder die Durchführung von Basaren führt zur finanziellen Unterstützung der Erziehungsarbeit und verbessert damit z. B. durch eine bessere Ausstattung der Einrichtung die Qualität der Arbeit.

Die Elternmitwirkung ist auch ein Gradmesser für die Identifikation der Eltern mit der Einrichtung. Für die Einrichtung sind mit der Unterstützung durch die Eltern zahlreiche Vorteile verbunden.

Wenn die Eltern durch ihr Mitwirken die Arbeit in den sozialpädagogischen Institutionen aktiv unterstützen und somit ihre Identifikation mit der Einrichtung verdeutlichen, wird der Erfolg der Elternarbeit sichtbar.

Die Vorteile der Elternmitwirkung werden in dem folgenden Schema deutlich:

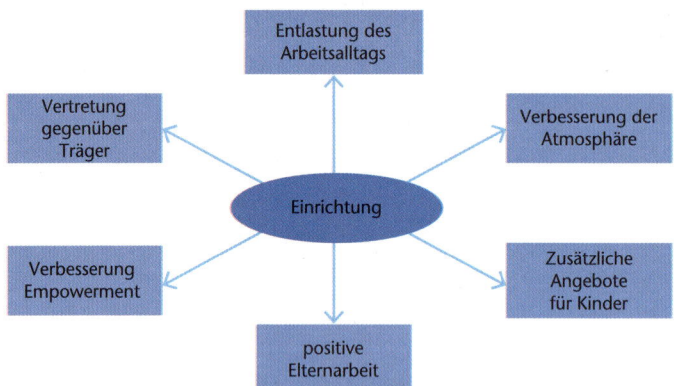

Vorteile der Elternmitwirkung (Bernitzke/Schlegel, 2004, S. 222)

Werden Aufgaben an die Eltern delegiert, muss den Eltern auch die Verantwortung für diese Aufgaben übertragen werden. Aus der Mitarbeit ergibt sich Mitverantwortung. Es ist deshalb im Vorhinein genau zu prüfen, welche Eltern mit welchen Aufgaben betraut werden sollten.

5.4.1 Ausflüge/Festgestaltung

Die Mitarbeit der Eltern kann von der Unterstützung der Erzieherinnen bei verschiedenen Veranstaltungen wie Festen, Feiern, Basaren oder Familienausflügen bis hin zu selbst organisierten Veranstaltungen (z. B. Elternstammtisch, ElternCafé) reichen. Gerade bei größeren Veranstaltungen wie einem Sommerfest oder einem

Ausflug ist die Mitarbeit der Eltern willkommen, weil die pädagogischen Fachkräfte nicht immer in der Lage sind, alle Aufgabenbereiche abzudecken.

Die Familienausflüge bieten die Möglichkeit zur ungezwungenen Kontaktaufnahme in einer entspannten Atmosphäre. Bei der Planung sollten die Interessen und Bedürfnisse der Eltern erkundet werden, um eine möglichst hohe Beteiligung der Eltern zu ermöglichen. So können von Eltern Freizeitangebote für Familien entwickelt werden (z. B. Eltern-Kind-Wanderung, Ausstellungsbesuche, Theaterbesuche).

Feste zählen zu den Höhepunkten der Elternarbeit und sind Einladungen an alle Eltern, um sich über die Aktivitäten der Einrichtung zu informieren und mit den Mitarbeiterinnen ins Gespräch zu kommen. Bei Festen bestehen zahlreiche Gelegenheiten, um zwanglos mit den Eltern ins Gespräch zu kommen und informelle Kontakte zu nutzen und damit die Vertrauensbasis zwischen Eltern und Erzieherinnen zu stärken. Die Kinder präsentieren Projekte, bringen sich bei Aufführungen ein oder gestalten Angebote. Für die Kinder, die sich in der Vorbereitung auf das Fest viel Mühe gegeben haben, ist die Teilnahme der Eltern wichtig, da dies deren Interesse und Anerkennung zum Ausdruck bringt. Die Eltern können sich ebenfalls einbringen und damit zum Gelingen des Festes beitragen. Solche Feste sind darüber hinaus auch eine Öffnung zum Gemeinwesen.

Die Mitwirkung der Eltern hat nicht nur eine entlastende Funktion, sondern verstärkt die Verbundenheit der Eltern mit der Einrichtung. Das gemeinsame Engagement verstärkt das Wir-Gefühl und unterstützt die Identifikation der Eltern mit der Einrichtung. Zudem fördert die Mitwirkung der Eltern die Integration von neuen Eltern.

Eltern können in allen Phasen (Planung, Vorbereitung und Durchführung) eingebunden werden. So könnten Eltern einzelne Programmpunkte selbst gestalten und damit das Programm bereichern. Häufig engagieren sich Eltern bei Veranstaltungen im Verpflegungsbereich. Sie backen Kuchen, geben Essen und Getränke aus oder beteiligen sich beim Kochen.

Die pädagogischen Fachkräfte sollten bei der Einbindung der Eltern auch bedenken, dass aus der Elternmitwirkung Erwartungen und Mitsprachewünsche entstehen. Wer sich aktiv bei Ausflügen und Festveranstaltungen einbringt, der erwartet auch später, dass seine Ideen Berücksichtigung finden. Deshalb ist es wichtig, eine Rollenklärung vorzunehmen. Die Aufgaben und Kompetenzen der Eltern sind dabei eindeutig zu definieren, damit die Eltern nicht enttäuscht sind oder unzufrieden werden.

5.4.2 Elterncafé

Das Elterncafé stellt eine offene Kommunikationsmöglichkeit für alle Eltern der Einrichtung dar. Es kommt zu lockeren ersten Kontakten zwischen den erfahreneren Eltern und den neuen Eltern. In gemütlicher Atmosphäre können Wartezeiten überbrückt werden. In dieser Situation erfolgt der ungezwungene Erfahrungsaustausch zwischen den Eltern, die ihre Fragen und Probleme untereinander besprechen und sich gegenseitig unterstützen können. Das Elterncafé bietet gerade für neue Eltern die Möglichkeit, mit den anderen Eltern in Kontakt zu treten, sich über die Arbeit in der Einrichtung auseinanderzusetzen, sich über die Eingewöhnungsphase und die Trennungserfahrungen auszutauschen.

Die Initiative für ein Elterncafé sollte von den Eltern ausgeben, die dann auch für den Betrieb des Cafés verantwortlich sind. Wenn es gelingt, sich mit benachbarten Einrichtungen zum Beispiel hinsichtlich Öffnungszeiten oder Betreuung des Elterncafés abzustimmen, könnte das Café ein Beitrag zur erstrebten sozialräumlichen Vernetzung leisten und die Öffentlichkeitsarbeit der Einrichtung unterstützen.

5.4.3 Eltern-Kind-Wochenende

Die Erzieherinnen organisieren gemeinsam mit den Eltern (oder Elternbeirat) für die Familien mit ihren Kindern ein gemeinsames Wochenende, an dem auch Großeltern und andere Bezugspersonen des Kindes eingebunden werden können.

Mit dem gemeinsam gestalteten Wochenende soll der Kontakt zwischen den Familien angebahnt bzw. vertieft werden. Aber auch die Kinder können außerhalb des gewohnten Gruppenrahmens in der Einrichtung die Beziehung zu anderen Kindern in einer neuen Umgebung verstärken. In der Wochenendsituation bietet sich eine hervorragende Gelegenheit, dass sich Eltern und Erzieherinnen besser kennenlernen. Für die angestrebte Erziehungs- und Bildungspartnerschaft sind dadurch sehr gute Voraussetzungen gegeben. Der informelle Rahmen bietet zahlreiche Möglichkeiten der ungezwungenen Kommunikation. Um diese Ziele zu erreichen, muss darauf geachtet werden, dass die Gruppengröße überschaubar bleibt. Um einen geordneten Ablauf zu gewährleisten, wird folgendes Verhältnis empfohlen: drei Erzieherinnen bei fünfzehn Erwachsenen und fünfzehn Kindern (vgl. Dusolt, 2008, S. 56 f.).

Der Ablauf des Eltern-Kind-Wochenende ist zwar vorab zu planen, um die erforderlichen Unterlagen, Materialien und Hilfsmittel vor Ort dabei zu haben, man sollte aber dennoch so flexibel sein, dass auf Wünsche der teilnehmenden Eltern, Bedürfnisse der Kinder und Wetterverhältnisse spontan reagiert werden kann. Planungsschritte und -veränderungen sollten mit der Elterngruppe besprochen werden, um das Eltern-Kind-Wochenende einvernehmlich zu gestalten. Die Teilnahme an den Angeboten ist immer freiwillig, d. h. jeder kann sich phasenweise zurückziehen und etwas alleine unternehmen.

Die Erzieherinnen und Eltern bieten unterschiedliche Aktivitäten an wie z. B. Gestalten mit Holz, Theaterspielen, Musizieren, Bewegungsspiele, Schnitzeljagd, Abendwanderung, gemeinsames Kochen oder Grillen an. Die Eltern erhalten durch die Erzieherinnen vielfältige Anregungen zur Freizeitgestaltung mit ihren Kindern, auf die sie auch nach dem Wochenende noch zurückgreifen können.

Das Wochenende sollte aber auch genutzt werden, um mit den Eltern pädagogische Themen zu erörtern, um eine gute Basis für die angestrebte Erziehungs- und Bildungspartnerschaft zu schaffen. Dies sollte bei der Planung berücksichtigt und den teilnehmenden Eltern kommuniziert werden.

Das Eltern-Kind-Wochenende sollte den Charakter des Besonderen haben und nicht am Wohnort selbst durchgeführt werden. In Frage kommende Unterkünfte sollten die Möglichkeit bieten, die Natur in die Aktivitäten einzubeziehen, und angemessene Unterbringungsmöglichkeiten für die Eltern mit ihren Kindern bieten. Ein solches Angebot wird von Eltern dann angenommen, wenn sie sich mit dem Vorhaben identifizieren und ihre Ideen einbringen können und die Kosten für Unterkunft, Verpflegung und Spiel-/Verbrauchsmaterial erschwinglich sind.

5.4.4 Angebote von Eltern

Eltern sind auf vielfältige Art und Weise in der Lage, Angebote in der Einrichtung zu bereichern und die Rahmenbedingungen zu optimieren. Die Angebote können sich sowohl an die Kinder als auch an die Eltern in der Einrichtung richten.

Angebote für Kinder

Eltern verfügen über zahlreiche Ressourcen, Fähigkeiten und Fertigkeiten, von denen die Einrichtung und die Kinder profitieren können. Die Durchführung von Angeboten durch Eltern, die pädagogisch nicht ausgebildet sind, erfordert die Unterstützung durch die Erzieherinnen. Die Eltern haben Erfahrung mit dem eigenen Kind und an bestimmten Tagen (z. B. Geburtstag, Familienfeiern) auch mit mehreren Kindern, ihnen fehlt jedoch das methodisch-didaktische Rüstzeug, um mit einer Kindergruppe gezielt arbeiten zu können.

Die Unterstützung durch die Erzieherin sollte folgende Aspekte umfassen:

Kindergruppe
* Interessen, Bedürfnisse und Fähigkeiten der Kinder
* Entwicklungstand und Vorwissen der Kinder

Inhaltliche Planung
- Auswahl der Inhalte
- Strukturierung der Inhalte

Methodische Planung
- Äußere Gegebenheiten (Raum, Zeit usw.)
- Ablaufplan
- Materialauswahl
- Medieneinsatz
- Motivation und Einbeziehung der Kinder

Nach dem Angebot sollte die Erzieherin mit den Eltern die Durchführung besprechen und im Hinblick auf weitere Angebote Hilfen zur Optimierung geben. Die Beschäftigungsangebote der Eltern können sich z. B. auf den kreativen Bereich (z. B. Töpfern, Musik) oder den Bewegungsbereich (z. B. Sport, Tanz) beziehen.

Angebote für Eltern

Von Eltern für Eltern könnte der Verkauf von Secondhandkleidung oder die Durchführung von Basaren organisiert werden. Neben der Möglichkeit, dort preisgünstig Einkäufe zu tätigen, bestehen zahlreiche Gelegenheiten, ungezwungen miteinander ins Gespräch zu kommen, sich auszutauschen und untereinander freundschaftliche Beziehungen zu knüpfen.

5.4.5 Einrichtungsgestaltung

Das Engagement der Eltern kann sich z. B. in der Renovierung der Einrichtung niederschlagen, um die Raumqualität für ihre Kinder zu verbessern. Wenn die Eltern dabei eigene Ideen verwirklichen können, wird die Einrichtung zu ihrer Einrichtung, mit der sie sich identifizieren.

Für das Reparieren von Spielzeug oder die Gestaltung des Außengeländes fühlen sich häufig die Väter verantwortlich. Berufliche Erfahrungen, handwerkliches Geschick und viel Enthusiasmus wird von den Eltern eingebracht, um das Spielangebot für die Kinder zu erweitern.

Bei der Einrichtung und Betreuung der Homepage können sich die Eltern einbringen, die z. B. Erfahrungen und Kenntnisse mit entsprechender Computersoftware haben und damit die Öffentlichkeitsarbeit der Einrichtung tatkräftig unterstützen.

5.4.6 Ausstellungen

Die Vielfalt und Vielzahl von Angeboten macht es den Eltern oft schwer, die pädagogische Qualität von Kinderbüchern, Spielzeug, elektronischen Medien oder Erziehungsratgebern zu erkennen. In Zusammenarbeit mit örtlichen Buchhandlungen und Spielwarengeschäften könnten auch entsprechende Ausstellungen von den Eltern in der Einrichtung organisiert werden. Für die ortsansässigen Geschäftsinhaber bietet sich dabei auch die Gelegenheit, mit kaufinteressierten Eltern ins Gespräch zu kommen und zukünftige Kunden zu gewinnen. Die bereitgestellten Materialien laden zum Schmökern, Spielen und Erkunden ein.

5.4.7 Elternbibliothek

Elternzeitschriften, Elternratgeber sowie Fachbücher, die in der Einrichtung angeschafft werden, sollten auch interessierten Eltern zur Verfügung stehen. Die Ausleihe kann über die Eltern organisiert werden, die zu bestimmten Zeiten (z. B. Bring- oder Abholphasen) das Ausleihen der Materialien organisieren.

Durch die Nutzung dieser Informationsquellen kann Einfluss auf das Erziehungsverhalten der Eltern genommen werden und die Sensibilität gegenüber pädagogischen Fragestellungen erhöht werden. Der Aufbau der Bibliothek könnte durch Spenden der Eltern (z. B. Bücher, CDs, Spiele oder Geld) bzw. durch Ausleihgebühren finanziell unterstützt werden.

Eine schnelle Information über aktuelle Themen kann eine sogenannte Artikelbox bieten, in der interessante Zeitschriften- und Zeitungsartikel nach Themenbereichen geordnet werden (siehe Textor, 2000). Auf interessante Artikel und neu angeschaffte Bücher könnten Aushänge am Schwarzen Brett und in der Elternzeitschrift verwiesen werden.

Aufgaben

1. *Im Schema oben werden die Vorteile der Elternmitwirkung aufgezeigt. Verdeutlichen Sie die Grenzen der Elternmitarbeit.*

2. *Veranschaulichen Sie, wie Sie eine pädagogisch unerfahrene Mutter, die sowohl deutsch spricht als auch Englisch als Muttersprache beherrscht, bei der Durchführung des Angebots Englisch für Kleinkinder unterstützen können.*

3. *Eltern wollen in der Einrichtung ein dauerhaftes Angebot für Secondhandkleidung aufbauen. Der Träger unterstützt dieses Vorhaben nicht. Welche Bedenken könnte der Träger haben? Mit welchen Argumenten könnten Sie den Träger doch noch von den Vorteilen des Elternangebots überzeugen?*

4. *Eltern, die aktiv mitgestalten, wollen auch eigene Ideen umsetzen, die nicht immer mit den pädagogischen oder ästhetischen Vorstellungen der Erzieherinnen übereinstimmen. Zeigen Sie auf, wie Sie Konflikte bezüglich der Umsetzung der Elternvorschläge bereits im Vorfeld vermeiden können.*

5.5 Einrichtungsbezogene Formen der Elternarbeit

Professionelle Elternarbeit ist prozessorientiert und darf Eltern nicht überfordern. Zum Aufbau einer tragfähigen und vertrauensvollen Beziehung sind kontinuierlich wiederkehrende Angebote über mehrere Jahre hinweg erforderlich.

5.5.1 Elternarbeit in Krippe und Kindertagesstätte

Eingewöhnungstraining

Das Eingewöhnungstraining ist ein zentraler Bestandteil bei der Aufnahme von unter Dreijährigen in die Krippe, aber auch bei der Aufnahme neuer Kinder in eine Kindertagesstätte. Der Übergang von der Familie in die Kindertagesstätte (Transition) ist ein belastender Trennungsschritt für die Eltern und das Kind, denn es bedeutet für die Eltern im Tagesverlauf für einen bestimmten Zeitraum Abschied von ihrem Kind zu nehmen. Die Kinder werden mit ihnen zunächst fremden Erzieherinnen, Kindern, Räumen und Tagesabläufen konfrontiert. Neue Regeln sind zu lernen und das Kind erfährt neue Rollenerwartungen. Das Kind muss erst seinen Platz in der Gruppe finden. Beim Kind (aber auch bei den Eltern) treten in dieser erst einmal ungewohnten Situation Verunsicherung und Ängste auf.

Der Übergang soll durch das Eingewöhnungstraining möglichst schonend erfolgen. Die Eingewöhnungsphase ist von den Eltern zu begleiten, um das Kind systematisch mit der Bezugserzieherin in der Einrichtung vertraut zu machen. Auch die Eltern erfahren indirekt eine Eingewöhnung, indem sie durch das Eingewöhnungstraining mit den Mitarbeiterinnen und den Regeln der Einrichtung vertrauter werden.

Das Eingewöhnungstraining hat zwei Dimensionen: zum einen Eingewöhnung des Kindes mit dem Aufbau einer tragfähigen Bindung an die Bezugserzieherin, zum anderen die aktive Auseinandersetzung der Erzieherinnen mit den Eltern, die sich von ihren Kindern tagsüber trennen.

Schuldgefühle und Ängste

Die Trennung von dem Kind fällt Eltern schwer, da mit der Übergabe des Kindes in die Einrichtung Schulgefühle und Ängste ausgelöst werden können. Die Fremdbetreuung und die damit verbundene Abgabe des Kindes in fremde Hände werden vom sozialen Umfeld der Eltern nicht immer positiv gesehen. Vorwürfe, sie seien Rabeneltern, Hinweise wie z. B. eine frühe Trennung führe zu irreparablen Schädigungen des Kindes oder Vorwürfe, das Abgeben des Kindes sei ein verantwortungsloses Verhalten, verunsichern die Eltern, lösen Vorbehalte und Schuldgefühle aus, auf die von den Erzieherinnen eingegangen werden muss.

Wie Studien zeigen, nimmt das Durchschnittsalter der Kinder, die in sozialpädagogische Einrichtungen aufgenommen werden, systematisch ab und die Zustimmung der Gesellschaft gegenüber der Krippenbetreuung nimmt deutlich zu.

Aufgabe der Erzieherinnen: Die Verminderung von Vorbehalten und Schuldgefühlen können Erzieherinnen erreichen, wenn sie die Eltern von der Qualität ihrer pädagogischen Arbeit überzeugen und die Vorteile einer Erziehung in der Gemeinschaft aufzeigen können. Die Präsenz der Eltern in der Eingewöhnungsphase ist dazu eine wichtige Erfahrung für die Eltern. Bilder, Gruppentagebücher, Konzeption oder Videos können die Aussagen der Erzieherinnen zudem veranschaulichen.

Innere Leere

Mit der Abgabe des Kindes entsteht für die Eltern eine innere Leere. Sorgen machen sich bei ihnen breit, ob es dem Kind in der Einrichtung auch wirklich gut geht. Während der Arbeit wird z. B. ständig auf das Telefon geachtet, um bereitzustehen, wenn das Kind in der Einrichtung nach den aus ihrer Sicht unverzichtbaren Eltern verlangt, das Kind z. B. ständig weint, nicht zu trösten ist, keine Nahrung zu sich nimmt oder den Kontakt zu anderen Personen verweigert.

Aufgabe der Erzieherinnen: Die Erzieherinnen müssen die emotionalen Unsicherheiten ernst nehmen und dafür sorgen, dass die Eltern mit gutem Gewissen ihrer Arbeit nachgehen können und das Kindeswohl von professionellen Erziehungsfachkräften sichergestellt wird.

Erzieherin als Konkurrenz

Wenn sich die Beziehung zwischen der Bezugserzieherin und dem Kind intensiviert, können bei den Eltern Konkurrenzgefühle auftreten. Wenn man bedenkt, dass die Bezugserzieherin häufig mehr Zeit mit dem Kind verbringt als die Eltern, kann bei den Eltern die Befürchtung entstehen, nicht mehr den hohen Stellenwert für das Kind haben, den sie sich wünschen und das Kind emotional zu verlieren. Gelegentlich sind Gefühle der Eifersucht erkennbar. Eltern beginnen in solchen Situationen oft nach Fehlern und Mängeln in der Betreuung durch die Bezugserzieherinnen zu suchen.

Aufgabe der Erzieherinnen: Konkurrenzgefühle wie Eifersucht sollten die Erzieherinnen frühzeitig thematisieren. Den Eltern sollte verdeutlicht werden, dass diese Beziehung nur zeitlich befristet ist und die Eltern immer die zentralen Bezugspersonen für das Kind bleiben. Eine gute Beziehung zwischen dem Kind und der Bezugserzieherin sollte für die Eltern eher beruhigend sein, wenn sie wissen, dass sich das Kind wohlfühlt und gern in die Einrichtung geht. Bei der Bezugserzieherin und den Eltern geht es nicht um die Frage, wer der bessere Erziehungspartner ist, sondern um die Frage, wie können die Erzieherinnen in der Einrichtung und die Eltern in der Familie optimale Entwicklungsbedingungen für das Kind sicherstellen.

Das Eingewöhnungstraining sollte mit den Eltern durch Reflexionsgespräche begleitet werden. In dieser Phase wird der Grundstein für eine positive Erziehungspartnerschaft gelegt.

Eltern-Kind-Gruppen

In den sogenannten Eltern-Kind-Gruppen treffen sich regelmäßig Eltern, deren Kinder noch nicht in den Tageseinrichtungen aufgenommen wurden. Die ersten Eltern-Kind-Gruppen entstanden in den 1970er Jahren aus der Notsituation heraus, dass für Kleinkinder keine ausreichende Zahl von Krippen- bzw. Kindergartenplätzen vorhanden waren.

Eltern tauschen in diesen Eltern-Kind-Gruppen Erfahrungen aus und die Kinder haben die Möglichkeit, neue Lernerfahrung in einer Fremdgruppe beim Spiel, bei kreativen Angeboten oder Ausflügen zu machen. Diese Eltern-Kind-Gruppen sind zwar organisatorisch von den Krippen bzw. Kindertagesstätten unabhängig, sollten aber von den Erzieherinnen als wichtiger Kooperationspartner ernst genommen werden, um einen harmonischen Übergang in die Krippe oder Kindertagesstätte zu gewährleisten. In einigen Kindertagesstätten sind auch die Erzieherinnen der Tageseinrichtung in die Eltern-Kind-Gruppen eingebunden.

Der Besuch einer Eltern-Kind-Gruppe ist für das Kleinkind ein gutes Übungsfeld, das den Übergang in die Kindertagesstätte vorbereitet und erleichtert. Zudem wird zwischen den Eltern ein soziales Netzwerk mit gegenseitiger Unterstützung aufgebaut. Die Zusammenarbeit mit den Eltern-Kind-Gruppen ist ein erster Schritt der zukünftigen Elternarbeit.

Elternarbeit im Jahresverlauf der Kindertagesstätte

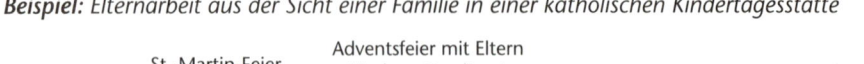
Beispiel: Elternarbeit aus der Sicht einer Familie in einer katholischen Kindertagesstätte

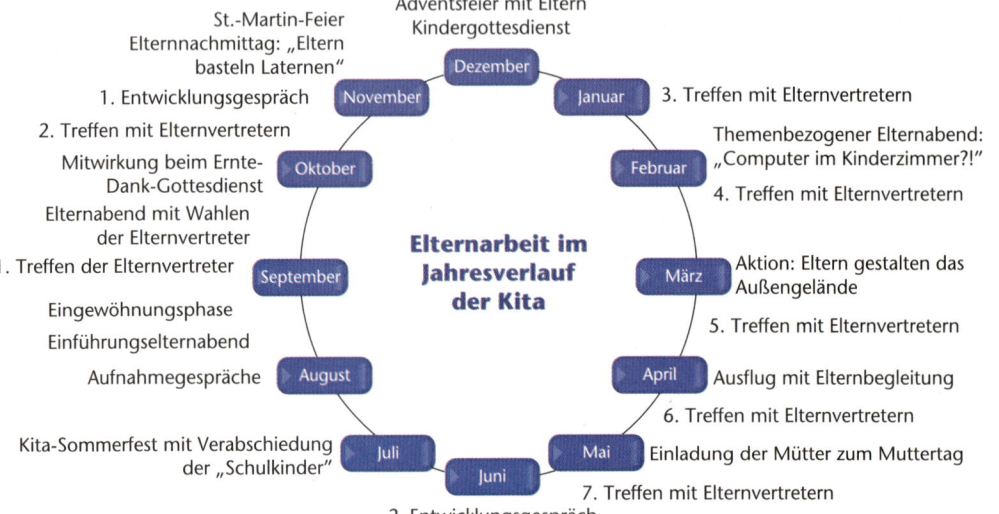

5.5.2 Elternarbeit im Hort

Der Hort ist eine familienergänzende Einrichtung. Die Zielsetzungen und Erwartungen der Erzieherinnen und Eltern sind oft nicht deckungsgleich. Die Erzieherinnen sehen im Vordergrund der Hortarbeit die sozialpädagogische Zielsetzungen, während die Eltern mit dem Hort die Vorstellung verbinden, dass dort zu ihrer Entlastung alle schulische Aufgaben (z. B. Hausaufgaben, Vorbereitung auf Klassenarbeiten, Ausgleich von schulischen Defiziten) erledigt werden. Die Erzieherinnen müssen deshalb bereits bei der Aufnahme des Kindes im Rahmen der Elternarbeit ihre sozialpädagogischen Aufgaben im Hort herausstellen und die Verantwortung der Eltern für den Schulerfolg ihres Kindes verdeutlichen.

Die Motive der Eltern, ihr Kind in den Hort anzumelden, unterscheiden sich deutlich von den Beweggründen der Eltern in der Kindertagesstätte. Während der Besuch einer Kindertagesstätte inzwischen die Norm darstellt, erfolgt eine Anmeldung im Hort von wenigen Eltern, die den Hort in enger Verbindung mit der Schule und der Erledigung schulischer Aufgaben sehen. Die Eltern haben nicht ausreichend Zeit, um ihre Kinder nach der Schule zu betreuen (z. B. berufstätige Alleinerziehende, Berufstätigkeit beider Elternteile) oder sind mit der Hausaufgabenbetreuung überfordert (z. B. Eltern mit Migrationshintergrund, Eltern aus bildungsfernen Schichten). So wird für die Eltern der Hort immer mit den Anforderungen der Schule verknüpft.

Die Erzieherinnen müssen deshalb den Eltern die Bedeutung von außerschulischen Angeboten, bei denen z. B. schulschwache Kinder Erfolge und positive Bestätigung erleben, verdeutlichen. Diese Angebote stärken das Selbstbild und Selbstwertgefühl der Kinder.

Die direkten Kontakte zu den Eltern sind im Vergleich zur Elternarbeit in der Kindertagesstätte deutlich geringer, da viele Kinder den Heimweg eigenständig bewältigen und nicht abgeholt werden. Die Erzieherinnen sollten zur Intensivierung der Elternkontakte verstärkt Freizeitangebote entwickeln, bei denen die Eltern mit ihren Kindern einbezogen werden. Textor (1992) schlägt z. B. ein gemeinsames Abendessen mit den Eltern, Ausflüge oder Wandertage, Feste und Feiern sowie Filmabende mit anschließender Diskussion vor. *(vgl. Textor, 1992, S. 38 f.)*

Jahresplanung

Die Jahresplanung in einem Hort könnte folgenden Überlegungen folgen:

Ziele	Formen der Elternarbeit	Zeitpunkt/Häufigkeit
Aufbau einer vertrauensvollen Beziehung	Aufnahmegespräch	Bei Anmeldung des Kindes
	Regelmäßige Gespräche	zwei Gespräche im Jahr (vor den Herbst- und nach Halbjahreszeugnis)
	Elternstammtisch mit Teilnahme einer Erzieherin an den Elternstammtischen	monatlich

Ziele	Formen der Elternarbeit	Zeitpunkt/Häufigkeit
Partizipation durch Mitwirkung an Entscheidungen im Hort	Wahl von Elternvertretern in den Elternausschuss	Ca. vier Wochen nach den Sommerferien
	Einbindung der Elternvertreter	• Teilnahme der Leiterin an den Sitzungen des Elternausschusses • Einladung von Elternvertretern zu den Teamsitzungen
	Mitwirkung der Eltern bei Veranstaltungen	• Weihnachtsbasar • Sommerfest
Transparenz der Arbeit im Hort	Elternbrief	Viermal im Jahr
	Aushänge (Info-Brett mit Hinweis auf geplante Aktivitäten, Bilddokumentation von Aktivitäten)	Aktuell
	Hospitation	
Abstimmung des Erziehungsverhaltens in Hort und Familie	Thematischer Elternabend z. B. zu den Themen: „Hausaufgaben – Ein Problem?!" und „Handy für Grundschüler?"	Zweimal im Jahr
	Terminierte Gespräche, z. B. Abstimmungsgespräche zum Umgang bei Problemen (z. B. Konzentrationsprobleme, geringe Leistungsmotivation, Verhaltensauffälligkeiten)	Bei Bedarf
	Tür-und-Angel-Gespräche	Kontinuierlich

Im Rahmen der Jahresplanung können diese Aktivitäten zeitlich strukturiert werden.

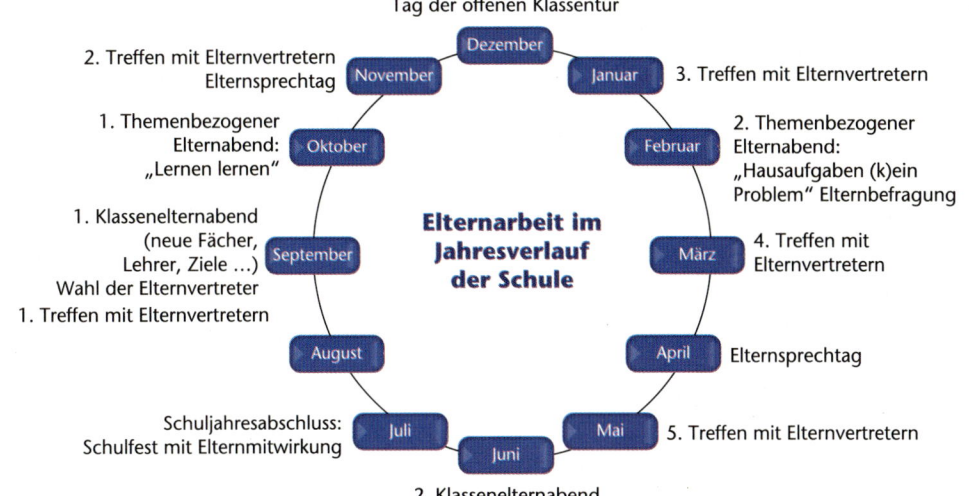

Tag der offenen Klassentür

2. Treffen mit Elternvertretern
Elternsprechtag

3. Treffen mit Elternvertretern

1. Themenbezogener
Elternabend:
„Lernen lernen"

2. Themenbezogener
Elternabend:
„Hausaufgaben (k)ein
Problem" Elternbefragung

1. Klassenelternabend
(neue Fächer,
Lehrer, Ziele ...)
Wahl der Elternvertreter
1. Treffen mit Elternvertretern

4. Treffen mit
Elternvertretern

**Elternarbeit im
Jahresverlauf
der Schule**

Elternsprechtag

Schuljahresabschluss:
Schulfest mit Elternmitwirkung

5. Treffen mit Elternvertretern

2. Klassenelternabend

Dezember · Januar · Februar · März · April · Mai · Juni · Juli · August · September · Oktober · November

5.5.3 Elternarbeit in der Kinder- und Jugendhilfe

Die Zusammenarbeit mit den Eltern bzw. Sorgeberechtigten ist in der Kinder- und Jugendhilfe ein wesentlicher Bestandteil des Leistungsangebots. In den letzten Jahren wurden Kinder und Jugendliche verstärkt in der Nähe ihres sozialen Bezugsfelds und damit in der Nähe der Eltern untergebracht. Besuchsmöglichkeiten der Eltern werden dadurch erleichtert und damit eine Intensivierung der Elternarbeit ermöglicht.

Die Elternarbeit beginnt mit dem Erstkontakt und der elterlichen Beteiligung bei der Aufnahme und setzt sich in Elterngesprächen sowie im Einbeziehen in den Alltag der stationären Jugendhilfe fort. In der Phase der Verselbstständigung der Kinder bzw. Jugendlichen sind Eltern ebenfalls einzubeziehen. Ein Schwerpunkt der Elternarbeit liegt in der Zusammenarbeit bei der geplanten Rückführung in das Elternhaus, bei der auch wichtige Bezugspersonen wie z. B. Großeltern und Geschwister gefragt sind, daran teilzunehmen.

Im Hilfeplan werden Ziele und Inhalte der Elternarbeit verankert. Abhängig von der Gefährdungseinschätzung können bezüglich der Besuchsmöglichkeiten auch begründete Einschränkungen und Auflagen festgelegt werden. Der Hilfeplan umfasst auch die rechtzeitige Abklärung, inwieweit eine Rückführung in das Elternhaus anzustreben ist oder alternative Hilfeperspektiven abzuklären sind. Zur Sicherung der Rückführung ist im angemessenen Abstand ein Hausbesuch notwendig.

Folgende Formen sind für die Elternarbeit in der Kinder- und Jugendhilfe typisch:

Erstkontakt und Elternbeteiligung im Aufnahmeverfahren

Für einen langfristigen Erfolg ist der Erstkontakt von grundlegender Bedeutung. Zum einen lernen die Erzieherinnen die aktuelle Lebenssituation des Kindes und seiner Familie kennen, zum anderen werden die Eltern und das Kind mit der Einrichtung vertraut gemacht. Die Erzieherinnen stellen die Einrichtung vor und bieten einen Rundgang durch die Einrichtung an. Die Arbeitsweise, Regeln und Abläufe werden von den Erziehern erläutert. Ein zentraler Aspekt sind Vereinbarungen über die zukünftige Zusammenarbeit zwischen Eltern, Einrichtung und Jugendamt. Die Gestaltung von Kontakten wird geklärt und Termine werden abgesprochen, z. B. Hilfeplangespräche, Veranstaltungen in der Einrichtung. Klare Absprachen, Transparenz und Aufbau von Kooperationsstrukturen sind für eine gelingende Elternarbeit unerlässlich. Die Erzieherinnen verdeutlichen den Eltern Informationswege (z. B. Elternbriefe), stellen die Erreichbarkeit sicher und informieren über die zuständigen Ansprechpartner in der Einrichtung.

Elterngespräche

Regelmäßige Elterngespräche, z. B. im monatlichen Rhythmus, sind zielführend. In diesen Gesprächen werden u. a. die Entwicklung des Kindes reflektiert, die Einbeziehung der Eltern im weiteren Verlauf der Hilfeplanung abgestimmt und die elterlichen Kompetenzen gestärkt. Eltern erfahren Beratung und Begleitung.

Elternmitwirkung

Zur Erweiterung der elterlichen Kompetenzen werden die Eltern, soweit es möglich ist, in Alltagsbezüge eingebunden. So können Eltern ihre Kinder bei der Wahrnehmung ärztlicher Termine begleiten oder in Wohnsituationen (gemeinsames Essen, Spielsituationen, Freizeitaktivitäten, Hausaufgabenerledigung) eingebunden werden.

Rückführung in das Elternhaus

Das Zusammenleben von Eltern und Kindern in einen gemeinsamen Haushalt ist erst dann möglich, wenn eine Gefährdung des Kindeswohls ausgeschlossen werden kann. Es muss sichergestellt sein, dass die Eltern die Grundversorgung des Kindes sowie Mindeststandards an Hygiene leisten können und eine Verwahrlosung des Kindes ausgeschlossen werden kann. Maßnahmen zur Rückführung beginnen etwa sechs Monate vor der Beendigung der Hilfe.

Zeitraum vor der Rückführung	Maßnahmen
6 Monate	• Prognose zum Erfolg der geplanten Rückführung • Planung der Maßnahmen • Abklärung ambulanter Hilfesysteme vor Ort • Hausbesuch
3 Monate	• Stärkere Einbindung der Eltern in den Alltag des Kindes/Jugendlichen • Beteiligung der Eltern bei Arztbesuchen des Kindes, bei der Hausaufgabenbetreuung, beim Kleiderkauf usw.

Zeitraum vor der Rückführung	Maßnahmen
	• Beurlaubungen (z. B. in Ferienzeiten) zur Überprüfung, wie mit der neuen Situation in der Familie umgegangen wird
6 Wochen	• Hilfeplangespräch mit Vereinbarungen der letzten Maßnahmen (z. B. Kita- oder Schulanmeldung, Beantragung von Mitteln zur Sicherung des Lebensunterhalts) • Intensivierung der Beurlaubungsphasen • Hausbesuch durch Jugendamt ggf. mit Auflagen bezüglich erforderlichen Veränderungen • Kurz vor der Rückkehr abschließender Hausbesuch
Zeitraum nach der Rückführung	
3 Monate nach Rückführung	• Hausbesuch durch zuständigen Sozialarbeiter zur Überprüfung des Erfolgs der Jugendhilfemaßnahmen

Die Formen und Inhalte der Elternarbeit sind von den Erzieherinnen unmittelbar zu dokumentieren. So werden Elterngespräche, Telefonkontakte, Vereinbarungen oder Hausbesuche protokolliert bzw. im Hilfeplan festgehalten.

Die Elternarbeit in der Jugendhilfe stößt auf verschiedene Grenzen. Nicht alle Eltern sind bereit, mit der Einrichtung zu kooperieren. Sie betrachten die Erzieherinnen als Verantwortliche für die Herausnahme des Kindes aus dem familiären Kontext. Weiterhin können angeordnete Kontaktsperren zum Kind eine kooperative Elternarbeit verhindern. An Grenzen stoßen Erzieherinnen, wenn z. B. psychiatrische Erkrankungen der Eltern, Inhaftierung oder Wegzug vom Wohnort vorliegen.

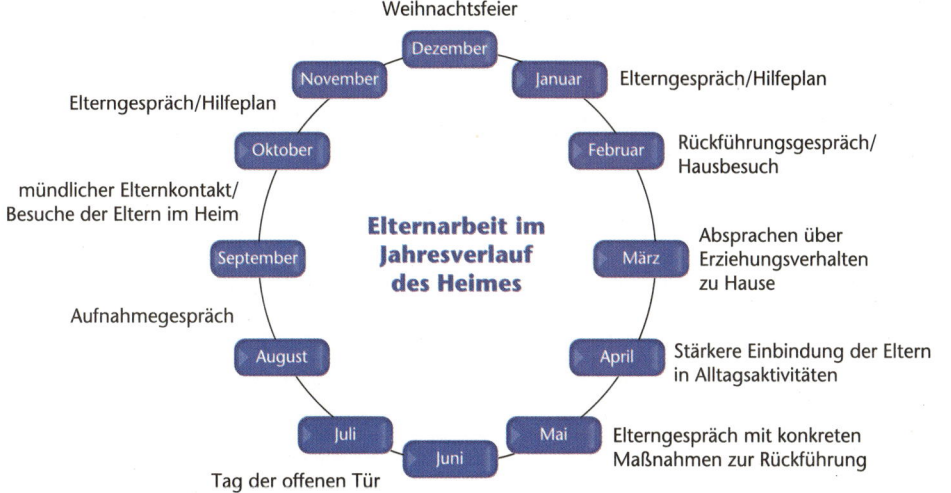

Aufgaben

1. Vergleichen Sie die Elternarbeit in der Krippe/Kindertagesstätte mit der Elternarbeit in der Jugendhilfe. Veranschaulichen Sie die Gemeinsamkeiten und Unterschiede.

2. Eltern beschweren sich im Hort, dass die Hausaufgaben an einzelnen Tagen nicht vollständig in der Einrichtung erledigt wurden. Wie reagieren Sie auf diese Vorwürfe?

3. Die Rückführung des Kindes in die Familie nach einem Heimaufenthalt umfasst zahlreiche Aktivitäten der Erzieherinnen. Erläutern Sie, welche Hilfesysteme vor Ort zum Erfolg einer Rückführung beitragen können.

5.6 Elterngruppenbezogene Angebote

Eltern unterscheiden sich in ihren Lebensbezügen und weisen ganz unterschiedliche Biographien auf. Abhängig vom kulturellen Hintergrund sind sehr unterschiedliche Lebenseinstellungen und Erziehungsvorstellungen zu beobachten. Die Eltern weisen unterschiedliche Bedürfnisse und Erwartungen an die Arbeit der sozialpädagogischen Einrichtung auf. So ist es durchaus sinnvoll, Elterngruppen gezielt anzusprechen und Veranstaltungen anzubieten, bei denen die Bedürfnisse, die Erwartungen und die Probleme bestimmter Elterngruppen im Mittelpunkt stehen. Dieses gesonderte Angebot sollte nicht an die Stelle von gemeinsamen Elternveranstaltungen treten, sondern als Ergänzung gesehen werden, um den angesprochenen Elterngruppen gerechter zu werden.

Die drei Elterngruppen Alleinerziehende, Väter und Eltern mit Migrationshintergrund werden exemplarisch im Folgenden näher betrachtet.

5.6.1 Interkulturelle Elternarbeit

Der Kontakt zu Eltern mit Migrationshintergrund gestaltet sich bei einigen Eltern schwierig. Aufgrund geringer Deutschkenntnisse bestehen bei einigen Eltern Verständigungsprobleme, die nur mithilfe von Dolmetschern zu bewältigen sind. Diese Elterngruppe selbst kann sehr heterogen im Hinblick auf Herkunftsland, Religion, Erziehungsvorstellungen, Wertverständnis, Geschlechterrollen und Integrationsbereitschaft sein, was die Arbeit mit ihr zusätzlich erschwert. Viele Eltern haben nur unklare Vorstellungen vom Erziehungs- und Bildungssystem in Deutschland und können die Bedeutung von Kindertagesstätten nicht zutreffend einschätzen. Sie erwarten z. B., dass ihren Kindern die deutsche Sprache vermittelt wird, während im familiären Umfeld die deutsche Sprache keine Rolle spielt. Die Anwendung und Vertiefung der Deutschkenntnisse der Kinder ist dadurch aber nur eingeschränkt gegeben. Einige Familien haben in der Vergangenheit schlechte Erfahrungen mit Behörden gemacht und sind misstrauisch gegenüber allen staatlichen Einrichtungen. Sie halten sich mit Kontakten zu den Erzieherinnen zurück und handeln entsprechend vorsichtig, was auch als Desinteresse fehlinterpretiert werden kann.

Es ist wichtig, langfristig und behutsam eine vertrauensvolle Beziehung aufzubauen. Einzelgespräche bilden die Basis für die Beziehungsentwicklung. Positive Rückmeldungen über das Kind stärken das Selbstvertrauen der Eltern in ihre Erziehungskompetenz. Eine weitere Stärkung der Beziehung zu Familien mit Migrationshintergrund ergibt sich, wenn auf die Kultur der Herkunftsländer (z. B. Tänze, Musik, Spiele, Texte, Lieder, Speisen, Getränke) eingegangen und damit Wertschätzung für die Kultur der Familien aus Ausdruck gebracht wird.

Weisen Eltern mit Migrationshintergrund deutliche Sprach- und Verständigungsprobleme auf, zeigen sie oft wenig Interesse an Elternabenden. Sie sind aber sehr gern bereit, sich an Aktivtäten der Einrichtungen (z. B. Feste, Ausflüge, Eltern-Kind-Nachmittage, Kreativangebote, Gestaltung des Außengeländes) zu beteiligen, die eine ungezwungene Kontaktaufnahme ermöglichen. In den Einrichtungen sollten die Erzieherinnen diese Möglichkeiten nutzen, um das Miteinander deutscher und ausländischer Eltern zu fördern.

Die gesellschaftlichen Veränderungen mit einer hohen Zahl zugewanderter Familien und der damit verbundenen Multikulturalität erfordern interkulturelle Konzepte, die sich nicht nur auf bestimmte Aktionen (z. B. internationales Sommerfest) beziehen, sondern sich durchgängig im pädagogischen Handeln der Erzieherinnen niederschlägt.

Im 12. Kinder- und Jugendhilfebericht der Bundesregierung wird darauf hingewiesen, dass bei mehr als einem Viertel der in der Deutschland lebenden Kinder entweder Vater oder Mutter oder beide in anderen kulturellen Zusammenhängen ausgewachsen sind als in traditionell deutschen (vgl. Bundesministerium für Familie, Senioren, Frauen und Jugend, 2005, S. 61). Die interkulturelle Elternarbeit zielt auf das tolerante Zusammenleben aller Kulturen und Nationalitäten ab und macht die sozialpädagogische Einrichtung zu einem lebendigen Platz interkulturellen Lebens (vgl. Schlösser, 2004, S. 22 f.). Die zugewanderten Eltern sind Experten für Migrationsthemen und sollten in den verschiedenen Gremien vertreten sein, um interkulturelle Aspekte angemessen berücksichtigen zu können.

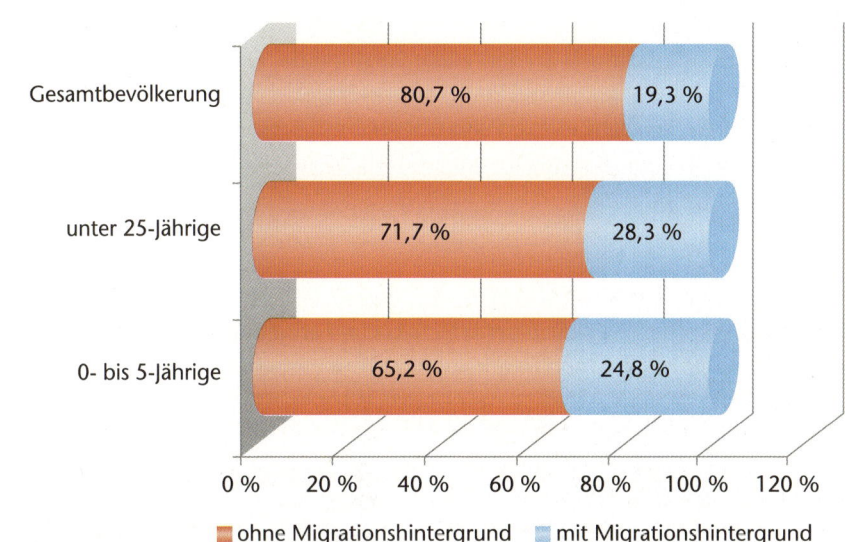

Bevölkerungsanteil mit Migrationshintergrund (Statistisches Bundesamt 2011, S. 32)

Interkulturelle Elternarbeit setzt ein differenziertes Wissen über die Zusammensetzung der Elternschaft und über die interkulturellen Kompetenzen im Erzieherteam voraus.

Die nachfolgende Zusammenstellung gibt Anregungen für das Elterngespräch. Dabei geht es nicht um eine Datensammlung, sondern um das Verstehen der Lebenssituation, in der das Kind zu Hause aufwächst.

Bei der Erfassung der Zusammensetzung der Elternschaft sind folgende Aspekte zu beachten:

Lebensbedingungen

- Bezug zum Heimatland (z. B. Ausreisegründe, rechtlicher Status der Familie, Rückkehrwunsch, Kontakte zu Personen im Heimatland)

- Lebenssituation im Stadtteil (z. B. schulische Angebote, Spielmöglichkeiten, Geschäfte, Wohnsituation)

- Familiensituation (z. B. Anzahl der Familienmitglieder, Alter der Kinder, berufliche Situation, Alleinerziehende, Arbeitslosigkeit)

Kulturelle Einflüsse

- Einstellung zu Erziehungsfragen (z. B. Erziehungsverantwortlichkeit, Erziehungsziele, Erziehungsmittel, Erziehungsstil, Geschlechterrolle)

- Pflege der Kultur des Heimatlandes (z. B. Feste, Rituale, Feiern, Treffen mit anderen Familien aus dem Heimatland)

- Religionszugehörigkeit (z. B. Feiertage, Gestaltung von Festen, religiöse Regeln)

- Sprachgebrauch (z. B. zuhause gesprochene Sprache, Nutzung muttersprachlicher Medien wie Zeitungen und Fernsehprogramme, deutsche Sprachkompetenz der Eltern)

Interkulturelle Elternarbeit muss immer an der realen Situation der Eltern mit Migrationshintergrund in der Einrichtung anknüpfen. Die Konzepte, Projekte und Vorgehensweisen anderer Einrichtungen können nicht einfach übertragen werden, sondern sind lediglich als Anregungen zu verstehen (vgl. Knisel-Scheuring, 2002, S. 36), die auf die Einrichtung anzupassen sind.

Interkulturelle Kompetenzen

Interkulturelle Kompetenzen zeigen sich in der effektiven und angemessenen Handlungs- und Reflexionsfähigkeit der Erzieherin in interkulturellen Situationen.

Die Elemente der interkulturellen Kompetenz verdeutlicht Deardorff (2006) in folgender Lernspirale:

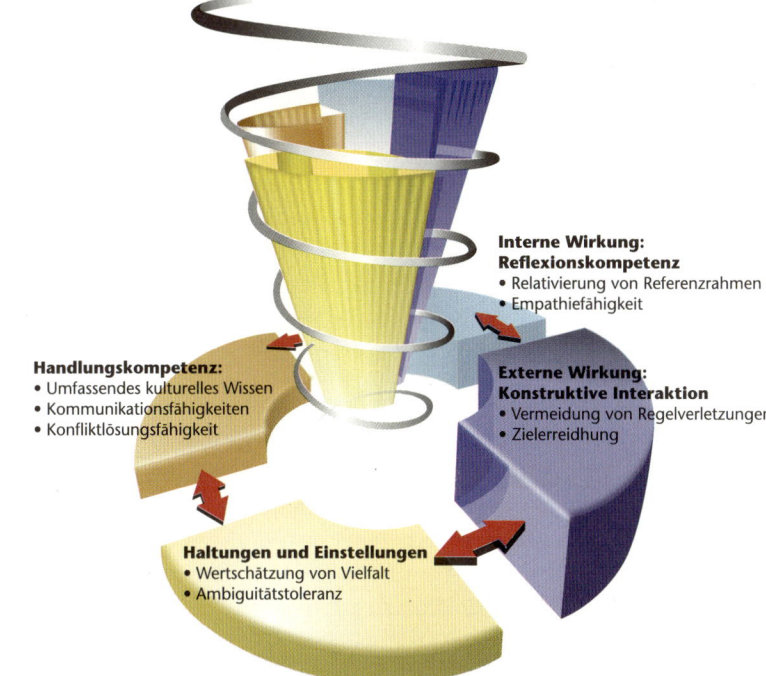

Lernspirale Interkulturelle Kompetenz (Bertelsmann Stiftung auf Grundlage des Interkulturellen-Kompetenz-Modells von Dr. Darla K. Deardorff, 2006)

Das Modell berücksichtigt vier Ebenen, die untereinander in Beziehung stehen:

- Haltung und Einstellungen, z. B. Respekt gegenüber anderen Kulturen, Unvoreinge-nommenheit, Toleranz gegenüber Unterschiedlichkeit, Offenheit für kulturelles Lernen

- Handlungsebene, z. B. Aufbau eines umfassenden Verständnisses und Wissens über die eigene und fremde Kultur, Kommunikations- und Konfliktlösungsfähigkeit, Beherr-schung von Fremdsprachen

- Interne Wirkung, z. B. Anpassungsfähigkeit, Empathie, Flexibilität, Reflexionskompetenz

- Externe Wirkung, z. B. konstruktive Interaktion durch effektives und angemessenes Handeln in interkulturellen Situationen

Das Spiralmodell verdeutlicht, dass alle Ebenen immer wieder von Neuem durchlaufen werden und der Erwerb interkultureller Kompetenzen auf einem ständig andauernden Lernprozess beruht.

Kommunikationsprobleme

Die sprachliche Kommunikation kann nur im begrenzten Umfang durch nonverbale Sig-nale ersetzt werden, die zum Teil vieldeutig sind und in den verschiedenen Kulturen unterschiedliche Bedeutung haben können. In bestimmten Situationen (z. B. Aufnahme-,

Entwicklungsgespräch, Ausfüllen von Formularen) muss die sprachliche Kommunikation eindeutig sein. Da nicht alle Sprachen von den Erzieherinnen beherrscht werden, sind in diesen Fällen Dolmetscher erforderlich. Die Kinder, die beide Sprachen beherrschen, sollten dabei nur in Ausnahmefällen als Dolmetscher herangezogen werden. Manchmal bringen die Eltern eigene Dolmetscher mit, z. B. aus befreundeten Familien. Selbsthilfegruppen vermitteln gegebenenfalls auch ehrenamtliche Dolmetscher.

Die Personen, die als Dolmetscher diese Rolle freiwillig übernehmen, müssen von beiden Seiten, sowohl von den Eltern als auch von den Erzieherinnen, akzeptiert werden. Am besten geeignet sind Personen, die auch eine pädagogische Ausbildung haben, um eine korrekte Informationsweitergabe an die Eltern sicherzustellen. Als Dolmetscher kommen zweisprachige Erzieherinnen oder Eltern in der Einrichtung, Personen aus Migrantenorganisationen, Ausländerbeirat, Mitarbeiter von Gruppen der Flüchtlings- und Asylarbeit, Wohlfahrtsverbänden oder kirchlichen Organisationen in Frage.

Die Übersetzung durch Dolmetscher kann bei Elternabenden störend sein. Stattdessen können die Erzieherinnen, wie Schlösser (2004) vorschlägt, „Murmelgruppen" bilden, in denen der Dolmetscher das Gesagte simultan und murmelnd, aber für die Eltern mit Migrationshintergrund noch verständlich, übersetzt. Der Vortragende sollte im Vorfeld auf diese Form der sprachlichen Unterstützung vorbereitet sein und gebeten werden, langsamer zu sprechen bzw. kurze Sprechpausen einzuplanen. Auch die anderen Eltern sind vorab über die Murmelgruppe und ihre Funktion zu informieren.

Häufig sind die zugewanderten Eltern mit den formalen Vorgaben (z. B. schriftliche Antragstellung, Anmeldeverfahren) nicht vertraut, so dass für viele Eltern bereits die Anmeldung des Kindes zu einem Problem werden kann. Unzureichende Sprachkenntnisse, Missverständnisse und Unsicherheiten, inwieweit z. B. die Informationen trotz Zustimmung korrekt verstanden wurden, gilt es bereits im ersten Kontakt zu überwinden. Sonst besteht die Gefahr, dass es zu einer einseitigen Gesprächsführung kommt und sich die zugewanderten Eltern kaum einbringen.

Bereits beim Aufnahmegespräch sollten die Erzieherinnen den Eltern das Interesse am kulturellen Hintergrund bekunden. Werden unerfüllbare Wünsche geäußert, sollten den Eltern die Grenzen der Umsetzung in der Einrichtung deutlich aufgezeigt werden. Die Sensibilität im Umgang mit der anderen Kultur beinhaltet keine uneingeschränkte Toleranz. Zur Erleichterung der Eingewöhnung in die Einrichtung, könnte dem Kind ein gleichsprachliches Kind als Pate zur Seite gestellt werden.

Tür-und-Angel-Gespräche haben Signalcharakter und können Türöffner für den Aufbau einer vertrauensvollen Kommunikation zu Familien mit Migrationshintergrund sein. Der tägliche und ungezwungene Kontakt in einer belastungsfreien Situation kann zum Ausgangspunkt für terminierte Beratungsgespräche werden.

Abhängig vom Gesamtanteil der Familien mit Migrationshintergrund und der Beherrschung der deutschen Sprache sollten schriftliche Informationen mehrsprachig erstellt werden. Die Mitteilung in einer zweiten Sprache signalisiert diesen Eltern auch den Respekt ihnen und ihrer Muttersprache gegenüber.

Einbindung von Migrantenorganisationen

Der zum Teil unsichere Aufenthaltsstatus, Berührungsängste mit deutschen Erziehungs- und Bildungseinrichtungen und mangelnde Sprachkenntnisse erfordern eine Unterstützung von Seiten der Migrantenorganisationen, die Migranten bei Behördengängen begleiten, sie stärken und ihre Ängste abbauen. Die Organisationen leisten Unterstützung bei der Bewältigung von Konflikten mit den Einrichtungen und bieten Informationsveranstaltungen und Beratung an. Hatten die Organisationen in der Vergangenheit ihren Arbeitsschwerpunkt eher bei der Elternarbeit im schulischen Bereich, setzen die Hilfsangebote inzwischen im vorschulischen Bereich an, um z. B. den Übergang von den Kindertagesstätten in die Schule zu erleichtern.

Migrantenorganisationen könnten auch bei zweisprachigen Elternveranstaltungen eingebunden werden und Dolmetscherfunktionen übernehmen.

Rucksackprojekte

Das sogenannte Rucksackprojekt ist ein Elternbildungs- und Sprachförderprogramm, das in den Niederlanden entwickelt wurde (Modell „Rukzak" in Rotterdam), und sich an Migrantenfamilien richtet. In Deutschland werden inzwischen über fünfhundert Rucksackprojekte in Kindertagesstätten angeboten.

Für die Durchführung mit ausgebildeten Erzieherinnen (optimal: Erzieherinnen mit Migrationshintergrund) oder zweisprachigen Elternbegleiterinnen stehen umfangreiche Materialien zur Verfügung (Handreichungen für die Elternarbeit, Elternmaterialien, Übungsblätter für Kinder jeweils in deren Muttersprache und deutscher Sprache).

Elternarbeit

Rucksackprojekte sind zweigleisig angelegt. Neben der Sprachförderung der Kinder in Deutsch und ihrer Muttersprache (Förderung der Mehrsprachigkeit) steht die Elternbildung im Mittelpunkt (Stärkung der Erziehungskompetenz). Das Programm ist auf einen Zeitraum von 9 bis 12 Monaten ausgelegt. Circa zehn Elternteile können an dem Projekt teilnehmen, in der Regel nehmen die Mütter das Angebot wahr.

Die Erfahrung zeigt, dass der Erfolg von Rucksackprojekten bei homogenen, einsprachigen Gruppen am höchsten ist. Bei mehrsprachigen Elterngruppen muss man sich auf eine Verkehrssprache (in der Regel Deutsch) einigen, was voraussetzt, dass die Eltern die deutsche Sprache gut beherrschen. Die gleiche Herkunft erleichtert die Kommunikation und die Zusammenarbeit zwischen den Eltern und vermindert Konflikte zwischen Elterngruppen unterschiedlicher Herkunft.

Qualifizierung der Elternbegleiterin

Als Elternbegleiterin ist sowohl eine zweisprachige Mutter oder eine Erzieherin einsetzbar. Diese werden über einen Zeitraum von vier Wochen hinweg auf ihre Aufgaben vorbereitet. Den Müttern als Elternbegleiterinnen werden zudem professionelle Erziehungsfachkräfte zur Seite gestellt, die Erfahrung mit Mehrsprachigkeit und im Umgang mit Eltern mit Migrationshintergrund haben. Die Elternbegleiterinnen werden während des Rucksackprojektes kontinuierlich in mehrtägigen Veranstaltungen fortgebildet.

Aufgaben

1. Erläutern Sie, auf welchen Wegen eine Erzieherin die unterschiedlichen kulturellen Kompetenzen erwerben kann.

2. In einer kommunalen Kindertagesstätte wird das Nikolaus-Fest gefeiert. Eine muslimische Familie beschwert sich über die christliche Beeinflussung des Kindes. Wie gehen Sie mit den Einwänden der türkischen Eltern um? Begründen Sie Ihr Vorgehen.

3. Überprüfen Sie in Ihrer Gemeinde, welche Migrantenorganisationen bestehen und inwieweit diese Institutionen in die Elternarbeit eingebunden werden können.

5.6.2 Elternarbeit mit Alleinerziehenden

Bereits ein Viertel aller Angebote für Eltern in den Einrichtungen richten sich an Elterngruppen mit besonderen Belastungen, wie eine Studie des Bundesfamilienministeriums im Jahr 2005 ergab. Bei diesen Angeboten stehen z. B. die Situation und der Unterstützungsbedarf für Alleinerziehende im Mittelpunkt.

In der nachfolgenden Übersicht von Franz aus dem Jahr 2009 wird deutlich, dass nahezu drei Viertel aller minderjährigen Kinder bei ihren Eltern aufwachsen. In Lebensgemeinschaften ohne Ehestatus werden neun Prozent der Kinder erzogen. Bei den Alleinerziehenden leben die minderjährigen Kinder in der Regel bei ihren Müttern.

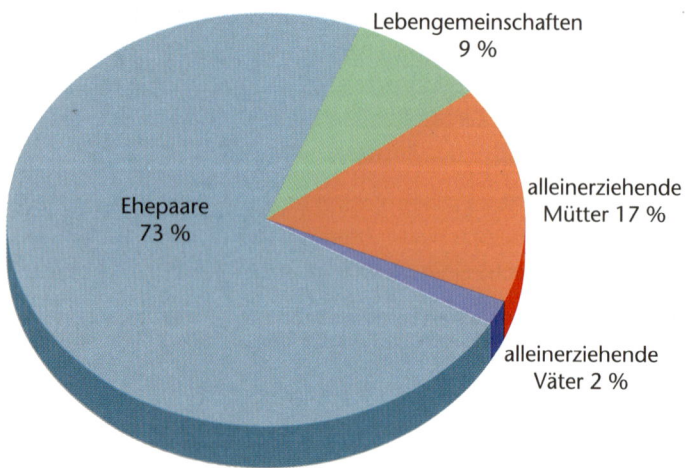

(Franz, 2009)

Der nachfolgende Vergleich der alleinerziehenden Mütter mit den alleinerziehenden Vätern zeigt, dass die Väter vorwiegend für die Kinder ab zehn Jahren verantwortlich sind, während die Mütter die Erziehungsverantwortung in allen Altersstufen der Kinder wahrnehmen.

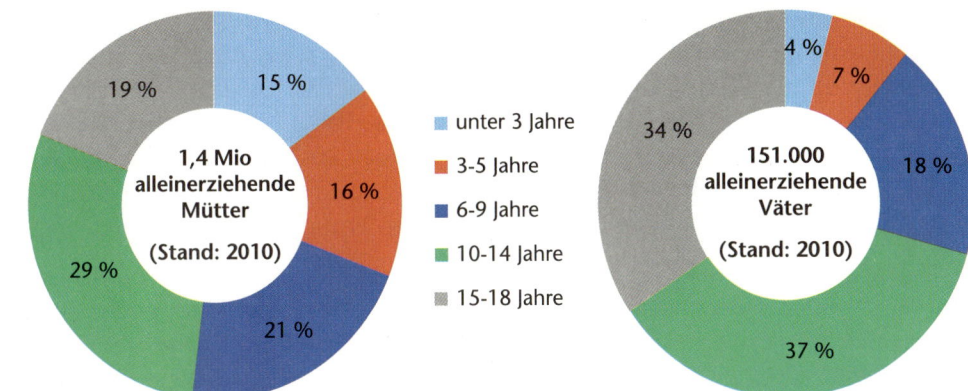

(Zahlenwerte: Statistisches Bundesamt, 2010)

Untersuchungen zu Risikofaktoren belegen, dass Alleinerziehende …

- trotz Erwerbstätigkeit einem erhöhten Armutsrisiko ausgesetzt sind.

- ein erhöhtes Risiko für körperliche und psychische Erkrankungen haben.

- verstärkt depressiv sind

- ein erhöhtes Risiko für Suchterkrankungen (z. B. Alkoholmissbrauch, Nikotinabhängigkeit) aufweisen.

(Franz, 2009, S. 20 f.)

Die Mehrfachbelastung der alleinerziehenden Mütter, die sich häufig chronisch überfordert fühlen, wirkt sich auf die Kinder aus. Franz (2009) leitet seinen Studien ab, dass die Einflussfaktoren, die sich auf die mütterliche Fürsorge und Bindungsfähigkeit bzw. Bindungsbereitschaft auswirken, zu einem erhöhten gesundheitlichen Entwicklungsrisiko der Kinder führen können. Alleinerziehende erwarten von ihren Kindern mehr Selbstständigkeit und Verantwortungsübernahme.

Um die alleinerziehenden Mütter zu stabilisieren und schädigende Auswirkungen auf die Entwicklung der Kinder zu vermindern, sind Präventionsprogramme sinnvoll, durch die die mütterlichen Erziehungskompetenzen gestärkt und die Bindungsqualität zwischen den alleinerziehenden Müttern und den Kindern verbessert werden, z. B. das bereits weiter oben vorgestellte Programm PALME.

Die Lebenssituation alleinerziehender Mütter ist durch zahlreiche Belastungen gekennzeichnet. Die wirtschaftliche Lage ist oft schwierig. Häufig fehlt das Geld für einen Babysitter, um soziale Kontakte pflegen zu können. In unserer paarzentrierten Gesellschaft werden Singles seltener eingeladen. Diese Faktoren können zu einem sozialen Rückzug führen, so dass die geringen sozialen Kontakte das Gefühl der Einsamkeit und Überforderung verstärken. Dies führt zur paradoxen Situation, dass Alleinerziehende, die verstärkt auf Außenkontakte angewiesen sind, Probleme mit dem Aufbau von Außenkontakten haben (vgl. Niepel, 1994, S. 60 f.). Die soziale Unterstützung ist ein zentraler Faktor zur Bewahrung und Wiederherstellung des Wohlbefindens.

Die alleinige Erziehungsverantwortung belastet die Mütter zusätzlich. Die Unzufriedenheit mit der Lebenssituation, der berufliche Stress und die finanziellen Einschränkungen führen zu einer beständigen Unausgeglichenheit, die sich z. B. in Ungeduld gegenüber den Kindern oder in Überreaktionen auswirkt. Alleinerziehende haben häufig ein schlechtes Gewissen, Schuldgefühle sowie die Sorge, versagt zu haben. Untersuchungen belegen, dass sich die Beziehung zwischen Alleinerziehenden und ihren Kindern nach der Trennung vom Partner verbessert. Entscheidungen orientieren sich stärker an den Bedürfnissen der Kinder und werden eher demokratisch getroffen.

Erzieherinnen können zwar an den Belastungen und Einschränkungen der alleinerziehenden Mütter nichts ändern, können sich aber im Rahmen eines Elternabends oder eines Gesprächskreises für Alleinerziehende intensiver mit der jeweiligen Lebens- und Erziehungssituation auseinandersetzen. Die Alleinerziehenden können dann offener miteinander kommunizieren und müssen nicht die ideale Mutterrolle vor anderen Eltern spielen, die für deren Situation weniger Verständnis haben.

Die Alleinerziehenden erwarten von der Einrichtung z. B. Unterstützung in Form von flexiblen Öffnungszeiten, Zeit für Gespräche oder Erziehungsberatung. In der Elternarbeit ist auf die besondere berufliche Situation, z. B. bei Gesprächsterminen, Rücksicht zu nehmen.

Elterngespräche sind von großer Bedeutung, da Alleinerziehende die Gelegenheit haben, über ihre Lebenssituation und die Auswirkungen auf die Erziehung des Kindes zu sprechen. Auf Möglichkeiten der Entlastung, Vermittlung von Hilfsangeboten oder Hinweise auf Selbsthilfegruppen kann in dem Elterngespräch näher eingegangen werden. Die Entwicklung des Kindes und die Auswirkungen der Konflikte zwischen den Eltern auf das Verhalten des Kindes (z. B. Gereiztheit, Aggressivität, Ängste, sozialer Rückzug, Weinerlichkeit, Anhänglichkeit) sollten thematisiert werden.

Aufgaben

1. *Vergleichen Sie die Altersverteilung bei alleinerziehenden Müttern und Vätern. Welche Ursachen kann die unterschiedliche Altersstruktur haben?*

2. *Erläutern Sie die Konsequenzen für die Erziehungs- und Bildungspartnerschaft, die sich aus den Risikofaktoren und der Lebenssituation Alleinerziehender ergeben.*

5.6.3 Elternarbeit mit Vätern

Die Väter sind in der Regel zu wenig in die Erziehungspartnerschaft und in die Elternarbeit eingebunden. Eine umfassende Studie des Bundesministeriums für Familie, Senioren, Frauen und Jugend (2006, S. 79) ergab, dass die Teilnehmer an den verschiedenen Elternbildungsangeboten zu 83 Prozent weiblich und nur zu 17 Prozent männlich sind.

Schnabel (2009, S. 13) ermittelte in seiner Studie folgende Beteiligungsquoten in protokollierten Elterngesprächen:

Das tradierte Rollenverständnis weist den Frauen vor allem im vorschulischen Bereich die Erziehungsverantwortung zu. Erst im schulischen Bereich nehmen die Väter ihre Erziehungsverantwortung stärker wahr.

Gesprächspartner der Erzieherinnen bei Elterngesprächen:	
Väter	6 %
beide Elternteile	8 %
Mütter	86 %

Die Väter unterschätzen ihre Bedeutung für die Entwicklung von kognitiven und sozialen Kompetenzen sowie beim Aufbau der Geschlechtsrollenidentität bei den Kindern. Wie Schnabel (2009, S. 1) feststellt, vollzieht sich in der Einstellung der Väter zur Kindererziehung ein deutlich erkennbarer Wandel. Das Interesse der Väter an Erziehungsprozessen auch im Vorschulalter nimmt zu und auch ihre Rolle als Ernährer der Familie mit einer umfassenden Verantwortung für das materielle Wohl der Familie verändert sich.

Untersuchungen zur Rolle der Väter in der Erziehung belegen, dass für ein stärkeres Engagement der Väter in der Kindererziehung die Mütter verantwortlich sind. Über die Hälfte der Mütter trauen Vätern nicht zu, Kinder zu erziehen (vgl. Schmidt, 2003). Sind beide Elternteile berufstätig, übernehmen die Väter vermehrt Erziehungsaufgaben. Die Erzieherinnen sollten (gemeinsam mit den Müttern) diese Rollenveränderung unterstützen und darauf achten, dass bei allen Formen der Elternarbeit auch die Väter eingebunden werden. Dies gilt z. B. auch für das Anmeldegespräch, das auf einen Zeitpunkt terminiert werden sollte, den beide Elternteile wahrnehmen können. Dies gilt nicht nur für die leiblichen Eltern, sondern für alle männlichen Personen, die in der Familie Erziehungsverantwortung übernehmen (z. B. Lebenspartner, Stiefvater).

Vorschläge zur Einbindung der Väter

Durch besondere Vater-Kind-Aktionen kann es gelingen, die Väter stärker in die pädagogische Arbeit der Einrichtung einzubinden. Die Angebote sind außerhalb der Regelarbeitszeit, d. h. am Abend nach 19 Uhr oder an Samstagen zu planen. Spielangebote, sportliche Aktivitäten, handwerkliche Tätigkeiten oder der Besuch eines Abenteuerspielplatzes können im Mittelpunkt des Treffens mit den Kindern in der

Einrichtung stehen. Zudem können sich Väter bei Festen engagieren (z. B. Spielangebote, Vater-Kind-Fest, Grillen sowie Ausschank beim Sommerfest) oder ihre Kompetenzen bei der Gestaltung der Homepage der Einrichtung einbringen. Die Väter sollten auch an terminierten Elterngesprächen (z. B. Entwicklungsgespräche) teilnehmen, die für die Erziehungs- und Bildungspartnerschaft von besonderer Bedeutung sind.

Ist der Bezug zur Einrichtung hergestellt und verfestigt, sollten die Erzieherinnen die Väter kontinuierlich und gezielt ansprechen, ihr Engagement öffentlich herausstellen (z. B. Aushang, Elternzeitung, Bilder) und z. B. Treffen organisieren, zu denen nur Väter eingeladen werden. Männergesprächskreise, die soweit möglich von einem männlichen Mitarbeiter geleitet werden sollten, können sich mit Themen wie Vereinbarkeit von Familie und Beruf, Vaterschaft, Bedeutung von männlichen Bezugspersonen in der Erziehung, altersgemäße Spielangebote und Aktivitäten auseinandersetzen. Häufig sind Väter bereit, ihre handwerklichen Fähigkeiten bei der Reparatur von Spielzeug, Gestaltung des Außengeländes, Renovierung von Räumen usw. einzubringen. Zur Festigung von Männergruppen können gemeinsame Ausflüge (z. B. Besuch von Sportereignissen, Vatertagsausflug, Besichtigungen) initiiert werden. Die Erzieherinnen sollten darüber nachdenken, inwieweit bestimmte Methoden bei Elternveranstaltungen (z. B. Rollenspiele, Kreisspiele, Tänze) von Männern als zu weiblich bewertet werden und bei diesen auf Ablehnung stoßen, so dass ihr Interesse an der Teilnahme zurückgeht.

Väterfreundliche Maßnahmen

Textor (2000) schlägt vor, die Einrichtungen mittels folgender Vorgehensweisen grundsätzlich väterfreundlicher zu gestalten:

- Den Vätern sollte durchgängig vermittelt werden, dass sie wichtig und in der Einrichtung immer willkommen sind.

- Einladungen, Veranstaltungshinweise, Aushänge oder Elternbriefe sollten sich immer an beide Elternteile richten. Auf Bildern sollten Situationen dargestellt sein, in denen auch Väter in der Einrichtung präsent sind.

- Die Schreiben sollten die Väter direkt ansprechen und sich nicht nur allgemein an die Eltern wenden.

- Leben die Eltern eines Kindes getrennt, dann sollte der Kontakt auch zum (geschiedenen) Vater gesucht werden. Er sollte ebenfalls zu Veranstaltungen eingeladen und über die Entwicklung des Kindes persönlich informiert werden. Liegt das alleinige Sorgerecht bei der Mutter, muss sie ihre Zustimmung dazu geben. Dabei sollte ihr vermittelt werden, dass der Vater für die Entwicklung des Kindes eine große Rolle spielt und allein schon deshalb eingebunden werden sollte.

- Wenn Väter in die Einrichtung kommen, sollten die Erzieherinnen die Gelegenheit nutzen, die Väter gezielt anzusprechen und in ein Gespräch zu verwickeln. Das Aktiv-auf-Väter-Zugehen hat sich als erfolgreicher Weg gezeigt, die Präsenz der Väter in den Einrichtungen deutlich zu erhöhen.

- Die Erzieherinnen sollten den Kommunikationsstil von Vätern berücksichtigen (siehe Kapitel 6.5 Gesprächsführung) und z. B. bei den Elterngesprächen Inhalte und Ziele (Sachebene der Kommunikation) nennen.

- Etwaige Vorbehalte von Erzieherinnen und Müttern, die durch Trennung und Scheidung negativ gegenüber einer stärkeren Einbindung der Väter eingestellt sind, sollten thematisiert und ausgeräumt werden.

(vgl. Textor, 2009, S. 35)

Aufgaben

1. *Beschreiben Sie die tradierte Vaterrolle in unserer Gesellschaft. Welche Ursachen haben zu diesem Rollenverständnis geführt?*

2. *Der höchste Anteil ausländischer Eltern kommt aus der Türkei. Vergleichen Sie die Vaterrolle in Deutschland mit der in der Türkei. Wie könnten die Erzieherinnen erreichen, dass sich türkische Väter stärker an der Elternarbeit beteiligen.*

5.6.4 Elternarbeit mit Eltern in Trennung

Die Zahl der registrierten Ehescheidungen hat sich in den letzten Jahrzehnten deutlich verändert. In der nachfolgenden Übersicht (Statistisches Bundesamt 2011, S. 20) wird die Anzahl der Scheidungen von Ehen mit und ohne Kind gegenübergestellt.

Eine Scheidung wird häufiger von Frauen (ca. 60 Prozent) beantragt als von Männern. Nur in 6 Prozent der Fälle beantragen beide Ehepartner die Scheidung. Die Zahl der betroffenen minderjährigen Kinder liegt bei über 100.000. Das nachfolgende Diagramm zeigt die Entwicklung seit 1975 auf. Bezogen auf die Gesamtzahl der minderjährigen Kinder sind etwa 1 Prozent der Kinder betroffen (2010: 13.069.000 minderjährige Kinder).

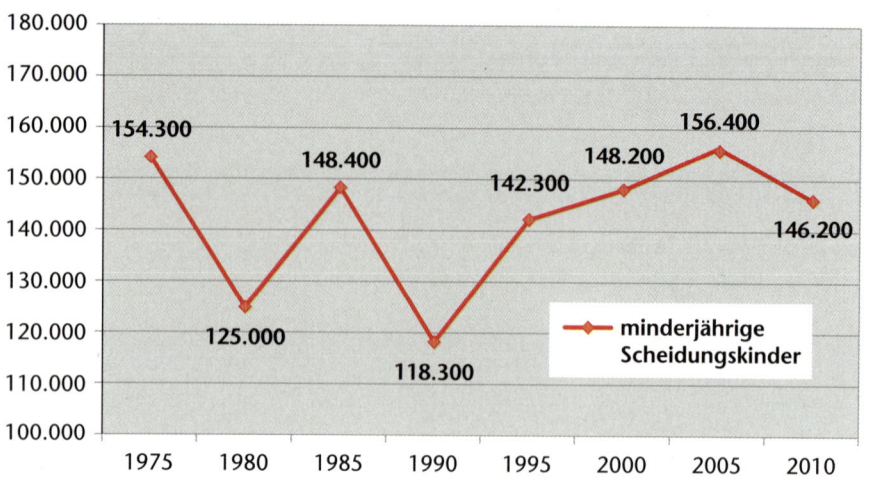

(Statistisches Bundesamt 2011, S. 20 f.)

Die Phase der Trennung ist für alle Familienmitglieder eine besondere Belastungssituation, die sich auf das Verhalten des Kindes auswirkt. Vor allem dann, wenn die Scheidung zum Kampf um das Kind wird. Es besteht die Notwendigkeit, in der Elternarbeit auf die besondere Situation von Eltern, die sich scheiden lassen bzw. geschieden sind, einzugehen, ohne sich in die Auseinandersetzung der Eltern hineinziehen zu lassen und sich mit einem Elternteil zu solidarisieren.

Textor (2012) differenziert drei Phasen der Trennung, Vorscheidungs-, Scheidungs- und Nachscheidungsphase mit folgenden Kennzeichen:

Phase	Kennzeichen	Auswirkung auf Kinder	Konsequenzen für die Elternarbeit
Phase vor der Scheidung	• Nach Unzufriedenheit und Ernüchterung häufige Auseinandersetzungen • Trennung auf Probe • Rettungsversuche	• Kinder erleben die Konflikte und werden teilweise mit hineingezogen • Geraten in Loyalitätskonflikte • Werden verhaltensauffällig • Haben Verlustängste, machen sich selbst Vorwürfe	• Im Rahmen der Elternberatung kann der Kontakt mit Ehe- und Familienberatungseinrichtungen oder anderen Diensten hergestellt werden
Scheidungsphase	• Endgültige Trennung der Partner (Trennungsjahr)	• Fehlen des Elternteils löst starke Emotionen aus: Schock, Angst, Trauer	• Rückmeldung an Eltern über Verhalten des Kindes

Phase	Kennzeichen	Auswirkung auf Kinder	Konsequenzen für die Elternarbeit
Scheidungs-phase	• Gerichtliche Scheidung mit Regelung der elterlichen Sorge • Besuchskontakte werden zur Belastung • Starke Emotionen bei den Geschie-denen: Wut, Hass, Aggressionen, Zukunftsängste, Depressionen, Lebenskrise, Einsamkeit, Hilflosigkeit aber auch Erleichte-rung, Befreiung, Start in ein neues Leben • Streit um Finanz-ausgleich, Unterhalt, Sorgerecht oder Umgangsregelun-gen • Aufbau neuer Beziehungen • Vernachlässigung der Erziehungs-aufgaben	• Wut gegenüber dem Elternteil, der auszieht • Hilflosigkeit, Unsicherheit, Schuldgefühle; Verlust von Identifikationsper-sonen • Psychosomatische Reaktionen: Einnässen, Einkoten, Schlafstörungen • Verhaltensauffällig-keiten: Klammern, Leistungs-schwankungen, Schulprobleme • Ablehnung neuer Partner der Eltern • Veränderung der Lebenswelt durch Umzug (neue Einrichtung, Schulwechsel, Verlust des Freundeskreises)	• In Erziehungsfra-gen (Einladungen, Entwicklungsge-sprächen) sind immer beide Elternteile einzubeziehen • Umgangsregelun-gen müssen der Einrichtung bekannt sein (z. B. Abholen des Kindes) • Bei deutlichen Verhaltensauffällig-keiten des Kindes Kontakt zur Erziehungsbera-tung vermitteln • Aktives Zuhören ohne einseitige Solidarisierung mit einem Elternteil
Phase nach der Scheidung	• Stabilisierung des Familiensystems • trennungsbe-dingte Emotionen werden geringer • Neuausrichtung der getrennten Eltern	• Die starken Emotionen werden geringer • Allmähliche Gewöhnung an die neue Lebenssituation	• Abhängig von der Regelung der Sorgeberechti-gung erfolgt die Information, Einladung usw. der Eltern

Phase	Kennzeichen	Auswirkung auf Kinder	Konsequenzen für die Elternarbeit

Phase nach der Scheidung	Formen der Eltern-Kind-Beziehung:
	• Gemeinsame Sorgeberechtigung (häufig):
	  – Gemeinsame Erziehungsverantwortung: Abstimmung zwischen den Eltern
	  – Gleichmäßige Aufteilung der Betreuungszeit zwischen den Eltern, die unterschiedlich erziehen
	  – Kind von einem Elternteil erzogen; es bestehen Besuchskontakte zum anderen Elternteil
	• Alleinige Sorgeregelung (selten):
	  – Unregelmäßiger, flüchtiger Kontakt des nichtsorgeberechtigten Elternteils zum Kind
	  – Unterbindung des Besuchskontakts
		• Besuchskontakte: sehr unterschiedliche Reaktionen der Kinder (von sich darauf freuen bis hin zur massiven Abwehr)
		• Neue Partner der Eltern, vor allem bei häufigem Wechsel, werden nicht akzeptiert
		• Kinder wollen keine Bindung für begrenzte Dauer mehr eingehen
			• Beobachtung und Information der Eltern über Verhalten des Kindes (Anpassung an die neue Lebenssituation)

(vgl. Textor, 2012, S. 1 f.)

5.6.5 Elternarbeit mit Großeltern

Zunehmend stärker nehmen Großeltern zur Entlastung der Eltern Erziehungsaufgaben wahr und werden damit neben den Eltern die wichtigsten Bezugspersonen für das Kind. Die Großeltern kommen in die pädagogische Mitverantwortung für das Enkelkind und ihr Leben erweitert sich um neue Aufgaben. Viele Großeltern empfinden die Mitwirkung bei der Betreuung und Erziehung als Bereicherung. Die Unterstützung durch die Großeltern erfordert auch in der Familie Abstimmungsprozesse mit klaren Regeln, um Dauerkonflikte zu vermeiden. Eine Annäherung in den Erziehungszielen und im Umgang mit dem Kind erfordert einen stetigen Austausch.

Um der besonderen Lebenssituation der Großeltern gerecht zu werden, bieten sich gezielte Angebote für die Großeltern, z. B. Großelternnachmittage, an. Bei Kaffee und Kuchen können die Enkel durch kleine Auftritte die Großeltern erfreuen. Diese Nachmittage bieten aber auch die Gelegenheit, über die pädagogische Arbeit in der Einrichtung, die Konzeption usw. zu informieren und eine Führung durch die Einrichtung anzubieten.

Für die Erzieherinnen ist es wichtig, miterziehende Großeltern als wichtige Bezugspersonen für das Kind in die Elternarbeit umfassend einzubeziehen.

> ### *Aufgaben*
>
> 1. *Die Großeltern nehmen verstärkt Erziehungsfunktionen in der Familie wahr. Inwieweit müssen die Erzieherinnen mit den Großeltern eine Erziehungs- und Bildungspartnerschaft aufbauen?*
>
> 2. *Nach einer Scheidung wird häufig eine gemeinsame Sorgeberechtigung getroffen. Erläutern Sie die Konsequenzen und Probleme, die sich für die Elternarbeit ergeben.*

5.6.6 Elternarbeit bei auffälligen Kindern

Ein Bereich, der viel Fingerspitzengefühl von den Erzieherinnen abverlangt, stellt die Elternarbeit bei verhaltensauffälligen Kindern dar. Zeigt ein Kind in der Einrichtung abweichendes Verhalten, so stellen sich für die Erzieherinnen folgende Fragen: Liegt das Verhalten bzw. die Entwicklung des Kindes noch im Normbereich? Wie bewerten die anderen Mitarbeiterinnen das Verhalten? Sind die Eltern bereits bei den ersten Hinweisen zu informieren und zu alarmieren oder sollte man abwarten, bis man sicherer ist, um Fehleinschätzungen zu vermeiden? Tritt das Verhalten entwicklungsbedingt auf (z. B. Stottern) oder ist es behandlungsbedürftig?

Die Erzieherinnen haben die Pflicht, eine optimale Entwicklung des Kindes sicherzustellen und die Eltern rechtzeitig auf Probleme hinzuweisen. Wenn frühzeitig Maßnahmen ergriffen werden, können sich Verhaltensauffälligkeiten nicht verfestigen und eine Verhaltensänderung bzw. -korrektur fällt leichter.

Eltern können Verhaltensabweichungen weniger gut erkennen, da ihnen Vergleichsmöglichkeiten mit dem altersgemäßen Entwicklungsstand fehlen und eine objektive Bewertung des eigenen Kindes schwer fällt. Abhängig von der Persönlichkeit der Eltern werden erkennbare Abweichungen bisweilen bagatellisiert (z. B. „Das gibt sich wieder …“, „Das war bei seinem Bruder auch so …“) oder dramatisiert (z. B. „Hoffentlich muss mein Kind nicht in eine Förderschule …“). Die Erzieherinnen haben die Aufgabe, eine objektive Einordnung des Verhaltens unter Beachtung entwicklungsbezogener Normen zu leisten, damit einige Eltern wachgerüttelt und andere dagegen beruhigt werden.

Im Elterngespräch sollten die Eltern über die objektiven Beobachtungen der Erzieherinnen informiert werden und an Beispielen sollte verdeutlicht werden, wie und wann sich das abweichende Verhalten zeigt. Die Eltern können die Beobachtungen durch ihre Erfahrungen in vergleichbaren häuslichen Situationen ergänzen. Die Erzieherinnen sollten den Eltern im Gespräch aber auch deutlich machen, dass sie mit den Beobachtungen keine Diagnose verbinden. Eine Analyse der komplexen Ursachen von Verhaltensauffälligkeiten durch die Erzieherinnen ist im Allgemeinen problematisch. Hier sollten die Erzieherinnen im Elterngespräch den Kontakt zu den entsprechenden Fachdiensten vermitteln.

Verarbeitungsprozesse bei den Eltern

Die Reaktionen der Eltern gegenüber ihrem verhaltensauffälligen Kind können zu Fehlhaltungen führen, die in drei Ausprägungen zu finden sind: Schutzhaltung, feindliche Grundhaltung und daseinsberechtigte Haltung.

Eltern zeigen ihrem Kind gegenüber zunächst eine Schutzhaltung. Die Eltern sehen sich in der Verantwortung für das Kind und bauen durch ihr Verhalten eine starke Abhängigkeit von ihren Hilfs- und Schutzhandlungen auf. In seiner ausgeprägten Form zeigt sich die Einstellung der Eltern als entwicklungshemmende Fehlhaltung, in der das Kind zum gemeinsamen Sorgenkind der Familie wird. Das Autonomiestreben des Kindes wird beeinträchtigt. Diese überbehütende Grundhaltung verhindert die Entwicklung eines gesunden Selbstvertrauens und Durchsetzungsvermögens sowie die Eigenständigkeit des Kindes. Im Extremfall unterbindet diese Einstellung den außerfamiliären Kontakt, um dem, in den Augen der Eltern, armen, auffälligen Kind negative Erfahrungen zu ersparen. Diese vorgeschobene Rechtfertigung erspart den Eltern aber auch, sich mit den Reaktionen ihrer sozialen Umwelt auseinanderzusetzen. Die Erziehung des Kindes in dem elterlichen Schonraum beeinträchtigt die physische und psychische Entwicklung des Kindes.

Die Tatsache, dass ein Familienmitglied beeinträchtigt ist, kann auch zu einer feindlichen Grundhaltung in der Familie führen. Das beeinträchtigte Kind ist für die Eltern mit Enttäuschungen und mit persönlichen Einschränkungen verbunden. Das Gefühl der Unzufriedenheit verstärkt die bestehenden Frustrationen. Diese Grundhaltung verändert das Verhalten gegenüber dem auffälligen Kind: Zurechtweisungen, Ermahnungen und Ungeduld treten häufiger auf, Zuneigung, Verständnis und Empathie werden seltener gezeigt. Die Eltern als Helfer fühlen sich überfordert und erleben das Zusammensein mit dem verhaltensauffälligen Kind als Strapaze. Das Kind fühlt sich andererseits den Eltern rettungslos ausgeliefert. Diese Abhängigkeit in einer überforderten Familie verhindert eine positive Entwicklung des Kindes.

In der dritten Verarbeitungsform, der daseinsberechtigten Haltung, wird für die verantwortlichen Eltern das auffällige Kind zum alleinigen Lebensinhalt. Das Familienmitglied opfert sich sozusagen für das auffällige Kind und nimmt zahlreiche Einschränkungen klaglos in Kauf. Die besondere Betreuung des Kindes bestimmt den Tagesablauf. Diese Fehlhaltung verhindert die Verselbstständigung des Kindes. Die eigene Daseinsberechtigung wird aus der Existenz des beeinträchtigten Kindes, für das man alles tut und gibt, abgeleitet.

Die Elternarbeit kann hier durch verschiedene Hindernisse erschwert werden:

- Fehlhaltung zur Beeinträchtigung des Kindes (z. B. leugnen, nicht wahrhaben wollen)
- Verwöhnung des Kindes in der Familie (Erfolge in der Entwicklung der Selbstständigkeit werden durch übertriebene Hilfe der Eltern zunichte gemacht; erlernte Hilflosigkeit des Kindes)
- Überforderung der Eltern
- Mangelndes Interesse der Eltern an einer Verminderung der erkannten Verhaltensauffälligkeit

Die Verarbeitung von vorliegenden Beeinträchtigungen erfolgt auf der kognitiven, emotionalen und der handlungsbezogenen Ebene. Die Eltern müssen sich mit der Beeinträchtigung ihres Kindes auseinandersetzen, die damit verbundenen Einschränkungen in der Entwicklung akzeptieren und eine neue Zukunftsperspektive entwickeln. Auf diesem Weg sollten Eltern die Unterstützung durch die Erzieherinnen in der Einrichtung erfahren.

Liegen Hinweise auf eine dauerhafte Beeinträchtigung des Kindes vor, können nach Schuchardt (1994) acht Phasen bei der Auseinandersetzung der Eltern mit dem neuen Sachverhalt unterschieden werden. Innerhalb dieser Phasen sind unterschiedliche Unterstützungsleistungen der Erzieherinnen erforderlich.

Phase	Kennzeichen	Aufgaben der Erzieherinnen
1. Ungewissheit	- Die Information löst einen Schock aus - Zunächst Phase der Unwissenheit, in der die Auffälligkeit bagatellisiert wird - Nach der Phase der Unsicherheit, in der die Eltern übersensibel auf Anzeichen der Auffälligkeit reagieren folgt die Phase der Unannehmbarkeit, in der die Hinweise auf die Auffälligkeit negiert werden	- Liegt eine abgeklärte Diagnose vor, müssen die Erzieherinnen die Eltern allmählich mit der Endgültigkeit der Diagnose vertraut machen - Es dürfen keine falschen Hoffnungen geweckt werden - Die Befürchtungen der Eltern sind ernst zu nehmen

Phase	Kennzeichen	Aufgaben der Erzieherinnen
2. Gewissheit	• Die Beeinträchtigung ist offensichtlich und nicht mehr zu leugnen • Eltern hoffen auf eine Fehldiagnose und können die Beeinträchtigung emotional nicht annehmen • Eltern leben im Spannungszustand, der durch das kognitive Annehmen und die emotionale Ablehnung erzeugt wird	Die Erzieherinnen müssen auf den Spannungszustand mit aktivem Zuhören, Empathie und akzeptierender Grundhaltung eingehen, um das emotionale Annehmen der Beeinträchtigung zu unterstützen
3. Aggression	• Ungesteuerte Gefühlsausbrüche sowie heftige Aggressionen, die gegen sich selbst oder andere gerichtet sind, treten auf • Eltern suchen nach einem Sündenbock • es besteht die Gefahr der Resignation und der selbstgewählten sozialen Isolation • Auch die Erzieherinnen können zur Zielscheibe der Aggressionen werden	• Eine emotionale Begleitung und Kanalisation der aggressiven Tendenzen sind erforderlich • Der Isolation der Eltern entgegenwirken und zum Mitwirken bei den verschiedenen Formen der Elternarbeit animieren
4. Verhandlung	• Eltern suchen nach Wundern und klammern sich an jede Möglichkeit, die Hilfe verspricht • Verzweifeltes, finanziell riskantes Handeln • Ständiges Wechseln der Ärzte	• Den blinden Eifer der Eltern bremsen • Das Verhalten der Eltern kritisch reflektieren und die Eltern zu einer realistischen Sichtweise der Situation führen
5. Depression	• Bleiben Hoffnungen unerfüllt und ist die Gewissheit endgültig, reagieren Eltern mit Verzweiflung und Resignation • Es beginnt die Trauerarbeit	• Anteilnahme und Verständnis, Wertschätzung und Mitgefühl sind den Eltern entgegenzubringen • Gemeinsame Suche nach Hilfen mit dem Blick in die Zukunft gewandt

Phase	Kennzeichen	Aufgaben der Erzieherinnen
6. Annahme	• Wird der Widerstand gegen die Annahme aufgegeben und ist die erforderliche Trauerarbeit abgeschlossen, kommt es zu einem grundsätzlichen Wandel in der Einstellung zur Beeinträchtigung • Die Eltern leben nicht mehr *gegen* sondern *mit* der Beeinträchtigung • Sie sind bereit, positiv mit der Beeinträchtigung umzugehen	• Die Eltern auf ihrem Weg unterstützen und stabilisieren, damit ein Rückfall auf frühere Phasen vermieden wird
7. Aktivität	• Die Eltern richten ihre Energie auf eine Neuorientierung, indem sie ihr Wertsystem neu strukturieren und neu gewichten • Sie erkennen neue Handlungsfelder und Zukunftsperspektiven	• Der Unterstützungsbedarf der Eltern geht zurück • Eine positive Verstärkung der Eltern bei ihrer Neuausrichtung ist wichtig
8. Solidarität	• Der Handlungshorizont der Eltern erweitert sich • Ihr Handeln erhält eine gesellschaftliche Dimension • Die betroffenen Eltern solidarisieren sich und treten gemeinsam für die Belange ihrer beeinträchtigten Kinder ein	Es besteht kein Unterstützungsbedarf mehr durch die Erzieherinnen

(vgl. Schuchardt, 1994, S. 39)

Dieses idealtypische Modell der Krisenverarbeitung verdeutlicht den allmählichen Prozess der Annahme von Beeinträchtigungen des Kindes. Es können durchaus Abweichungen im Ablauf der Krisenverarbeitung bei den verschiedenen Eltern auftreten, aber die Entwicklungsrichtung ist bei den meisten Familien erkennbar.

Missbrauch und Misshandlung von Kindern

Problematisch werden Elterngespräch und Vermittlung jedoch, wenn die Erzieherinnen den begründeten Verdacht haben, dass ein Kind misshandelt oder missbraucht wird. In dieser Situation sind die Erzieherinnen verpflichtet, zunächst die Einrichtungsleitung in Kenntnis zu setzen. Sollte auch die Leitung von einem Missbrauch oder einer Misshandlung ausgehen, muss der Träger sowie das Jugendamt informiert werden, um das Kind vor weiterem Missbrauch oder Misshandlungen zu schützen. Eine Zusammenarbeit mit den zuständigen Fachdiensten sollte erfolgen, um geeignete Maßnahmen in der Einrichtung zu ergreifen.

Wie Dusolt (2008, S. 88 f.) betont, sind das weitere Vorgehen und die Form der Hilfen von der Gefährdungseinschätzung der Erzieherinnen abhängig.

Die Gefährdungseinschätzung kann auf der Basis folgender Kriterien erfolgen:

Anhaltspunkte beim Kind
- Vernachlässigung zentraler kindlicher Bedürfnisse
- Bedürfnis nach Existenz, Bedürfnis nach sozialer Bindung und Verbundenheit und Bedürfnis nach Wachstum

Anhaltspunkte bei den Eltern
- Missbräuchliche Ausübung der elterlichen Sorge
- Vernachlässigung des Kindes
- Unverschuldetes Versagen der Eltern
- Unzureichender Schutz vor Gefahren durch Dritte

Um den Verdacht abzuklären, können Befragungen des Kindes, Informationen bei Hausbesuchen, Gespräche mit den Eltern oder anderen Bezugspersonen dienen.

Zur Bewertung der Erziehungsfähigkeit der Eltern können vier Bereiche analysiert werden:

- Erfüllung der kindlichen Bedürfnisse nach Schutz und körperlicher Versorgung
- Aufbau einer stabilen und positiven Bindung zum Kind
- Vermittlung eines Mindestmaßes an Regeln und Werten
- Eröffnung von grundlegenden Lernchancen für das Kind

Wenn die Eltern dies nicht gewährleisten können, haben sie für einen angemessenen Ersatz zu sorgen (z. B. Unterbringung in Pflegefamilie, Heim usw.).

Die Erzieherinnen sind in einer schwierigen Entscheidungssituation: Zum einen haben sie den Umgang mit dem Kind, auf das sie positiv einwirken und das sie beobachten können, und zum anderen besteht der Kontakt zu den Eltern mit begrenzten Einwirkungsmöglichkeiten. Werden die Eltern mit den Beobachtungen und den Erkenntnissen konfrontiert, droht die Abmeldung des Kindes. Die Beobachtungs- und Hilfsmöglichkeiten können dann nicht mehr fortgesetzt werden.

Die Erzieherinnen sollten die kompetente Unterstützung durch geeignete Fachdienste (z. B. Allgemeiner Sozialer Dienst, Jugendamt, Kinderschutzzentren usw.) nutzen, um das Kind zu schützen und Risiken zu vermeiden.

Aufgaben

1. Werden beim Kind Beeinträchtigungen diagnostiziert, so sind bei den Eltern Fehlhaltungen (Schutzhaltung, feindliche Grundhaltung, daseinsberechtigte Haltung) zu beobachten. Erläutern Sie, wie die Erzieherinnen in der Elternarbeit auf diese drei Fehlhaltungen reagieren sollten.

2. Die Gefährdungseinschätzung bei einem Missbrauch berücksichtigt auch Anhaltspunkte bei den Eltern. Veranschaulichen Sie, wie diese Anhaltspunkte möglichst objektiv überprüft werden können.

6 Methoden der Elternarbeit

Die Methoden der Elternarbeit korrespondieren mit den in Kapitel 5 dargestellten Formen der Elternarbeit.

Für die verschiedenen Formen der Elternarbeit bieten sich folgende Methoden an:

Formen	Formengruppe	Methoden
• Anmeldegespräche • Tür-und-Angel- Gespräche • Terminierte Einzelgespräche • Beratungsgespräche • Hospitationen • Telefonkontakte • Hausbesuche • Elterncoaching	Einzelpersonbezogene Formen	• Beratungs- und Gesprächstechniken • Aktives Zuhören • Mediation
• Thematischer Elternabend • Elternstammtisch • Elterngesprächskreis • Runder Tisch • Elterntraining/ Elternschule	Gruppenbezogene Formen	• Motivationstechnik • Moderationstechnik • Präsentation und Visualisierung • Mind-Mapping • Kartenabfrage
• Elternmitarbeit • Ausflüge • Elterncafé • Öffentlichkeitsarbeit	Einrichtungsbezogene Formen	Motivationstechnik
• Flyer • Elternzeitung/Elternbrief • Aushänge/Info-Ecke • Fotowand • Mitteilungs-/ Aufgabenhefte • Elternbefragung • Beschwerdebriefkasten	Schriftliche Formen	• Textgestaltung • Befragungs-/ Interviewtechniken
• Eltern-Kind-Beobachtung mit Video • Website der Einrichtung • Soziale Netzwerke wie z. B. facebook	Elektronische Formen	• Umgang mit techni- schen Medien • Software-Kenntnisse

(vgl. Bernitzke, 2006, S. 27)

6.1 Motivationstechniken

Häufig wird von den Erzieherinnen eine geringe Beteiligung der Eltern an den verschiedenen Formen der Elternarbeit beklagt. Dies gilt z. B. für den thematischen Elternabend. Der Zuspruch zum Elternabend wird immer dann gegeben sein, wenn dieser die Erwartungen der Eltern zufriedenstellt, die Eltern Wertschätzung erfahren und Möglichkeiten der Kommunikation und Kontaktaufnahme gegeben sind. Die Inhalte müssen den Bedürfnissen der Eltern entsprechen, aktuelle Themen aufgreifen und an den Erfahrungen der Eltern anknüpfen.

Folgende Möglichkeiten sollten zur Motivierung der Eltern gegeben sein:

- Beteiligung der Eltern bei der Themenauswahl

- Berücksichtigung der Elternwünsche bei der Festlegung des Zeitpunkts

- Relevanz des Themas für die Eltern

- Ansprechende Formulierung des Themas

- Motivierende Gestaltung der Einladung

- Persönliche Ansprache vor der Veranstaltung

- Erinnerungsimpuls (z. B. Aushang)

- Persönliche Begrüßung

- Beachtung der Voraussetzungen bei den Eltern (z. B. Bildungsstand, Sprachkompetenz, Vorwissen, Interessen)

- Würdigung von Teilnehmerbeiträgen während der Veranstaltung

(vgl. Huppertz, 1990, S. 78 f.)

Elterneinstellung

Die Erzieherinnen sollten die Motivationslage der Eltern erkunden. Claudius Hennig und Wolfgang Ehinger (1999) unterscheiden bei Beratungsgesprächen vier Elterngruppen im Hinblick auf die Beziehung zwischen Eltern und Einrichtungsvertreter. Diese Einstellung kommt auch in der Bereitschaft, eine tragfähige Erziehungs- und Bildungspartnerschaft aufzubauen, zum Ausdruck.

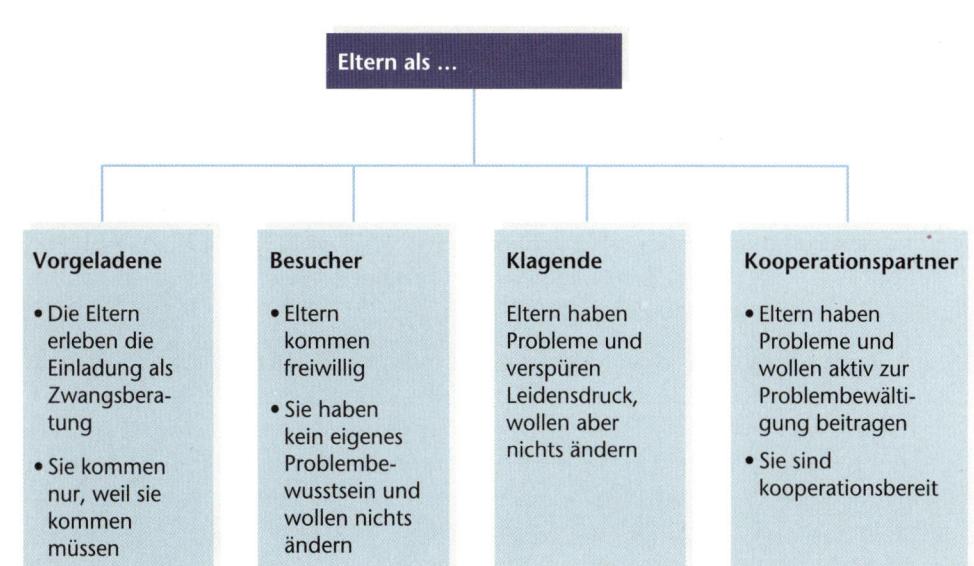

Eltern als ...			
Vorgeladene	**Besucher**	**Klagende**	**Kooperationspartner**
• Die Eltern erleben die Einladung als Zwangsberatung • Sie kommen nur, weil sie kommen müssen	• Eltern kommen freiwillig • Sie haben kein eigenes Problembewusstsein und wollen nichts ändern	Eltern haben Probleme und verspüren Leidensdruck, wollen aber nichts ändern	• Eltern haben Probleme und wollen aktiv zur Problembewältigung beitragen • Sie sind kooperationsbereit

(vgl. Henning/Ehinger, 1999)

- **Vorgeladene:** Diese Elterneinstellung verhindert den Aufbau einer Erziehungs- und Bildungspartnerschaft. Die Eltern sind nicht kooperationsbereit und verhalten sich eher passiv und duldend. Die Kontakte mit den Erzieherinnen sind für sie lästig. Inwieweit Vereinbarungen im familiären Bereich umgesetzt werden, bleibt unklar. Es bedarf großer Anstrengungen mit Überzeugungskraft, um die Eltern von dieser Haltung zu einer positiven Einstellung und zu einer partnerschaftlichen Haltung zu bewegen.

- **Besucher:** Die Eltern sind zwar neugierig und interessiert, wollen aber in Ruhe gelassen werden und sehen bei sich keine Handlungs- und Veränderungsnotwendigkeit. Die zunächst neutrale Grundhaltung sollte durch Anstöße der Erzieherinnen zum Aufbau einer positiven Erziehungs- und Bildungspartnerschaft weiterentwickelt werden.

- **Klagende:** In dieser Grundhaltung verdeutlicht sich das Dilemma der Eltern: Zum einen erkennen sie ihre eigene Überforderung, die zu einem Leidensdruck führt, zum anderen sehen sie nicht die eigene Verantwortung für die unbefriedigende Situation. Die im Leidensdruck deutlich werdende Hilflosigkeit ist ein guter Ausgangspunkt für die Erzieherinnen, sich mit den Eltern abzustimmen und professionelle Hilfen anzubieten. Die gemeinsamen Anstrengungen zur Bewältigung von Erziehungsproblemen können in einer vertrauensvollen Erziehungspartnerschaft münden.

- **Kooperationspartner:** Die Eltern sind an einer Zusammenarbeit mit den Erzieherinnen interessiert und erkennen, dass diese Zusammenarbeit für beide Seiten Vorteile bringt. Es sind damit ausgezeichnete Bedingungen für den Aufbau der Erziehungs- und Bildungspartnerschaft gegeben.

Motivationssteigerung durch Identifikation und Betroffenheit

Die Identifikation der Eltern mit der Konzeption der Einrichtung stellt die Grundlage zur Motivationserhöhung dar. Die Eltern werden sich dann mit der Einrichtung identifizieren, wenn ihre persönlichen Wertvorstellungen mit den Werten, Vorstellungen und Zielsetzungen der Einrichtung übereinstimmen. Eltern werden ihr Engagement für die Einrichtung verstärken, wenn sie in der Einrichtung sozial anerkannte Ziele und Werte verwirklicht sehen, die sie auch selbst verfolgen. Die Erzieherin muss deshalb berücksichtigen, welche Wertvorstellungen und Einstellungen die jeweiligen Eltern vertreten. Eltern, die sich für andere einsetzen, engagieren sich in der Elternmitarbeit und übernehmen z. B. die Gestaltung eines Elterncafés als Begegnungsmöglichkeit für die Eltern, während Eltern mit einer ausgeprägten ökologischen Einstellung sich eher bei der naturnahen Gestaltung des Außengeländes einbringen.

Für die Stärke der Motivation ist in der Regel die individuelle Betroffenheit ausschlaggebend. Eltern engagieren sich vor allem dann, wenn ihr Einsatz die Situation des eigenen Kindes verbessert. Wenn die Eltern in der Weihnachtszeit mit den Erzieherinnen ein Geschenk für das eigene Kind herstellen, sind nahezu alle Eltern anwesend und arbeiten sehr motiviert. Geht es darum, den Gruppenraum neu zu gestalten, so nimmt das Engagement deutlich ab. Steht bei der Elternmitarbeit die Einrichtung im Mittelpunkt (z. B. Durchführung eines Basars, Arbeiten im Außengelände), engagieren sich nur noch wenige Eltern. Die Erzieherin muss deshalb in der Motivierungsphase die individuelle Betroffenheit der Eltern erreichen, die eine Verknüpfung des elterlichen Engagements mit den Vorteilen für ihr Kind herausstellt.

Dieser Zusammenhang wird in der folgenden Darstellung deutlich:

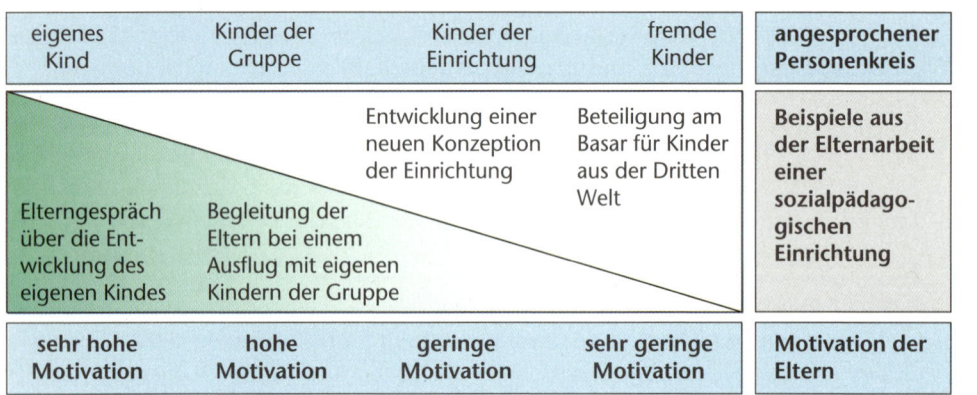

eigenes Kind	Kinder der Gruppe	Kinder der Einrichtung	fremde Kinder	**angesprochener Personenkreis**
Elterngespräch über die Entwicklung des eigenen Kindes	Begleitung der Eltern bei einem Ausflug mit eigenen Kindern der Gruppe	Entwicklung einer neuen Konzeption der Einrichtung	Beteiligung am Basar für Kinder aus der Dritten Welt	**Beispiele aus der Elternarbeit einer sozialpädagogischen Einrichtung**
sehr hohe Motivation	**hohe Motivation**	**geringe Motivation**	**sehr geringe Motivation**	**Motivation der Eltern**

(vgl. Bernitzke/Schlegel, 2004, S. 193)

Haben Eltern den Eindruck, ihr Engagement kann etwas bewegen und nützt ihren Kindern, nimmt die Bereitschaft zur Mitarbeit deutlich zu. Soll das pädagogische Konzept der Einrichtung von den Eltern mitgetragen und gemeinsam verantwortet werden, dann muss dem Wunsch der Eltern nach Mitsprache und Mitentscheidung Rechnung getragen werden.

Prinzipien der motivierten Steuerung

Die Erzieherinnen sollten zur Erhöhung der Elternmitwirkung auf die Prinzipien der motivierten Steuerung zurückgreifen.

Folgende Prinzipien sind dabei von Bedeutung:

- **Vertrauen:** Die Erzieherin muss im Rahmen der Erziehungspartnerschaft gegenseitiges Vertrauen aufbauen und den Eltern als verlässlicher Partner gegenübertreten. Nur dann fühlen sich die Eltern bei Anfragen zur Mitarbeit nicht überrumpelt oder ausgenutzt, sondern bringen sich in partnerschaftlicher Mitverantwortung ein.

- **Mitwirkung:** Die Eltern sollten als Partner auf Augenhöhe in allen Phasen (Planung, Durchführung und Reflexion) einbezogen werden. Die vielfältigen Kompetenzen der Eltern, ihre Fähigkeiten und ihr Können sind als Ressource der Einrichtung zu nutzen.

- **Verantwortung:** Die Mitwirkung beinhaltet auch die Übernahme von Mitverantwortung und Mitsprache. Die Erzieherinnen müssen sich darüber im Klaren sein, dass sie durch die Elternmitarbeit auch Verantwortung delegieren bzw. sich diese mit den Eltern teilen. Eine Übertragung von Verantwortung setzt voraus, dass die Erzieherinnen die Fähigkeiten und Stärken der Eltern einschätzen können.

- **Rollenverteilung:** Eine effektive und konfliktfreie Zusammenarbeit zwischen Erzieherinnen und Eltern setzt eine klar geregelte Verantwortlichkeit und eindeutige Absprachen voraus. Um Konflikte zu vermeiden, sind klare Regeln über die Kompetenzen der beteiligten Eltern zu vereinbaren.

- **Zielklarheit:** Die Mitwirkung der Eltern und die Zusammenarbeit mit den Erzieherinnen werden dann gelingen, wenn sich beide Seiten über die Ziele einig sind. Gerade wenn langfristige Ziele bzw. die Entwicklung von Kompetenzen verfolgt werden, ist es wichtig, Meilensteine (Zwischenziele) zu formulieren, die das Erreichte bewusst machen und zur Weiterarbeit motivieren.

- **Erreichbarkeit:** Die Eltern werden sich vor allem dann engagieren, wenn ihr Einsatz in einer überschaubaren Zeit zum Erfolg führt und eigene Kinder vom Einsatz profitieren. Der Einsatz für eine neue Kindertagesstätte, die aus Genehmigungsgründen erst in drei bis vier Jahren gebaut werden kann, wird die Eltern in der Einrichtung nur wenig motivieren, da sie von dem Neubau selbst nicht profitieren werden.

- **Kompetenzen:** Die verantwortungsvolle Wahrnehmung von übertragenen Aufgaben setzt bei den Eltern auch die entsprechenden Fähigkeiten und Kompetenzen voraus. Eine Überforderung der Eltern, die zu Frustrationen und Verärgerung führt, ist zu vermeiden. Die Erzieherinnen sollten den Einsatz der Eltern begleiten und ggf. unterstützen.

- **Partizipation:** Die Motivation der Eltern nimmt zu, je größer ihre Partizipation, d. h. ihre Einbindung, sein wird. Sind die Eltern bereits in der Planungsphase mitbeteiligt, dann wird für die Eltern die Bedeutung ihrer Mitwirkung transparenter, sie fühlen sich auch für das Gelingen in der Durchführungsphase verantwortlich. Die Eltern werden um- und weitsichtiger agieren.

- **Feedback:** Die Motivation zur Mitarbeit wird langfristig erhöht, wenn die Eltern eine angemessene Rückmeldung erfahren. Das Feedback kann von der verbalen Anerkennung, einem Helferfest bis hin zu einer Würdigung durch den Träger reichen. Die Eltern sollten erfahren, dass ihr Beitrag wahrgenommen und anerkannt wird. Diese Würdigung sollte auch anderen Eltern mitgeteilt werden (z. B. Aushang, Elternbrief), um weitere Eltern auf die Formen und Möglichkeiten der Mitarbeit in der Einrichtung aufmerksam zu machen.

- **Gruppendynamik:** Die Mitarbeit von Elterngruppen unterliegt auch gruppendynamischen Prozessen. Die Eltern erleben untereinander Solidarität, spornen sich gegenseitig an und entwickeln ein Wir-Gefühl, das auf den gemeinsamen Erfahrungen beruht, und sich in gemeinsamen Aktivitäten im Grundschulbereich fortsetzt, wie viele Eltern berichten.

Methodenauswahl zur Gestaltung der Elternarbeit

Rollenspiel

Das Rollenspiel eignet sich in der Elternarbeit zur Verdeutlichung problematischer Erziehungssituationen. Eltern können Situationen darstellen, die sie im Erziehungsalltag nicht bewältigen. Eine der vorgestellten Situationen wird mit den Eltern gemeinsam ausgewählt, um sie näher anzusehen (z. B. Aufräumen nach dem Spiel, Aggressionen nach einem verlorenen Spiel). Die Eltern schildern die Situation und charakterisieren die daran beteiligten Personen. Die anderen anwesenden Eltern übernehmen nun die verschiedenen Rollen, wobei es nicht auf eine perfekte Wiedergabe der Situation ankommt, sondern um eine Erfassung der Gesamtsituation mit all den ausgelösten Emotionen, Kognitionen und Handlungszügen. Nach dem Rollenspiel werden die Gefühle und Gedanken besprochen, die bei den rollenspielenden Eltern auftraten. Die Analyse des Rollenspiels vermittelt neue Einsichten zur Problemsituation und verdeutlicht die ausgelösten Emotionen bei den beteiligten Personen. Ursachen, auslösende Bedingungen (z. B. Anwesenheit bestimmter Personen) und unbewusste Abläufe werden durch die Besprechung des Rollenspiels klarer.

Auf dieser Grundlage können mit den Eltern dann alternative Vorgehensweisen erarbeitet werden. Vergleichbare Erfahrungen und Vorgehensweisen der beteiligten Eltern werden auch eingebracht. In weiteren Rollenspielen können die erarbeiteten Vorschläge mit den rollenspielenden Eltern reflektiert werden.

Ein Rollenspiel, das die Probleme von bestimmten Eltern in den Mittelpunkt stellt, ist nicht unproblematisch. Durch das Rollenspiel öffnen sich die Eltern vor den anderen und geben ihre Überforderung in bestimmten Situationen zu. Dies setzt ein starkes Vertrauen in die Elterngruppe und in die Kompetenz der Erzieherin voraus, die das Rollenspiel leitet.

Das Rollenspiel kann bei den Beteiligten sehr starke emotionale Reaktionen auslösen, mit denen die Leiterin professionell umgehen muss. Wenn die Erzieherin sich dieser Herausforderung nicht gewachsen fühlt, sollte sie sich bei der Analyse des Rollenspiels auf der Sachebene bewegen. Es besteht sonst die Gefahr, dass sich das Rollenspiel zur Selbsterfahrungsgruppe weiterentwickelt, die mit unabwägbaren gruppendynamischen

Prozessen verbunden ist. An dieser Stelle wird der Rahmen der Elternarbeit überschritten und das Rollenspiel bekommt therapeutischen Charakter.

Perspektivenwechsel

Um den Eltern zu verdeutlichen, dass die Situation bzw. das Problem auch anders gesehen und erlebt werden kann, ist ein Perspektivenwechsel angebracht. Durch den Perspektivenwechsel erhält man einen größeren Abstand zur Problemsituation. Neue Aspekte werden wahrgenommen und die direkte, persönliche Betroffenheit wird geringer. Lösungsmöglichkeiten werden nunmehr erkannt, die bei der eingeschränkten Wahrnehmung des Problems noch nicht sichtbar waren.

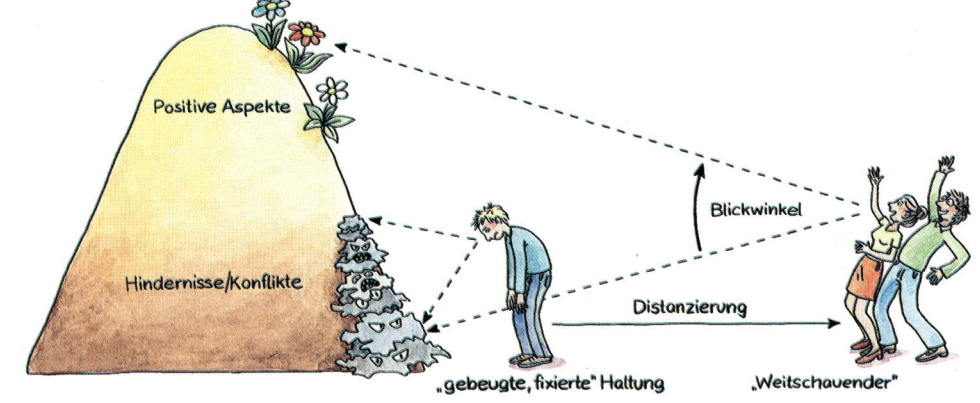

Problemberg (vgl. Möller/Laux/Deister, 1996, S. 487)

Der Perspektivenwechsel erleichtert einen Rollenwechsel, im dem sich die Eltern in die Situation einer anderen Person (z. B. Kind, anderer Elternteil) im Problemfeld versetzen: „Wenn Sie die fünfjährige Johanna wären, wie hätten Sie die Situation erlebt und was hätten Sie von der Mutter erwartet?"

Blitzlicht

Das Blitzlicht stellt eine Möglichkeit dar, schnell ein Meinungs- bzw. Stimmungsbild in der Gruppe zu erhalten. Alle Gruppenmitglieder werden aufgefordert, kurz in einem Satz die eigene Meinung zu Fragen wie: „Wie geht es mir im Augenblick?", „Was hat mir gefallen?" oder „Wie fühle ich mich?" wiederzugeben.

Zur Durchführung eines Blitzlichts sind drei Regeln zu beachten:
* jeder nimmt zur Frage kurz persönlich Stellung,
* es finden keine Diskussionen statt und
* es gibt keine Kommentare zu den Aussagen.

Die Moderatorin beginnt mit der Blitzlichtrunde, wenn sie den Eindruck hat, die Eltern sind nach einer kurzen Phase des Nachdenkens antwortbereit. Die Eltern äußern sich reihum. Die Moderatorin kann durch Blickkontakt den Ablauf nonverbal steuern, indem sie z. B. durch Blickkontakt dem gerade sprechenden Elternteil Aufmerksamkeit zukommen lässt. Wird das Blitzlicht im Verlauf der Veranstaltung mehrmals durchgeführt, dann sollten jeweils andere Eltern die Blitzlichtrunde eröffnen.

Nach dem Blitzlicht kann man die Situation der Gruppe besser einschätzen und erforderliche Maßnahmen (z. B. Änderung des geplanten Ablaufs, Vertiefung bestimmter Bereiche, Vereinbarungen zum Umgang miteinander) ergreifen. Das schnelle Gruppenfeedback stellt sicher, dass die Erzieherin Spannungen und Stimmungen in der Gruppe, Störungen, Interessen und Wünsche rechtzeitig erkennt und der weitere Ablauf im Konsens mit der Gruppe erfolgt.

Das Blitzlicht kann als Anfangsblitzlicht zu Beginn einer Veranstaltung eingesetzt werden, um die Erwartungen oder Befindlichkeiten der Eltern zu erkunden. Die Erzieherin sollte nach dem Blitzlicht auf das Meinungsbild eingehen. Treten im Verlauf der Veranstaltungen vermutete Störungen auf (z. B. aggressive Stimmung, zahlreiche Nebengespräche) kann durch ein Zwischenblitzlicht die Ursachen der Störung aufgedeckt und beseitigt werden. Es gilt die gruppendynamische Grundregel: Störungen haben Vorrang. Am Ende einer Veranstaltung bietet sich das Schlussblitzlicht an. Hier kann überprüft werden, inwieweit die am Anfang formulierten Erwartungen erfüllt wurden, welche Erkenntnisse die Eltern mitnehmen oder welche Erwartungen sie an weitere Veranstaltungen haben.

Murmelrunden
Häufig kann man erleben, dass nach einem Impuls-Referat oder Vortrag, die Anwesenden aufgefordert werden, Fragen zu stellen und niemand äußert sich. Es kommt dann zu einem betretenen Schweigen und keiner wagt sich als Eisbrecher vor. An dieser Stelle sind Murmelrunden sinnvoll. Murmelrunden geben den Eltern die Möglichkeit, sich zunächst untereinander zu verständigen und sich auszutauschen, bevor es im Plenum (z. B. Diskussion, Fragerunden) weitergeht. Murmelrunden führen nach einer Phase des passiven Aufnehmens zu einer Aktivierung der Teilnehmenden. Die Eltern kommen ins Gespräch und können z. B. feststellen, dass ihre Meinung auch von anderen geteilt wird. Danach fällt es leichter, den Dialog untereinander in das Plenum weiterzutragen.

Stimmungsbarometer
Das Stimmungsbarometer (Darstellung als Smileys oder Fieberthermometer) erfasst die Gruppensituation anhand vorgegebener Kategorien, die eine abgestufte Form der Zustimmung bzw. Ablehnung beinhalten. Im Gegensatz zum Blitzlicht bleibt jedoch unklar, was die Teilnehmer bewegt hat, ihren Punkt einer bestimmten Kategorie zuzuordnen. Als Vorteil kann gesehen werden, dass mehrmals durchgeführte Stimmungsanalysen einen Stimmungsverlauf dokumentieren.

Abschlussrunden

Eine Veranstaltung sollte mit dem Feedback der Eltern abschließen. Dazu bestehen verschiedene Möglichkeiten: In schriftlicher Form kann dies anhand einer Punktabfrage erfolgen, bei der die Eltern ihre Zufriedenheit mit einem Klebepunkt an der Flipchart markieren. Verbesserungsvorschläge können auf einer Karte notiert und der Zufriedenheitsabfrage angeheftet werden. Die sogenannte sprechende Wand besteht aus mehreren Stellwänden, an denen z. B. folgende Aussagen zu finden sind:

Die Eltern erhalten mehrere Karten, die den drei Kategorien farblich zugeordnet sind, um in einem Wort oder kurzen Satz ihre Rückmeldung zu geben. Die mündliche Auswertung kann durch ein Blitzlicht geschehen.

Wandzeitung

Die Wandzeitung ist ein einfaches Verfahren, um Gruppenergebnisse schnell zu visualisieren. Die Ergebnisse werden auf Plakaten dokumentiert und wie in einer Galerie aufgehängt. Für alle Eltern ist der Stand der Kleingruppenarbeit sichtbar und eine hohe Transparenz ist zwischen den Kleingruppen gewährleistet.

Kleingruppenarbeit

Die Arbeit in Kleingruppen schließt an eine vorangegangene Phase (z. B. Impulsreferat, Plenumsdiskussion, Rollenspiel) an und dient der Diskussion in einem kleinen Rahmen, der Sammlung von Ideen oder der Erarbeitung von Ergebnissen.

Der Erfolg der Gruppenarbeit ist von folgenden Vorgaben abhängig:
* Klare Zielsetzung
* Zeitbegrenzung
* Form und Dauer der Ergebnispräsentation

Plenumsdiskussionen

Nach der Phase der Gruppenarbeit erfolgt die Darstellung der Ergebnisse vor allen teilnehmenden Eltern im Plenum. Im Anschluss rundet eine Plenumsdiskussion die Erarbeitungsphase ab. Plenumsdiskussionen bieten sich auch nach einem Vortrag an.

Handout/Zusammenfassungen

Die Eltern sollten grundlegende Informationen, wichtige Ergebnisse, weiterführende Hinweise (z. B. Literaturlisten, Adressen von Ansprechpartnern) in schriftlicher Form erhalten, um später nachlesen bzw. nachschlagen zu können. Im Erzieherinnenteam sollte im Vorfeld von Veranstaltungen festgelegt werden, wer für die Erstellung des Handouts zuständig ist. Halten externe Referenten einen Vortrag, so sollten diese gebeten werden, eine Zusammenfassung mit weiterführenden Literaturhinweisen zu erstellen, die an die Eltern ausgehändigt werden kann.

Aufgaben

1. Eltern verhalten sich, als seien sie „Vorgeladene" und sind im Kontakt mit den Erzieherinnen wenig zugänglich. Verdeutlichen Sie mögliche Ursachen, die zu dieser Einstellung führen können und entwickeln Sie Möglichkeiten, die Kooperationsbereitschaft dieser Eltern zum Aufbau einer Erziehungspartnerschaft zu entwickeln.

2. Das Interesse an der Einrichtung steigt, wenn sich die Eltern mit der Einrichtung identifizieren und bei den Eltern durch die Elternarbeit Betroffenheit erreicht wird. Sie stellen fest, dass die Teilnahme an thematischen Elternabenden und die Mitarbeit bei der Renovierung der Kinderküche gering sind. Wie können Sie eine Motivationssteigerung bei den Eltern erreichen?

3. Sie planen in der Einrichtung die Neugestaltung des Außengeländes und erwarten von den Eltern tatkräftige Unterstützung. Erläutern Sie, wie Sie mithilfe der Prinzipien der motivierten Steuerung die Beteiligung der Eltern steigern können.

4. Einige Eltern weigern sich, an Rollenspielen mitzuwirken. Wie können Sie Eltern zum Rollenspiel heranführen?

5. Um ein Meinungs- und Stimmungsbild zu erhalten, eignen sich das Blitzlicht und das Stimmungsbarometer. Vergleichen Sie das Blitzlicht mit dem Stimmungsbarometer und stellen Sie die Vorteile der beiden Verfahren heraus.

6.2 Moderation

Die Moderation kennzeichnet eine Methode, mit der Gruppen unterstützt werden, um eine Aufgabe oder ein Problem möglichst effizient, eigenverantwortlich und störungsfrei gemeinsam zu bewältigen. Vor allem bei Aktivitäten mit Elterngruppen sind Moderations- und Visualisierungstechniken erforderlich, um die Gruppenprozesse zu optimieren. Ein zentrales Handlungsmotiv der Moderation besteht darin, die Beteiligten zu Betroffenen zu machen. Die Moderation umfasst sowohl eine bestimmte Arbeitsform als auch einen Führungsstil, der durch einen partnerschaftlichen, partizipierenden Umgang miteinander die Eltern motiviert, sich mit der Thematik zu identifizieren und gemeinsam getragene Ergebnisse zu entwickeln.

Als Moderatorinnen haben die Erzieherinnen die Aufgabe, den Gruppenprozess zu steuern und mithilfe verschiedener Moderationstechniken, die leicht lernbar sind, die Gruppe arbeitsfähig zu halten.

Aufgaben einer Moderatorin

- Hintergründe erhellen und Zusammenhänge aufzeigen

- Kommunikations- und Interaktionsprozesse steuern

- Inhalte visualisieren

- Wesentliches herausstellen

- Teil- und Endergebnisse festhalten und damit sichern

- Störungen (Konflikte, Meinungsdifferenzen) aufgreifen und beseitigen

- Gruppenprozesse thematisieren

- Gruppenmitgliedern und der Gruppe Feedback geben

- Emotionen verbalisieren

- Konsens bei Entscheidungen herstellen

- Sicherstellung des organisatorischen Rahmens (Vereinbarungen, Zeiten, Pausen) abstimmen und die Einhaltung sicherstellen

- Reflexionsphase („Manöverkritik") durchführen

(vgl. Doppler/Lauterburg, 2002)

Die Moderatorin trägt keine Verantwortung für den Inhalt bzw. das Ergebnis der Gruppe, sie ist lediglich Prozessbegleiterin. Eine Moderation von Gruppenveranstaltungen ist aus zwei zentralen Gründen sinnvoll und notwendig:

Eine Moderation stellt sicher, dass die Erfahrungen möglichst vieler Eltern berücksichtigt werden. Mit Hilfe der Moderationstechniken kann der Beteiligungsgrad der Eltern erhöht und der Erfahrungsaustausch optimiert werden.

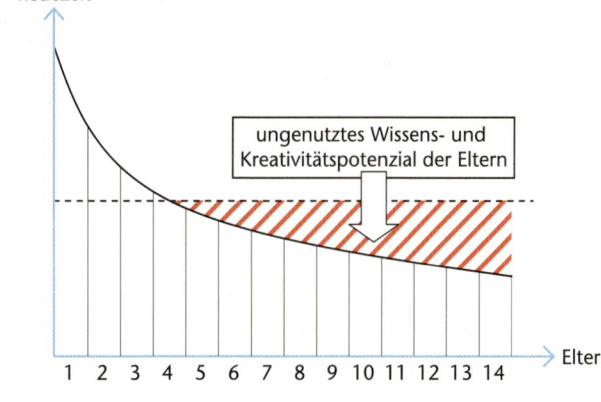

Eine Moderation verhindert Monotonie im Ablauf, die Dominanz einzelner Personen (Monologe) und die Mitwirkung aller Eltern. Ein lebendiges Miteinander wird durch die Moderation sichergestellt.

(vgl. Frien/Dittmar, 2011, S. 10)

Co-Moderation

Zu einer Entlastung der Moderatorin kann der Einsatz einer Co-Moderatorin führen. Die Co-Moderation kann aber nur dann gelingen, wenn beiden Moderatorinnen sich gut absprechen.

Thomas Hilsenbeck (2012) empfiehlt eine Aufteilung der Moderation bezüglich folgender Aspekte:

Sachebene		Prozessebene
Sachkenntnis zum Thematik: Steuerung der inhaltlichen Abläufe	⇔	Beobachtung des Gruppengeschehens Steuerung von gruppendynamischen Prozessen
Individuum		**Gruppe**
Beachtung des Einzelnen in Beteiligung, erkennbare Emotionen	⇔	Interaktionen, Stimmungen, Unruhe in der Gruppe im Blickwinkel
Strukturierung		**Improvisation**
Beachtung des geplanten Ablaufs und der Zeitplanung	⇔	Flexibles Eingehen auf Elternwünsche Veränderungen in der Planung
aktiver Part		**passiver Part**
Aktiv den Ablauf und das Geschehen in allen Phasen beeinflussen	⇔	Beobachterposition Im Hintergrund das Heft in der Hand halten
Ziel-/Aufgabenorientierung		**soziale Orientierung**
Das Ziel nicht aus den Augen verlieren Aufgabenbezogener Einsatz der Moderationswerkzeuge	⇔	Die Teilnehmer nicht aus dem Auge verlieren Sicherstellung einer positiven Arbeitsatmosphäre und Teilnehmerzufriedenheit
kognitive Steuerung		**emotionale Steuerung**
Erfassung von Diskussions- und Lerninhalten	⇔	Emotionale Beteiligung

(vgl. Hilsenbeck, 2012, S. 31)

6.2.1 Moderationsphasen

Die Moderation umfasst in der Regel sechs Phasen (siehe auch Stürmer, 2001), die Seifert (2001) als Moderationszyklus bezeichnet:

(1) Einstieg: Beziehungen aufbauen

Die Moderatorin setzt den Gruppenprozess in Gang und sorgt für ein positives Arbeitsklima. In der Einstiegsphase lernen sich die Eltern kennen, es werden Erwartungen erfragt, Ziele entwickelt, Rahmenbedingungen (Zeit, Ressourcen) abgeklärt und die Vorgehensweise festgelegt.

Moderationswerkzeuge in dieser Phase sind z. B. Kennenlern-Spiele, Erwartungsabfragen, Steckbrief, Paar-Interview.

Wenn eine stabile Beziehungsebene hergestellt wird, dann fällt das inhaltliche Arbeiten leichter.

(2) Ablaufplanung/Transparenz

Die Eltern müssen Klarheit über die Rahmenbedingungen und den Ablauf erhalten. Die Moderatorin stellt die Ziele, ihr Vorgehen und die Bedeutung der Mitverantwortung der Eltern für den Erfolg heraus. Dadurch entsteht Transparenz und mögliche Ängste der Eltern werden vermindert. Die Besprechungsregeln werden von der Moderatorin allen Eltern verdeutlicht.

Moderationswerkzeuge in dieser zweiten Phase sind Flipchart oder Pinnwand, die den Ablauf der Veranstaltung kenntlich machen. Zurufliste oder Kartenabfrage dienen zur Erarbeitung von gemeinsamen Regeln.

(3) Themenauswahl

Mit den Eltern wird das Thema, das z. B. beim Gesprächskreis bearbeitet werden soll, gemeinsam festgelegt.

Als Moderationswerkzeuge zur Themenauswahl kommen Brainstorming, Kartenabfrage oder die Zurufliste in Betracht. Mithilfe des Brainstormings werden zunächst alle Vorschläge (möglichst vielfältig und unterschiedlich) unkommentiert gesammelt, die z. B. an der Pinnwand visualisiert oder mittels Kartenabfrage erfasst und strukturiert werden können. Die Themen werden nach Kriterien, die von der Gruppe definiert werden, bewertet und gewichtet. Danach wird eine Themenabfolge festgelegt. Moderationswerkzeuge zur Auswahl sind Ein- oder Mehr-Punkt-Abfrage oder die Entscheidungsmatrix.

(4) Themenbearbeitung

In dieser Phase können die Eltern ihr Wissen, ihre Erfahrungen und Meinungen einbringen. Die Bearbeitung besteht in der Regel aus der Phase der Informationssammlung und der darauf folgenden Phase der Informationsbewertung. Die Gruppe bearbeitet das ausgewählte Thema z. B. arbeitsteilig, indem Untergruppen gebildet werden. Die Gruppenergebnisse, die von allen mitgetragen werden, sind zu notieren.

Die Moderatorin kann als Moderationswerkzeuge die Kartenabfrage, das Clustern, die Mehr-Felder-Tafeln zur Strukturierung von Aufgaben oder das Problem-Analyse-Schema einsetzen.

(5) Maßnahmenplanung

Aus den Gruppenergebnissen werden ggf. Maßnahmen abgeleitet. Es gilt, die Erkenntnisse umzusetzen, die bei der Themenbearbeitung gewonnen wurden. Dabei ist festzulegen, wer für die Umsetzung der Maßnahme verantwortlich ist und bis wann die Maßnahme abgeschlossen sein sollte. Ein Maßnahmenplan, der von allen Eltern mitgetragen wird, sollte erstellt werden. Moderationswerkzeuge in dieser Phase sind der Maßnahmenplan oder Vereinbarungen.

(6) Abschluss und Reflexion

Zum Abschluss wird überprüft, inwieweit die Erwartungen der Eltern erfüllt wurden, wie sie den Verlauf der Veranstaltung erlebten und wie zufrieden sie mit den Ergebnissen sind.

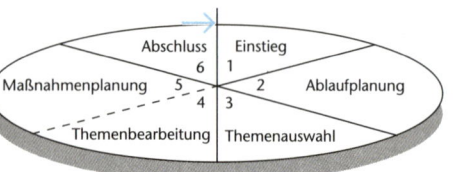

Moderationszyklus nach Seifert (2001, S. 98)

Moderationswerkzeuge zur Reflexion sind das Stimmungsbarometer, das Blitzlicht, die Bewertungsmatrix oder Feedbackbögen.

Es empfiehlt sich, für jede Veranstaltung einen Moderationsplan zu erstellen.

Zur verantwortungsvollen und sicheren Moderation sollte die Erzieherin über folgendes Wissen verfügen:
- Welche Moderationstechniken sind in welchen Situationen sinnvoll und zielführend?
- Wie erkenne und steuere ich Gruppenprozesse?
- Wie gehe ich mit schwierigen Situationen um?
- Wie setze ich die Moderationswerkzeuge ein?

(vgl. Seifert, 2001)

6.2.2 Rolle der Moderatorin und Kompetenzen

Nach Seifert (1995) und Gamber (1996) nimmt die Erzieherin als Moderatorin die Rolle des „neutralen Dritten" ein und wirkt vermittelnd, unterstützend, anregend. Diese neutrale Haltung kann dann verwirklicht werden, wenn die Moderatorin keine eigenen Interessen verfolgt. Die Moderatorin versteht sich als Dienstleisterin der Gruppe. Die Wirkung der Moderatorin besteht sowohl auf der Beziehungsebene als auch auf der Sachebene.

Kompetenzen

Zur Erfüllung dieser Aufgaben benötigt die Moderatorin Sozial- und Methodenkompetenzen, die in der Prozesskompetenz des Moderators zum Ausdruck kommen.

Sozialkompetenz

Die Sozialkompetenz wird im Kommunikationsverhalten der Moderatorin sichtbar. Sie muss zuhören und mit anderen Menschen wertschätzend umgehen können. Ihre Team-, Kritik- und Konfliktfähigkeit wird in der Moderatorenfunktion im besonderen Maße eingefordert.

Methodenkompetenz

Die Methodenkompetenz zeigt sich z. B. bei der Vereinbarung von Zielen, im Zeitmanagement, im strukturierten Vorgehen, im Umgang mit Konflikten, bei der Durchführung von Veränderungsprozessen oder in der Vielfalt von Moderationstechniken, die zielführend einsetzt werden.

Prozesskompetenz

Die Prozesskompetenz bestimmt im Wesentlichen den Erfolg der Moderatorin, die in der Lage sein muss, Gruppenprozesse in Gang zu setzen und in Gang zu halten. Prozesse können durch methodische Mängel (wie ungenügende Zeitplanung, ungeschickte Fragestellungen, fehlende Zielausrichtung) und durch teilnehmerbezogene Probleme (z. B. Antipathie, Kommunikationsdefizite, persönliche Konflikte) gestört werden. Die Moderatorin muss über Techniken verfügen, um Prozessprobleme zu überwinden, damit die Gruppe effektiv arbeitet.

Fachkompetenz

Fachkompetenz ist für die Moderatorin nur im begrenzten Umfang erforderlich. Sie sollte zwar im Themenbereich über Grundkenntnisse verfügen (Fachbegriffe, Zusammenhänge), aber sie muss keine Fachfrau sein, da sie sich nicht inhaltlich an der Bearbeitung der Aufgabenstellung beteiligt.

Moderatorinnenrolle

Die Rolle der Erzieherin als Moderatorin umfasst nach Bernitzke (2009) folgende Merkmale:

Die Moderatorin …

- handelt unauffällig, unaufdringlich, indirekt und bleibt im Hintergrund. So werden z. B. Diskussionen angestoßen und Eltern zum Mitwirken motiviert. Die Moderatorin sollte alle Eltern zu Beteiligten machen.

- hält den Ideenfluss in Gang. Dabei ermuntert sie alle zum Mitmachen. Sie bremst die Vielredner und aktiviert die Schweigenden und Zurückhaltenden.

- verfügt zwar über Informationen zum Thema, um die Beiträge verstehen und einordnen zu können, ist aber keine ausgewiesene Fachfrau: Sie verhält sich inhaltlich neutral. Die Beiträge der Eltern werden von der Moderatorin nicht bewertet oder kommentiert.

- ist eine Methoden-Expertin („Facilitator", Förderer, Unterstützer) und für die Prozesssteuerung und die Gestaltung der Rahmenbedingungen verantwortlich.

- achtet auf die klare Trennung zwischen Kreativ- und Bewertungsphasen.

- visualisiert die Diskussionsbeiträge und sorgt für eine klare, strukturierte Darstellung.

- nimmt gruppendynamische Prozesse sensibel wahr und reagiert rechtzeitig auf Unzufriedenheit, aufkeimende Konflikte, Ermüdung, Langeweile.

- hat Humor und akzeptiert die Gefühle der Eltern.

- vermittelt den Eltern Erfolgserlebnisse und verdeutlicht den Entwicklungsprozess.

- geht wertschätzend mit den Eltern um, indem sie die Beiträge aller Anwesenden angemessen würdigt, die Eltern ernst nimmt und deren Beiträge berücksichtigt.

- vermeidet Interpretationen und Kommentare zu Elternäußerungen.

- holt sich zum Schluss ein Feedback zu ihrer Moderation.

- hat den Eltern gegenüber eine Prozessverantwortung. Sperling u. a. (2004, S. 19 f.) bezeichnen die Moderatorin als „Anwalt des Ziels".

(vgl. Bernitzke, 2009, S. 113 f.)

Die erforderliche Einflussnahme der Moderation ist vom „Reifegrad" der Gruppe abhängig. Bei unerfahrenen Gruppen ist die Steuerung durch die Moderatorin stärker erforderlich, bei Gruppen, die sich häufiger treffen und sich bereits gut kennen (z. B. Elterngesprächskreise), kann sich die Moderatorin zurücknehmen.

6.2.3 Moderationstechniken

Ein wichtiger Bestandteil für den Erfolg der Moderation besteht in der Visualisierung des Moderationsprozesses. Mithilfe von Plakaten und Pinnwänden sind die Gruppenergebnisse zu dokumentieren und für die Eltern sichtbar im Raum zu platzieren. Die Teilnehmer können sich somit Zwischenergebnisse und den Fortschritt bewusst machen. Gerade die visuelle Darstellung erleichtert die Speicherung der Ergebnisse.

Zur Visualisierung sollten die erforderlichen Moderationsmaterialien bereitgehalten werden, wie sie z. B. in den Moderatorenkoffern/-sets bereits zusammengestellt sind.

Kartenabfrage

Zielsetzung
Die Kartenabfrage ist eine grundlegende
Methode der Visualisierung, um Ideen,
Themen oder Fragen zu sammeln und zu
strukturieren. Dieses Verfahren ist für eine
Gruppengröße bis zu dreißig Eltern geeignet.

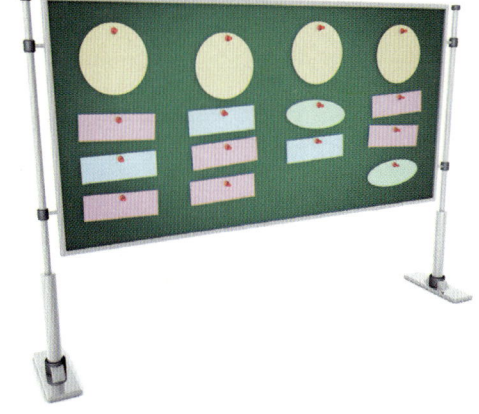

Die Methode der Kartenabfrage bietet sich
für folgende Aufgabenstellungen an:
* Abklärung von Elternerwartungen
* Meinungsbild
* Themenspeicher
* Erfahrungsaustausch
* Informationssammlung

Die Moderatorin benötigt für die Kartenabfrage (für alle anwesenden Eltern): Packpapier,
hellfarbige Moderationskarten (Größe 21 x 10 cm), verschiedenfarbige Filzstifte in unterschiedlicher Stärke, Pinnwände, Klebepunkte sowie Stecknadeln, Scheren, Klebstifte und
Klebeband.

Regeln
Die Eltern erhalten die Anweisung, auf eine Karte jeweils einen Gedanken zur Aufgabenstellung zu formulieren. Die Fragestellung muss allen klar sein und sollte auf der Pinnwand notiert werden. Die Teilnehmer erhalten mehrere Moderationskarten und Filzstifte,
um ihre Ideen zu notieren. Dabei sollten sie möglichst in Druckbuchstaben und großer,
deutlicher Schrift auf die Moderationskarten schreiben. Die Gedanken sind kurz und
schlagwortartig zu kennzeichnen. Zur optischen Gliederung und Strukturierung kann die
Moderatorin verschiedene Formen (z. B. für Überschriften) und Farben (z. B. verschiedene Gesichtspunkte) einsetzen. Bei großen Gruppen sollte die Zahl der ausgegebenen
Karten begrenzt werden, da die Gefahr besteht, dass die Auswertung bei einer zu großen
Anzahl von Karten sehr zeitaufwendig und schnell unübersichtlich wird.

Zeitplanung
Eine Kartenabfrage kann bis zu einer Stunde dauern. Für die verschiedenen Phasen ist
erfahrungsgemäß folgender Zeitaufwand einzuplanen:
* Erklärung des Verfahrens: ca. 5 Min.
* Karten schreiben: ca. 10 Min.
* Karten besprechen und sortieren: ca. 15 bis 30 Min.
* Ergebnis bewerten: ca. 10 Min.

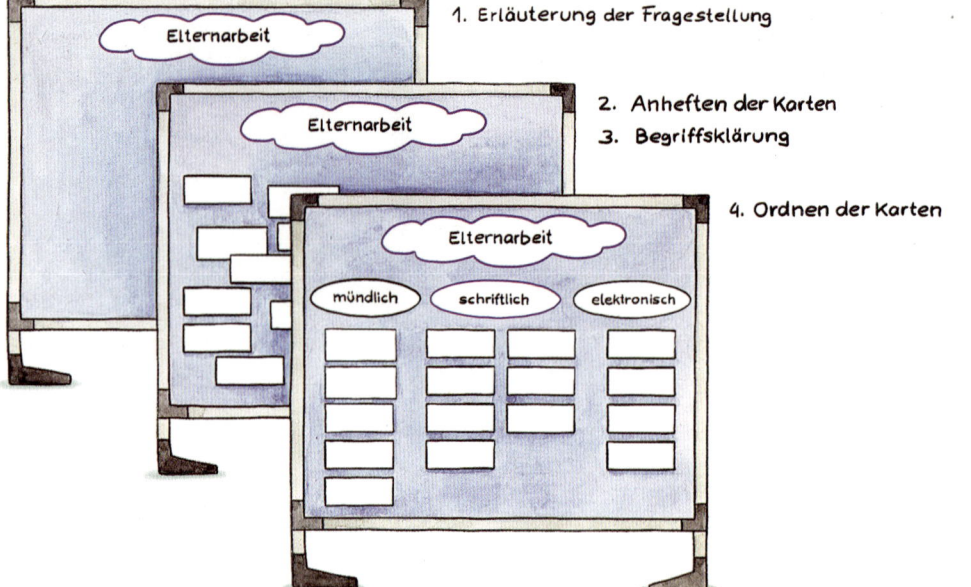

1. Erläuterung der Fragestellung

2. Anheften der Karten

3. Begriffsklärung

4. Ordnen der Karten

Auswertungsschritte

Die Auswertung erfolgt an der Pinnwand. Lipp und Will (2004) schlagen ein Vorgehen in vier Schritten vor:

1. Fragestellung wird umfassend erläutert (z. B. Schriftgröße, nur eine Idee, Musterkarte …) und Unklarheiten werden beseitigt.

2. Alle Karten werden zunächst ungeordnet von den Eltern an die erste Pinnwand geheftet.

3. In der dritten Phase lesen sich die Eltern die angehefteten Karten durch und haben die Möglichkeit, bei Unklarheiten (z. B. Abkürzungen, fehlender Bezug …) nachzufragen.

4. Zum Schluss werden die Karten gemeinsam mit den Eltern an einer zweiten Pinnwand geordnet.

(vgl. Lipp/Will, 2004, S. 76)

Dabei werden die Karten inhaltlich strukturiert und zusammenhängende Bereiche von oben nach unten säulenartig angeheftet.

Wichtig: Die Kärtchen werden nicht inhaltlich bewertet! Jeder Beitrag ist gleich wichtig und sollte nicht durch Kommentare auf- oder abgewertet werden. Inhaltsgleiche Karten werden nebeneinander angeheftet. Am Ende des Ordnens steht die Benennung der geclusterten Bereiche. Die Auswertung sollte rasch erfolgen, um Langeweile und Ermüdungseffekte zu vermeiden.

Folgende Regeln sollten beim Ordnen beachtet werden:

• Die Eltern und nicht die Moderatorin legen die Struktur fest.

• Bei Unklarheiten entscheidet der Verfasser der Karte über die Zuordnung.

- Mehrere inhaltsgleiche Aussagen werden untereinander und nicht übereinander angeheftet. Die Häufigkeit gibt Hinweise auf die Bedeutsamkeit des Aspekts;

- Alle Karten werden an der Pinnwand berücksichtigt.

(vgl. Lipp/Will, 2004, S. 78)

Auswertungsalternativen

Zur Auswertung bieten sich folgende Varianten an:

- **Anonyme Auswertung:** bei heikleren Fragestellungen ist ein anonymes Vorgehen angebracht, um zu erreichen, dass sich möglichst viele Eltern äußern. Die Moderatorin sammelt die ausgefüllten Karten der Eltern verdeckt ein. Gibt es mehrere Moderatorinnen, ist folgende Aufgabenverteilung sinnvoll: Nachdem eine Moderatorin die Karte mit den Eltern besprochen hat, heftet eine zweite Moderatorin das Kärtchen an die Pinnwand. Die Moderatorin liest das Kärtchen vor und ordnet mithilfe der Eltern die Kärtchen nach Gemeinsamkeiten oder Ähnlichkeiten. Sinngleiche Kärtchen werden nebeneinander angepinnt.

- **Offene Auswertung:** Bei einer kleinen Elterngruppe (bis zu zehn Personen), ist auch eine offene Auswertung möglich. Die Teilnehmer stehen mit ihren Kärtchen im Halbkreis vor der Pinnwand. Jeder Teilnehmer erläutert kurz das Kärtchen und geht auf Anregungen der anderen Eltern ein, bevor er das Kärtchen anheftet.
Die Ergebnisse werden an der Pinnwand festgehalten. Wenn auf der Pinnwand als Unterlage ein Bogen Packpapier angebracht wird, dann können die Karten festgeklebt werden und das Ergebnis damit sichern. Zudem können auf dem Packpapierbogen erläuternde Texte und Symbole wie Pfeile hinzugefügt werden. Das Ergebnis der Kartenabfrage sollte im Raum aufgehängt werden, so dass den Eltern das Ergebnis präsent bleibt. Alternativ können die Ergebnisse der Kartenabfrage abfotografiert und später dem Ergebnisprotokoll beigefügt werden.

- **Rosinenpicken:** Soll auf das zeitaufwendige Ordnen verzichtet werden, schlagen Lipp und Will (2004) das Rosinenpicken vor. Wenn alle Unklarheiten zu den Kartenaussagen beseitigt sind, dann können die Eltern aufgefordert werden, die Karten zu benennen, die es wert sind, dass sich die Gruppe intensiver damit beschäftigt. Die ausgewählten Karten werden auf eine weitere Pinnwand geheftet.

(vgl. Will/Lipp, 2004, S. 79 f.)

Bewertung des Vorgehens

Die Kartenabfrage ist ein effektives Verfahren, mit dem in relativ kurzer Zeit Gruppenergebnisse gewonnen und ausgewertet werden können. Alle Eltern sind aktiv in die Arbeit eingebunden und erfahren, dass jede Nennung für die Eltern bedeutsam ist. Dies wirkt auf die Eltern motivierend. Ängste, z. B. vor der Gruppe sprechen zu müssen, entfallen bei der anonymen Auswertung. Die Möglichkeit, das Ergebnis als Plakat im Raum zu platzieren, verdeutlicht den Eltern den Arbeitsprozess und die Arbeitsergebnisse. Alle Eltern erhalten einen schnellen Überblick über den bisherigen Stand der Arbeit.

Bei großen Gruppen besteht die Gefahr, dass die Auswertung zu langwierig und die Besprechung der Ergebnisse in der Gruppe zu zeitaufwendig werden. Die Moderatorin sollte dann kleine Untergruppen bilden, die gemeinsam Karten ausfüllen. Die Kleingruppenarbeit führt in der Regel zu einer Qualitätssteigerung bei den Ergebnissen.

Ungeübte Eltern haben bisweilen Schwierigkeiten, ihre Anregungen prägnant in wenigen Stichwörtern zusammen zu fassen. Als Nachteil kann gesehen werden, dass sehr viel Zeit auf die Sammlung von Vorschlägen verwendet wird, aber letztendlich nur wenige Ideen weiter verfolgt werden.

Ein-Punkt-/Mehr-Punkt-Abfrage

Punktabfragen werden in der Moderation eingesetzt, um Transparenz herzustellen oder um Entscheidungen herbeizuführen.

Zielsetzung

Die Eltern sind gezwungen, durch die Punktvergabe einen Standpunkt zu beziehen. So kann z. B. Transparenz über den Verlauf eines Elternabends geschaffen werden, wenn die Eltern am Ende der Veranstaltung ihre Zufriedenheit kundtun. Sind in der Elterngruppe Entscheidungen zu fällen, z. B. welche Themen weiter bearbeitet werden sollen oder wie weiter vorzugehen ist, so kann mithilfe der Punktabfrage recht schnell ein klares Meinungsbild als Entscheidungsgrundlage erstellt werden. Auf der Basis der Punktabfrage können Diskussionen ausgelöst werden.

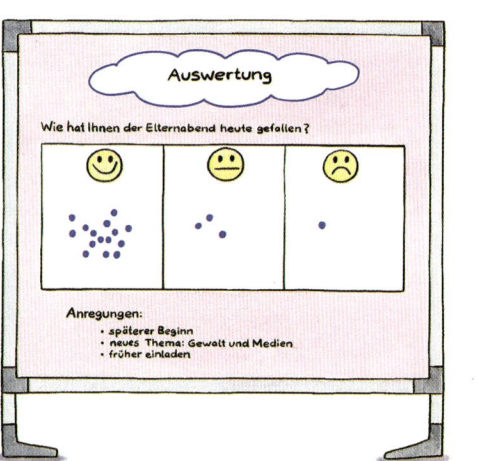

Ablauf

Die Moderatorin bereitet eine Punktabfrage vor, indem sie die Frage und die Wahlmöglichkeiten an der Pinnwand oder Flip-Chart visualisiert. Als Überschrift wird die Frage oder Aussage angeschrieben. Die Moderatorin erläutert kurz die Frage/Aussage und liest die Aufgabenstellung vor.

Jedes Gruppenmitglied erhält einen Klebepunkt, mit dem die Person ihr Votum abgeben kann. Die Eltern sollten möglichst gleichzeitig punkten, um eine gegenseitige Einflussnahme zu vermeiden.

Stehen mehrere Alternativen zur Auswahl (z. B. Themen für die nächsten Sitzungen), dann kann auf die Mehr-Punkt-Abfrage zurückgegriffen werden. Die Anzahl der Punkte pro Elternteil richtet sich nach der Anzahl der Alternativen. Es wird empfohlen, dass die Anzahl der Klebepunkte maximal der Hälfte der zur Wahl stehenden Alternativen entsprechen sollte. So kann z. B. bei sieben Wahlmöglichkeiten jedes Gruppenmitglied drei Punkte vergeben. Die maximale Punktzahl, die das Gruppenmitglied für eine Alternative einsetzen darf, ist zu begrenzen. In der Regel sollten die Eltern für jede Wahlmöglichkeit maximal zwei Punkte vergeben können.

Die Moderatorin bespricht mit den Eltern das Ergebnis.

Seifert (1995) bietet zwei weitere Auswertungsmöglichkeiten an: Die Eltern kommentieren das Ergebnis bzw. jeder Teilnehmer erläutert kurz sein Votum.

Die Punktabfragen stellen ein ökonomisches Verfahren dar, um in der Elterngruppe mit geringem Aufwand in kurzer Zeit zu einem klaren Meinungsbild zu gelangen. Das Verfahren ist in allen Phasen des Moderationsprozesses einsetzbar.

Clustern

Zielsetzung
Durch das Clustern sollen die Antworten sinnvoll strukturiert und identische Antworten zusammengeführt werden.

Ablauf
Auch beim Clustern gilt der Grundsatz: Alle Antworten sind gleich wichtig. Das Clustern dient lediglich der Strukturierung und führt noch nicht zu einer inhaltlichen Diskussion. Das Clustern kann sowohl aus der Hand als auch an der Pinnwand erfolgen.

Aufgaben der Moderatorin beim Clustern aus der Hand:

- Die Moderatorin liest die Karten einzeln nacheinander vor.
- Die Eltern entscheiden über die Zuordnung der Karte.
- Im Zweifelsfall entscheidet der Autor über die Zuordnung der Karte.

Aufgaben der Moderatorin beim Clustern an der Pinnwand:

- Nachdem die Eltern ihre Karten (mehr oder weniger strukturiert) an die Pinnwand aufgehängt haben, beginnt die Moderatorin, mit den Eltern die Antworten zu strukturieren.
- Die Karten werden vorgelesen und strukturiert. Inhaltlich gleiche Antworten werden zusammengeführt.
- Nach dem Clustern können Überschriften bzw. Kategorien mit den Eltern gesucht werden, um die Struktur der Antworten zu verdeutlichen.

Mehrfeldertafeln

In der Moderation werden zur Bearbeitung komplexer Fragestellungen sogenannte Mehrfeldertafeln eingesetzt.

Zielsetzung
Eine Thematik wird strukturiert und systematisch mit der Gruppe bearbeitet. Unter-schiedliche Perspektiven, zeitliche Abfolgen, logische Strukturen können zur Bildung der verschiedenen Felder herangezogen werden. Das vorgegebene Fadenkreuz als Strukturierungshilfe ermöglicht eine schnelle Orientierung und fördert das systematische Vorgehen.

Ablauf

Das Thema wird mit den Eltern unter verschiedenen Blickwinkeln (pro und kontra, Vor- und Nachteile usw.) differenziert analysiert, so dass Entscheidungsprozesse vorbereitet und Lösungsansätze deutlich werden.

Die Moderatorin erläutert den Eltern die Zielsetzung, die mit der Einteilung der Mehrfeldertafel verbunden ist, und verdeutlicht die Fragestellungen der verschiedenen Felder. Es muss sichergestellt sein, dass die Fragestellungen von allen Eltern in gleicher Weise verstanden werden. Die Eltern bearbeiten die Mehrfeldertafel in Gruppen. Dabei sollten möglichst konkrete Aussagen formuliert werden.

Im Plenum werden die Ergebnisse der Elterngruppen ausgewertet. Jede Fragestellung wird getrennt bearbeitet. Durch Zuruf werden von einer der Moderatorinnen die Ergebnisse auf dem Plakat festgehalten. Nach der Dokumentationsphase werden die Gruppenergebnisse im Plenum reflektiert und das weitere Vorgehen festgelegt.

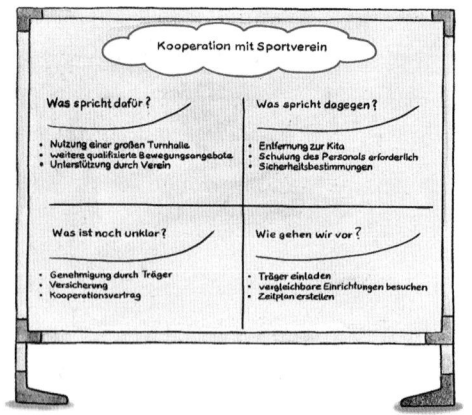

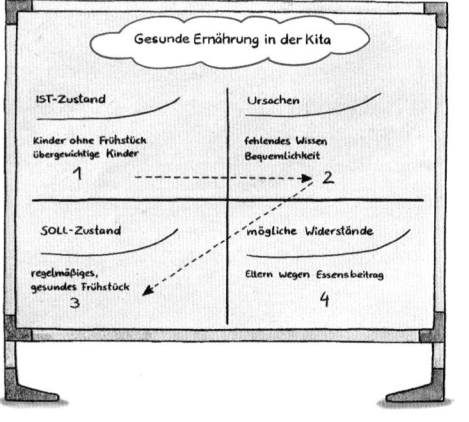

Die Mehrfelder-Tafeln sind besonders für die Kleingruppenarbeit geeignet. Die Eltern setzen sich strukturiert in kurzer Zeit mit einer neuen Thematik auseinander. Die vorgegebene Struktur erleichtert die Auswertung der Gruppenergebnisse, da alle an den gleichen Fragestellungen arbeiten. Entscheidend für die Qualität der Ergebnisse und die Effizienz der Gruppenarbeit sind die Auswahl und die Formulierung der ausgewählten Aspekte, die den verschiedenen Feldern zugeordnet sind.

Themenspeicher

Zielsetzung

Zur Sammlung von Vorschlägen der Eltern bietet sich der Themenspeicher an, um den Überblick zu behalten und Transparenz beim weiteren Vorgehen herzustellen.

Ablauf

Die Moderatorin sammelt mittels Kartenabfrage oder auf Zuruf die Themen, die in der Gruppe besprochen werden sollen. Durch eine Punktabfrage werden die Prioritäten und damit die Reihenfolge ermittelt, in der die Themen abgearbeitet werden. Das Plakat verdeutlicht im Verlauf der Veranstaltung den Bearbeitungsstand. Können aus Zeitgründen nicht alle Themen bearbeitet werden, dann kann anhand des Themenspeichers mit der Elterngruppe abgeklärt werden, wie mit den offenen Themen umgegangen werden soll. In der Gruppe ist Konsens über das Vorgehen herzustellen, um die weitere Mitarbeit aller Teilnehmer sicherzustellen und Frustrationen über die Nichtbeachtung von Vorschlägen zu vermeiden.

<table>
<tr><td colspan="3">Thematischer Elternabend</td></tr>
<tr><td>Themen</td><td></td><td>Rang</td></tr>
<tr><td>neue Bilderbücher</td><td></td><td>5</td></tr>
<tr><td>Übergang Grundschule</td><td></td><td>1</td></tr>
<tr><td>Angst</td><td></td><td>3</td></tr>
<tr><td>Freundschaften</td><td></td><td>6</td></tr>
<tr><td>Fremdsprache in Kita</td><td></td><td>4</td></tr>
<tr><td>Computerspiele</td><td></td><td>2</td></tr>
</table>

Zurufliste

Zielsetzung
Die Zurufliste erlaubt, in kurzer Zeit eine Vielzahl von Erfahrungen, Ideen, Vorschlägen der Eltern zusammenzutragen. Das Verfahren bietet sich auch an, wenn Eltern die deutsche Schriftsprache nur unzureichend beherrschen und sich deshalb an Kartenabfragen nicht beteiligen.

Ablauf
Die Moderatorin umreißt das Thema und hält die Fragestellung auf der Flipchart bzw. Pinnwand fest. Bis zu zwei Eltern unterstützen als schreibende Helfer die Moderatorin beim Notieren der Vorschläge. Die Moderatorin erläutert das Vorgehen: Zurufe können ohne Wortmeldung erfolgen. Diskussionen und Rückfragen werden erst nach Abschluss der Ideensammelphase zugelassen. Nach kurzer Bedenkzeit gibt die Moderatorin das Startsignal. Die Helfer an der Flipchart hal-

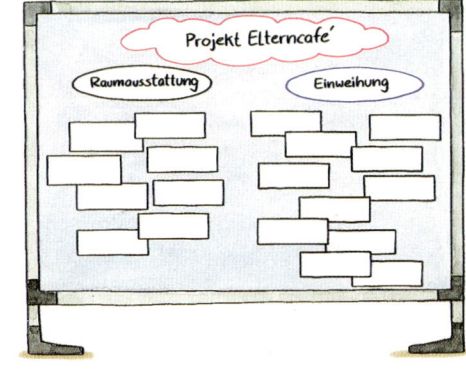

ten die Äußerungen gut lesbar fest. In dieser Phase muss die Moderatorin darauf achten, dass kein Zuruf überhört wird. Erfolgen keine Zurufe mehr, dann werden mögliche Unklarheiten bezüglich der Zurufe angesprochen.
(vgl. Lipp/Will, 2004, S. 89)

Im Durchschnitt beträgt der zeitliche Aufwand bei der Erstellung der Zurufliste etwa zehn Minuten. Dieses Verfahren regt die Eltern untereinander zur Entwicklung neuer Ideen an. Es besteht dabei aber die Gefahr, dass einzelne Eltern dominieren.

Probleme können beim Sortieren der Ideen auftauchen. Sind im Vorfeld Kategorien bildbar (z. B. Vor- und Nachteile, Möglichkeiten und Grenzen, pro und contra), dann können diese Kategorien als Strukturierungshilfe bereits auf der Flipchart notiert werden. Das nachfolgende Sortieren kann zudem erleichtert werden, wenn die Zurufe auf Karten festgehalten werden. Das Clustern entspricht dann dem Vorgehen der Kartenabfrage (siehe 4. Phase). Ein weiterer Nachteil wird in der fehlenden Anonymität der Nennungen gesehen (vgl. Briegel, 2002).

Brainstorming

Das Brainstorming stellt die bekannteste Kreativitätstechnik dar. In kurzer Zeit erfolgt auf mündlichem Weg eine schnelle Sammlung von Ideen.

Zielsetzung

Die Ideensammlung zu einer bestimmten Fragestellung erfolgt mündlich durch Zuruf und Mitschrift an der Flipchart. Der Prozess der Ideensammlung soll frei von Einschränkungen und Vorgaben erfolgen, um möglichst viele Ideen zu generieren. Kommentare oder Bewertungen sind in dieser Phase der Sammlung kontraproduktiv. Bereits bekannte Ideen können von anderen Personen aufgegriffen und weiterentwickelt werden. Innerhalb von 10 bis 30 Minuten werden beim Brainstorming recht schnell kreative und ungewöhnliche Lösungsalternativen entwickelt.

Ablauf

Das Problem wird definiert und für alle sichtbar an der Flipchart festgehalten. Mit den Teilnehmern werden die Spielregeln besprochen und deren strikte Einhaltung eingefordert:
- Keine Kritik an Ideen und Vorschlägen
- Freie Äußerung aller Gedanken, auch wenn sie (zunächst) abwegig erscheinen
- Quantität geht vor Qualität: Ziel ist, eine Vielzahl von Ideen zu erhalten
- Ideen anderer Teilnehmer können aufgegriffen werden

Nach der Phase der Ideensammlung werden die Ideen geordnet und auf ihre Verwendbarkeit hin überprüft. In den ersten Minuten werden zunächst spontan nicht immer themenbezogene Ideen abgeladen. Im Anschluss an diese Phase erfolgt eine themenbezogene Neuorientierung, in der die meisten Ideen entwickelt werden. In der letzten Hälfte des Brainstormings werden über 70 Prozent der guten

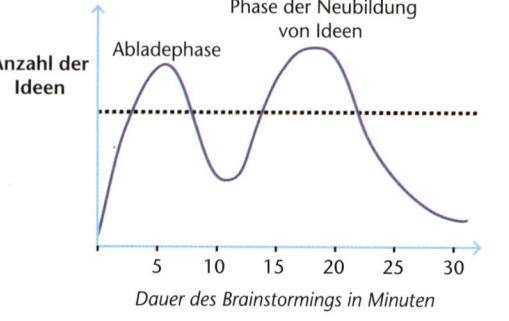

Ideen produziert (vgl. Gamber, 1966, S. 88). Eine Ausdehnung des Brainstormings über 30 Minuten ist nicht effektiv.

Paradoxes Brainstorming

Sollte die vorangegangene Methode nicht zu den gewünschten kreativen Ergebnissen führen, kann das sogenannte paradoxe Brainstorming (vgl. Sperling, 2004, S. 155) eingesetzt werden, das zu einem Perspektivenwechsel führt. Die Teilnehmer werden aufgefordert, Ideen zum Gegenteil zu suchen, um einen anderen Zugang zur Problemlösung zu finden („Was erschwert eine Problemlösung?").

Wenn die Sammlung der Ideen abgeschlossen ist, erfolgt die Bewertungsphase, in der die Vorschläge unter verschiedenen Gesichtspunkten (z. B. Umsetzbarkeit, Wirksamkeit, Erfahrungen) diskutiert werden.

Aufgaben der Moderatorin

Die Moderatorin …

- initiiert den Prozess, indem sie die Frage bzw. das Problem als Impuls in die Gruppe gibt.

- erläutert das Vorgehen und achtet auf die Einhaltung der Vorgaben (z. B. keine Kommentare und Bewertungen).

- notiert auf Zuruf die Vorschläge an der Flipchart.

Brainwriting

In der Intention und Vorgehensweise entspricht das Brainwriting weitgehend dem Brainstorming. Der Unterschied liegt in der Dokumentation der Ideen.

Ablauf

Beim Brainwriting notieren die Teilnehmer ihre Ideen auf Karten oder ein Blatt Papier und legen ihre Ergebnisse nach und nach auf den Tisch bzw. befestigen diese an der Pinnwand. Die neuen Ideen können von den anderen Teilnehmern aufgegriffen und erweitert werden. Es entwickeln sich Ideenketten. Im Gegensatz zum Brainstorming, das eine offene Äußerung in der Gruppe erfordert, werden beim Brainwriting auch zurückhaltende Teilnehmer aktiviert und in den Ideensammlungsprozess integriert.

Aufgaben der Moderatorin:

- Wie beim Brainstorming gibt sie die Frage bzw. das Problem als Impuls in die Gruppe und verdeutlicht das Vorgehen und

- sie organisiert die Weitergabe der schriftlich fixierten Ideen an die Nachbarn bzw. das Anheften der Ideenkarten an die Pinnwände.

Methode 6 – 3 – 5

Ablauf

Die Bezeichnung Methode 6 – 3 – 5 kennzeichnet folgendes Vorgehen: 6 Teilnehmer notieren auf einem Formblatt je 3 Ideen in 5 Minuten. Die Ideen werden auf ein DIN A4 bzw. DIN A3-Blatt notiert. Dieses Verfahren strukturiert das Brainwriting hinsichtlich der Ideenzahl und des Ablaufs.

Die Gesamtgruppe wird in Sechsergruppen aufgeteilt. Jeder Teilnehmer erhält das 6 – 3 – 5-Formblatt und trägt seine Vorschläge ein. In einer zuvor definierten Reihenfolge werden die Formulare an den nächsten Teilnehmer weitergegeben, der seine Vorschläge auf die bereits notierten Ideen beziehen kann oder völlig neue Vorschläge notiert. Innerhalb von 30 Minuten und sechs Durchläufen hat jede Sechsergruppe über hundert Ideen entwickelt.

Auswertungsmöglichkeiten

In der Auswertungsphase werden die Vorschläge an die Pinnwände geheftet. Jeder Teilnehmer wird aufgefordert, die Vorschläge zu lesen und die besten drei Ideen mit einem Markierungspunkt zu kennzeichnen. Die besten Vorschläge werden in der Gruppe diskutiert. Sperling u. a. (2004, S. 157) schlagen vor, zur Bewertung der Ideen die sogenannte Pro-und-Kontra-Technik anzuwenden. Die

Fragestellung:						
Teilnehmer:						
Ideen	1.1	2.1	3.1	4.1	5.1	6.1
	1.2	2.2	3.2	4.2	5.2	6.2
	1.3	2.3	3.3	4.3	5.3	6.3

6 – 3 – 5-Formblatt

gesamte Gruppe wird in zwei Untergruppen aufgeteilt, die Argumente für bzw. gegen die gefundenen Vorschläge gesammelt und notiert. In der Gesamtgruppe werden die Vorschläge auf der Basis der Pro- und Kontra-Argumente diskutiert.

Aufgaben der Moderatorin:

Die Moderatorin …
- bereitet die 6 – 3 – 5-Formblätter vor und erläutert den Ablauf,
- legt mit der Gruppe fest, in welcher Reihenfolge die Blätter weitergegeben werden,
- organisiert die Auswertung der Vorschläge (z. B. Pro-und-Kontra-Technik).

Fischgrät-Diagramm

Zielsetzung

Das Fischgrät-Diagramm, auch Ursachen-Wirkungs-Diagramm oder Ishikawa-Digramm genannt, wurde im Rahmen des Qualitätsmanagements entwickelt und stellt ein strukturiertes Verfahren dar, um kausale Beziehungen zu analysieren. Das Problemfeld wird vorstrukturiert und dient als Basis für gemeinsame Problemanalyse in der Gruppe.

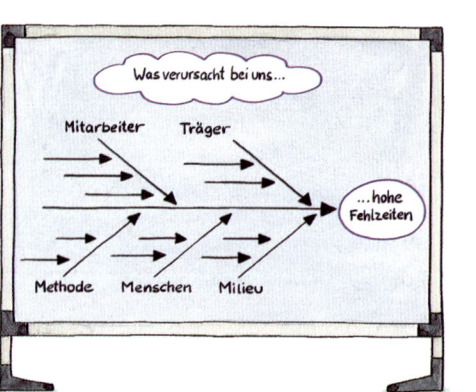

Strukturierungshilfen

Seifert (2004, S. 132) und Krämer/Walter (2002) empfehlen von vier bzw. fünf Hauptarmen (Ursachenbereichen) als Strukturierungshilfe auszugehen:
- **Mitarbeiterinnen:** z. B. Qualifikation, Kompetenzen, Einstellungen, Motivation
- **Methode/Vorgehen:** z. B. mangelhafte Arbeitsorganisation, Strukturierung
- **Milieu/Bedingungen:** z. B. Beleuchtung, Lärm, Hitze
- **Menschen:** z. B. Bewohner, Kinder, Eltern
- **Träger:** z. B. Anforderungen, Sach- und Personalausstattung

Aufgaben der Moderatorin:

Die Moderatorin …

- initiiert den Prozess, indem sie die Frage bzw. das Problem als Impuls in die Gruppe gibt.

- erläutert das Vorgehen und achtet auf das Einhalten der Vorgaben (z. B. keine Kommentare oder Bewertungen).

Sandwich-Methode

Zielsetzung

Bei der Gruppenarbeit werden die Abläufe rhythmisiert. In den verschiedenen Phasen variiert die Kombination von Sozial- und Arbeitsformen

Ablauf

Die Moderatorin wechselt im folgenden Beispiel abhängig von der Aufgabenstellung zwischen Kleingruppe und Plenum:

1.Phase	2. Phase	3. Phase	4. Phase
Arbeitsphase	Information	Arbeitsphase	Auswertung
Kleingruppe	Plenum	Kleingruppe	Plenum

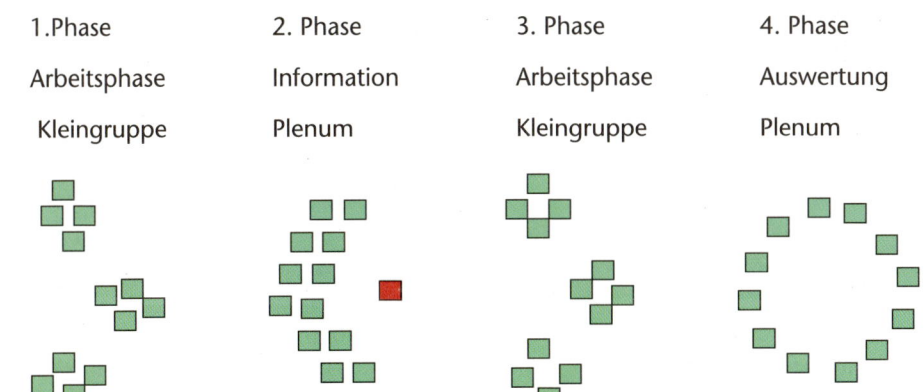

In der ersten Phase werden in der Kleingruppe z. B. Ideen gesammelt. Die zweite Phase beinhaltet einen Ideeninput in Form eines Vortrags, Films oder einer Präsentation. Auf der neuen Wissensbasis schließt sich in der dritten Phase die Kleingruppenarbeit an. Zum Abschluss werden im Plenum die Arbeitsergebnisse dargestellt.

Mind-Mapping

Zielsetzung

Mind-Mapping kennzeichnet ein methodisches Verfahren, um Gedankenabläufe zu strukturieren und sichtbar zu machen. Ausgehend von einem Schlüsselbegriff werden alle Assoziationen in Form von Verknüpfungen visualisiert und benannt. Jeder neue Begriff kann weiter differenziert werden, so dass schrittweise ein verästeltes Bild aller Gedankenvorgänge entsteht.

Folgende Ziele werden mit dem Einsatz von Mind-Maps verfolgt:
- umfangreiche bzw. komplexe Sachverhalten strukturieren
- Verknüpfungen und Zusammenhänge verdeutlichen

- assoziative Gedankengänge bewusst machen
- kreative Prozesse in der Gruppenarbeit anregen
- Gruppenergebnisse darstellen und dokumentieren
- Behaltensleistung durch Visualisierung verbessern

Mind-Mapping bringt zahlreiche Vorteile: Der Zeitvorteil beträgt gegenüber einer Mitschrift bis zu 90 Prozent. Dies ergibt sich sowohl beim Mitschreiben als auch beim Wiederholen der Inhalte anhand der Mind-Maps. Die Anwendung des Mind-Mappings erhöht die Konzentration des Mitschreibenden. Die Mind-Maps erleichtern dem Gehirn die Verarbeitung der Informationen und regen zur kreativen Auseinandersetzung mit den Inhalten an. Im Vergleich zur Kartenabfrage ist Mind-Mapping ein flexibleres Verfahren. Wird das Verfahren beherrscht, führt es im Vergleich zur Kartenabfrage schneller zu Ergebnissen.
(vgl. Buzan/Buzan, 1999, S. 106 f.)

Das Mind-Mapping baut auf den Ergebnissen der Gehirnforschung auf und stellt eine Methode dar, um größere Informationsmengen zu strukturieren und damit dem menschlichen Gehirn die schnelle Aufnahme und Verarbeitung von Informationen zu ermöglichen. Während die linke Hirnhälfte vorwiegend Sprache, logische Beziehungen, Analysen und Details verarbeitet, stehen für die rechte Hirnhälfte vor allem Bilder, kreative Prozesse und emotionale Vorgänge im Mittelpunkt.

Exkurs: Ergebnisse der Gehirnforschung
Die Ergebnisse der Gehirnforschung belegen, dass die beiden Hirnhälften unterschiedliche Funktionen wahrnehmen. Die beiden Großhirnzentren arbeiten voneinander unabhängig, sind aber über einen Nervenstrang miteinander verbunden, so dass z. B. das aufgenommene Wissen (linke Hirnhälfte) mit Gefühlen und Bildern (rechte Hirnhälfte) verknüpft werden. Die Ausprägung und Dominanz der beiden Hirnhälften wird von der individuellen Sozialisation (Erziehung, Schule, Berufstätigkeit) bestimmt und kann sich im Verlauf des Lebens auch ändern. Mind-Mapping aktiviert beide Hirnhälften, wenn z. B. sprachliche Inhalte bildhaft dargestellt werden. Die Gehirnpotenziale werden somit umfassend genutzt.

Vorgehensweise
Mind-Maps (Gedächtniskarten) werden durch vier Eigenschaften gekennzeichnet:

- Ein Zentralbegriff bzw. Zentralbild steht im Mittelpunkt.

- Hauptthemen strahlen wie Äste vom Zentralbegriff aus.

- Die Äste beinhalten Schlüsselbegriffe, die auf einer mit dem Zentralbegriff verbundenen Linie notiert werden. Äste haben Zweige mit untergeordneten Begriffen. Dabei können Haupt- und Nebenäste, Zweige und Unterzweige (Gliederungsebenen) abgeleitet werden.

- Die Äste stellen ein Gefüge mit verbundenen Knotenpunkten dar. Ein Hauptast mit seinen Zweigen und Nebenzweigen wird Komplex genannt.

Die Technik des Mind-Mappings führt zu einem klar strukturierten Bild, das beliebig differenziert und durch Symbole zusätzlich visualisiert werden kann.

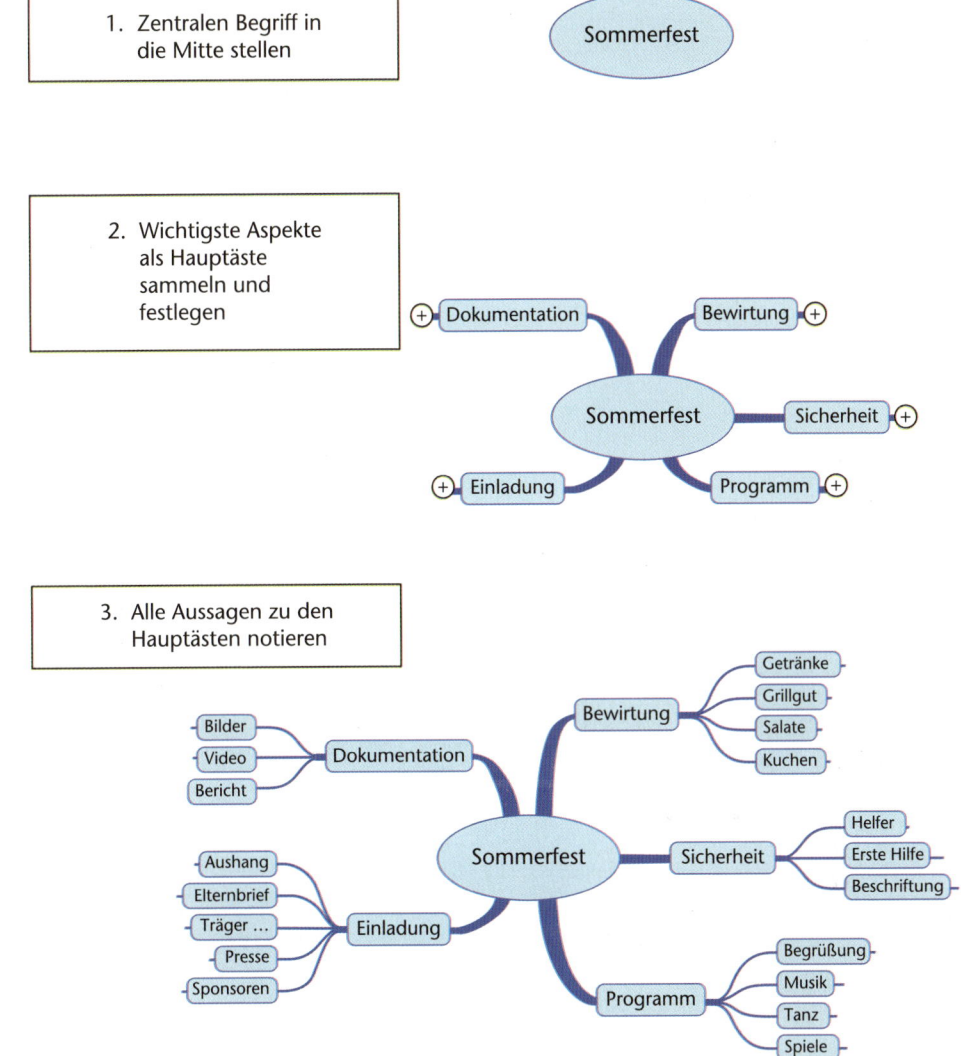

Ablauf der Ideensammlung durch Mind-Mapping

Grundregeln

Folgende Grundregeln sind bei der Erstellung eines Mind-Maps zu beachten:

- **Substantive:** Als Schlüsselwort sollten lediglich Substantive verwendet werden, die prägnant zum Wesentlichen führen. Abkürzungen sind zu vermeiden.

- **Blockbuchstaben:** Werden die Begriffe in Blockbuchstaben geschrieben, dann ist der Text für andere leichter lesbar. Die Größe der Schrift sollte der Bedeutung des Inhalts entsprechen.

- **Ausrüstung:** Mind-Maps sollten auf unliniertem Papier in ausreichender Größe festgehalten werden, ggf. kann das Blatt durch Ankleben weiterer Blätter erweitert werden. Der Text sollte mit Bleistift geschrieben werden, um Korrekturen zu erleichtern. Zur Gestaltung verschiedene Farben (mind. drei) verwenden, da dadurch bestimmte Schlüsselbegriffe gezielt betont werden können. Die Farbigkeit verhindert Langeweile und Eintönigkeit in der Darstellung.

- **Symbole/Bilder:** Wenn möglich Symbole oder einfache Zeichnungen hinzufügen bzw. an die Stelle von Wörtern setzen. Symbole (z. B. Hinweissymbole) sollten sich farblich vom Text abheben. Der Einsatz von Bildern und Symbolen weckt die Kreativität und spricht die rechte Hirnhälfte an, so dass beide Hirnhälften beim Mind-Mapping aktiviert werden. Die Bilder sollten eindeutig und klar erkennbar sein.

Wird das Mind-Map im Gruppenraum ausgehängt, können die Eltern jederzeit weitere Ideen hinzufügen und so das Mind-Map ergänzen.

6.2.4 Umgang mit Moderationsproblemen

Die Moderatorin sollte in der Lage sein, auch schwierige Moderationssituationen angemessen zu bewältigen. Nachfolgend werden einige problematische Situationen erörtert:

- **Dauerreden oder Durcheinanderreden** ist im Plenum nicht akzeptabel. Die Moderatorin muss dann sofort handeln und die Einhaltung von vereinbarten Grundsätzen bzw. Regeln (z. B. Dauer von Redebeiträgen, es kann immer nur ein Teilnehmer reden ...) einfordern. Auch stumme Impulse sowie nonverbale Signale (Nähe, Blickkontakt, Blick auf die Uhr) können wirksam sein.

- **Dominante Personen,** die versuchen Abläufe zu bestimmen und Diskussionen an sich reißen, sollte die Moderatorin höflich, aber bestimmt bremsen. Häufig halten sich Eltern frustriert zurück und werden zur schweigenden Mehrheit. Die Moderatorin sollte diese Personen nicht in ihrem Elan bremsen, sondern ihr Engagement in Bahnen lenken, die für den Gruppenprozess förderlich sind (z. B. Aufgaben geben). Um die schweigende Mehrheit zu aktivieren, kann die Moderatorin die Gruppe gezielt ansprechen. Zudem können Moderationsinstrumente wie die 6 – 3 – 5-Methode oder Brainwriting zur Aktivierung der Gruppe beitragen.

- **Schweigen:** Schließt sich nach einem Informationsinput (z. B. Vortrag) eine Diskussion an, so ergibt sich häufig zunächst ein betretenes Schweigen. Keiner wagt es, der Eisbrecher zu sein. Hier gilt es, die Eltern von der passiven, konsumierenden Haltung in eine aktive Rolle zu bringen. Die Moderatorin hat verschiedene Möglichkeiten, die Gruppe in die Diskussion einzubinden. Findet nach dem Informationsinput eine Murmelrunde statt, in der sich die Eltern untereinander zum Thema austauschen, dann fällt es leichter, die Referentin zu befragen. Mithilfe eines Blitzlichtes können sich alle Eltern kurz zur Thematik äußern. Danach kommt eine Diskussion schneller in Gang.

- **Verweigerung der Mitarbeit:** Schwierig sind Situationen, wenn die Gruppe die Mitarbeit verweigert bzw. die gewählte Vorgehensweise von den Eltern nicht akzeptiert wird. Diese Störungen sollte die Moderatorin thematisieren und Gründe der Verweigerungshaltung mit den Eltern besprechen. Über das weitere methodische bzw. inhaltliche Vorgehen sollte die Moderatorin mit der Gruppe einen Konsens herstellen.

- **Unruhe**, verbunden mit zahlreichen Nebengesprächen, weist darauf hin, dass in der Gruppe ein Klärungsbedarf oder Desinteresse besteht. Die Moderatorin sollte den geplanten Ablauf unterbrechen und der Störung Vorrang geben (z. B. innerhalb einer Murmelrunde). Sollte sich Handlungsbedarf ergeben (z. B. Informationsdefizit, Unklarheit über das Vorgehen), so ist darauf einzugehen.

- **Zeitdruck:** Wenn die Moderatorin unter Zeitdruck gerät, sollte sie nicht in Hektik verfallen und die Gruppe unter Druck setzen. Die Moderatorin sollte das Zeitproblem mit der Gruppe erörtern und gemeinsam mit der Gruppe eine Entscheidung über das weitere Vorgehen treffen (z. B. Streichen von Themen). Offene Enden sind zu vermeiden.

- **Persönliche Angriffe:** Treten im Verlauf der Arbeitsphasen starke Polarisierungen zwischen bestimmten Personen auf, die auch die Gruppe spalten können und das Arbeitsklima beeinträchtigen, muss die Moderatorin die Situation aufgreifen. Zunächst ist zu klären, ob die Auseinandersetzung auf einem persönlichen Hintergrund beruht oder Ausdruck einer konträren Position innerhalb der Gruppe ist. Einen persönlichen Streit können die Gegner außerhalb klären, eine inhaltliche Kontroverse ist dagegen aufzugreifen. Die Moderatorin muss dabei deeskalierend handeln. Eine Visualisierung der gegensätzlichen Positionen, bei der die unterschiedlichen Argumente deutlich werden, kann zur Versachlichung der Auseinandersetzung führen und Emotionen aus der Diskussion herausnehmen.

- **Unpünktlichkeit:** Die Unpünktlichkeit von Teilnehmern oder das Verlassen des Raums außerhalb der vorgesehenen Pausen stört einen geordneten Ablauf und bringt Unruhe in die Gruppe. Wenn sich dies nur auf wenige Eltern bezieht, kann die Moderatorin dies übergehen. Betrifft dies jedoch mehrere Eltern, sollte nach dem Grund gefragt werden und die Pausenregelungen mit den Eltern neu vereinbart werden.

6.2.5 Zeitmanagement

Für das Zeitmanagement ist die Moderatorin zuständig. Ein verantwortlicher Umgang mit der Zeit ist, wie Sperling u. a. (2004) herausstellen, ein aufwendiger sozialer Lernprozess. Als Moderatorin ist die Erzieherin mit Eltern konfrontiert, die ein recht unterschiedliches Zeitverständnis haben. Sperling u. a. differenzieren plakativ zwischen „Zeit-Zerteilern" und „Zeit-Einteilern". Die Zeit-Zerteiler neigen zur Unpünktlichkeit, lassen angefangene Arbeiten liegen, sind leicht ablenkbar, weisen ein hohes kreatives Potenzial auf, lehnen zeitliche Fremdbestimmung ab und verpassen nicht selten Termine. Zeit-Einteiler sind pünktlich und diszipliniert, sie arbeiten Aufträge nacheinander und nicht nebeneinander ab, gehen systematisch vor und orientieren sich an klaren Zielvorgaben. Treffen Zeit-Einteiler auf Zeit-Zerteiler sind Konflikte unausweichlich.

(vgl. Sperling u. a., 2004, S. 82)

Die Moderatorin sollte sich nicht als Zeitmahner und Zeitwächter sehen, sondern die Eltern aktiv in die Zeitplanung einbinden. Die Fertigkeit zur Selbstregulation hinsichtlich der zeitlichen Organisation sollte in der Gruppe allmählich aufgebaut werden. Jede Gruppe wird einen spezifischen Umgang mit der Zeit entwickeln und perfektionieren. Diesen Prozess kann die Moderatorin mithilfe der Visualisierung von Zeitvorgaben, einem Zeitstrahl und zeitspezifischen Planungshilfen unterstützen. Die Eltern entwickeln mit der Zeitverantwortung auch Prozesskompetenz.

Häufig zeigt sich, dass der Zeitbedarf für die verschiedenen Prozessschritte unterschätzt wird, so dass Zeitdruck und damit Hektik entstehen. Die Moderatorin sollte deshalb Pufferzeiten bei der zeitlichen Planung einplanen (z. B. Dauer von Pausen), um den Moderationsprozess abschließen zu können.

6.2.6 Fragetechnik

- **Offene und geschlossene Fragen:** Offene Fragen lassen viele unterschiedliche Antwortmöglichkeiten zu (z. B. „Wie sieht für Sie der ideale Spielplatz aus?" oder „Worin sehen Sie die Vorteile?"). Sie sind deshalb gerade in der Anfangsphase einzusetzen. In Entscheidungssituationen oder zum Abschluss einer Diskussion können geschlossene Fragen formuliert werden (z. B. „Sollen wir ein Klettergerüst auf dem Spielplatz errichten?").

- **Konkretisierungsfragen:** Allgemeine Aussagen, die in ihrer Bedeutung und ihrer Umsetzung unklar bleiben, sollten hinterfragt werden. Die Konkretisierungsfrage klärt den Sachverhalt und macht verständlich, was die Eltern mit der Aussage verbinden (z. B. „Wie kann man sich das vorstellen?" oder „Können Sie Ihre Aussage an einem Beispiel verdeutlichen?").

- **Hier-und Jetzt-Fragen:** Die Moderatorin möchte die Diskussion aus der Beschäftigung mit der Vergangenheit bzw. Zukunft auf die aktuelle Situation zurückführen (z. B. „Welche Konsequenzen ergeben sich aus den Erfahrungen für die Bewältigung unseres aktuellen Problems?" oder „Was müssen wir jetzt tun, um unser Ziel zu erreichen?").

- **Rückfragen:** Die Rückfragetechnik verhilft der Moderatorin, einen Sachverhalt abzuklären bzw. das allgemeine Verständnis innerhalb der Gruppe zu erhöhen. Mit Fragen kann die Moderatorin die Teilnehmer spiegeln, indem sie sich vergewissert, dass sie den Sachverhalt richtig verstanden hat (z. B. „Habe ich Sie richtig verstanden, dass …"). Wird die Moderatorin zu einer Positionierung aufgefordert („Was raten Sie uns?", „Wie würden Sie sich in dieser Situation verhalten?" oder „Was sollen wir jetzt tun?"), dann kann sie durch die Rückfrage das Problem wieder an die Eltern zurückgegeben.

- **Klärungsfragen:** Missverständnisse treten häufig auf, wenn Eltern Begriffe unterschiedlich verstehen. Jeder interpretiert den Begriff auf Grundlage seines individuellen Erfahrungshintergrunds. Die Moderatorin sollte recht früh durch Rückfragen und Verständnisfragen sicherstellen, dass die Eltern ein gemeinsames Begriffsverständnis haben.

- **Paradoxe Fragen:** Sperling u. a. (2004) schlagen vor, in der Moderation durch paradoxe Fragen Impulse zu geben. Eingefahrene Denkgewohnheiten können durch paradoxe Fragestellungen durchbrochen werden und kreative Prozesse auslösen (z. B. „Wie würden Sie vorgehen, wenn sie als Kind die Einrichtung zu prüfen hätten?") (vgl. Sperling u. a., 2004, S. 109 f.).

Aufgaben

1. Erläutern Sie Situationen in der Elternarbeit, in denen eine Co-Moderation sinnvoll ist.

2. Sie werden beauftragt, die Moderation an einem thematischen Elternabend zu übernehmen. Die Eltern haben folgende Themen gewünscht: „Regeln und Grenzen der Erziehung" oder „Computer im Kinderzimmer?!". Wählen Sie ein Thema aus und planen Sie dafür die verschiedenen Moderationsphasen.

3. Eine Erzieherin möchte ihre Prozesskompetenz für die Moderation verbessern. Welche Maßnahmen sollte sie ergreifen?

4. In ihrer Moderationsrolle hat eine Erzieherin u. a. die Aufgabe, den Ideenfluss in Gang zu halten, den Eltern Erfolgserlebnisse zu vermitteln und sich ein Feedback über die Moderation einzuholen. Stellen Sie anhand von Beispielen dar, wie Sie diese Aufgaben erfüllen können.

5. Die Kartenabfrage ist eine beliebte Moderationsmethode. Zeigen Sie Vor- und Nachteile der Kartenabfrage auf und veranschaulichen Sie Ihre Aussagen.

6. Erläutern Sie Situationen, in denen die Moderatorin das Brainstorming sinnvoll einsetzen kann.

7. Vergleichen Sie das Brainstorming mit der Methode 6 – 3 – 5. Veranschaulichen Sie die Vor- und Nachteile beider Verfahren.

8. Erstellen Sie ein Mind-Map zu den Themen: „Elternarbeit" und „Verabschiedung der schulpflichtigen Kinder in der Kita".

9. Bei der Durchführung des Elternabends gerät die Erzieherin unter Zeitdruck. Sie stellt um 21:00 Uhr fest, dass sie das Thema nicht bis zur vorab geplanten Zeit (21:30 Uhr) zu Ende führen kann. Stellen Sie dar, wie die Moderatorin mit diesem Problem umgehen sollte. Entwickeln Sie Vorschläge, wie die Moderation bei weiteren Veranstaltungen den Zeitdruck verhindern kann.

6.3 Präsentation und Visualisierung

6.3.1 Präsentation

Im Rahmen der gruppenbezogenen Elternarbeit ist eine sichere Beherrschung von Präsentations- und Visualisierungstechniken erforderlich. Eine erfolgreiche Präsentation z. B. für einen thematischen Elternabend umfasst nach Amann u. a. 2001 folgende sieben Schritte:

Schritte	Fragestellungen
1. Ziele definieren	• Was möchte ich den Eltern vermitteln? (Informationspräsentation) • Wozu will ich die Eltern veranlassen, was soll meine Präsentation bewirken? (Überzeugungspräsentation)
2. Zielgruppe analysieren	• Mit welchen Vorkenntnissen, Erfahrungen, Interessen und Erwartungen kommen die Eltern? • Welchen Nutzen haben die Eltern von der Präsentation?
3. Präsentation entwickeln	• Wie strukturiere ich die Präsentation? • Welche Inhalte wähle ich aus? • Wie lange soll die Präsentation dauern? • Wie erreiche bzw. überzeuge ich die Eltern? • Wie gestalte ich mein Präsentationsmanuskript?
4. Inhalte visualisieren	• Wie visualisiere ich die Inhalte? • Welche und wie viele Bilder, Grafiken, Pläne, Symbole, Tabellen und Übersichten wähle ich aus? • Wie optimiere ich die Wirkung der Visualisierung?
5. Medieneinsatz planen	• Mit welchen Medien wird die Präsentation anschaulicher und interessanter? • Wie setze ich die Medien wirkungsvoll ein?
6. Persönliches Auftreten optimieren	• Wie kann ich die Präsentation mit rhetorischen Mitteln und Körpersprache unterstützen?
7. Strategien gegenüber Störungen überlegen	• Wie bekomme ich mein Lampenfieber in den Griff? • Wie kann ich technische Probleme bewältigen? • Wie reagiere ich, wenn ich den Faden verliere? • Was ist zu tun, wenn Eltern stören (z. B. Seitengespräche, Unruhe, Verlassen des Raums)? • Wie gehe ich mit Einwänden von Elternseite um?

(vgl. Amann u. a., 2001, S. 6)

Ziele

Nur wenn die Ziele des Vortrags eindeutig sind, kann ein klarer, für die Eltern nachvollziehbarer Aufbau der Präsentation erfolgen. Die Erzieherin muss sich zunächst darüber im Klaren sein, ob sie die Eltern über ein bestimmtes Thema als Expertin objektiv und sachlich informieren möchte oder ob sie die Eltern in einer Überzeugungspräsentation, die leidenschaftlicher und mit persönlichem Engagement vorgetragen wird, für eine bestimmte Aktion gewinnen möchte (z. B. Gründung eines Fördervereins, Mithilfe beim Sommerfest).

Zielgruppe

Die Eltern werden nur dann an den Inhalten einer Präsentation interessiert sein, wenn sie einen persönlichen Nutzen erkennen. Deshalb sollte die Erzieherin bei ihrer Präsentation an den Bedürfnissen und Wünschen der Eltern anknüpfen. Dieser Bezug zu den Interessen der Eltern ist auch durch die Formulierung des Themas deutlich herauszustellen (z. B. „Welche weiterführende Schule für mein Kind?"). Bei einer heterogenen Zusammensetzung der Elternschaft ist es sinnvoll, bestimmte Teilgruppen der Eltern einzuladen und die Präsentation auf die Bedürfnisse dieser Elterngruppen (z. B. Familien mit Migrationshintergrund, Eltern der neu aufgenommenen Kinder, Alleinerziehende) abzustimmen.

Grobstruktur der Präsentation

Innerhalb der Grobstruktur einer Präsentation mit den Elementen Einleitung, Hauptteil und Schluss sind folgende Aspekte zu beachten:

Die Einleitung enthält neben der Begrüßung und der Vorstellung der Vortragenden Hinweise auf die Bedeutung des Themas, den Nutzen für die Zuhörer sowie den Ablauf der Präsentation (inhaltliche Gliederung, Zeitrahmen).

Abhängig von der Thematik sind im Hauptteil folgende Anordnungen denkbar:
* Ausgangspunkt, Ziel, Wege zur Zielerreichung
* Vergangenheit, Gegenwart, Zukunft
* These, Antithese, Synthese
* Problemdarstellung, traditionelle Lösungen, innovative Lösungen
* Behauptung, Argumentationskette, Konsequenzen

(vgl. Amann u. a. 2001, S. 233 f.)

Präsentationsaufbau

Während Einleitung und Schluss relativ standardisiert sind, bestehen zur Gestaltung des Hauptteils, abhängig von der Thematik, unterschiedliche Vorgehensweisen. Diese allgemeine Struktur lässt sich wie folgt differenzieren:

Zeitanteil	allgemeine Struktur	Inhalte	Präsentationhinweise
15 %	Einleitung	Begrüßung der Eltern	Blickkontakt, zugewandte und freundliche Haltung
		Vorstellung (Selbstvorstellung und in Kleingruppen Vorstellung der Eltern)	Namen und Funktion nennen, Hinweis auf Kompetenz zur Thematik verdeutlichen
		Hinführung	Interesse wecken durch ein aktuelles Ereignis, Zitat, Statistik, Fallbeispiel, Eltern experimentieren lassen, Übung/ Rollenspiel, als Frage formulierte Problemstellung
		Thema	Thema ansprechend formulieren
		Bedeutung der Thematik für die Zuhörer	• Thema auf die Situation der Eltern beziehen • Bedeutung und Nutzen herausstellen
		Überblick/Ablaufplan	Inhaltliche Gliederung kurz kommentieren (z. B. Plakat oder Transparent einsetzen), um den Eltern eine Orientierung zu geben
75 %	Hauptteil	Informationsteil	Alternative Gliederungsformen: • Ist-Soll-Weg-Darstellung • Vergangenheit, Gegenwart, Zukunft • These, Antithese, Synthese • Problem, übliche Lösung, neuer Lösungsweg • Behauptung, Argumente, Konsequenz

Zeitanteil	allgemeine Struktur	Inhalte	Präsentationhinweise
10 %	Schluss	Zusammenfassung	• Kernaussagen prägnant formulieren • Wesentliches herausstellen
		Aufforderung zum Handeln	Ausblick in die Zukunft, verbunden mit einem Appell zum konkreten Handeln
		Abrundung	• Bezug zur Einleitung herstellen • Zitat
		Dank	Persönlichen Dank für Interesse der Teilnehmer sowie an Helfer, die zum Gelingen der Veranstaltung beigetragen haben
		Diskussion	• Überleitung zur Diskussion • Murmelrunde anregen

(vgl. Amann u. a., 2001, S. 26)

Der Schluss der Präsentation kann aus einer Zusammenfassung, einem Ausblick, einem Appell, einer Ankündigung, einer Überleitung zu einer Aussprache bestehen. Eine Präsentation wirkt abgerundet und in sich logisch geschlossen, wenn am Ende der Präsentation ein Gedanke bzw. eine Frage aus der Einleitung wieder aufgriffen wird.

Die Abschlussfrage „Gibt es noch Fragen?" führt häufig zu einem betreten Schweigen. Um eine Diskussion in Gang zu setzen, kann eine Murmelrunde, in der sich die zuhörenden Eltern untereinander austauschen, vorgeschaltet werden. Als Überleitung zur Diskussion können die Zuhörer gefragt werden, ob sie selbst vergleichbare Erfahrungen gemacht haben.

Problem: Lampenfieber

Lampenfieber ist eine normale Reaktion, die auftritt, wenn die Erzieherin als Vortragende im Blickfeld der Eltern steht und dabei die Aufmerksamkeit vieler Menschen auf sich gerichtet spürt. Das Gefühl von Lampenfieber, das jeder Vortragende bis hin zum erfahrenen Schauspieler mehr oder weniger ausgeprägt verspürt, beruht vor allem auf der Angst zu versagen. Häufig nehmen die Zuhörenden das Lampenfieber weniger stark wahr als die Vortragenden selbst. Lampenfieber im geringen Umfang kann sich durchaus leistungssteigernd auswirken. Der Angstzustand bewirkt, dass die vortragende Erzieherin hellwach und handlungsbereit ist und sich noch stärker auf das Thema konzentriert. Diese positive Wirkung geht verloren, wenn die Angst zu massiv wird und die Vortragende eine Überreaktion zeigt.

Lampenfieber entspricht körperlich einer Stresssituation, auf die jeder in einer bestimmten, für ihn typischen Weise reagiert. Der Vortragenden bleibt sprichwörtlich die Luft weg, es schnürt ihr die Kehle zu, anderen schlägt es auf den Magen oder sie bekommen weiche Knie oder kalte Füße.

Lampenfieber zeigt sich auf drei Ebenen:

Ebene	Reaktionen	Hilfen
körperlich	Herzklopfen, Hautreaktionen (Blässe oder Erröten), innere Hitze, flacher/schneller Atem, feuchte Hände, trockener Mund, belegte Stimme, Verspannungen, Vermeidung von Blickkontakt, innere Unruhe, unruhiges Umherlaufen, Völlegefühl, Harndrang, Appetitlosigkeit, Kopfschmerzen, Schlafstörungen	• Ruhig und in aufrechter Haltung nach vorne gehen • Vor Redebeginn ruhig durch die Nase ausatmen, leicht einatmen und dann langsam beginnen zu sprechen • Einen festen Standpunkt auswählen, von dem die Raumsituation gut kontrolliert werden kann (Weg zur Flip-Chart und zum Tageslichtprojektor, Projektionsfläche, Blickkontrakt zu den Eltern) • Körperliche Energie gezielt in eine unterstützende Gestik umsetzen
kognitiv	Konzentrationsmangel (Versprecher), negative Selbst-Programmierung („Das schaffe ich nicht. Bestimmt geht etwas schief. Hoffentlich stellen die Eltern keine Fragen.")	• Positive Einstimmung („Ich bin sicher, dass ich es schaffe. Ich bin optimal vorbereitet. Ich freue mich auf den Auftritt.") und positive Formulierungen wählen • Sich im Raum einen Anker (z. B. eine Person, die man sympathisch findet) suchen und sich vorstellen, mit dieser Person zu sprechen • Perfektionismus vermeiden • Lampenfieber als normale Reaktion positiv bewerten • Hilfen vorbereiten (Spickzettel, vorbereitete Plakate, Gliederung auf einer Folie oder Flip-Chart)

Ebene	Reaktionen	Hilfen
emotional	Angst/Panik, Hilflosigkeit, Unsicherheit	• Kleidung auswählen, in der man sich wohl fühlt • Sich mit dem Raum vertraut machen (Ortsbesichtigung) • Einsatzbereitschaft der Medien überprüfen • Die ersten Sätze vorbereiten und bewusst langsam, ruhig, deutlich sprechen, um Sicherheit zu gewinnen • Die Präsentation zu Hause mehrmals proben

(vgl. Bernitzke/Schlegel, 2004, S. 160)

6.3.2 Visualisierung

Die Visualisierung, d. h. das bildhafte Darstellen eines Sachverhalts, erhöht die Konzentration der zuhörenden Eltern, weckt ihr Interesse, verdeutlicht Wesentliches, macht Informationen leichter fassbar, verbessert die Merkbarkeit des Gehörten.

Mit der Visualisierung können verschiedene Zielsetzungen verfolgt werden:
• Verdeutlichung von Zwischenergebnissen
• Darstellung komplexer Sachverhalte
• Dokumentation von Arbeitsschritten und -ergebnissen

Im Vortrag werden durch die Visualisierung beide Gehirnhälften aktiviert (linke Gehirnhälfte nimmt sprachliche Informationen auf, rechte Gehirnhälfte speichert Bilder), was die Wirksamkeit der Präsentation deutlich steigert. Im Mittelpunkt steht die bildhafte Darstellung, die möglichst textfrei sein sollte. Dazu sind Pläne, technische Zeichnungen, Karten, Cartoons, Symbole, Fotografien, Diagramme, Mind-Maps, Strukturbilder wie Organigramme oder Charts geeignet. Die Visualisierung sollte das Gesagte unterstützen und nicht verwirren, die Konzentration auf das Wesentliche verstärken und nicht ablenken, schnell identifizierbar sein und keine Rätsel aufgeben. Nur dann gilt der Satz: „Ein Bild sagt mehr als tausend Worte".

Die Erzieherinnen sollten in der Lage sein, unterschiedliche Medien souverän zu beherrschen, um Präsentationen effizient zu gestalten.

Dazu gehören Kenntnisse zu folgenden Medien:

• **Visuelle Medien:** Overhead-Projektor, Flip-Chart, Pinnwand, Diaprojektor, Moderationskoffer

• **Auditive Medien:** MP3-Player, Tonband- und CD-Abspielgeräte, Mikrofon mit Verstärkeranlage

- **Audiovisuelle Medien:** Festplattenrecorder/DVD-Player/Video-Recorder

- **Haptische Medien:** Demonstrationsmaterial, das den Tast- und Geruchssinn aktiviert

In der Präsentation sollte die Erzieherin verschiedene Medien einsetzen, die unterschiedliche Sinnesorgane ansprechen. Die Medien sind unter den Gesichtspunkten Anzahl der Zuhörer, Raumsituation (Lichtverhältnisse), Vorbereitungsaufwand und Beherrschung der Medien auszuwählen.

Die Erzieherin sollte sich nicht auf Medien einlassen, die zwar wirkungsvoll sind, aber von ihr nur unzureichend beherrscht werden (z. B. computergestützte Power-Point-Präsentation mit Beamer), um unliebsame Überraschungen mit technischen Problemen zu vermeiden.

Die Mitarbeiterinnen sollten sich in folgenden Bereichen schulen:
- Präsentationsformen und deren Wirksamkeit
- Aufbau von Präsentationen
- Präsentationsverhalten
- Visualisierung
- Medieneinsatz

Durch die Visualisierung der Inhalte werden die Zuhörer auch zu Zuschauern. Bei der Speicherung von Informationen werden neue Informationen am besten über den visuellen Kanal aufgenommen. Zusammenhänge werden mithilfe der Visualisierung leichter erkennbar, das Wesentliche kann deutlich herausgestellt und das Dargestellte kann dadurch besser behalten werden. Dennoch muss die Visualisierung gut überlegt werden.

Beim Einsatz des Computers mit entsprechenden Grafikprogrammen werden zahlreiche Bilder, Skizzen, Karikaturen und Fotografien angeboten, die recht schnell zur Gestaltung von Folien genutzt werden können. Die Erzieherin sollte diese kritisch auswählen, da eine ungeschickte Visualisierung den Zuhörer eher verwirrt und vom Inhalt ablenkt.

Arbeitsmittel

Zur Visualisierung bieten sich vor allem folgende Arbeitsmittel an:
- Tageslicht-Projektor
- Beamer
- Flip-Chart
- Pinnwand

Einsatzmöglichkeiten der genannten Arbeitsmittel bzw. deren Vor- und Nachteile verdeutlicht die nachfolgende Übersicht:

Arbeitsmittel	Vorteile	Nachteile	Einsatzhinweise	Einsatzbereich
Tageslicht-Projektor	• Leichte und schnelle Erstellbarkeit • Folien können kopiert und als Informationsmaterial ausgeteilt werden • Einsatz mithilfe tragbarer Geräte überall möglich • Einsatz von Kopierern und Druckern führt zu professioneller Darstellung • Bilder können auf Folien kopiert werden • Erstellte Folien können archiviert und bei anderen Präsentationen wieder eingesetzt werden	• Folien sind empfindlich (Farben verbleichen, schmutzempfindlich) und müssen in speziellen Hüllen aufbewahrt werden • Die Erstellung von Farbfolien ist aufwendig und teuer • Häufig sind Folien textlich überladen, im Schriftbild zu klein und deshalb schlecht entzifferbar • Projektionsfläche kann blenden und die Lesbarkeit des Textes erschweren • Raum darf nicht zu hell sein sonst verblasst die Projektion	• Wischfeste (permanente) Folienstifte verwenden • Wichtige Folien für Eltern kopieren • Folie vorbereiten und im Vortrag ergänzen • Ersatzlampe bereithalten • Lesbarkeit der Folie von den Besucherplätzen aus prüfen • Verzerrung/Nicht-Schärfe durch Neigung der Projektionsfläche ausgleichen • Während der Präsentation die Projektion der Folie überprüfbaren	• Präsentation vor einer großen Zuhörerschaft • Visuelle Unterstützung (z. B. Abbildungen, Fotos, Grafiken, Zeichnungen) eines vorbereiteten Vortrags • Folien zur Auflockerung (z. B. Cartoon) • Darstellung von Gruppenergebnissen

Arbeits-mittel	Vorteile	Nachteile	Einsatzhinweise	Einsatzbereich
	• Blickkontakt zu den Eltern bei der Präsentation möglich • Folie kann während des Vortrags (weiter-)entwickelt werden (z. B. Abdecktechnik, Hinzufügen von handschriftlichen Ergänzungen) • Auf Folie dargestellte Gruppenergebnisse können schnell vervielfältigt werden		• Nicht mit dem eigenen Körper die Projektionsfläche verdecken • Folie nur zeigen, solange der Inhalt präsentiert wird, danach den Projektor abstellen oder Folie abdecken • Keine Reizüberflutung mit Folienfeuerwerk	
Beamer	• Professionelle visuelle Wirkung • Leichte Speicherung und möglicher Wiedereinsatz der erstellten Folien	• Erstellung der Folien setzt Kenntnisse der Programme voraus • Aufwendige technische Voraussetzungen (PC, Beamer)	• Professionelle Präsentation, die eine gute Beherrschung des Computers, gute Kenntnisse in den Präsentationsprogrammen sowie einen sicheren	• Präsentation vor einer großen Zuhörerschaft • Visuelle Unterstützung eines vorbereiteten Vortrags

Arbeits-mittel	Vorteile	Nachteile	Einsatzhinweise	Einsatzbereich
	• Präsentationsdarstellungen können auch auf Folie ausgedruckt und mit Tageslicht-Projektor eingesetzt werden • Schnelle Erstellung von Teilnehmerunterlagen möglich	• Technisches Know-How beim Einsatz mit (fremden) Geräten zur Abstimmung erforderlich • Technische Anfälligkeit, die oft nur von Experten gemeistert werden kann • Umgang erfordert intensive Übung	• Umgang mit technischen Geräten voraussetzt	
Flip-Chart	• Darstellung kann vorbereitet werden • Großflächige, übersichtliche Darstellung komplexer Sachverhalte • Wiederverwendung ist möglich • Dynamisches Arbeitsmittel, vor den Augen der Eltern können Darstellungen spontan entwickelt werden • Geringer Materialaufwand, leicht transportierbar	• Archivierung wegen der Größe aufwendig • Beim Schreiben wendet man den Eltern den Rücken zu • Eigene Handschrift bisweilen zu klein bzw. unleserlich • Korrekturen nur begrenzt (z. B. durch Überkleben) möglich	• Erstellte Plakate können im Raum sichtbar den Gruppenprozess, Tagesordnung, Fortschritte, Ergebnisse dokumentieren • In Druckbuchstaben (mit Groß- und Kleinbuchstaben) schreiben	• Als Präsentation vor Gruppen bis ca. 50 Personen geeignet • Als Medium zum spontanen Notieren von Diskussionsbeiträgen, Anregungen, als Themenspeicher, Auflistung von Argumenten, Vor-/Nachteilen usw. nutzbar

Arbeits-mittel	Vorteile	Nachteile	Einsatzhinweise	Einsatzbereich
Pinnwand	• Vorbereitung (für Teilnehmer nicht sichtbar) möglich • Große Gestaltungsfläche • Eltern können bei der Entwicklung der Darstellung eingebunden werden • Dynamisches Arbeitsmedium, das spontane Darstellungen zulässt • Geringer Platzbedarf und flexibler Einsatz (zerlegbare Pinnwände)	• Eigene Handschrift bisweilen zu klein bzw. unleserlich • Archivierung und Dokumentation aufwendig (z. B. als Fotoprotokoll)	• Auf gute Lesbarkeit (Abstand 7 m), klare Strukturierung und Übersichtlichkeit achten • In Druckbuchstaben (mit Groß- und Kleinbuchstaben) schreiben • Die Darstellung nicht zu schnell entwickeln; den Eltern ausreichend Zeit lassen, um die Schritte nachzuvollziehen	• Ideensammlung, Visualisierung von Übersichten, Strukturen und Abläufen • Übersichten und Darstellungen, die vor den bzw. mit den Eltern entwickelt werden • Gegenüberstellung von Vor- und Nachteilen, Pro und Kontra • Einbeziehung der Zuhörenden • Meinungsbildung

(vgl. Boneberg, 1999, S. 229 ff.)

Folgende Gestaltungselemente können von der Erzieherin beim Einsatz der Flip-Chart und der Pinnwand genutzt werden:

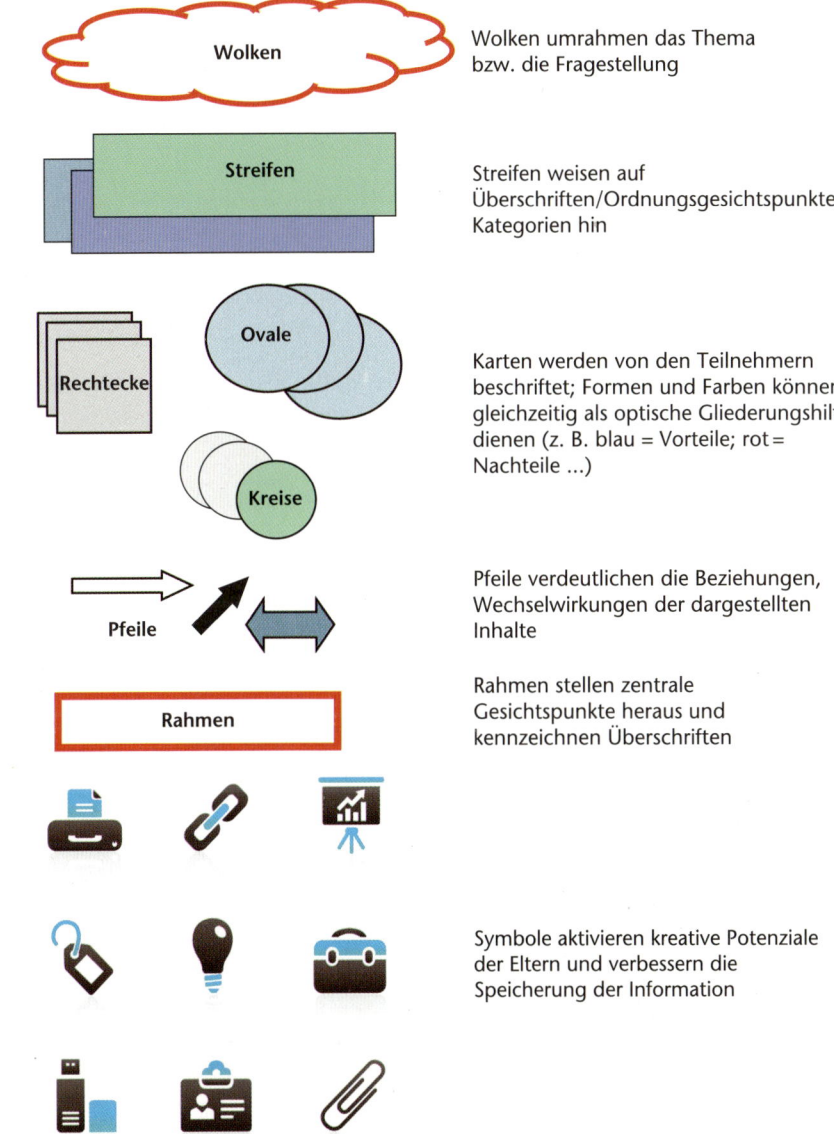

Wolken umrahmen das Thema bzw. die Fragestellung

Streifen weisen auf Überschriften/Ordnungsgesichtspunkte/Kategorien hin

Karten werden von den Teilnehmern beschriftet; Formen und Farben können gleichzeitig als optische Gliederungshilfe dienen (z. B. blau = Vorteile; rot = Nachteile ...)

Pfeile verdeutlichen die Beziehungen, Wechselwirkungen der dargestellten Inhalte

Rahmen stellen zentrale Gesichtspunkte heraus und kennzeichnen Überschriften

Symbole aktivieren kreative Potenziale der Eltern und verbessern die Speicherung der Information

Zur Gestaltung sollten folgende Hinweise beachtet werden:

- **Die Darstellung nicht überfrachten:** Weniger ist mehr. Zu viele Informationen erschweren die Orientierung und vermindern die Übersichtlichkeit. Freiflächen sind auch Gestaltungselemente. Nicht mehr als drei Farben verwenden.

- **Zusammengehörendes kennzeichnen:** Durch Farben, Formen, Nähe (z. B. Blöcke) den Zusammenhang verdeutlichen.

- **Wichtiges hervorheben:** Mithilfe von Unterstreichungen, Rahmen, Schraffur das Wesentliche optisch herausstellen.

- **Verständlichkeit sicherstellen:** Deutlich und groß in Druckschrift schreiben, auf Abkürzungen verzichten, geläufige Begriffe verwenden, die prägnant das Wesentliche beschreiben.

- **Grafiken einsetzen:** Symbole und Bilder erhöhen die Aufmerksamkeit und erleichtern die Speicherung der Informationen.

(vgl. Seifert, 1995, S. 44)

Präsentationsverhalten

Die nachfolgenden Hinweise zum Präsentationsverhalten beziehen sich auf alle Phasen der Präsentation und geben Hinweise auf häufige Probleme (z. B. Lampenfieber, Versprecher).

- Die präsentierende Erzieherin sollte sich in der Kleidung, die dem Anlass (Wertschätzung gegenüber den Zuhörenden) entsprechen sollte, wohl fühlen und sie sollte zur Vortragenden passen (Echtheit).

- Pünktlich beginnen als Gebot der Höflichkeit gegenüber den pünktlichen Eltern.

- Sich selbst positiv auf die Präsentation einstimmen.

- Vor Beginn des Vortrags Blickkontakt zum Publikum aufnehmen. Während des Vortrags den Blickkontakt auf eine Person richten, die eine positive Ausstrahlung hat. Ein Umherschweifen des Blicks signalisiert den Zuhörenden Unsicherheit und Unruhe.

- Laut, deutlich und nicht zu schnell sprechen. Eine deutliche Artikulation verbessert die Sprachverständlichkeit. Die Stimme gezielt einsetzen, um den Inhalt zu unterstützen (z. B. Stimme anheben bei Fragen). Auf eine Variation der Stimme achten, um Monotonie zu vermeiden.

- Das Sprachniveau an die Situation und die Gruppe anpassen. Die Hochsprache wird nur von einer Minderheit genutzt. Verleugnet die Präsentierende ihren Dialekt, verliert sie ihre Echtheit, was zu Unsicherheiten beim Formulieren führen kann. Die Sprache wirkt gestelzt und unnatürlich. Die Präsentierende sollte situations- und personengerecht ihr Sprachverhalten auswählen. Bei der Verwendung der Hochsprache wird für einige Eltern eine starke Distanz aufgebaut und es entstehen Ängste, vom gewohnten Dialekt in die Hochsprache zu wechseln.

- Fachbegriffe müssen erläutert werden und sollten sparsam eingesetzt werden. Verständlichkeit ist wichtiger als Fachchinesisch.

- Die Erzieherin sollte in der Regel frei sprechen und lediglich Spickzettel (z. B. Karteikarten mit Stichwörtern) verwenden. Vom Blatt ablesen sollte die Erzieherin nur in wenigen Ausnahmefällen: Ansprache in einem offiziellen Rahmen, Grußwort im Auftrag der Einrichtung, Tätigkeits- oder Rechenschaftsbericht, der mit der schriftlichen Fassung übereinstimmen muss.

- In die Präsentation Fragen an die Zuhörer einbringen. Fragen aktivieren, motivieren und fördern die Auseinandersetzung mit dem Vortragsinhalt.

- Durch Beispiele und Vergleiche den Vortrag lebendig gestalten.

- Auf Einwände von Eltern offen reagieren und in den weiteren Vortrag einbeziehen. Nicht mit einem Elternteil streiten, sondern sich die Einwände in Ruhe anhören. Einwände können an die Gruppe zurückgegeben werden.

  Weiterhin erweist sich folgende Drei-Stufen-Strategie als erfolgreich:
  – Einwand zustimmen („Da gehen Sie auf einen wichtigen Aspekt ein …")
  – Neuen Gesichtspunkt einbringen („Wenn man allerdings bedenkt, dass …")
  – Gemeinsam abwägen („Wenn wir die verschiedenen Aspekte bedenken, …")

- Gefühle zulassen und in den Äußerungen mit einbringen, da die Vortragende sonst unglaubwürdig wirkt.

- Die Gestik sollte nicht bewusst reduziert werden. Eine stark kontrollierte Gestik wirkt unnatürlich und verwirrend. Die Zuhörer spüren, wenn sich die Präsentierende verstellt.

- Die Gestik gezielt zur Unterstützung der Inhalte einsetzen, um Wichtiges zu betonen und die Aufmerksamkeit der Eltern zu gewinnen.

- Bei der abschließenden Diskussion nicht selbst die Diskussionsleitung übernehmen.

- Um einem trockenen Mund und Heiserkeit zu vermeiden, sollte ein Glas Wasser (ohne Kohlensäure) bereitstehen.

(vgl. Seifert, 1995)

Aufgaben

1. Bei einem thematischen Elternabend wollen Sie den Eltern die Konzeption der Einrichtung vorstellen. Veranschaulichen Sie die verschiedenen Präsentationsschritte an diesem Beispiel.

2. Erstellen Sie die Grobstruktur (Aufbau) einer Präsentation an folgenden Beispielen:
   a) Ist mein Kind schulreif?
   b) Kindern aktiv zuhören
   c) Kinderängste
   d) Gewalt

3. In einer Kindertagesstätte findet ein Projekt zum Thema „Naturwissenschaftliche Förderung in der Kita" statt. Sie wollen die Eltern im Rahmen eines Gruppenelternabends darüber informieren. Wählen Sie die für die Visualisierung des Themas geeigneten Medien aus und verdeutlichen Sie, welche Inhalte mit welchen Medien den Eltern veranschaulicht werden sollen.

4. Das Team ist sich unschlüssig, ob zur Präsentation des Sommerfestes ein Tageslichtprojektor, eine Pinnwand mit Bildern des Festes oder eine Powerpoint-Präsentation eingesetzt werden soll. Vergleichen Sie die Vor- und Nachteile von Pinnwand, Beamer und Tageslichtprojektor. Leiten Sie aus dem Vergleich eine Empfehlung für das geeignete Präsentationsmedium ab.

6.4 Befragung

Befragungen werden vor allem durchgeführt, um Einstellungen bzw. Meinungen der Eltern zu erfassen. Dabei werden in der Literatur die Begriffe Befragung und Interview verwendet.

Die verschiedenen Formen der Befragung entsprechen dem Freiheits- bzw. Spielraum, der dem Fragenden (Interviewer) und dem Befragten eingeräumt wird. Es wird dabei zwischen nicht-standardisierten, teil-standardisierten und standardisierten Befragungen differenziert.

Nicht-standardisierte Befragung

Die Befragungssituation wird nur geringfügig vorstrukturiert. Die pädagogischen Mitarbeiterinnen als Interviewer haben in der Regel einen Leitfaden, der lediglich die Fragenbereiche festlegt. Die Reihenfolge der Fragen ergibt sich jeweils aus der Situation. Die Antworten werden dabei protokolliert oder elektronisch gespeichert.

Dieses Vorgehen ist dann angebracht, wenn über den Bereich, den es zu erfassen gilt, nur wenige Informationen vorliegen. So könnten die pädagogischen Mitarbeiterinnen bei Tür-und-Angel-Gesprächen die Eltern befragen, um erste Erkenntnisse zu gewinnen (z. B. „Wie haben Sie den gestrigen Elternabend erlebt?"). Allerdings bestehen erhebliche Probleme, die Antworten statistisch auszuwerten. Die Ergebnisse können nur qualitativ beschrieben werden (z. B. „Offenbar waren die meisten Eltern mit dem Elternabend zufrieden.") und weisen eine geringe Objektivität auf.

Teil-standardisierte Befragung

Der Spielraum des Interviewers wird durch die Vorgabe von Reihenfolge und Wortlaut der Fragen eingeengt, sodass die gesamte Erfassung vorstrukturiert wird. Dieses Vorgehen setzt voraus, dass der Befragungsbereich bereits differenziert bekannt ist und die sprachlichen Kompetenzen der zu befragenden Eltern in den Frageformulierungen berücksichtigt werden können (z. B. Fachbegriffe, Fremdwörter usw.).

Das teil-standardisierte Vorgehen führt im Hinblick auf den Erfassungsbereich zu objektiveren und vergleichbareren Ergebnissen als die nicht-standardisierte Befragung. Es ist zumindest sichergestellt, dass die Befragten in gleicher Weise befragt werden. Schwierigkeiten bestehen jedoch bei der Ergebnisdarstellung, da die Antworten zusammenzufassen sind, um quantitative Aussagen zu gewinnen.

Standardisierte Befragung

Bei der standardisierten Befragung werden zusätzlich die Antwortmöglichkeiten vorstrukturiert, sodass für die Eltern der Beantwortungsspielraum auf ein Minimum reduziert wird.

Die standardisierte Befragung ist in der Erstellung des Fragebogens am aufwendigsten, führt aber zu quantitativen Ergebnissen, so dass z. B. das Ausmaß an Zustimmung bzw. Ablehnung objektiv darstellbar ist.

Eine Befragung kann sowohl mündlich als Interview oder schriftlich in Form eines Fragebogens erfolgen. Im Hinblick auf die Auswertung und Ergebnisdarstellung empfiehlt sich ein standardisiertes Vorgehen (Fragen und Antwortmöglichkeiten werden vorgegeben), ergänzt durch einige offene Fragen.

In einem Anschreiben sollten die Erzieherinnen auf den Elternfragebogen hinweisen und den Eltern verdeutlichen, welche Bedeutung die Rückmeldungen für die Arbeit in der Einrichtung haben. Die Befragung sollte anonym durchgeführt werden. Im Eingangsbereich kann ein Karton aufgestellt werden, in den die Eltern den Fragebogen einwerfen können. Für die Abgabe sollte eine Frist festgelegt werden.

Bei der Erstellung des Fragebogens ist sicherzustellen, dass alle Frageformulierungen eindeutig sind und keine Fachbegriffe verwendet werden, die von den Eltern nicht verstanden werden (z. B. offene Arbeit, Situationsansatz, Projekte). Sollten zahlreiche Eltern mit nicht ausreichenden Deutschkenntnissen den Fragebogen beantworten, so sollte der Fragebogen in die Herkunftssprache übersetzt werden. Migrantenorganisationen bieten dabei Unterstützung an. Je kürzer der Fragebogen, umso größer ist die Bereitschaft der Eltern, die Fragen zu beantworten.

Für die Formulierung von Fragen sollten folgende Aspekte berücksichtigt werden:

- Möglichst einfache, klare, eindeutige Formulierungen wählen. Fehlinterpretationen sollten ausgeschlossen sein.

- Kurze Fragen stellen.

- Überforderungen des Befragten vermeiden, z. B. „Was halten Sie vom situationsorientierten Ansatz in unserer Einrichtung?"

- Konkrete Fragen ohne zu allgemeine Aussagen formulieren, z. B. „Fühlt sich Ihr Kind bei uns wohl?"

- Keine Suggestiv-Fragen stellen, z. B. „Sind Sie nicht auch der Meinung, dass die Straße vor der Einrichtung zu einer verkehrsberuhigten Zone werden sollte?"

Beispiel für einen Elternfragebogen

	trifft zu	trifft zum Teil zu	trifft nicht zu
Öffnungszeiten			
Die Kita sollte vor 7:30 Uhr öffnen.			
Die Kita sollte nach 17:00 Uhr schließen.			
Wie zufrieden sind Sie mit den bestehenden Öffnungszeiten (7:30 Uhr bis 17:00 Uhr)?	☺	😐	☹

	trifft zu	trifft zum Teil zu	trifft nicht zu
Eingewöhnungsphase			
Vorschläge zu den Öffnungszeiten:			
Die Eltern werden umfassend und verständlich über die Gestaltung der Eingewöhnungsphase informiert.			
Die Bezugserzieherin hat sich stets gut mit mir abgestimmt.			
Das Kind hat die Eingewöhnung in die Einrichtung problemlos bewältigt.			
Wie zufrieden sind Sie mit der Gestaltung der Eingewöhnungsphase in unserer Kindertagesstätte?	☺	😐	☹
Vorschläge zur Eingewöhnungsphase:			
Entwicklungsgespräch			
Das Entwicklungsgespräch hat mir zu neuen Erkenntnissen verholfen.			
Das Entwicklungsgespräch fand in einer angenehmen Atmosphäre statt.			
Ich wurde von der Erzieherin als Erziehungspartner ernst genommen.			
Wie zufrieden sind Sie mit den Gesprächsangeboten in unserer Kindertagesstätte?	☺	😐	☹
Vorschläge zu den Entwicklungsgesprächen:			

Ergebnisdarstellung:

Die Befragungsergebnisse sollten den Eltern unmittelbar mitgeteilt werden. Dazu können z. B. Plakate mit den Ergebnissen für die Info-Ecke erstellt oder die Ergebnisse in der Elternzeitung vorgestellt werden. Die Ergebnisse sollten interpretiert sein und zu weiteren Aktivitäten (Konsequenzen/Maßnahmen) führen. Die Eltern erfahren dadurch, dass ihre Rückmeldungen nicht nur interessant sind, sondern sich auf die Arbeit in der Einrichtung auswirken. Die Erziehungspartnerschaft wird dadurch gestärkt und transparent. Bei der numerischen oder graphischen Darstellung sollte deutlich werden, wie viele Personen an der Befragung beteiligt waren.

Beispiel: Auswertung zu einer Aussage aus dem Elternfragebogen oben.

Das Entwicklungsgespräch fand in einer angenehmen Atmosphäre statt.		
trifft zu	trifft zum Teil zu	trifft nicht zu
59 Eltern	8 Eltern	3 Eltern
84 %	12 %	4 %

Fragestellung: Das Entwicklungsgespräch fand in einer angenehmen Atmosphäre statt. (Rückmeldung von 70 Eltern)

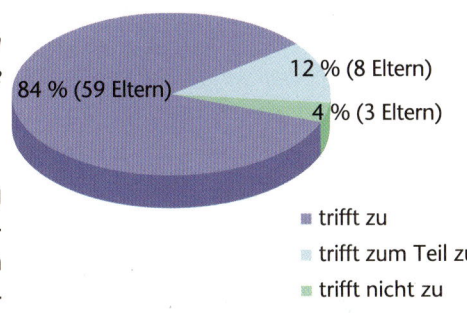

- trifft zu
- trifft zum Teil zu
- trifft nicht zu

Wenn die Ergebnisse von hoher Bedeutung sind (z. B. Umwandlung der Regeleinrichtung in eine integrative Einrichtung), dann könnten die Ergebnisse auch in einem Elternabend vorgestellt werden, um ein Meinungsbild zu haben.

Beteiligungsquote bei der Befragung

Bei der Bewertung solcher Befragungen ist zu beachten, dass es sich immer nur um eine Momentaufnahme handelt. Ein wichtiger Aspekt zur Bewertung der Ergebnisse ist die Beteiligungsquote bei der Befragung.

Folgende Erfahrungswerte liegen aus wissenschaftlichen Befragungen hinsichtlich der Rücklaufquote vor:

- 36,3 Prozent ist der Basiswert, der dem durchschnittlichen Rücklauf bei Befragungen entspricht
- plus 10,2 Prozent wenn ein bekannter Absender (z. B. sozialpädagogische Einrichtung) genannt wird
- plus 7,3 Prozent, wenn der Inhalt für die Befragten möglicherweise bedeutsam ist
- plus 14,6 Prozent, wenn der Inhalt für die Befragten von hoher Bedeutung ist
- minus 0,45 Prozent, multipliziert mit der Seitenzahl des Fragebogens
- plus 25,8 Prozent, wenn ein direkter persönlicher Kontakt zu den Befragten hergestellt wird
- plus 6,1 Prozent, wenn dem Befragten eine Belohnung in Aussicht gestellt wird

Bei einem zweiseitigen Fragebogen sollte eine Rücklaufquote von 70 Prozent bis 80 Prozent erreicht werden, wenn alle Eltern den Fragebogen lesen und verstehen können.

Aufgaben

1. *Die bisherige Regel-Einrichtung soll in eine integrative Einrichtung umgewandelt werden, in der Kinder mit Behinderungen gemeinsam mit nicht-behinderten Kindern betreut werden. Zur Neuausrichtung der Einrichtung soll eine Befragung der Eltern durchgeführt werden. Entwickeln Sie einen Elternfragebogen.*

2. *Im Elternfragebogen sind folgernde Formulierungen zu finden:*
   a) *Sind Sie mit unserer Konzeption einverstanden?*
   b) *Wie zufrieden sind Sie mit der offenen Arbeit in unserer Einrichtung?*
   c) *Würden Sie unsere Einrichtung weiterempfehlen?*
   d) *Wie sollten wir die geforderte Inklusion in unserer Einrichtung umsetzen?*
   e) *Wie hat Ihnen unser Projekt „Die kleinen Forscher" gefallen?*

   Bewerten Sie diese Formulierungen im Hinblick auf Eindeutigkeit, Konkretheit, Verständlichkeit und Suggestivfragen.

3. *Der Rücklauf von schriftlichen Befragungen kann durch unterschiedliche Maßnahmen gefördert werden. Bewerten Sie, inwieweit und wie die Erzieherinnen die genannten Maßnahmen umsetzen können.*

6.5 Gesprächsführung

Als Schlüssel zu zufriedenen Eltern bezeichnet Huth (2006, S. 9) gelungene Elterngespräche, die eine zentrale Basis für vertrauensvolle Beziehungen zwischen den Erzieherinnen und Eltern darstellen.

6.5.1 Aktives Zuhören

Während das Zuhören als passive Gesprächshaltung empfunden wird, erfordert das aktive Zuhören die Anwendung verschiedener Gesprächstechniken, die sich auf das Feedback im Gespräch beziehen. Mithilfe des aktiven Zuhörens wird das Gespräch gesteuert, ohne dass es der Sprecher bewusst wahrnimmt. Der Gesprächspartner wird unbewusst zum Weiterreden und zum Reflektieren angeregt.

Das aktive Zuhören kennzeichnet eine professionelle Gesprächsführung, die zu einer Atmosphäre des Vertrauens und der Verbundenheit führt und damit erheblich zum Aufbau der gewünschten Erziehungs- und Bildungspartnerschaft beiträgt.

Das Konzept des aktiven Zuhörens verbindet drei Ansätze:
- Gesprächspsychotherapie nach Carl R. Rogers,
- Kommunikationsmodell nach Friedemann Schulz von Thun und
- Gesprächsgrundsätze der Familienkonferenz nach Thomas Gordon.

Kernvariablen nach Rogers

Carl R. Rogers entwickelte nach einer systematischen Auswertung von Gesprächen in zahlreichen Beratungssituationen sein Konzept der nondirektiven, klientenzentrierten Gesprächspsychotherapie.

Im Mittelpunkt erfolgreich verlaufender Gespräche steht die Verwirklichung von drei Kernvariablen:

Empathie

Empathie bezeichnet das einfühlende Verstehen des Gesprächspartners. Die zuhörende Erzieherin versucht sich in die Lage der Eltern hineinzuversetzen. Die eigene Perspektive der zuhörenden Erzieherin bleibt unberücksichtigt. Gefühle sind häufig irrational und widersprüchlich, so dass viele Menschen Angst haben, ihre Gefühle anderen mitzuteilen. Durch das Verbalisieren von emotionalen Erlebnisinhalten unterstützt die Erzieherin den Prozess der Gefühlsklärung. Die Eltern erfahren im Gespräch, dass sie ihre Gefühle nicht hinter Sachaussagen verbergen müssen, sondern offen über ihre emotionale Betroffenheit berichten können. Die zuhörende Erzieherin sollte im Gespräch auf auch gut gemeinte Ratschläge verzichten („Ratschläge sind auch Schläge"), da sie dem Gesprächspartner die eigenen Wertvorstellungen und Lösungsmöglichkeiten als die vermeintlich beste Lösung anbieten, ohne die spezifische Situation der Eltern angemessen zu berücksichtigen.

Kongruenz

Kongruenz (Echtheit) in den Äußerungen des Zuhörenden signalisiert den Eltern eine umfassende Anteilnahme und Akzeptanz des Gesprächspartners. Die zuhörende Erzieherin versteckt sich nicht hinter einer Fassade (z. B. Gesprächstechnik), sondern sie wendet sich in den Äußerungen aufrichtig und ehrlich den Eltern als Gesprächspartnerin zu. Kongruenz bzw. Echtheit zeigen sich im Gespräch durch unmittelbare, direkte, spontane Stellungnahmen zum Gehörten. Es werden dabei keine Gesprächstechniken (z. B. bewusstes Verdrehen bzw. Verändern von Aussagen) angewandt, um weitere Informationen von den Eltern zu bekommen. Die Zuhörende reagiert frei und verzichtet z. B. auf ein schablonenhaftes „hmm", um ihre Aufmerksamkeit und Anteilnahme zu signalisieren. Echtheit wird im Gespräch auch dann deutlich, wenn die Erzieherin ein Interesse am Anliegen der Eltern erkennen lässt. Verbale und nonverbale Signale müssen übereinstimmen, d. h. stimmig sein.

Wertschätzung

Wertschätzung beinhaltet das uneingeschränkte Akzeptieren des Gesprächspartners. Dies kommt im Gespräch sowohl verbal (z. B. durch Zustimmung, Bestätigung) als auch nonverbal (mittels Tonfall, Mimik, Gestik oder Blickkontakt) zum Ausdruck. Wertschätzung zeigt sich durch Toleranz, Achtung, Höflichkeit, Ermutigung, Freude und Zuwendung.

Die Erzieherin als Zuhörende geht vorurteilsfrei auf die Äußerungen der Eltern ein, indem sie sich bemüht, die Eltern in ihren Vorstellungen und Gefühlen zu verstehen. Die Zuhörende gibt dem Gesprächspartner ein ehrliches Feedback, in dem zum Ausdruck kommt, wie die Äußerungen der Eltern auf die Erzieherin wirken und von ihr verstanden werden.

Diese Form des Zuhörens, das bewusst auf Ratschläge, Schuldzuweisungen, Vorwürfe, Unterstellungen oder Kritik verzichtet, löst bei den Eltern zahlreiche positive Wirkungen aus: die Eltern fühlen sich verstanden und akzeptiert. Sie erfahren, dass ihr Anliegen ernst genommen wird: Die Eltern entwickeln dabei selbst Lösungsmöglichkeiten, um problematische Situationen zu bewältigen.

Das Kommunikationsmodell von Schulz von Thun

Das Kommunikationsmodell von Schulz von Thun, das auf den Überlegungen von Reinhard Tausch und Paul Watzlawick aufbaut, analysiert die Botschaften, die zwischen dem Sprechenden und dem Zuhörenden übermittelt werden.

Vier Seiten einer Botschaft
Schulz von Thun stellt dabei vier Seiten einer Botschaft heraus:

Sachinhalt	Worüber wird informiert?
Selbstoffenbarung	Was teile ich über mich selbst mit?
Beziehung	Wie stehen die Kommunikationspartner zueinander? Was hält der Sprechende vom Zuhörenden?
Appell	Wozu soll der Zuhörer veranlasst werden?

Beispiel: Eine Erzieherin in einer Kindertagesstätte sagt zur Mutter der vierjährigen Maria: „Maria kann sich immer noch nicht alleine anziehen."
Diese Aussage der Erzieherin kann, bezogen auf die vier Seiten einer Botschaft, von der Mutter wie folgt verstanden werden:

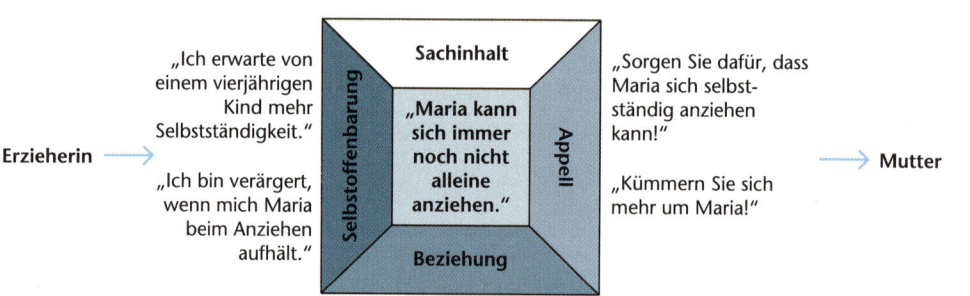

Schulz von Thun unterscheidet entsprechend der vier Seiten einer Botschaft zwischen vier Ohren, mit denen diese Botschaft wahrgenommen werden kann. Dieser Wahrnehmungs- und Interpretationsvorgang bestimmt, wie die Mutter auf das Gesagte reagieren wird. Nimmt die Mutter die Aussage mit dem Sachohr wahr, dann könnte sie z. B. darauf verweisen, dass Maria in der letzten Zeit durchaus Entwicklungsfortschritte gemacht hat und den Anorak selbstständig anziehen und mit dem Reißverschluss verschließen kann. Bestimmt das Selbstoffenbarungsohr ihre Reaktion, dann könnte sie z. B. auf andere vierjährige Kinder verweisen, die vergleichbare Probleme haben. Steht das Beziehungsohr im Mittelpunkt, dann könnte die Mutter emotional reagieren, wenn sie sich als erziehungsunfähig bewertet sieht. Das Appell-Ohr löst in der Regel die Versicherung aus, dass man diesen Sachverhalt schnell verändern und mit Maria gezielt das Aus- und Anziehen werde.

Aber auch in der Erzieherin spielen sich in der Kommunikation mit den Eltern Interpretationen auf den vier Seiten von Botschaften ab.

Beispiel: Im nachfolgenden Beispiel wird die Erzieherin im Hort von der Mutter der fünfjährigen Sabrina erbost angesprochen: „Sabrina hat ja ihre neue Strumpfhose zerrissen!"

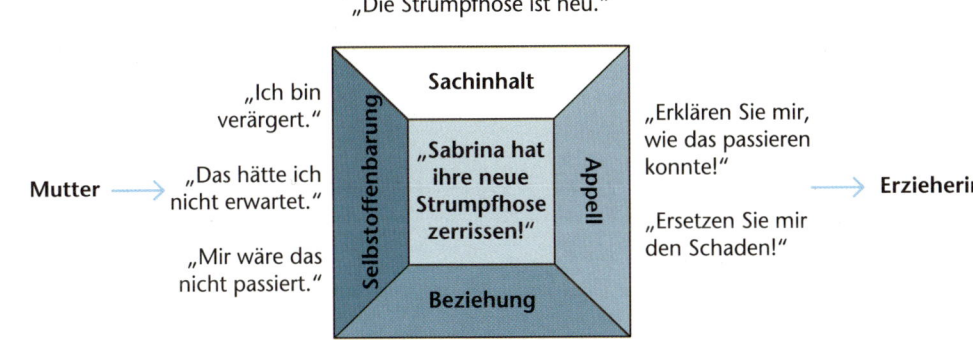

Im Hinblick auf dieses Kommunikationsmodell stellen sich für die Erzieherinnen in der Kommunikation mit den Eltern folgende Fragen, die selbstkritisch zu beantworten sind:

- Auf welchem Ohr nehme ich Elternaussagen wahr?

- Gibt es Unterschiede, abhängig von bestimmten Elterngruppen, auf welchem Ohr ich Elternaussagen wahrnehme?

- Bei welchen Personen fühle ich mich schnell angegriffen?

- Was wurde wirklich gesagt und wie habe ich das Gesagte interpretiert?

- Wie haben andere Personen das Gesagte verstanden?

Das aktive Zuhören konzentriert sich auf die Selbstoffenbarungsseite der Eltern. Die zuhörende Erzieherin geht auf die Empfindungen und Bewertungen der Eltern verstärkt ein.

Aktives Zuhören nach Gordon

Das aktive Zuhören wird von Thomas Gordon in seinem Buch Familienkonferenz (1989) erläutert. Gordon überträgt das therapeutisch angelegte Konzept von Carl R. Rogers auf die pädagogische Praxis. Sein Konzept stellt eine Grundhaltung dar, die sich in allen Kommunikationssituationen positiv auf den Kommunikationsprozess auswirken kann. Gordon versteht sein Konzept des aktiven Zuhörens aber nicht als mechanistisches Konzept, das als Kommunikationswerkzeug (Gesprächstechniken) zeitlich befristet und situationsabhängig zum Tragen kommt, sondern versteht das aktive Zuhören als kommunikativen Ausdruck einer positiven Grundhaltung und Einstellung zum Mitmenschen.

Verglichen mit dem oben dargestellten Kommunikationsmodell nach Schulz von Thun setzt sich das aktive Zuhören vor allem mit dem Aspekt der Selbstoffenbarung auseinander, indem sich die zuhörende Erzieherin auf die inneren Vorgänge der Eltern konzentriert. Welche Gefühle kommen in den Elternaussagen zum Ausdruck, welche Bewertungen, Einschätzungen und Einstellungen stehen hinter diesen Aussagen? Die zuhörende Erzieherin stellt die eigenen Gefühle, Gedanken und Bewertungen zurück und versucht, sich in den Gesprächspartner hineinzuversetzen. Die Erzieherin wird zur aktiven Zuhörerin, indem sie den Eltern zurückmeldet, wie die Aussage von ihr verstanden wird.

> *Beispiel: Die zuvor beschriebene Situation mit der Mutter der fünfjährigen Sabrina, deren Strumpfhose zerrissen ist, könnte zu folgendem Dialog zwischen der Mutter und der Erzieherin führen:*
>
> *Mutter: „Sabrina hat heute ihre neue Strumpfhose zerrissen!"*
>
> *Erzieherin: „Leider hält sich Sabrina nicht an die Regeln, wenn wir im Außengelände spielen. Obwohl das Klettern auf Bäumen verboten ist, ist Sabrina auf den Kastanienbaum geklettert und hat sich dabei die Strumpfhose zerrissen."*
>
> *Mutter: „Zu Hause habe ich mit Sabrina keine Probleme, dort hält sie sich an Vereinbarungen. Sie sollten mit Sabrina konsequenter umgehen."*
>
> *Erzieherin: „Wir achten hier in der Kita darauf, dass die Kinder selbstständig werden und verantwortungsvoll die Regeln beachten. Zudem sind wir darauf bedacht, einen Ausgleich zu den Angeboten im Haus zu bieten und dazu gehört auch das Austoben und Energie loswerden im Außengelände."*
>
> *Mutter: „Ich bin allein erziehend. Wissen Sie, wie lange ich arbeiten muss, um Sabrina eine neue Strumpfhose kaufen zu können?"*
>
> *Erzieherin: „Ich weiß, wie teuer Kinderkleidung ist, ich selbst habe eine Tochter in diesem Alter. Sie sollten Sabrina auch mit älterer Kleidung in die Kita schicken, damit sie sich ungezwungener im Außengelände abreagieren kann."*

Dieser Gesprächsverlauf ist unerfreulich und beinhaltet gegenseitige Vorhaltungen und Vorwürfe sowie einem Ratschlag zur Problemlösung durch die Erzieherin. Die Gesprächspartner werden emotional geladen und verärgert das Gespräch beenden. Die Erzieherin fühlt sich zu Unrecht angegriffen und sieht die Verantwortung bei der Mutter und Sabrina. Über die Art und Weise, wie die Mutter mit ihr gesprochen hat, ist die Erzieherin noch lange Zeit nach dem Gespräch erbost. Die Mutter ärgert sich über die unfähige Erzieherin, die es nicht einmal schafft ihre pflegeleichte Tochter zu beaufsichtigen. Wenn sie an die Kosten für die neue Strumpfhose denkt, würde sie sich am liebsten bei der Leiterin der Kindertagesstätte beschweren und einen Kostenersatz für die zerrissene Strumpfhose einfordern.

> *Beispiel: Folgender Gesprächsverlauf könnte sich mithilfe des aktiven Zuhörens entwickeln:*
>
> *Mutter: „Sabrina hat heute ihre neue Strumpfhose zerrissen!"*
>
> *Erzieherin: „Sie sind jetzt ganz schön verärgert."*
>
> *Mutter: „Ja wissen Sie, wie teuer die neue Strumpfhose war?"*
>
> *Erzieherin: „Es ist Ihnen wichtig, dass Sabrina immer gut gekleidet in die die Kita geht."*
>
> *Mutter: „Ich möchte nicht, dass die anderen denken, ich als Alleinerziehende kümmere mich zu wenig um Sabrina."*
>
> *Erzieherin: „Manchmal haben Sie ein schlechtes Gewissen."*
>
> *Mutter: „Neulich warf mir der Vater des Kindes vor, dass ich das ganze Geld für Kleidung und Kosmetik verwende und Sabrina zu kurz kommt. Da bin ich aber geplatzt."*
>
> *Erzieherin: „Dieser Vorwurf hat Sie sehr getroffen."*
>
> *Mutter: „Wissen Sie, dass der Vater des Kindes mit Unterhaltszahlungen seit zwei Monaten im Rückstand ist? ..."*

Die Erzieherin setzt sich mit den Beweggründen für die Aussage der Mutter auseinander und kommt dabei zum eigentlichen Problem, das die Mutter beschäftigt. Die Mutter erfährt im Gespräch, dass die Erzieherin als aktive Zuhörerin ihr Verständnis, Wertschätzung und Akzeptanz entgegenbringt. Aus der zunächst auf Konfrontation angelegten Auseinandersetzung mit der Erzieherin hat sich ein Gespräch entwickelt, das die tiefer liegende Problematik der Mutter verdeutlicht.

Das aktive Zuhören bewirkt bei den Eltern:
- Stärkung der Vertrauensbasis
- Verminderung von Ängsten
- Größere Offenheit
- Perspektivenwechsel bei der Problemanalyse
- Anregung zur eigenständigen Problembearbeitung
- Erhöhte Kompromissbereitschaft
- Differenzierte Selbstreflexion

Andererseits führt das aktive Zuhören bei den Erzieherinnen zu folgenden Veränderungen:

- Vertieftes Verständnis für die Situation der Eltern
- Entwicklung einer partnerschaftlichen, dialogischen Grundhaltung

Zur Verwirklichung des aktiven Zuhörens müssen verschiedene Voraussetzungen erfüllt sein. Die zuhörende Erzieherin muss ihre ganze Aufmerksamkeit auf die Eltern richten und sich aktiv mit dem Gehörten auseinandersetzen, indem sie das Gehörte versucht zu verstehen, die eigenen Wahrnehmungen kritisch hinterfragt und den Eltern als Gesprächspartner ein geeignetes Feedback gibt. In dieser Rückmeldung wird das Gehörte wertfrei gespiegelt, die eigene Wahrnehmung mitgeteilt und die Aussagen durch vorsichtige Interpretationen näher beleuchtet. Die im Gespräch zum Ausdruck kommende wohlwollende Grundhaltung verstärkt das Gefühl des Verstandenwerdens und ermöglicht ein offenes Ansprechen auch unangenehmer Erfahrungen. Diese Gesprächshaltung ist anstrengend und selbst von trainierten Zuhörern nur begrenzt (ca. 30 bis 45 Minuten) leistbar.

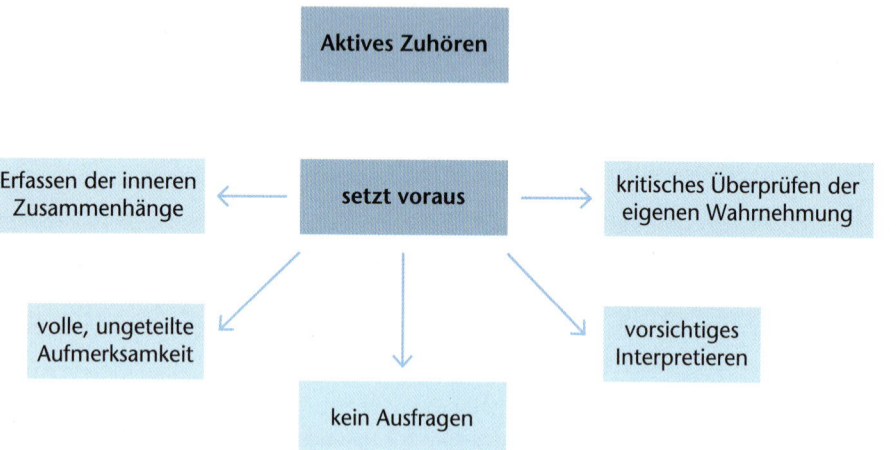

Voraussetzungen des aktiven Zuhörens (vgl. Crisand, 1982)

Das aktive Zuhören erfolgt auf der verbalen und nonverbalen Ebene, die kongruent (deckungsgleich) sein sollten. Differenzen zwischen beiden Ebenen signalisieren mangelnde Echtheit bzw. innere Spannungen.

Nonverbale Signale

Die nonverbalen Signale wirken vorwiegend unbewusst und beeinflussen den Gesprächsverlauf indirekt. Folgende nonverbalen Signale sind von besonderer Bedeutung:

- **Blickkontakt:** Sollte nicht starr, sondern locker gehalten werden. Mithilfe des Blickkontakts kann man sich der Aufmerksamkeit des Zuhörenden vergewissern.

- **Freundlicher Gesichtsausdruck:** Der offene, freundliche Gesichtsausdruck signalisiert eine positive zugewandte Haltung und entspannt die Gesprächssituation.

- **Zugewandte Körperhaltung:** Die körperliche Zuwendung, unterstützt durch Nicken, verdeutlicht die Bereitschaft zuzuhören und sich auf den Gesprächspartner zu konzentrieren.

Hinweise zur positiven Gesprächsbeeinflussung

Auf der verbalen Ebene kann das Gespräch positiv beeinflusst werden, wenn folgende Hinweise beachtet werden:

- **Feedback geben:** Den Eltern umgehend rückmelden, wie das Gesagte verstanden wurde. Die Gefühle, die mit der Aussage verbunden sind, verbalisieren. Dabei auch negative Gefühle ansprechen und im Gespräch zulassen. Auf inhaltsleere Rückmeldungen verzichten (z. B. „Ich kann Sie gut verstehen."), sondern möglichst kurz, prägnant und inhaltsbezogen rückmelden, wie die Aussagen wirken („Sie hat der Vorwurf gekränkt.")

- **Feedback differenzieren:** Bei der Rückmeldung unterscheiden zwischen ...
  - Wahrnehmung: z. B. „Ich habe Sie so verstanden, dass ..." oder „Ich erlebe Sie ..."
  - Vermutung: z. B. „Ich vermute ..." oder „Ich kann mir vorstellen ..."
  - Gefühl:, z. B. „Ich empfinde ..."

- **Positives verstärken:** Im Gespräch positive Aspekte herausstellen. Den Eltern Erfolge, Fortschritte und Veränderungen bewusst machen, um eine (dominierende) negative Grundhaltung zu verändern. Positive Rückmeldungen stärken die Beziehung zwischen den Gesprächspartnern und ermuntern zum Weiterreden.

- **Gesprächspartner ermutigen:** Die Eltern sollten im Gespräch zunehmend an Vertrauen zur Erzieherin gewinnen und dadurch ermutigt werden, offen und frei über die eigentlichen Probleme zu sprechen.

- **Aussagen konkretisieren:** Die Eltern darum bitten, Beispiele, Situationen oder Vorgänge zu beschreiben, in denen das Gesagte deutlich wird. Die Bewertungen und Gefühle der Eltern werden für die Erzieherin nachvollziehbar. Die Situation wird wieder aktualisiert und die Betroffenheit der Eltern erhöht sich.

- **Situationen strukturieren:** Die Erzieherin sollte im Gesprächsverlauf Strukturierungen vornehmen, indem sie den Gesprächsstand zusammenfasst und die wesentliche Erkenntnis den Eltern bewusst macht. Mithilfe der Strukturierung wird das Klären von problematischen Situationen erleichtert, sodass die Eltern Zusammenhänge erkennen, neu bewerten und neue Einsichten gewinnen können.

- **Pausen ermöglichen:** Im Gespräch Pausen angemessen einsetzen. Es gilt zu beachten: Zu lange Pausen erhöhen den Druck auf Seiten des Sprechenden sich zu äußern, um die unangenehme Situation (Stille, Leere) zu beenden. Fehlende Pausen erhöhen die Gesprächsgeschwindigkeit und die Zeit für einen Reflexion des Gesagten wird nicht genommen.

- **Lösungen entwickeln lassen:** Im Gespräch auf Bewertungen verzichten und sich nicht zu Hilfen oder Lösungen drängen lassen. Als Zuhörerin sollte man beachten: „Wer das Problem hat, der hat auch den Schlüssel zu Lösung." Der Betroffene kennt die Situation und die beteiligten Personen am besten und kann die Wirkung von Lösungsansätzen recht gut einschätzen.

- **Gefühle zulassen:** Auf massive Gefühlsreaktionen nicht mit Beschwichtigungen und Trost spenden reagieren. Die Gefühlsausbrüche im erträglichen Maß zulassen.

- **Zuwendung signalisieren:** Mit den Eltern sollte respektvoll und freundlich umgegangen werden. Im Gespräch darauf achten, dass die nonverbale Zuwendung auch verbal unterstützt wird. Floskeln (z. B. „Hmmm") wirken störend.

- **Unabhängigkeit steigern:** Im Verlauf der Gesprächskontakte ist darauf hinzuwirken, dass die Eltern immer selbstständiger mit dem Problem umgehen können und die beratende Erzieherin für die Bereinigung ungeklärter Situationen an Bedeutung verliert.

(vgl. Wolters, 2000)

6.5.2 ICH-Botschaften

Eine weitere Technik des aktiven Zuhörens stellt der Einsatz von ICH-Botschaften dar. Diese Botschaften werden vor allem dann gesendet, wenn die Erzieherin ein Problem mit den Eltern hat und sie eine geeignete Gesprächsform sucht, um diese ungeklärte Situation zu bereinigen. Werden Problemsituationen von der Erzieherin in das Gespräch eingebracht, dann besteht die Gefahr, dass von der Erzieherin Beschuldigungen, Vorwürfe oder Angriffe vorgebracht werden, die bei den Eltern Widerstände auslösen. Die Eltern geraten in eine Verteidigungsposition, die häufig zu starken emotionalen Auseinandersetzungen führen und eine sachliche Auseinandersetzung mit der ungeklärten Situation erschweren. Aus diesem Dilemma führt das Formulieren von ICH-Botschaften, die verdeutlichen, was die Erzieherin bewegt. Die ICH-Botschaften gehen auf die Selbstoffenbarungsseite der Erzieherin ein.

Es werden bei ICH-Botschaften drei Komponenten unterschieden:

	Erläuterung	Beispiel
Darstellung des Sachverhalts	Möglichst objektive, sachliche Darlegung der ungeklärten Situation	„Mir ist aufgefallen, dass Sara trotz einer starken Erkältung und Fieber in der Kindertagesstätte war."
Ausgelöste Gefühle	Darstellung der eigenen Betroffenheit, indem die ausgelösten Gefühle ohne Übertreibung formuliert werden	„Ich kann mich in der Gruppe nicht angemessen um kranke Kinder kümmern. Sara hat mir leid getan."
Konsequenzen aus der ungeklärten Situation	Konsequenzen, die sich aus dem Problemverhalten ergeben, möglichst sachlich und konkret aufzeigen	„Zudem besteht die Gefahr, dass sich die gesunden Kinder und wir Erzieherinnen uns anstecken und ebenfalls krank werden."

ICH-Botschaften verdeutlichen die Wirkung der ungeklärten Situation auf die Erzieherin und fordern die Eltern indirekt auf, etwas zu unternehmen, um die Situation zu bereinigen. Diese Absicht wird aber nur dann erfolgreich sein, wenn zwischen der Erzieherin und den Eltern bereits eine gute, vertrauensvolle Beziehung besteht. Die positive Beziehung wird durch das aktive Zuhören aufgebaut und intensiviert. Erst dann wird die ICH-Botschaft der Erzieherin von den Eltern als Hilferuf verstanden und Betroffenheit auslösen. Die Eltern werden nicht angegriffen, verletzt oder beschämt reagieren, sondern sich aufgefordert fühlen, zur Bereinigung der ungeklärten Situation beizutragen.

6.5.3 Emotionen im Elterngespräch

Elterngespräche sind häufig von starken Emotionen bestimmt. Eltern machen sich Sorgen über die weitere Entwicklung des Kindes, haben Ängste, etwas falsch zu tun oder zu spät zu reagieren und verbinden den weiteren Lebensweg des Kindes mit zahlreichen Hoffnungen und Erwartungen. Bei schwierigen Gesprächen gilt die Maxime: Positives verstärken ohne das Negative auszublenden. (vgl. Schnabel, 2004, S. 17 f.)

Prallen im Elterngespräch unterschiedliche Positionen aufeinander, besteht die Gefahr, dass emotionales Störfeuer das Gesprächsklima vergiftet. Die Erzieherin sollte solche emotionalen Giftpfeile rechtzeitig erkennen, um sie unschädlich zu machen. Wenn dies nicht gelingt, eskalieren ansonsten die negativen Emotionen.

Problembereiche

Schnabel (2004) nennt vier aufeinander aufbauende Problembereiche:

- **Verletzende Kritik:** Meinungsverschiedenheiten, Konflikte und Auseinandersetzungen bleiben in Beziehungen nicht aus. Das gemeinsame Ringen um eine von beiden Seiten akzeptierte Position können Beziehungen stärken. Grundsätzliche Vorwürfe und verletzende Kritik dagegen stellen die Beziehung auf unnötige Belastungsproben. Signalwörter wie immer, nie oder überall führen zu übertriebenen Unterstellungen und stellen einen direkten Angriff auf den Gesprächspartner dar.

- **Verachtung:** Verachtung ist eine subtile Form, um den Gesprächspartner zu beleidigen und kann verbal und nonverbal zum Ausdruck gebracht werden. Der Widerwille, mit dem das Gespräch geführt wird, zeigt sich in Mimik und Gestik, das Desinteresse wird in den Handlungen (z. B. sich gelangweilt im Raum umsehen, keinen Blickkontakt aufnehmen) deutlich.

- **Abwehrreaktionen:** Werden Vorwürfe geäußert, neigen die Beschuldigten häufig zum Leugnen ihrer Zuständigkeit. Sie winden sich aus ihrer Verantwortung, indem sie z. B. auf dritte Personen verweisen. Beschwichtigungen und Ablenkungen (z. B. Themawechsel) sind weitere beliebte Methoden.

- **Abblocken:** Das Abblocken stellt eine weitere Steigerung des Abwehrverhaltens dar. Der Gesprächspartner verweigert das Gespräch.

(vgl. Schnabel, 2004, S. 16 f.)

Hinweise zur Entschärfung emotionaler Gespräche

Um emotional aufgeladene Gespräche erfolgreich zu bewältigen und Giftpfeile unschädlich zu machen, sollten folgende Hinweise beachtet werden:

- **Entspannung:** Vor dem Kritikgespräch entspannen, um möglichst ruhig in das Gespräch zu gehen. Anspannung löst Stressreaktionen aus und führt zu Blockaden, so dass die Wahrnehmungsleistung eingeschränkt wird, die Urteilsfähigkeit in komplexen Situationen zurückgeht und kreative Lösungsmöglichkeiten nicht mehr gesehen werden. Sich durch Entspannungsverfahren (Atem-, Streck- oder kinesiologische Übungen) körperlich auf das Kritikgespräch einstellen.

- **Gesprächsplanung:** Konfliktgespräche sind hinsichtlich Ort, Raum, Zeitpunkt und Verlauf zu planen. Wird das Gespräch in der Einrichtung geführt, hat die Erzieherin ein Heimspiel, da sie das Gespräch leitet und ihrer gewohnten Umgebung handelt. Bezüglich der Gesprächsinhalte kann sie auf Beobachtungen und Erfahrungen in der Einrichtung zurückgreifen und hat damit einen deutlichen Informationsvorsprung vor den Eltern. Andererseits führen diese Vorteile für die Erzieherinnen zu Stressreaktionen bei den Eltern, die auf den Gesprächsverlauf in fremder Umgebung weniger Einfluss nehmen können.

- **Einstellung zum Gesprächspartner:** Im Gespräch geht es nicht darum, den Gesprächspartner zu überreden, ihn zu besiegen und die eigene Position im vollen Umfang durchzusetzen, sondern die Gesprächspartner sollten eine gemeinsame Basis zu finden, um die Probleme objektiv zu analysieren und gemeinsam zu tragfähigen Lösungsmöglichkeiten zu gelangen. Vor dem Gespräch sollte sich die Erzieherin bewusst machen, welche positiven Seiten der Gesprächspartner hat und ggfs. eine Liste der positiven Seiten anlegen. Im Gespräch ist es empfehlenswert, dem Gesprächspartner durch Anerkennung und Lob zu verdeutlichen, dass man ihn schätzt und der Konflikt die positive Einstellung zum Gesprächspartner nicht vermindert. Anerkennung des Gesprächspartners entspannt die Gesprächsatmosphäre nachhaltig, z. B. „Ich finde es sehr gut, dass Sie das Gespräch suchen."

- **Perspektivenwechsel:** Das gegenseitige Verstehen der konfliktbeladenen Situation kann durch einen Perspektivenwechsel erleichtert werden. Vorschläge berücksichtigen dann eher beide Positionen und führen zu einvernehmlichen Lösungen.

(vgl. Schnabel, 2004, S. 16 f.)

Zusammenfassung

Zusammenfassend sollten folgende Aspekte beachtet werden:

Förderndes Gesprächsverhalten	Hemmendes, eskalierendes Gesprächsverhalten
• Aktiv zuhören	• Monologe führen
• ICH-Botschaften senden	• Unruhe durch Aktivismus verbreiten
• Zugewandte Sitzposition einnehmen	• Höhere Sitzposition einnehmen oder sich
• Empathie verwirklichen	hinter dem Schreibtisch verschanzen
• Gefühle der Eltern spiegeln	• Unnachgiebig bleiben
• Erklärungen anbieten	• Schwächen des Gesprächspartners
• Stärken herausstellen	ausnutzen
• Entwicklungspotenziale verdeutlichen	• Dem Gesprächspartner Vorwürfe machen
• Interesse und Engagement zeigen	• Den Gesprächspartner persönlich
• Unterschiedliche Positionen akzeptieren	angreifen
• Ermutigende Rückmeldungen geben	• Absolute Urteile fällen
• Gemeinsam Lösungen entwickeln	• Eigene Stärke und Dominanz
• Eigene Fehler eingestehen	demonstrieren
• Auf Fachbegriffe verzichten	• Lösungen vorgeben
	• Gegenangriffe starten
	• Ironie und Sarkasmus zeigen
	• Nonverbal Desinteresse demonstrieren

(vgl. Sacher, 2008, S. 102)

6.5.4 Kommunikationsverhalten von Männern und Frauen

Wie Auswertungen von Gesprächsprotokollen belegen, unterscheiden sich Männer und Frauen in ihrem Kommunikationsverhalten. Belegbar sind folgende Unterschiede:

• Bei Problemen sind Frauen am Erfahrungsaustausch untereinander interessiert und bieten seelische Unterstützung an, während Männer Problemgespräche als Auftrag verstehen, Lösungsvorschläge zu entwickeln.

• Frauen vermeiden offene Konfrontationen und verbal aggressive Auseinandersetzungen. Männer dagegen verstehen die Konfrontation als Mittel, schneller im Gespräch voranzukommen.

• Männer wechseln sprunghafter die Thematik im Gespräch als Frauen, die behutsamer zu neuen Gesprächsinhalten überleiten.

• Wenn Männer Fragen stellen, dann sind sie an Informationen interessiert. Frauen fragen, um Gespräche in Gang zu halten.

• Frauen beziehen sich in ihren Redebeiträgen auf Vorredner, was Anerkennung und Wertschätzung für die vorangegangen Gesprächsbeiträge signalisiert, während Männer ihre Vorredner häufiger ignorieren.

- Gesprächsrückmeldungen wie „hmm" oder „ja" verstehen Frauen als Aufforderung, weiter zu erzählen. Männer dagegen interpretieren diese Rückmeldungen als Einverständnis im Sinne von „Ich stimme den Aussagen zu".

Für viele Erzieherinnen ist die stärker sachbezogene Gesprächshaltung von Männern zwar befremdlich, weil sie selbst stärker auf emotionale Inhalte achten und ein harmonisches Gespräch Wert legen. Es zeigt sich aber, dass Gespräche auf der Sachebene gradliniger verlaufen und weniger komplex sind.

Aufgaben

1. *Die Erzieherin hat kein gutes Verhältnis zu einer bestimmten Mutter und Probleme im Gespräch die Kernvariablen nach Rogers zu verwirklichen. Entwickeln Sie Hilfsmöglichkeiten, um die gewünschte Erziehungspartnerschaft aufzubauen.*

2. *Das Kommunikationsmodell nach Schulz von Thun berücksichtigt vier Seiten der Kommunikation. Erläutern Sie diese vier Seiten an folgenden Beispielen von Elternaussagen:*

   a) *„Mein Sohn beklagt sich häufig über das Mittagessen."*

   b) *„Jule hat ganz begeistert vom ‚Wasser-Projekt' berichtet. Kann ich Sie unterstützen?"*

   c) *„In der Weihnachtszeit wäre es gut, wenn die Kinder auch an einem Samstagvormittag betreut werden könnten."*

   d) *„Die Bestrafung mit Nachtisch-Entzug finde ich nicht gut."*

3. *Begründen Sie, warum das aktive Zuhören ohne Fragen auskommen kann.*

4. *Erläutern Sie die Voraussetzungen, unter denen ICH-Botschaften wirksam sind. Wie sollte sich die Erzieherin verhalten, wenn ICH-Botschaften nicht die gewünschte Wirkung bringen?*

5. *Ein Perspektivenwechsel kann dazu führen, dass die Eltern z. B. aus der Sicht des Kindes oder der Erzieherinnen die Situation reflektieren. Veranschaulichen Sie den Perspektivenwechsel an zwei Beispielen und erläutern Sie die Absichten, die in den Beispielen mit dem Perspektivenwechsel verbunden sind.*

6.6 Mediation

Die Erzieherinnen sollten in der Lage sein, das Verfahren der Mediation (Vermittlung) einzusetzen, um Konflikte zwischen Eltern sowie zwischen Eltern und Mitarbeitern der Einrichtung konstruktiv, eigenverantwortlich und selbstbestimmt zu bewältigen. Die Mediation hat sich in der Elternarbeit bewährt.

Die in der Mediation geschulten pädagogischen Mitarbeiter entwickeln mit den Betroffenen tragfähige Lösungen und nutzen die Kompetenzen der Konfliktparteien. Der Mediator ist Prozessverantwortlicher und achtet darauf, dass zwischen den Kontrahenten eine Balance besteht, so dass keine Konfliktpartei dominiert und die Grundsätze eines fairen Umgangs miteinander Beachtung finden.

Der Mediationsprozess

Der Mediationsprozess umfasst sieben Phasen:

- **Einleitung:** Das Mediationsverfahren wird den Beteiligten erläutert. Die Regeln, die zu beachten sind, werden gemeinsam erarbeitet (z. B. Vermeiden von Unterbrechungen, Vorwürfen, Schuldzuweisungen, Beleidigungen und Anschuldigungen sondern Zuhören).

- **Problembestimmung:** Die Konfliktsituation wird von den Konfliktparteien unterschiedlich wahrgenommen und interpretiert. Dabei kommt es zu Verzerrungen, da die Informationen aus den unterschiedlichen Blickwinkeln selektiv wahrgenommen und subjektiv, interessensgeleitet verarbeitet werden. Der Mediator beabsichtigt, von den einseitigen, festgefahrenen Sichtweisen der Problemwahrnehmung weg zu kommen und zu einem gemeinsamen Problemverständnis zu gelangen.

- **Problemdarstellung beider Seiten:** Die unterschiedlichen Standpunkte der Konfliktparteien werden gegenübergestellt und die Interessen, die dem Standpunkt zu Grunde liegen, analysiert. Durch aktives Zuhören werden verschiedene Aspekte vertieft. Am Ende werden die Standpunkte vom Mediator zusammengefasst und die Gemeinsamkeiten der Positionen herausgestellt. Um einen Konsens zwischen den Kontrahenten zu erlangen, kann die Darstellung von den Betroffenen ergänzt werden. Am Ende dieser Phase steht die Konfliktdarstellung, die von beiden Seiten akzeptiert werden kann.

- **Konfliktbearbeitung/Konflikterhellung:** Mithilfe des aktiven Zuhörens wird der Konflikthintergrund beleuchtet. Die unterschiedlichen Konfliktebenen und die ausgelösten emotionalen Reaktionen werden aufgegriffen. Im Mittelpunkt steht die Analyse der eigentlichen Konfliktursache. In dieser schwierigen Phase, in der bei den Konfliktparteien starke Emotionen wachgerufen werden, ist es wichtig, objektiv zu bleiben und ein Zurückfallen in frühere Phasen zu vermeiden.

- **Problemlösung:** Mit Unterstützung des Mediators werden unterschiedliche Alternativen für eine nach vorn gerichtete, faire Lösung des Problems entwickelt („win-win-Lösung"). Die Lösungsmöglichkeiten werden hinsichtlich ihrer Vor- und Nachteile, kurz- und langfristigen Wirkung, und Umsetzbarkeit von beiden Konfliktparteien gemeinsam bewertet. Es ist Aufgabe des Mediators, mit den Betroffenen eine Lösungsalternative zu entwickeln, die fair und ausgewogen ist und für beide Seiten gleichermaßen Vorteile aufweist, um neue Konflikte zu vermeiden.

- **Vereinbarung:** Die gemeinsam gefundene Lösung wird in der Regel mit einem „sozialen Vertrag" schriftlich festgehalten. Diese Vereinbarung, die von beiden Kontrahenten unterschrieben wird, muss klar formuliert sein und die einzelnen Schritte zur Konfliktlösung sowie Kontrollmöglichkeiten beinhalten.

- **Überprüfung:** Die Kontrahenten vereinbaren Termine für Nachbesprechungen, um die Wirksamkeit der Vereinbarung zu überprüfen bzw. die Vereinbarung zu überarbeiten.

Die Erzieherinnen müssen neben einer Qualifizierung in der Mediation auch über Techniken der Gesprächsführung (z. B. aktives Zuhören) verfügen, um den Mediationsprozess erfolgreich gestalten zu können. Eltern, die bereits Mediationserfahrungen gesammelt haben, können diese Strategie der Konfliktbearbeitung auch bei ihren Kindern erfolgreich anwenden (vgl. Mecke/Weinmann-Lutz). Insofern hat Mediation auch einen präventiven Charakter.

Mitarbeiterqualifizierung

Eine Qualifizierung der Mitarbeiter umfasst folgende Bereiche:
- Grundlagen, Anwendungsmöglichkeiten und Grenzen der Mediation
- Rolle und Haltung des Mediators
- Phasen der Mediation
- Gesprächs- und Interventionstechniken
- Umgang mit Widerständen
- Selbsterfahrung und Selbstreflexion

Zur Schulmediation hat der Bundesverband Mediation e. V. Standards und Ausbildungsrichtlinien entwickelt.

Aufgaben

1. In der Einrichtung besteht zwischen einer Mutter und der Gruppenleiterin ein gespanntes Verhältnis. Die Mutter erwartet von der Erzieherin eine stärkere Vorbereitung ihres Sohnes auf die Grundschule und die Bildung von Vorschulgruppen, die sich intensiv mit dem Training schulischer Kompetenzen beschäftigen. Die Gruppenleiterin lehnt das Vorhaben ab. Inzwischen hat die Mutter weitere Eltern für ihr Vorhaben aktiviert, die ebenfalls Vorschularbeit einfordern. Veranschaulichen Sie an diesem Beispiel den Mediationsprozess.

2. Zeigen Sie die Grenzen einer Mediation in sozialpädagogischen Einrichtungen auf. Begründen Sie Ihre Einschätzungen.

7 Wirksamkeit der Elternarbeit

Wissenschaftliche Überprüfungen zur Wirksamkeit der Elternarbeit liegen kaum vor. In der Regel werden Befragungen von Erzieherinnen, Kursleitern und Teilnehmern durchgeführt. Aus diesen Studien ergeben sich positive Effekte vor allem bei den Eltern und weniger Auswirkungen bei den Kindern. So zeigt sich, dass Angebote in den sozialpädagogischen Einrichtungen, also im sozialen Umfeld der Eltern, wirksamer sind als Angebote durch Dritte (z. B. Volkshochschule, private Anbieter). Die Lebenslagen der Familien werden in den sozialpädagogischen Einrichtungen besser aufgegriffen.

Präventionswirkung der Elternarbeit

Die Wirksamkeit der Elternarbeit im Hinblick auf ihre Präventionswirkung ist vor allem von vier Einflussgrößen abhängig:

- **Struktur:** Klar strukturierte Angebote in der Elternarbeit haben eine bessere präventive Wirkung als offene Angebote (z. B. Elternstammtisch).

- **Übungselemente:** Werden Übungen durchgeführt, um die Handlungskompetenz der Eltern gezielt und kontrolliert zu verbessern, und nicht nur um kognitiv Wissen zu vermitteln, dann erhöht sich die Wirksamkeit der Elternarbeit beträchtlich.

- **Professionalität:** Die Professionalität der Erzieherinnen, Referenten bzw. Trainer hat einen nachweisbaren positiven Einfluss auf die Wirksamkeit der Elternarbeit.

- **Kompetenzförderung:** Besser als kurzfristige Maßnahmen oder die Auseinandersetzungen mit sehr eng begrenzten Themen haben es Angebote, die langfristig auf eine breite Kompetenzförderung der Eltern abzielen. Die Stärkung der Erziehungsverantwortung der Eltern wird am besten in bedarfsgerechten Angeboten erreicht, in denen die unterschiedlichen Lebenslagen der Eltern Berücksichtigung finden.

Studien zur Wirksamkeit der Elternarbeit liegen vorwiegend für den schulischen Bereich vor. So konnte nachgewiesen werden, dass sich das Elternengagement positiv auf die Einstellung der Schüler zur Schule, auf das Sozialverhalten, die Fehlzeiten und Gewaltprobleme auswirken und sich das Selbstkonzept der Schüler verbessert.
(vgl. Sacher, 2008, S. 50 f.)

Erfolg der Elternarbeit

Der Erfolg der Elternarbeit ist davon abhängig, inwieweit es den Erzieherinnen gelingt, den Eltern das Gefühl zu vermitteln, willkommen zu sein. Die Eltern reagieren auf Willkommenssignale, die sie mehr oder weniger bewusst wahrnehmen.
(vgl. Sacher, 2011, Folien 13 f.).

Willkommensmaßnahmen
- Ansprechend gestalteter Eingangsbereich
- Freundliche Begrüßung
- Ruhig gelegenes, ansprechendes Besprechungszimmer

- Wertschätzung verschiedener kultureller und religiöser Traditionen
- Berücksichtigung der sozialen und wirtschaftlichen Lebenslagen der Familien
- Umfassende Einbindung der Eltern

Signale des Nicht-Willkommen-Seins
- Vorbehalte gegenüber Eltern
- Fehlende persönliche Ansprache
- Elternarbeit beschränkt sich auf Helfertätigkeit bei Veranstaltungen
- Terminvorgaben ohne Rücksichtnahme auf Arbeitszeiten der Eltern
- Desinteresse an der Lebenslage der Familien
- Schuldzuweisungen an Eltern
- Kein Interesse an einer Erziehungspartnerschaft.

(vgl. Sacher, 2011, Folien 13 f.)

Zusammenfassend kann festgestellt werden, dass die Wirksamkeit nur im geringen Umfang von den äußeren Rahmenbedingungen abhängig ist. Die Wirksamkeit der Elternarbeit wird stärker von der Zusammensetzung der Elternschaft bestimmt (z. B. Bildungsniveau, kultureller Hintergrund, Familiensituation). Wesentlich für den Erfolg ist die Gestaltung der Elternarbeit.

7.1 Auswirkungen der gesellschaftlichen Bedingungen

Die Elternarbeit ist auch unter den Rahmenbedingungen zu bewerten, denen die Eltern ausgesetzt sind. Die Zeit, die Eltern mit Kindern verbringen können, nimmt aus verschiedenen Gründen beständig ab. Die Arbeitszeit der Eltern hat sich in den letzten Jahren verlängert. Arbeitszeiten der Eltern am Abend und an Wochenenden haben deutlich zugenommen. Einige Eltern gehen mehreren Jobs nach, um über ein ausreichendes Familieneinkommen zu verfügen. Am Arbeitsplatz haben sich Abläufe beschleunigt und die Belastung für die arbeitenden Eltern erhöht. Es bestehen heterogene Familienstrukturen (z. B. Alleinerziehende, Familien mit

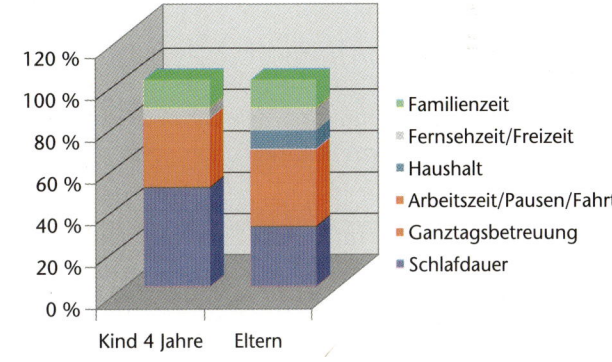

Daten übernommen aus Textor, 2011 b, S. 10 f.

Migrationshintergrund, Patchworkfamilien), die recht unterschiedliche Ziele verfolgen und stark voneinander abweichende Wertvorstellungen aufweisen. Wie Studien zeigen, ist den Eltern die Zusammenarbeit mit den Erzieherinnen sehr wichtig, doch die Zeiträume dazu werden aufgrund der beruflichen Situation immer geringer.

In der nachfolgenden Gegenüberstellung wird der Tagesrhythmus eines vierjährigen Kindes, das acht Stunden in einer Ganztagseinrichtung verbringt, mit dem Tagesrhythmus eines vollberufstätigen Elternteils verglichen.

	Kind 4 Jahre	Eltern
Schlafdauer	11,50 Stunden	7,00 Stunden
Ganztagsbetreuung	8,00 Stunden	---
Arbeitszeit/Pausen/Fahrt	---	9,00 Stunden
Haushalt	---	2,00 Stunden
Fernsehzeit/Freizeit	1,25 Stunden	2,75 Stunden
Familienzeit	3,25 Stunden	3,25 Stunden

Die Übersicht verdeutlicht den geringen Zeitumfang, den die Familienzeit am Tagesrhythmus von Kind und Eltern einnimmt. Einige Eltern haben aufgrund der Verlagerung der Arbeitszeit in die Abendstunden kaum Zeit, Angebote zur Elternarbeit in der Einrichtung wahrzunehmen.

7.2 · Bedeutung der Zielgruppen

Die Form der Elternarbeit muss auf die jeweilige Zielgruppe abgestimmt sein, die mit dem Angebot erreicht werden soll. Schriftliche Informationswege werden stärker von bildungsnahen Elternhäusern genutzt und erreichen Eltern mit einer eher geringen Beherrschung der Schriftsprache (z. B. Migrantenfamilien, sozial benachteiligte Familien) nicht. Bei einer bezüglich der kulturellen und ethnischen Herkunft sehr heterogenen Elternschaft müssen verschiedene Wege der Elternarbeit mit unterschiedlichen Formen erprobt werden, um möglichst viele Eltern zu erreichen. Gegen unzumutbare Forderungen müssen sich die Erzieherinnen abgrenzen.

Migranteneltern sind häufig gegenüber Erzieherinnen zurückhaltender und misstrauischer als deutsche Eltern. Da die Eltern mit Migrationshintergrund seltener informelle Kontakte nutzen, müssen die Erzieherinnen gerade auf diese Eltern stärker zugehen. Der Aufbau einer Erziehungspartnerschaft ist schwieriger und aufwendiger, da deren kulturelle und religiöse Wertvorstellungen von den Wertvorstellungen der Erzieherinnen deutlich abweichen können.

Eltern mit Migrationshintergrund sollten von Seiten der Erzieherinnen in der Kontaktaufnahme mit deutschen Eltern unterstützt werden. Häufig fühlen sich die Eltern mit Migrationshintergrund von den übrigen Eltern ausgegrenzt, denn oft spüren sie in der Elternarbeit die unterschiedliche Interessenlage zwischen ihnen selbst und gebildeten Eltern aus der Mittelschicht. Die Datenerhebung des Mikrozensus 2010 verdeutlicht die unterschiedlichen Lebensbedingungen von Eltern mit bzw. ohne Migrationshintergrund:

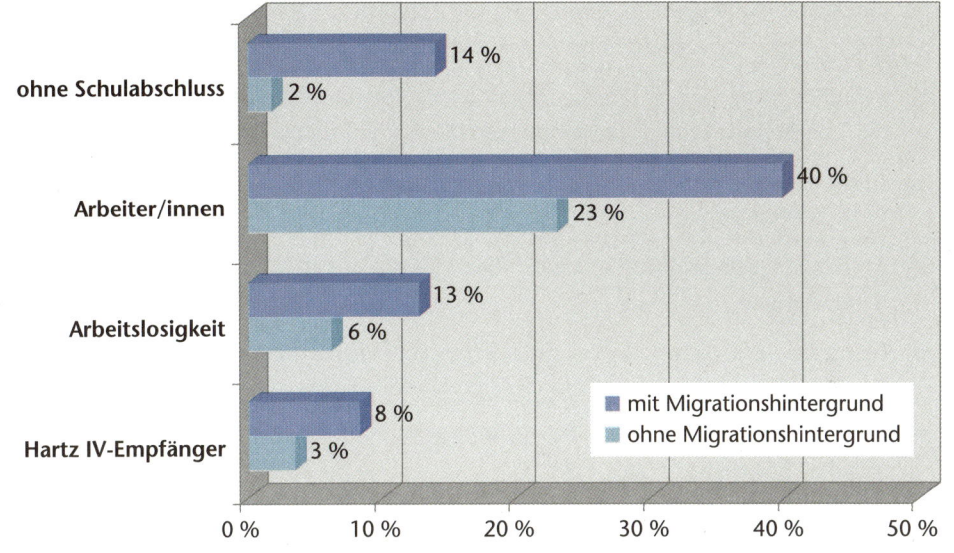

(vgl. Statistisches Bundesamt, 2011)

7.3 Wirksamkeit der verschiedenen Formen von Elternarbeit

Schriftliche Formen der Elternarbeit sprechen vorwiegend bildungsnahe Elterngruppen an. Diese Eltern sind in der Lage, schriftliche Unterlagen im Hinblick auf ihre Bedeutung und ihren Informationsgehalt zutreffend auszuwerten.

Mündliche Formen der Elternarbeit führen zu einer Intensivierung des Kontakts, so dass auf der Basis von Akzeptanz, Toleranz und Respekt eine Vertrauensbasis zwischen den Eltern und den Erzieherinnen aufgebaut werden kann. Diese vertrauensvolle Beziehung hat eine brückenbildende Funktion und erweitert den Zugang zu den Interessen, Sorgen und Nöten der Eltern.

Die Wirksamkeit der Elternarbeit kann deutlich erhöht werden, wenn zur Elternarbeit ein Konzept besteht, das eine Verknüpfung der verschiedenen Formen der Elternarbeit vorsieht. So könnten z. B. Elterninformationen, die schriftlich ausgegeben werden, mit den Themen von Elternabenden verbunden werden, so dass eine vertiefte Diskussion am Elternabend ermöglicht wird.

Die Wirksamkeit der Elternarbeit ist nicht zuletzt vom Bildungsstand der Eltern abhängig. So werden z. B. Elternkurse in der Regel von bildungsnahen Eltern besucht, die selbstkritisch ihr Erziehungsverhalten reflektieren und ihre Erziehungskompetenzen optimieren wollen. Diese Elterngruppe ist auch bereit, Kosten für ein Elterntraining aufzubringen.

Aufgaben

1. Entwickeln Sie Vorschläge, damit sich die Eltern in der Einrichtung willkommen fühlen. Begründen Sie die Wirksamkeit Ihrer Vorschläge.

2. Erläutern Sie den Begriff Professionalität in der Elternarbeit und zeigen Sie auf, wie die Professionalität der Erzieherinnen erhöht werden kann.

3. Gliedern Sie die Familienzeit, die im Tagesablauf für das Kind verbleibt, weiter auf (z. B. Essenszeiten usw.).

4. Erstellen Sie den Tagesablauf für ein Kind im Hort, das die 4. Klasse einer Grundschule besucht.

5. Leiten Sie aus den dargestellten statistischen Ergebnissen zu den Lebensbedingungen Konsequenzen für die Arbeit mit Migranteneltern ab.

6. Entwickeln Sie Möglichkeiten, um die Wirksamkeit schriftlicher Formen der Elternarbeit zu überprüfen.

8 Stolpersteine und Grenzen der Elternarbeit

8.1 Kommunikationsprobleme

Beim Umgang mit Migrantenfamilien sind unterschiedliche Probleme und Barrieren zu beachten. So erschweren mangelnde Deutschkenntnisse die Kommunikation zwischen den ausländischen Eltern und den pädagogischen Fachkräften. Oft gelingt es nur mithilfe Dritter, diese Kommunikationshürden zu überwinden.

Neben den Verständigungsschwierigkeiten bestehen Probleme, die sich aus den unterschiedlichen kulturellen Prägungen ergeben, die zu Irritationen führen können. Die Mitarbeiter müssen sich mit den verschiedenen Kulturkreisen (Wertvorstellungen, Rituale, Traditionen) und Unterschieden im Erziehungsverständnis, in Geschlechterrollen, Normen und Gebräuchen auseinandersetzen, um das Verhalten der Eltern und der Kinder zu verstehen. Eine Analyse der Lebenssituation ist zwar aufwendig, aber unumgänglich, um den Kindern und Familien gerecht zu werden.

Eine ungezwungene Kontaktaufnahme mit den zugewanderten Eltern wird zudem durch eine Vielzahl negativer Einstellungen, Wahrnehmungen und Erfahrungen erschwert. Einige dieser Eltern legen Wert auf den Erhalte der kulturellen Identität mit ihrem Herkunftsland und befürchten „germanisiert" zu werden (vgl. Sacher, 2008, S. 238). Zahlreiche Eltern erleben fortwährende Diskriminierung und sozialen Ausschluss in unserer Gesellschaft und fühlen sich in Deutschland nicht akzeptiert. Studien aus dem schulischen Bereich der Elternarbeit belegen, dass Eltern mit Migrationshintergrund zwar häufig an Gruppenveranstaltungen teilnehmen, aber direkte Kontakte mit den pädagogischen Fachkräften nur im geringen Umfang suchen. Dies kann auf sprachliche Barrieren und Unsicherheiten gegenüber den Erziehenden beruhen.

Zur direkten Kontaktaufnahme sollten Erzieherinnen die Möglichkeit der Hausbesuche nutzen. Bei diesen Hausbesuchen sind die Gepflogenheiten der Familie zu beachten (z. B. Schuhe ausziehen, keine Getränke und Speisen ablehnen). Da gegenüber den deutschen Institutionen häufig ein ausgeprägtes Misstrauen besteht, sollte die Verschwiegenheit ausdrücklich zugesichert werden. Das eigene Interesse der Erzieherinnen am Hausbesuch sollte der Familie verdeutlicht werden, um zum Wohl des Kindes zu einer Erziehungs- und Bildungspartnerschaft zu gelangen. Mit Kritik und Vorwürfen muss sehr vorsichtig umgegangen werden, um Konfrontation und Ablehnung zu vermeiden. Wenn das Verhalten des Kindes kritisiert wird, fühlen sich die Eltern häufig selbst angegriffen.

Zur Verbesserung der Sprachbeherrschung und Stärkung der Erziehungskompetenzen kann der Besuch von Elterntrainings für Eltern mit Migrationshintergrund (z. B. Rucksack-Projekt) empfohlen werden.

Aufgaben

1. *Zeigen Sie auf, inwieweit eine Diskriminierung von Eltern mit Migrationshintergrund in sozialpädagogischen Einrichtungen erfolgen könnte.*

2. *Diskutieren Sie, in welchem Umfang die kulturelle Identität der Migranteneltern in den Einrichtungen berücksichtigt werden kann.*

8.2 Beschwerden und Provokationen von Elternseite

Beschwerden sind im beruflichen Alltag nichts Besonderes. Wenn Eltern sich beschweren, nehmen sie ihr Recht wahr, ihren Unmut zum Ausdruck zu bringen. Beschwerden sind Äußerungen einer enttäuschten Erwartung und eine subjektiv empfundene Unzufriedenheit.

Die Erzieherinnen müssen lernen, mit Beschwerden professionell umzugehen und die Kritik nicht persönlich zu nehmen. Erzieherinnen sind bisweilen mit feindselig oder negativ eingestellten Eltern konfrontiert, die sich vermehrt beschweren und Kritik vorbringen. Tragen die Eltern ihre Unzufriedenheit vor, so wird dies häufig als persönlicher Angriff und Kritik verstanden. Die pädagogischen Mitarbeiter geraten dann in einen Rechtfertigungszwang und entwickeln Schuldgefühle, weil sie nicht gelernt haben, mit Kritik positiv umzugehen. Wenn Eltern Kritik äußern, dann kommt ihr legitimes Interesse am Erziehungsalltag zum Tragen. Mit der vorgetragenen Kritik ist aber auch die Hoffnung der Eltern verbunden, dass sich die Situation in der Einrichtung verbessert. Bringen die Eltern keine Kritik vor, so kann dies auf unterschiedlichen Ursachen beruhen: Vielleicht haben Eltern bereits resigniert, da sie erlebt haben, dass ihre Vorschläge nicht aufgegriffen wurden. Unter Umständen wagen es die Eltern nicht, ihre Kritik vorzubringen, weil sie Angst haben, ihr Kind könnte daraufhin in der Einrichtung benachteiligt werden.

Beschwerdemanagement

In der Einrichtung sollte zum professionellen Umgang mit Kritik ein Beschwerdemanagement aufgebaut werden, um auf Beschwerden angemessen zu reagieren und die Vorteile, die mit einer Beschwerde verbunden sind, zu nutzen. Das Beschwerdemanagement beinhaltet die Planung, Durchführung und Kontrolle aller Aktivitäten im Umgang mit Elternbeschwerden. Das Ziel besteht in der Wiederherstellung der Elternzufriedenheit und dem Abbau von Schwachstellen.

Erfahrungen beim Umgang mit Beschwerden
Folgende Erfahrungen sollten beim Umgang mit Beschwerden beachtet werden:

- Eltern, die sich beschweren, sind (im Gegensatz zu den schweigenden Eltern) an einer Erziehungspartnerschaft interessiert.
- Wenn Eltern erfahren, dass mit ihrer Kritik positiv umgegangen wird, steigt die Zufriedenheit der Eltern und die Identifikation mit der Einrichtung erhöht sich.
- Die Auswertung von Elternbeschwerden können Elternbefragungen ersetzen.

Wenn sich die Elternarbeit positiv weiterentwickeln soll, dann ist die offene Rückmeldung der Eltern besonders wichtig. Deshalb sind die Beschwerden der Eltern als Chancen zu sehen. Die von Eltern vorgebrachte Kritik kann der Ausgangspunkt sein, um Abläufe zu hinterfragen und sie zu optimieren. Die Erzieherinnen sollten daran interessiert sein, die Einschätzungen und Wünsche der Eltern systematisch zu erfassen. So sollten sie regelmäßig die Elternbefragung als Instrument nutzen, um die Zufriedenheit der Eltern mit dem Betreuungsangebot und den Rahmenbedingungen der Einrichtung zu überprüfen und Verbesserungsvorschläge der Eltern zu erkunden.

Auswertung von Beschwerden
Der Umgang mit Beschwerden ist unter folgenden Gesichtspunkten auszuwerten:

- Wie viele Beschwerden gehen ein?
- Liegen nur Erstbeschwerden oder bereits Folgebeschwerden der Eltern zum gleichen Sachverhalt vor?
- An wen wenden sich die unzufriedenen Eltern?
- Worüber beschweren sich die Eltern?
- Wer beantwortet die Beschwerden?
- Wie schnell wird auf die Beschwerde reagiert?
- Welche Konsequenzen werden aus den Beschwerden gezogen?

Wenn die Eltern nicht den Mut haben, ihre Probleme direkt anzusprechen, dann können Kummerkästen oder anonym durchgeführte Befragungen den Eltern eine Möglichkeit zur offenen Rückmeldung geben. Schüchterne und zurückhaltende Eltern sollten in Einzelgesprächen ermutigt werden z. B. an Elternabenden teilzunehmen und Fragen zu stellen. Die Erzieherinnen müssen Strategien kennen, um mit dem Ärger der Eltern richtig umzugehen. In Schulungen können hilfreiche Formulierungen und deeskalierende Verhaltensweisen trainiert werden.

Ablauf von Elterngesprächen aufgrund von Beschwerden
Im Gespräch mit Eltern, die sich beschweren, sind folgende Schritte erforderlich:

- **Gesprächseröffnung**
  - Beschwerde annehmen
  - Zuhören
- **Deeskalation der Situation**
  - Verärgerung der Eltern ernst nehmen
  - Aktiv zuhören
  - Für „Befreiungsfühle" bei den Eltern sorgen
- **Klärung der Sachlage**
  - Erwartungen der Eltern abklären
  - Sich in die Position des anderen versetzen
  - Problembewusstsein zeigen
  - Ursachen der Verärgerung erkunden
  - Keine Bewertung der Situation vornehmen
- **Problemlösung**
  - Lösungsvorschläge entwickeln
  - Vor- und Nachteile verschiedener Vorgehensweisen aufzeigen
  - Sich auf gemeinsam getragene Problemlösung einigen

- Vereinbarungen treffen
- W-Fragen formulieren („Was erwarten Sie jetzt von mir?", „Wie kann ich Ihnen helfen?", „Wie sollten wir vorgehen?", „Was kann ich jetzt für Sie tun?", „Wie kann ich Ihnen helfen?")

- **Abschluss mit Elternzufriedenheit**
  - Sich bedanken
  - Umsetzung der Lösung zusichern und nach festgelegter Zeit den Erfolg überprüfen

Im Umgang mit Beschwerden sind zahlreiche Fehlhaltungen zu beobachten: Die Probleme der Eltern werden heruntergespielt, die Schuld wird auf andere oder die Umstände geschoben, unerfüllbare Versprechungen werden zur Beruhigung der Eltern gemacht, die Aussagen der Eltern werden in Zweifel gezogen, die Eltern werden angegriffen oder es werden langwierige Rechtfertigungen vorgetragen.

Provokationen von Elternseite

Reagieren Eltern im Gespräch ungehalten, beleidigend oder aggressiv, dann besteht die Möglichkeit, das Gespräch sofort zu beenden und die Eltern aus der Einrichtung zu verweisen. Eine Verschärfung des Konflikts ist nicht wahrscheinlich. Es müsste ein neuer Versuch gestartet werden, das zerrüttete Verhältnis wieder zu verbessern. In dieser Situation muss sich die Erzieherin überlegen, inwieweit sie die Provokationen ertragen kann, ohne dabei ihre Autorität zu verlieren.

Hilfsmöglichkeiten

- Sich durch die Provokationen nicht einschüchtern oder aus der Ruhe bringen lassen. Die eigenen Emotionen unter Kontrolle halten.

- Auf Gegenangriffe oder Vorwürfe verzichten.

- Mit Ich-Botschaften auf die Provokationen reagieren (z. B. „Ich fühle mich durch Ihre Aussagen beleidigt. Wir können das Gespräch nur dann fortsetzen, wenn Sie solche Äußerungen unterlassen.")

- Auf den Konflikt wieder sachlich zurückkommen und z. B. Rückfragen zum Sachverhalt stellen.

- Bei der Darstellung des Sachverhalts aus der eigenen Perspektive auf Sachlichkeit in den eigenen Formulierungen achten.

Eine sofortige Beendigung des Gesprächs ist dann erforderlich, wenn die Eltern alkoholisiert zum Gespräch kommen und damit ihr Handeln unberechenbar und unkontrolliert ist.

Aufgaben

1. Begründen Sie, warum Erzieherinnen auf Elternbeschwerden zumeist verärgert reagieren.

2. Im Team wird vorgeschlagen, einen Beschwerdebriefkasten anzubringen. Stellen Sie die Vor- und Nachteile eines Beschwerdebriefkastens einander gegenüber. Entwickeln Sie Vorschläge, wie der Beschwerdebriefkasten benannt werden sollte.

3. Mehrere Eltern beschweren sich über die unzureichende Vorbereitung der Vorschulkinder auf die Grundschule. Erläutern Sie, wie Sie mit den Beschwerden umgehen wollen.

4. Im Team wird überlegt, ein Teammitglied zum „Beschwerdemanager" zu ernennen, der für die eingehenden Beschwerden zuständig sein soll. Nehmen Sie zu diesem Vorschlag Stellung. Diskutieren Sie, inwieweit die Leitung der Einrichtung immer für Elternbeschwerden zuständig sein sollte.

5. Welche Bedeutung und Wirkung haben ICH-Botschaften der Erzieherin im Umgang mit Eltern, die sich beschweren?

8.3 Schwer erreichbare Eltern

Die pädagogischen Mitarbeiter sind bisweilen unzufrieden mit der Elternarbeit, weil die Eltern zu wenig Interesse an der pädagogischen Arbeit zeigen. Die geringe Teilnahme an Elternveranstaltungen wird als Desinteresse an ihrer Arbeit interpretiert.

Von zentraler Bedeutung für das Engagement ist die Bewertung ihrer Selbstwirksamkeit, d. h. Eltern sind zuversichtlich, dass sie etwas bewirken können. Nur wenn die Eltern erkennen, in welchem Umfang ihr Engagement zu einer Verbesserung der Situation ihrer Kinder beiträgt, werden sie an der Elternarbeit Interesse bekunden.

Entscheidend für das Engagement und die Beteiligung der Eltern sind die Elternkontakte in den ersten Wochen und Monaten. Dies gilt im besonderen Maße für den Erstkontakt, der eine Schlüsselwirkung hat. Setzt man sich mit den Ursachen auseinander, warum Eltern schwer erreichbar sind, so werden weitere Gründe deutlich:

- Überforderung der Eltern aus einkommensschwachen, bildungsfernen Schichten

- Eigene, negative Erfahrungen mit sozialpädagogischen Einrichtungen

- Die eigene Lebenssituation (z. B. Armut) erfordert alle Kräfte zur Lebensbewältigung, so dass die Einrichtung nur einen niedrigen Stellwert einnimmt

- Fehlendes Einbeziehen der Eltern in die Planung und Thematik von Veranstaltungen

- Resignation, da Eltern zu wenig bewirken können

- Sprachbarrieren (unzureichende Deutschkenntnisse bei Migrantenfamilien)

- Wenig attraktive Gestaltung der Elternveranstaltung

- Unzureichende Werbung für das Angebot

- Berufstätigkeit der Eltern/Zeitmangel

- Fehlende Betreuung für die eigenen Kinder bei Elternveranstaltungen

Maßnahmen zur Gewinnung schwer erreichbarer Eltern

Um auch schwer erreichbare Eltern für die Elternarbeit zu gewinnen, schlägt Sacher (2010) folgende Maßnahmen vor:

Klare und nachdrückliche Elternarbeit

Den Eltern sollten die Ziele der Elternarbeit und deren Bedeutung für die gemeinsame Erziehungspartnerschaft verdeutlicht werden. Dabei sollte auch der Aufwand und Ertrag der Elternarbeit aufgezeigt werden. An Beispielen kann der Nutzen für das Kind und die Eltern konkretisiert werden.

Um die Mitwirkung an der Elternarbeit zu ermöglichen, ist bei der Termingestaltung, der Dauer sowie der Möglichkeit der Kinderbetreuung auf die Rahmenbedingungen der Eltern (z. B. Arbeitszeiten, Familiensituation) möglichst Rücksicht zu nehmen. Werden individuelle Kontakte wie terminierte Elterngespräche von den schwer erreichbaren Eltern bevorzugt, dann sollten die Erzieherinnen auf die Bedürfnisse der Eltern eingehen.

Aufsuchende Elternarbeit

Sind persönliche Kontakte im Rahmen von Bring- und Holsituationen nur eingeschränkt möglich, sind andere Kommunikationswege wie Anrufe, E-Mails oder auch SMS verstärkt zu nutzen. Als gute Möglichkeit der aufsuchenden Elternarbeit stellen Hausbesuche dar. Durch den persönlichen Kontakt kann eine Aufgeschlossenheit gegenüber anderen Formen der Elternarbeit erreicht werden. Schwer erreichbare Eltern sollten gezielt auf Elternveranstaltungen angesprochen und persönlich dazu eingeladen werden.

Aktivierende Elternarbeit

Zu den Formen der aktivierenden Elternarbeit zählen das Elterntraining sowie das Elterncoaching. Die Kompetenzen der Eltern werden systematisch gestärkt, so dass die Förderung des Kindes in der Familie optimiert wird. Die Eltern setzen sich mit den Stärken und Schwächen des Kindes bewusst auseinander und entwickeln Strategien zur gezielten Förderung.

Familienzentrierte Elternarbeit

Im Rahmen der familienzentrierten Elternarbeit werden alle an der Erziehung des Kindes beteiligten Personen (z. B. Großeltern, Geschwister, Verwandte, Nachbarn und Freunde) einbezogen. Die Teilnahme dieser Gruppen an der Elternarbeit kann bei thematischen Elternabenden, gemeinsamen Ausflügen oder familienbezogenen Projekten ermöglicht werden.

Vernetzte Elternarbeit

Die Erzieherinnen können den schwer erreichbaren Eltern durch die Vermittlung von Unterstützung (z. B. Nachbarschaftsnetzwerke, Selbsthilfegruppen, Babysitter-Dienste) die Teilnahme an Elternveranstaltungen erleichtern. Angebote der Elternarbeit (z. B. Elternstammtisch, Elterncafé), die den Aufbau von informellen Beziehungen fördern, sollten von den Erzieherinnen initiiert werden.

(vgl. Sacher, 2010)

Elterliche Kontakttypen

Aufgrund seiner Analyse der Elternkontakte im schulischen Bereich unterscheidet Sacher (2008) vier elterlichen Kontakttypen:

- **Schwachkontakter:** Die Eltern halten nur geringen Kontakt zu Einrichtung und nehmen die Angebote der Elternarbeit selten wahr.

- **Einzelkontakter:** Diese Eltern nutzen lediglich Formen der Elternarbeit, in denen sie mit den Erzieherinnen Einzelgespräche führen können (z. B. Tür-und-Angel-Gespräche, terminierte Gespräche, Entwicklungsgespräche). An Gruppen- oder gruppenübergreifenden Veranstaltungen haben sie kein Interesse.

- **Gruppenkontakter:** Die Eltern bevorzugen den Kontakt zu den Eltern der Gruppe (z. B. Elternabend, Ausflug), zeigen aber wenig Interesse an Einzelgesprächen mit den Erzieherinnen.

- **Mischkontakter:** Sie sind umfassend an der Elternarbeit interessiert und nehmen an allen Veranstaltungen zuverlässig teil.

(vgl. Sacher, 2008, S. 129)

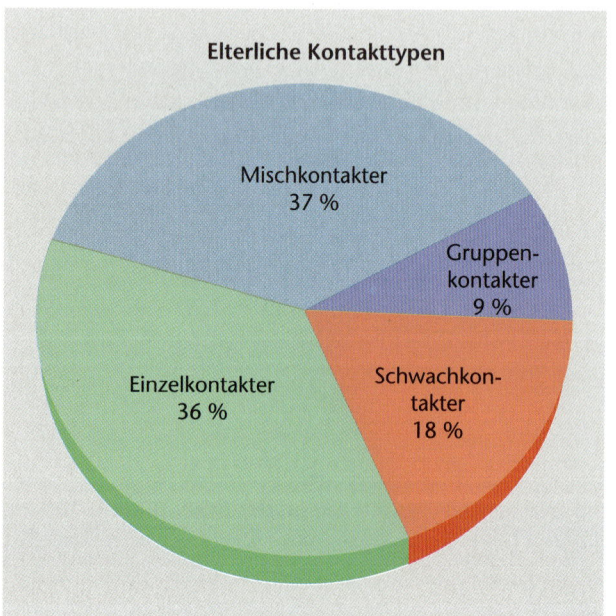

Verteilung der Kontakttypen für die Elternarbeit in der Schule (vgl. Sacher, 2008, S. 129 f.)

Sacher konnte weiterhin feststellen, dass an kleineren Einrichtungen weniger Schwachkontakter und deutlich mehr Mischkontakter zu finden sind. In großen Einrichtungen ist ein verstärktes Einzelkämpfertum der Eltern erkennbar. Bei den Eltern mit Migrationshintergrund sind verstärkt Gruppenkontakter und kaum Einzelkontakter zu beobachten, d. h., sie nehmen Einzelgespräche weniger wahr und sind vor allem an Gruppenangeboten wie Elternabenden interessiert. In seinen Studien konnte Sacher feststellen, dass die Eltern von Mädchen häufiger Schwachkontakter sind als die Eltern von Jungen. Sacher erklärt diesen Sachverhalt damit, dass Jungen verhaltensauffälliger sind als Mädchen und deshalb die Eltern der Jungen häufiger den Kontakt zu den Mitarbeitern suchen (vgl. Sacher, 2008, S. 128 f.).

Für die Erhöhung der Elternteilnahme an den unterschiedlichen Angeboten der Elternarbeit müssen Strategien entwickelt werden, damit die Schwachkontakter sowie die Einzel- und Gruppenkontakter eingebunden werden können. Um die Schwachkontakter aus der Reserve zu locken, müssen die Erzieherinnen durch häufige persönliche Ansprache und ausdrückliche Einladungen die Bereitschaft zur Teilnahme erhöhen. So könnten Schwachkontakter zu Einzelkontaktern werden, die zunächst am persönlichen Informationsaustausch interessiert sind. Im nächsten Schritt kann dann die Bereitschaft zur Teilnahme an Gruppenveranstaltungen allmählich aufgebaut werden.

Der Mitwirkung der Eltern mit Migrationshintergrund ist in der Elternarbeit oft nur im geringen Umfang gegeben, selbst wenn der Anteil der Kinder nichtdeutscher Herkunftssprache hoch ist. Es ist deshalb erforderlich, andere Formen der Elternarbeit zu entwickeln, um Ängste und Vorbehalte der Eltern zu vermindern und bestehende Sprachbarrieren zu überwinden. Zur Kontaktanbahnung bei Migrantenfamilien sollte die Mitwirkung von Selbsthilfeorganisationen in Betracht gezogen werden. Gezielte Angebote zur Elternarbeit für Eltern mit Migrationshintergrund, wie sie an einigen Schulen bereits entwickelt wurden, sind noch weiter auszubauen.

Aufgaben

1. Verdeutlichen Sie, wie im Rahmen der Elternarbeit den Eltern Selbstwirksamkeit verdeutlicht werden kann.

2. Entwickeln Sie Möglichkeiten der familienzentrierten Elternarbeit.

8.4 Ängste in der Elternarbeit

In der Elternarbeit können sowohl auf der Seite der Erzieherinnen als auch bei den Eltern Ängste auftreten.

Die Einladung der Erzieherin zum persönlichen Gespräch kann bei einigen Eltern Angst auslösen. Sie befürchten Vorhaltungen, die Konfrontation mit Problemen oder unangenehme Fragen.

Einige zugewanderte Eltern haben im Umgang mit Behörden negative Erfahrungen gesammelt und haben Angst vor dem Kontakt mit Vertretern der Einrichtung (z. B. beim Hausbesuch).

Die Erzieherinnen haben Angst vor bestimmten Eltern, denen sie sich nicht gewachsen fühlen, da diese Personen z. B. sehr einflussreich, redegewandt oder dominant sind.

Einige Erzieherinnen zeigen Ängste vor Hausbesuchen, weil sie nicht einschätzen können, was und wer sie in der Wohnung der Familie erwartet.

Ängste sind emotionale Reaktionen auf bedrohliche, als gefährlich eingeschätzte Reize in einer Situation.

Ängste der Erzieherinnen

Kognitive Komponente: Erkennen der Gefahr (Denken und Fühlen)
Die Person nimmt in der Situation einen Gefahrenreiz wahr (z. B. beim Hausbesuch ist der alkoholisierte Vater anwesend). Die Person fühlt sich bedroht. Die Erzieherin kann das Verhalten des alkoholisierten Vaters nicht einschätzen. Aus ihrer Sicht ist er unberechenbar, vielleicht gewalttätig und unbeherrscht.

Physiologische Komponente: körperliche Reaktionen
Die Person spürt einen erhöhten Herzschlag, die Hände werden feucht, die Atemfrequenz erhöht sich, die Hände zittern, die Person errötet, schwitzt.

Motorische Komponente: ausgelöste Handlungsbereitschaften
Die Person versucht, der Situation zu entkommen (z. B. die Erzieherin beendet schnell den Hausbesuch, vermeidet den Kontakt mit dem alkoholisierten Vater). Wenn eine Flucht aus der Situation nicht möglich ist, sind Verhaltenshemmungen zu beobachten.
(vgl. Bernitzke, 2011, S. 277)

In der Interaktion zwischen den Erzieherinnen und Eltern spielen vor allem soziale Ängste eine Rolle. Es bestehen Ängste zu versagen, sich vor dem anderen zu blamieren, durch den Gesprächspartner Missbilligung zu erfahren, die Erwartungen des anderen nicht gerecht zu werden oder kritisiert zu werden. Das Versagen in der sozialen Beziehung führen ängstliche Personen z. B. auf unzureichende eigene Kompetenzen oder fehlende Autorität zurück.

Die sozialen Ängste werden in der Elternarbeit bei den Erzieherinnen und Eltern z. B. bei öffentlichen Reden bzw. öffentlichen Meinungsäußerungen vor vielen Personen, bei Gesprächen mit vermeintlich überlegenen Personen, beim Erstkontakt (Aufnahmegespräch) oder bei Konfliktgesprächen deutlich.

Strategien zur Angstminderung

Alltagsstrategien

Zumeist tritt die Angst zeitlich vor einer Situation (sogenannte Erwartungsängste) und seltener in einer Situation auf. Die Alltagsstrategien konzentrieren sich auf das Umgehen der Gefahrenreize. Viele Personen setzen im Alltag verschiedene Ablenkungsmechanismen ein, um die von der Angst ausgelösten inneren Spannungen abzubauen. Die Psychoanalyse fasst die Alltagsstrategien zur Angstverminderungen in Abwehrmechanismen zusammen:

- **Vermeidung:** Die Person versucht, angstbesetzten Situationen aus dem Weg zu gehen. So können soziale Ängste dazu führen, dass Eltern an Gruppen- und Einrichtungsveranstaltungen nicht teilnehmen oder sich bei einer Teilnahme nicht äußern. Erzieherinnen, die eine Hundephobie haben, werden vor dem Hausbesuch abklären, ob die Familie Hunde hält, und den Hausbesuch nicht durchführen, wenn die Anwesenheit von Hunden nicht ausgeschlossen werden kann.

- **Verleugnung:** Wenn eine Vermeidung von angstbesetzten Situationen nicht möglich ist, wird in der Regel unbewusst die Verleugnung eingesetzt. Der Erzieherin drohen ständig Gefahren (z. B. Anrufe von aufgebrachten Eltern, Missbilligung des pädagogischen Verhaltens, Durchführen eines unangenehmen Kritikgesprächs mit den Eltern). Würde sich die Erzieherin diese angstbesetzten Situationen ständig bewusst machen, so wäre sie in einem Dauerzustand erhöhter Angst. Deshalb wird die Möglichkeit, selbst betroffen zu sein, bagatellisiert, d. h. die Erzieherin verhält sich so, als ob die angstauslösenden Situationen nicht existieren würden.

- **Verdrängung:** Ängstliche Personen setzen unbewusst einen Mechanismus des Vergessens ein, durch den die Erinnerung an das Ereignis, die angstauslösende Situation unterdrückt wird. Die Erinnerung an das Ergebnis (z. B. ihr Stottern beim der Begrüßung der Eltern an der Weihnachtsfeier) verblasst im Laufe der Zeit. Es wird jedoch angenommen, dass die verdrängten Erfahrungen, die unter der Bewusstseinsschwelle liegen, weiter wirksam sind und sich z. B. indirekt bemerkbar machen, wenn die Erzieherin in bestimmten Situationen Spannungen oder Ängste verspürt (z. B. in der Teamsitzung bei der Planung des nächsten Sommerfestes).

Das professionelle Umgehen mit Ängsten in beruflichen Situationen setzt an den drei Komponenten der Angst (kognitive, physiologische, motorische Komponente) an. Es bestehen unterschiedliche Strategien, unangemessene Ängste gezielt zu vermindern.

Kognitive Strategien

Zu den kognitiven Strategien gehört das Neu- und Umbewerten angstauslösender Reize. Diese Einstellungsänderung zeigt sich z. B., wenn die Erzieherin das aufgebrachte Verhalten der Eltern als Zeichen der Hilflosigkeit mit dem Wunsch auf Unterstützung interpretiert.

Der Gedankenstopp (bei zirkulär kreisende Gedanken) dient dazu, die Sorgenkette zu unterbrechen und gezielt eine positive Handlung dagegen zu setzen. Weniger negative Gedanken werden zugelassen.

Unübersichtliche komplexe Situationen, die Ängste auslösen, können durch klare Absprachen strukturiert werden. So können mit den Eltern bei terminierten Einzelgesprächen im Vorfeld z. B. Ziele, Ablauf, Inhalt und Dauer vereinbart werden.

Körperbezogene Strategien

Vor angstauslösenden Situationen können zur Selbstberuhigung gezielt Entspannungsübungen eingesetzt werden.

Verhaltensbezogene Strategien

Das gezielte sich der Situation stellen (Desensibilisierung) sollte der Vermeidungstendenz entgegensetzt werden. Das mehrmalige Bewältigen dieser Situationen (z. B. Ansprache vor allen Eltern) führt zu einer Gewöhnung an die angstbesetzte Situation und allmählich zu einem Rückgang der Angst.

Weiterhin können Selbstbelohnungsstrategien eingesetzt werden, um das erfolgreiche Bewältigen der angstbesetzten Situation zu verstärken.

Auf der Basis einer realistischen Selbsteinschätzung sollten Kompetenzdefizite analysiert werden. Die gezielte, handlungsbezogene Kompetenzerweiterung durch Fort- und Weiterbildungen (z. B. Besuch eines Rhetorik-Kurses, Deeskalationstraining) trägt dazu bei, angstauslösende Situationen mit mehr Gelassenheit anzugehen und Selbstsicherheit zu gewinnen.

Ängste der Eltern

Die Ängste der Eltern beinträchtigen auch die Entwicklung einer vertrauensvollen Erziehungspartnerschaft. Deshalb sollten die Erzieherinnen überlegen, was sie selbst zur Verminderung der Ängste bei den Eltern beitragen können.

Kognitive Strategien

Bei unsicheren Eltern können Ängste durch umfassende Informationen abgebaut werden. Wenn die Eltern z. B. wissen, welche Inhalte beim terminierten Einzelgespräch mit welcher Zielsetzung angesprochen werden, können Unsicherheiten herabgesetzt werden. Bereits bei der Aufnahme des Kindes sollten die Eltern über die Bedeutung und die Ziele von Elterngesprächen informiert werden. Den Eltern sollte deutlich werden, dass die Erziehungspartnerschaft nur im Dialog zum Wohle des Kindes verwirklicht werden kann.

Werden beim Gespräch die Stärken des Kindes oder positive Ereignisse mit dem Kind dargestellt und keine Vorhaltungen gemacht oder das Erziehungsverhalten in der Familie in Frage gestellt, kann eine angstfreie Atmosphäre für die Eltern geschaffen werden. Es sollte im Gespräch vermieden werden, den Eltern durch Vorhaltungen, Belehrungen oder Kritik eine Versager-Rolle zuzuschreiben. Einseitige Schuldzuweisungen verstärken die Unsicherheiten und Ängste der Eltern.

Körperbezogene Strategien

Zur Entspannung in angstbesetzten Situationen trägt die Nahrungsaufnahme bei. Es ist deshalb angstreduzierend, wenn beim Gespräch z. B. Getränke und Kekse angeboten werden.

Verhaltensbezogene Strategien

Wenn die Eltern die Möglichkeit haben, sich auf neue Situationen vorzubereiten, können unbegründete Ängste frühzeitig ausgeräumt werden.

Das aktive Zuhören führt ebenfalls zu einer angstfreien Gesprächssituation, in der sich die Eltern angenommen und verstanden fühlen.

> ### Aufgaben
>
> 1. *Verdeutlichen Sie, inwieweit die Erzieherin eigene Ängste selbst abbauen kann bzw. eine psychologische Unterstützung benötigt.*
>
> 2. *Zeigen Sie die Auswirkungen von Alltagsstrategien zur Angstbewältigung auf.*
>
> 3. *Das aktive Zuhören führt ebenfalls zur Angstverminderung. Ordnen Sie das aktive Zuhören den genannten Strategien zu und begründen Sie die Wirksamkeit der Gesprächstechnik.*

8.5 Psychisch erkrankte Eltern

Die Zahl der Erwachsenen mit psychischen Erkrankungen in Deutschland nimmt zu. Nahezu jeder Dritte erkrankt im Laufe eines Jahres psychisch, wobei Frauen häufiger psychische Störungen aufweisen als Männer. Am häufigsten werden Angststörungen, Suchterkrankungen (z. B. Alkohol- oder Medikamentenabhängigkeit, Spielsucht), Depressionen und psychosomatische Störungen diagnostiziert. Die psychischen Erkrankungen wirken sich auch auf die Elternrolle aus.

Auswirkungen auf die Elternrolle

- **Überforderung mit der Elternrolle:** Die Betroffenen können die Elternrolle nicht ausfüllen, da sie Probleme mit der Bewältigung der eigenen Situation haben. Eine Erziehungs- und Bildungspartnerschaft kann nicht angemessen ausgefüllt werden.

- **Selbstzweifel:** Die Eltern machen sich selbst Vorwürfe („Ich bin eine schlechte Mutter") und stellen die eigenen Erziehungskompetenzen in Frage. Eine partnerschaftliche Begegnung mit den Erzieherinnen auf Augenhöhe ist aufgrund dieser Selbstwahrnehmung nicht gegeben.

- **Beziehungsstörungen:** Den Eltern gelingt es nicht, eine tragfähige Beziehung zu den Kindern aufzubauen. Die Eltern müssen akzeptieren, dass sich die Kinder an andere Personen wenden, und erleben die Erzieherinnen z. B. als Konkurrenz.

- **Irrationale Ängste:** Unbegründete Ängste (z. B. „Ich habe Angst, dass man mir mein Kind wegnimmt." oder „Ich habe ständig Angst um mein Kind.") führen z. B. zu einem überbehütenden Erziehungsverhalten. Die Ängste um das Wohl des Kindes bestimmen den Umgang mit den Erzieherinnen in der Einrichtung.

- **Scham:** Eltern schämen sich für ihr Verhalten (z. B. bei Alkoholproblemen) gegenüber dem Kind.

- **Soziale Isolation:** Psychische Erkrankungen sind ein Tabuthema, über das man in unserer Gesellschaft nicht offen spricht. Der soziale Rückzug und Ängste, dass andere Personen die psychische Erkrankung erkennen, führen zur sozialen Isolation der gesamten Familie.

- **Abwehrverhalten:** Einige Eltern reagieren auf psychische Erkrankungen mit Verleugnung („Ich habe kein Alkoholproblem.") oder Verdrängung.

(vgl. Fröhlich-Gildhoff/Pietsch, 2011, Foliensatz zur Einheit „Spezifische Zielgruppen")

Auswirkungen auf das Kind

Wenn die Eltern eine vorliegende psychische Erkrankung nicht direkt ansprechen, so können indirekt aus dem Verhalten der Kinder Hinweise eine psychische Beeinträchtigung abgeleitet werden. Hinweise können Anzeichen von Verwahrlosung, unregelmäßiger Besuch der Einrichtung, erhöhte Reizbarkeit und Aggressivität, starke Ängste, Berichte der Kinder über das Verhalten der Eltern, Rollenspiele geben.

Die psychischen Erkrankungen der Eltern sind für die Kinder belastend und wirken sich auf das Kind in vielfältiger Weise aus. Die Kinder weisen ein Betreuungsdefizit auf, da sie die Eltern als wenig verlässlich erleben. Es kann zu einer Rollenumkehrung kommen, bei der sich die Kinder für ihre Eltern verantwortlich fühlen und die Aufgaben der Eltern selbst wahrnehmen, was zu einer Überforderung des Kindes führt. Die Kinder sind desorientiert, da sie von den Eltern keinen Halt und wenig Unterstützung bei Entscheidungen erhalten. Zudem können sie die Probleme der Eltern nicht einordnen. Einige Kinder sehen sich selbst als Ursache der psychischen Erkrankungen der Eltern und entwickeln Schuldgefühle. Die Kinder erleben bei Außenkontakten, dass die Eltern abgewertet und diskriminiert werden.

Hilfsmöglichkeiten

Die Erzieherinnen sollten das Gespräch mit den Eltern suchen, um größere Gewissheit über die psychische Erkrankung zu erhalten und gemeinsam mit den Eltern Hilfsmöglichkeiten zu entwickeln.

- Vermittlung von Unterstützungsangeboten verschiedener Institutionen
- Ganztagsbetreuung zur Entlastung der Familie
- Förderung von sozialen Kontakten des Kindes (z. B. im Verein)
- Zusammenarbeit mit sozialen Diensten

Aufgaben

1. *Planen Sie ein Gespräch mit einer Mutter, bei der Sie eine psychische Erkrankung vermuten.*

2. *Stellen Sie dar, welche Institutionen und sozialen Dienste zur Unterstützung eingebunden werden können.*

8.6 Wahrnehmungsfehler

Die Wahrnehmung anderer Personen ist ein komplexer Vorgang, der von zahlreichen unbewussten Prozessen gesteuert wird. Die Verknüpfung von Vorerfahrungen mit anderen Eltern, Erwartungen, Emotionen und Wissen führen zu einer individuellen Strukturierung von Elterntypen. Die Wahrnehmung von anderen wird unbewusst mit der Zuordnung zu bestimmten Elterngruppen verbunden, die mit bestimmten Eigenschaften verknüpft werden. Bestimmte Eigenschaften der Eltern lösen sofort Sympathie aus, andere Merkmale z. B. führen zu Ängsten. Vorurteile bzw. innere Bilder bestimmen das Verhältnis zwischen Erzieherinnen und Eltern.

Die Beziehung zwischen den Erzieherinnen und den Eltern wird durch Wahrnehmungsfehler beeinflusst.

Halo-Effekt

Im Mittelpunkt stehen besonders auffällige Einzeleigenschaften. Die Erzieherin verbindet mit dieser Eigenschaft andere Merkmale, die gemeinsam einen Erwartungshof bilden (Halo = Hof um eine Lichtquelle). Die vorschnelle Verallgemeinerung von einem Merkmal auf andere Merkmale wird auch als logischer Fehler bezeichnet. Die Erzieherin verfügt über verschiedene Schubladen, die sich aus solchen Einstellungs- und Erwartungsfeldern zusammensetzen. Wenn einige Merkmale erkannt werden, dann nimmt die Erzieherin an, dass auch die anderen Merkmale vorliegen.

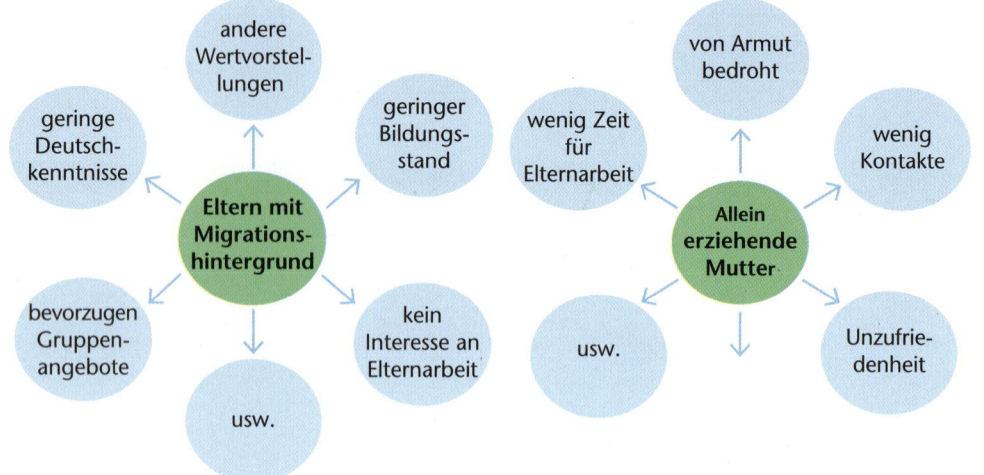

Filter-Effekt

Der Wahrnehmungsfilter besteht aus verschiedenen Erwartungen, die auf eigenen Erfahrungen, Vorurteilen und Einstellungen beruhen. Die Erzieherin wird mit einer Vielzahl von unterschiedlichen Reizen, die von den Eltern ausgehen, konfrontiert. Da die Verarbeitungskapazitäten eines Menschen nicht ausreichen, um alle Informationen zu verarbeiten, ist man gezwungen auszuwählen. Die Auswahl der Reize bzw. Informationen erfolgt durch den Einstellungsfilter, durch den nur das dringt, was den bereits bestehenden Erwartungen entspricht. Die Erzieherin wird dadurch in ihrer Beurteilung der Eltern bestätigt.

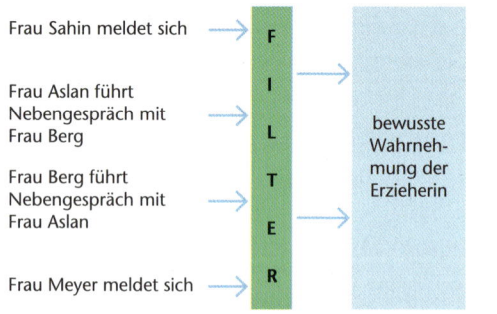

Beispiel: Im Beispiel wird Frau Aslan, die durch das Nebengespräch stört, um Ruhe gebeten und Frau Meyer aufgerufen.

Die Erzieherin ist durch diese Selbstbestätigung in den Vorurteilen kaum in der Lage, diesen Wahrnehmungsfehler zu korrigieren. Für sie ist die soziale Umwelt stimmig.

Sich-selbst-erfüllende Prophezeiung

Das Verhalten der Eltern wird stark von der Erwartungshaltung und dem Verhalten der Erzieherin beeinflusst. Die Erwartung der Erzieherin von den Eltern (z. B. erster Eindruck von den Eltern, Vorerfahrungen, Einstellung zu Eltern) beeinflusst das Verhalten der Erzieherin. Die Eltern reagieren auf das Verhalten der Erzieherin, mehr oder weniger bewusst, erwartungsgemäß und bestätigen damit die bereits vorhandenen Erwartungen der Erzieherin. Die Beurteilung gibt somit lediglich die eigenen Vorurteile und Erwartungen der Erzieherin wider.

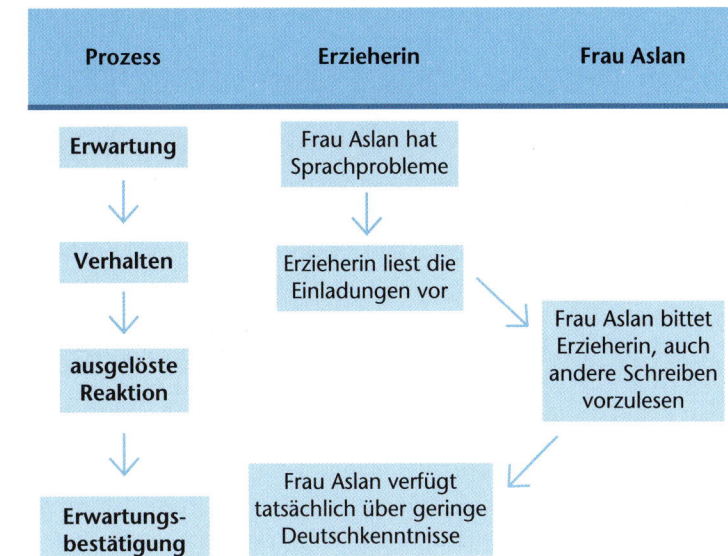

Prozess	Erzieherin	Frau Aslan
Erwartung ↓	Frau Aslan hat Sprachprobleme ↓	
Verhalten ↓	Erzieherin liest die Einladungen vor	Frau Aslan bittet Erzieherin, auch andere Schreiben vorzulesen
ausgelöste Reaktion ↓		
Erwartungs-bestätigung	Frau Aslan verfügt tatsächlich über geringe Deutschkenntnisse	

Beispiel: Im Beispiel unterstellt die Erzieherin, dass Frau Aslan über geringe Deutschkennt-nisse verfügt. Deshalb liest die Erzieherin ihr alle Schreiben der Einrichtung vor und erläutert ihr die Inhalte. Diese willkommene Unterstützung führt dazu, dass Frau Aslan verschiedene Schreiben in die Einrichtung mitbringt und diese Unterlagen von der Erzieherin vorlesen und erläutern lässt. Dieses Verhalten von Frau Aslan bestätigt die Erwartung der Erzieherin.

Erster Eindruck

Eine lang anhaltende Wirkung hinterlässt der erste Eindruck, den die Erzieherin beispiels-weise beim Anmeldegespräch von den Eltern gewinnt. Aus dem ersten Eindruck entwickelt sich ein stabiler Bezugsrahmen, der als Orientierung für die zukünftige Wahrnehmung der Eltern dient. Der erste Eindruck beruht jedoch nicht auf objektiven Tatsachen son-dern wird z. B. von unbewusst ausgelösten Gefühlen und Vorurteilen oder dem Vergleich mit anderen Eltern, die ähnliche Merkmale aufweisen, beeinflusst.

Milde-Effekt

Der Milde-Effekt besagt, dass Personen, die man sympathisch findet, insgesamt positiver sieht. Umgekehrt werden bei Personen, zu denen eine negative Einstellung besteht, häu-fig strengere Maßstäbe angelegt. Die Einstellung zu Eltern, die als unsympathisch eingeschätzt werden, ist deutlich negativer. Die im Laufe der Zeit aufgebaute partner-schaftliche und wertschätzende Beziehung zu den Eltern verstärkt den Milde-Effekt.

Ähnlichkeits- bzw. Kontrasteffekt

Die Erzieherin achtet bei den Eltern unbewusst auf Persönlichkeitseigenschaften, die sie selbst aufweist und unterstellt eine ähnliche Persönlichkeitsstruktur (sogenannter Ähn-lichkeits-Effekt) bei den Eltern. Die Erzieherin identifiziert sich mit den Eltern, die ihr ähn-lich sind, und ordnet ihnen Eigenschaften, Motive, Persönlichkeitsmerkmale zu, die sie sich selbst zuschreibt.

Eigenschaften, über die die Erzieherin selbst nicht verfügt (z. B. Redegewandtheit, Mehrsprachigkeit) werden bei den Eltern verstärkt wahrgenommen (sogenannter Kontrast-Effekt).

Soziale Effekte

Die Personenwahrnehmung erfolgt immer im sozialen Kontext, d. h. die Wahrnehmung der Eltern wird beeinflusst vom Wissen über deren Schichtzugehörigkeit, Wohngebiet, Familiensituation, Beruf, ihrer Rolle, Position und Status in der Gesellschaft sowie ihrer Mitgliedschaft in Gruppen (z. B. Verein, Kirchengemeinde, Partei). So wird die Rolle bzw. Position, die von den Eltern eingenommen wird, unbewusst mit den typischen Rollenmerkmalen verbunden, so dass z. B. von der Mutter, die im Schuldienst tätig ist, ein besonderes Interesse an pädagogischen Fragestellungen oder der Entwicklung des Kindes erwartet wird.

Die verschiedenen Wahrnehmungsfehler wirken zusammen und verstärken sich unter Umständen gegenseitig. Die Einschätzung der Eltern am Ende des Wahrnehmungsprozesses resultiert aus dem Zusammenwirken der unterschiedlichen Fehler, so dass ein unbeeinflusster Umgang mit den Eltern nur schwer zu verwirklichen ist.

Wirkung verschiedener Wahrnehmungsfehler

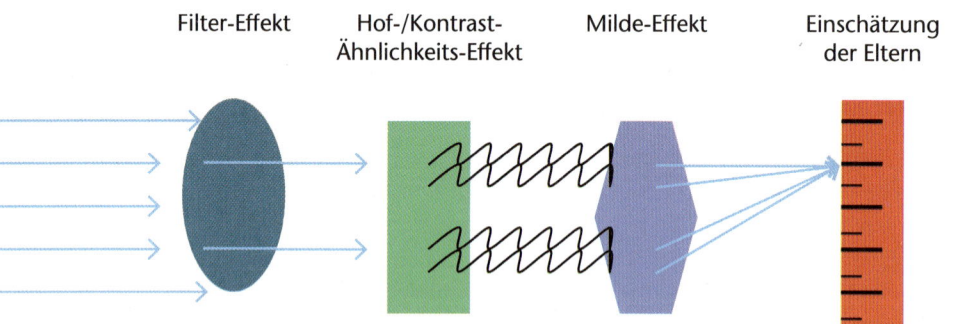

| Filter-Effekt | Hof-/Kontrast-Ähnlichkeits-Effekt | Milde-Effekt | Einschätzung der Eltern |

Aufgaben

1. *Entwickeln Sie zu den verschiedenen Wahrnehmungsfehlern Hilfsmöglichkeiten, um die Fehler zu verringern.*

2. *Auch den Eltern unterlaufen Wahrnehmungsfehler bei der Einschätzung der Erzieherin. Worauf sollte die Erzieherin unter Berücksichtigung der Wahrnehmungsfehler achten, um eine möglichst positive Wirkung auf die Eltern zu erzielen?*

9 Ausblick

Wie wird bzw. könnte die Elternarbeit der Zukunft aussehen?

Elektronische Formen der Elternarbeit

Neue Medien werden das Kommunikationsverhalten von Erzieherinnen und Eltern verändern und sich damit auch in der Elternarbeit auswirken. Im vorliegenden Buch werden bereits soziale Netzwerke wie z. B. facebook angesprochen. Die Weiterentwicklung wird zu neuen Formen auch in der Elternarbeit führen.

Einbeziehung der Kinder

In Deutschland wird die Erziehungspartnerschaft lediglich auf die Erzieherinnen und die Eltern bezogen. Auch die Kinder sollten stärker in diese Partnerschaft einbezogen werden. Eine Weiterentwicklung der Erziehungs- und Bildungspartnerschaft unter Einbeziehung der Kinder, um deren Wohl es primär geht, wäre wünschenswert.

Einbeziehung der Eltern

Die stärkere Partizipation der Eltern durch Mitsprache und Mitentscheidung entsprechen demokratischen Prinzipien in unserer Gesellschaft. Die Verwirklichung setzt zum einen die Einbindung der Eltern durch die Einrichtungen und zum anderen das Engagement der Eltern in den Einrichtungen voraus. In beiden Bereichen besteht Veränderungsbedarf.

Einbeziehung der Väter

Die Elternarbeit besteht vielfach nur aus der Arbeit mit Müttern. Die Bedeutung der Elternarbeit für beide Elternteile muss noch stärker in das Bewusstsein der Eltern gelangen. In den Einrichtungen müssen Strategien entwickelt werden, um auch die Väter für die Elternarbeit zu gewinnen.

Eltern als Kunden

Wird der Kundengedanke konsequent weitergedacht, so ist zu erwarten, dass sich die Angebotsformen von sozialpädagogischen Einrichtungen an den Kundenwünschen ausrichtet. Es könnte z. B. im Bereich der Kindertagesstätten eine Grundversorgung mit standardisierten Angebotsformen geben und daneben eine bunte Vielfalt von Einrichtungen entstehen, die sich hinsichtlich der Elternbeiträge unterscheiden und dafür z. B. kleinste Gruppen oder gezielte Förderung mit dafür ausgebildeten pädagogischen Fachkräften anbieten (Fremdsprachen wie Englisch, Sport- oder Musikangebote). Die finanziellen Möglichkeiten der Eltern bestimmen die Qualität des Angebots.

Qualifizierung der Erzieherinnen

Im Hinblick auf die Bedeutung der Elternarbeit, für die Entwicklung des Kindes, aber auch für die Qualität der pädagogischen Arbeit in den Einrichtungen sind umfassende Fort- und Weiterbildungen der Erzieherinnen auch in Zukunft unerlässlich.

Vernetzung der Elternarbeit

Die Erzieherinnen in den sozialpädagogischen Einrichtungen haben einen guten Zugang zu den Eltern und können eine Verknüpfung mit Angeboten anderer Institutionen vor Ort gut anbahnen. In Zukunft ist eine effektivere Vernetzung und Koordinierung mit den verschiedenen Hilfsangeboten für Eltern anzustreben.

Literaturverzeichnis

Amann, Senta u. a.: Erfolgreich präsentieren. Ein Praxistraining mit Beispielen und Tipps, Neusäß, 2001.

Arnhold, Heidemarie/Bonin, Jenny/Cortés, Sergio/Otero, José Sánchez: Perspektiven der partizipativen Elternarbeit von Migrantenorganisationen, Berlin, Der Paritätische, 2010.

Bachmair, Sabine u. a.: Beraten will gelernt sein. Ein praktisches Lehrbuch für Anfänger und Fortgeschrittene, 6. Auflage, Weinheim, Beltz, 1996.

Bernitzke, Fred: Methoden der Elternarbeit. Expertise für das BLK-Verbundprojekt. Berlin 2006, abgerufen unter: www.ganztag-blk.de/cms/upload/pdf/berlin/Bernitzke_Eltern-arbeit.pdf [15.07.13]

Bernitzke, Fred: Handbuch der Teamarbeit, Freiburg, 2009.

Bernitzke, Fred: Heil- und Sonderpädagogik, 4. Auflage, Troisdorf, Bildungsverlag EINS GmbH, 2011.

Bernitzke, Fred/Schlegel, Peter: Handbuch der Elternarbeit, Troisdorf, Bildungsverlag EINS, 2004.

Boneberg, Iris: Präsentation und Rhetorik, in: Steiger, Thomas/Lippmann, Eric (Hrsg.): Handbuch der angewandten Psychologie für Führungskräfte, Band 1, Berlin, Springer, 1999, S. 229-260.

Briegel, Klaus: Souverän moderieren. Techniken, Praxisfälle, Checklisten, Neuwied, Hermann Luchterhand Verlag, 2002.

Bundesministerium für Familie, Senioren, Frauen und Jugend: Zwölfter Kinder- und Jugend-bericht. Bericht über die Lebenssituation junger Menschen und die Leistungen der Kinder- und Jugendhilfe in Deutschland, Berlin, 2005.

Bundesministerium für Familie, Senioren, Frauen und Jugend: Bestandsaufnahme und Evaluation von Angeboten im Elternbildungsbereich, Berlin, 2006.

Crisand, Ekkehard: Psychologie der Gesprächsführung, Heidelberg, Windmühle, 1982.

Deardorff, Darla K.: Interkulturelle Kompetenz – Schlüsselkompetenz des 21. Jahrhunderts? Thesenpapier der Bertelmanns Stiftung auf der Basis der Interkulturellen Kompetenzmodelle von Dr. Darla K. Deardorff, Gütersloh, 2006.

Dinkmeyer Sr., Don/MacKay, Gary D./Dinkmeyer, James/Dinkmeyer, Don Jr.: STEP. Das Buch für Erzieher/innen. Kinder wertschätzend und kompetent erziehen, Berlin, Cornelsen Scriptor, 2008.

Doppler, Klaus/Lauterburg, Christoph: Change-Management, 10. Auflage, Frankfurt/Main, Campus Verlag, 2002.

Dusolt, Hans: Elternarbeit als Erziehungspartnerschaft. Ein Leitfaden für den Vor- und Grundschulbereich, 5. Auflage, Weinheim, Beltz, 2008.

Eimuth, Kurt-Helmuth u. a.: Kein Kinderkram! Die Erzieherinnen und Erzieherausbildung in Lernfeldern, Band 2, 3. Auflage, Braunschweig, Westermann Schulbuch, 2013.

Esser, Klaus (Hrsg.): Jugendhilfe morgen – Qualitätsmanagement in der Heimerziehung, Freiburg, Lambertus-Verlag, 1998.

Franz, Matthias: PALME. Präventives Elterntraining für alleinerziehende Mütter geleitet von Erzieherinnen und Erziehern, 2. Auflage, Göttingen, Vandenhoeck & Ruprecht, 2009.

Frien, Barbara/Dittmar, Katja Anne: Erfolgreich moderieren – Moderatorentraining, Stuttgart, EduMedia GmbH, 2011.

Fröhlich-Gildhoff, Klaus/Pietsch, Stefanie: Gesprächsführung, in: Fröhlich-Gildhoff, Klaus/Pietsch, Stefanie/Wünsche, Michael/Rönnau-Böse, Maike (Hrsg.): Zusammenarbeit mit Eltern in Kindertageseinrichtungen. Ein Curriculum für die Aus- und Weiterbildung, Freiburg, FEL-Verlag Forschung-Entwicklung-Lehre, 2011, Seite 137-147.

Fthenakis, Wassilios E./Hanssen, Kirsten/Oberhuemer, Pamela/Schreyer, Inge (Hrsg.): Träger zeigen Profil. Qualitätshandbuch für Träger von Kindertageseinrichtungen, Weinheim, Beltz, 2003.

Furian, Martin (Hrsg.): Praxis der Elternarbeit in Kindergarten, Hort, Heim und Schule, Heidelberg, Quelle & Meyer, 1982.

Gamber, Paul: Ideen finden, Probleme lösen. Methoden, Tipps und Übungen für Einzelne und Gruppen, Weinheim, Beltz, 1966.

Gordon, Thomas: Die neue Familienkonferenz, Kinder erziehen ohne zu strafen, 23. Auflage, München, Heyne Verlag, 2011.

Gottmann, John: Lass uns einfach glücklich sein. Der Schlüssel zu einer harmonischen Partnerschaft, München, Heyne, 1998.

Grabbe, Beate: Der pädagogische Nutzen von Hausbesuchen des Lehrers. In: Hepp, Gerd (Hrsg.): Eltern als Partner und Miterzieher in der Schule. Wege und Möglichkeiten zu einer pädagogischen Kooperation, Stuttgart, Metzler, 1990, Seite 115-120.

Gragert, Nicola/Peucker, Christian/Seckinger, Mike: Ergebnisse einer bundesweiten Befragung bei Kindertagesstätten. Zusammenfassung für die teilnehmenden Einrichtungen, München, Deutsches Jugendinstitut, 2007.

Hartung, Susanne/Kluwe, Sabine/Sahrai, Diana: Neue Wege in der Elternarbeit. Evaluation von Elternbildungsprogrammen und weiterführende Ergebnisse zur präventiven Elternarbeit. Kurzbericht des BMBF-geförderten Projekts: Bielefelder Evaluation von Elternedukationsprogrammen (BEEP), Bielefeld, 2009.

Hawellek, Christian: „Kleine Monster" – Marte-Meo-Elterncoaching mit Eltern von Babys und Kleinkindern, in: Tsirigotis, Cornelia/von Schlippe, Arist/Schweitzer-Rothers, Jochen (Hrsg.): Coaching für Eltern. Mütter, Väter und ihr „Job", Heidelberg, Carl-Auer-Verlag, 2006, Seite 195-203.

Hepp, Gerd (Hrsg.): Eltern als Partner und Miterzieher in der Schule. Wege und Möglichkeiten zu einer pädagogischen Kooperation, Stuttgart, Metzler, 1990.

Hennig, Claudius/Ehinger, Wolfgang: Das Elterngespräch in der Schule. Von der Konfrontation zur Kooperation, Donauwörth, Auer, 1999.

Hilsenbeck, Thomas: Projektgruppen und Qualitätszirkel moderieren. Handbuch zum Moderationstraining. Online-Handbuch, Kürnach, 2012.

Horst, Christof u. a.: Kess (kooperativ, ermutigend, sozial, situationsorientiert) erziehen. Der Elternkurs – Wege zu einem entspannten und liebevollen Erziehungsstil – Das 5-Schritte-Programm, München, Knaur-Ratgeber-Verlag, 2005.

Huppertz, Norbert: Elternabend, Elternsprechstunde und Elternsprechtag. Eine kritisch-konstruktive Bestandsaufnahme, in: Hepp, Gerd (Hrsg.): Eltern als Partner und Miterzieher in der Schule. Wege und Möglichkeiten zu einer pädagogischen Kooperation, Stuttgart, Metzler, 1990, Seite 76-84.

Huth, Anne: Gesprächskultur mit Eltern, Weinheim, Beltz, 2006.

Jansen, Frank/Wenzel, Peter: Von der Elternarbeit zur Kundenpflege. Kindertageseinrichtungen auf dem Weg zu Dienstleistungsunternehmen, München, Don Bosco, 2000.

Jugendministerkonferenz: Gemeinsamer Rahmen der Länder für die frühe Bildung in Kinder-tageseinrichtungen. Beschluss der Jugendministerkonferenz vom 13./14.05.2004 und Beschluss der Kultusministerkonferenz vom 03./04.06.2004, abgerufen unter: www.kmk. org/fileadmin/veroeffentlichungen_beschluesse/2004/2004_06_04-Fruehe-Bildung-Kitas. pdf [15.07.2013]

Kindler, Heinz: Was ist bei der Einschätzung der Erziehungsfähigkeit von Eltern zu beachten?, in: Kindler, Heinz u. a. (Hrsg.): Handbuch Kindeswohlgefährdung nach § 1666 BGB und Allgemeiner Sozialer Dienst ASD), München, DJI, 2006.

Kindler, Heinz/Lilllig, Susanne/Blüml, Herbert/Meysen, Thomas/Werber, Annegret (Hrsg.): Handbuch Kindeswohlgefährdung nach § 1666 BGB und Allgemeiner Sozialer Dienst ASD), München, DJI, 2006.

Kirsten, Rainer E./Müller-Schwarz, Joachim: Gruppentraining, Reinbek, Rowohlt, 1976.

Klein, Lothar: Neue Wege in der Elternarbeit (Teil 3): Erziehungspartnerschaft. Kindergarten heute, 1998 (Heft 3), S. 18-25.

Knerr, Günter: Elternarbeit in Kindergarten und Grundschule. Ein praktisches Handbuch, München, Kösel-Verlag, 1978.

Knisel-Scheuring, Gerlinde: Interkulturelle Elterngespräche. Gesprächshilfen für Erzieherinnen im Kindergarten und Hort, Lahr, Kaufmann Ernst Vlg GmbH, 2002.

König, Eckard/Volmer, Gerda: Mit Eltern arbeiten. Im Kindergarten, in der Schule, in der Erwachsenenbildung, Weinheim, 1982.

Korte, Jochen: Mit den Eltern an einem Strang ziehen. Mehr Schulerfolg durch gezielte Elternarbeit, Donauwörth, Auer GmbH, 2004.

Kowalcyk, Walter/Ottich, Klaus: Fit für den Elternabend, Lichtenau, Aol im Aap Lehrerfach-verlag, 2002.

Krämer, Sabine/Walter, Hans-Dieter: Moderieren – gewusst wie. Gespräche leiten und moderieren, Würzburg, Lexika, 2002.

Krenz, Armin: Qualitätssicherung in Kindertagesstätten. Kieler Instrumentarium für Elementarpädagogik und Leistungsqualität K.I.E.L., München, Reinhardt, 2001.

Laewen, Hans-Joachim/Andres, Beate/Hédervári, Éva: Ohne Eltern geht es nicht. Die Eingewöhnung in Krippen und Tagespflegestellen, Berlin, Cornelsen Scriptor, 2007.

Lillig, Susanne: Welche Aspekte können insgesamt bei der Einschätzung von Gefährdungsfällen bedeutsam sein?, in: Kindler, Heinz u. a. (Hrsg.): Handbuch Kindeswohlgefährdung nach § 1666 BGB und Allgemeiner Sozialer Dienst ASD), München, DJI, 2006.

Lindner, Ulrike: Das sind wir! Das können wir! Das wollen wir!: wirkungsvolle Eltern- und Öffentlichkeitsarbeit für die Kita, Mühlheim an der Ruhr, Verlag an der Ruhr, 2012.

Lipp, Ulrich/Will, Hermann: Das große Workshop-Buch. Konzeption, Inszenierung und Moderation von Klausuren, Besprechungen und Seminaren, 7. Auflage, Weinheim, Beltz, 2004.

Loth, Wolfgang: Elterncoaching: Modus oder Mode? – Einige Überlegungen und Thesen, in: Tsirigotis, Cornelia/von Schlippe, Arist/Schweitzer-Rothers, Jochen (Hrsg.): Coaching für Eltern. Mütter, Väter und ihr „Job", Heidelberg, Auer, 2006, S. 25-35.

Lühning, Elke/Ringeisen-Tannhof, Petra: Erziehungskurs für Eltern. Das Kursleiterprogramm Fit für Kids, Weinheim, Beltz Juventa, 2003.

Markie-Dadds, Carol/Sanders, Mathew R./Turner, Karen M. T.: Das Triple P – Elternbuch. Der Ratgeber zur positiven Erziehung mit praktischen Übungen, 3. Auflage, Münster, Pag Institut F. Psycholog, 2004.

Mecke, Axel/Weinmann-Lutz, Birgit: Präventive Mediation, in: Deutscher Familienverband (Hrsg.) Elternbildung, Band 1: Wenn aus Partnern Eltern werden, Opladen, 1999.

Möller, Hans-Jürgen/Laux, Gerd/Deister, Arno: Psychiatrie, Stuttgart, Thieme, 1996.

Niepel, Gabriele: Alleinerziehende. Abschied von einem Klischee, Opladen, Springer, 1994.

Reiter, Hanspeter: Effektiv telefonieren, Offenbach, GABAL Verlag, 2008.

Roth, Xenia: Handbuch Bildungs- und Erziehungspartnerschaft. Zusammenarbeit mit Eltern in der Kita, Freiburg, Herder, 2010.

Sacher, Werner: Elternarbeit. Gestaltungsmöglichkeiten und Grundlagen für alle Schularten, Bad Heilbrunn, Klinkhardt, 2008.

Sacher, Werner: Elternarbeit mit schwer erreichbaren Eltern. Foliensatz zum Workshop in Wilhelmshaven – Friesland 2010.

Sacher, Werner: Standards erfolgreicher Elternarbeit. Foliensatz zum Fachvortrag in Magdeburg, 2011.

Sanders, Matthew.R.: Verhaltenstherapeutische Familientherapie: Eine „Public Health" Perspektive, in: Hahlweg, Kurt u.a.(Hrsg.), Prävention von Trennung und Scheidung - Internationale Ansätze zur Prädiktion und Prävention von Beziehungsstörungen, Stuttgart, Kohlhammer, 1998, S. 272-288.

Schlecht, Daena/Förster, Charis/Wellner, Beate/Mörth, Annedore: Kita – Wie gut sind wir?, Berlin, Cornelsen Scriptor, 2008.

Schlösser, Elke: Zusammenarbeit mit Eltern – interkulturell. Informationen und Methoden zur Kooperation mit deutschen und zugewanderten Eltern in Kindergarten, Grundschule und Familienbildung, Münster, Ökotopia-Verlag, 2004.

Schmidt, Renate: S.O.S. Familie. Ohne Kinder sehen wir alt aus, Hamburg, Rowohlt-Taschenbuch-Verlag, 2003.

Schmitt-Wenkebach, Barbara: Kindergarten und Elternarbeit. Bedingungen, Möglichkeiten, Methoden, Inhalte, Hannover, Schroedel, 1976.

Schnabel, Michael: Emotionen im Elterngespräch richtig handhaben! Das Auf und Ab der Gefühle in schwierigen Elterngesprächen. Bildung, Erziehung, Betreuung, IFP-Infodienst 2004 (Heft 1 – 2), Seite 12-14.

Schnabel, Michael: Väter im Elterngespräch. Online-Handbuch Kindergartenpädagogik. München, 2009, abgerufen unter: www.kindergartenpaedagogik.de/1980.html [15.07.2013]

Seifert, Josef W. Besprechungsmoderation. Mit neuer Technik effektiv leiten, erfolgreich teilnehmen, 5. Auflage, Offenbach, 1995.

Seifert, Josef W.: Gruppenprozesse steuern. Als Moderator Energien bündeln, Konflikte bewältigen, Ziele erreichen, Offenbach, GABAL, 1995.

Seifert, Josef W.: Visualisieren, präsentieren, moderieren, 21. Auflage, Offenbach, GABAL, 2001.

Sirringhaus-Bünder, Annegret: Was kann das Kind? Was braucht das Kind? Einschätzung und Förderung kindlicher Entwicklung mithilfe der Marte-Meo-Methode, in: Tsirigotis, Cornelia/von Schlippe, Arist/Schweitzer-Rothers, Jochen (Hrsg.): Coaching für Eltern. Mütter, Väter und ihr „Job", Heidelberg, 2006, Seite 216-232.

Sperling, Jan Bodo/Stapelfeld, Ursel/Wasseveld, Jaqueline: Moderation. Teams professionell führen mit den besten Methoden und Instrumenten, Planegg, Haufe, 2004.

Statistisches Bundesamt: Bevölkerung und Erwerbstätigkeit. Bevölkerung mit Migrationshintergrund - Ergebnisse des Mikrozensus 2010, Wiesbaden, 2011.

Statistisches Bundesamt: Bevölkerung und Erwerbstätigkeit. Statistik der rechtskräftigen Beschlüsse in Eheauflösungssachen (Scheidungsstatistik), Wiesbaden, 2010.

Strätz, Rainer: QUAST. Qualität für Schulkinder in Tageseinrichtungen, Köln, 2001.

Strauss, Bernd/Seidel, Wolfgang: Beschwerdemanagement, 3. Auflage, München, Carl Hanser Verlag GmbH & Co. KG, 2002.

Stuck, Andrea/Wolf, Bernhard: Kindertagesstätten in Rheinland-Pfalz. Empirische Ergebnisse aus der Sicht der Erzieherinnen und Eltern, Aachen, Shaker Verlag, 2003.

Stürmer, Günter: basiswissen kita: Neue Elternarbeit. Sonderheft der Zeitschrift „kindergarten heute – Zeitschrift für Erziehung", Freiburg, 2001a.

Stürmer, Günter: Neue Elternarbeit. Mitbestimmen und mitgestalten, Freiburg, 2001b.

Textor, Martin, R. (Hrsg.): Hilfen für Familien. Ein Handbuch für psychosoziale Berufe, 2. Auflage, Frankfurt/Main, FISCHER Taschenbuch, 1992, Seite 238-254.

Textor, Martin R.: Eltern. Kunden, Störer oder Partner. Online-Handbuch Kindergartenpädagogik, München, 1999a.

Textor, Martin R. (Hrsg.): Elternarbeit mit neuen Akzenten. Reflexion und Praxis, 5. Auflage, Freiburg, Herder Verlag GmbH, 1999b.

Textor, Martin R.: Kooperation mit den Eltern. Erziehungspartnerschaft von Familie und Kindertagesstätte, München, 2000.

Textor, Martin R.: Trennung und Scheidung. Online-Handbuch Kindergartenpädagogik, München, 2012.

Textor, Martin R.: Elternarbeit in Kindertageseinrichtungen, München, 2011a.

Textor, Martin, R.: 25 Jahre Elternarbeit: Rückblick, Draufblick und Ausblick. Online-Handbuch Kindergartenpädagogik, München 2011b, abgerufen unter: www.kindergartenpaedagogik.de/2174 [15.07.2013]

Textor, Martin R.: Erziehungspartnerschaft mit Eltern unter Dreijähriger. Online-Handbuch Kindergartenpädagogik, München, 2010.

Textor, Martin R.: Elternarbeit in Kindertageseinrichtung und Schule, München, 2011.

Textor, Martin R./Blank, Brigitte: Elternarbeit: Auf dem Wege zur Erziehungspartnerschaft, in: Textor, Martin R. (Red.): Elternmitarbeit. Auf dem Wege zur Erziehungspartnerschaft, München, 1996.

Theunissen, Georg/Garlipp, Birgit: Kompetente Eltern – Vergessen in der Professionalität der Behindertenarbeit?, in: Zeitschrift Behinderte in Familie, Schule und Gesellschaft Heft Nr. 4/5 1999, Seite 53-66.

Tschöpe-Scheffler, Sigrid: Stärkung der elterlichen Erziehungsverantwortung durch Angebote der Elternbildung, in: Bauer, Petra/Brunner, Ewald Johannes (Hrsg.) Elternpädagogik. Von der Elternarbeit zur Erziehungspartnerschaft, Freiburg 2006, Seite 174-192.

Tschöpe-Scheffler, Sigrid: Fünf Säulen der Erziehung. Wege zu einem entwicklungsfördernden Miteinander von Erwachsenen und Kindern, Ostfildern, Matthias-Grünewald-Verlag, 2007.

Tsirigotis, Cornelia/von Schlippe, Arist/Schweitzer-Rothers, Jochen (Hrsg.): Coaching für Eltern. Mütter, Väter und ihr „Job", Heidelberg, 2006.

Weisbach, Christian-Rainer: Professionelle Gesprächsführung, Ein praxisnahes Übungsbuch, 4. Auflage, München, Deutscher Taschenbuch Verlag, 1999.

Wolf, Bernhard: Elternhaus und Kindergarten. Einschätzungen aus zweier Perspektiven (Eltern und Erzieherinnen), Aachen, Shaker Verlag, 2002.

Wolters, Ursula: Lösungsorientierte Kurzberatung. Was auf schnellem Wege Nutzen bringt, Leonberg, Rosenberger Fachverlag, 2000.

Wünsche, Michael: Einheit 2 „Zusammenarbeit mit Eltern", in: Fröhlich-Gildhoff, Klaus u. a. (Hrsg.): Zusammenarbeit mit Eltern in Kindertageseinrichtungen. Ein Curriculum für die Aus- und Weiterbildung, Freiburg 2011, Seite 128-136.

Bildquellenverzeichnis

Fotos:

Fotolia Deutschland GmbH, Berlin: S. 7.1 (ChristArt), 18.1 (JiSIGN), 29.1 (opicobello), 38.1 (Dan Race), 54.1 (Fotowerk), 66.1 (Dasha Petrenko), 79.1 (Birgit Reitz-Hofmann), 97.1 (auremar), 100.1 (lagom), 141.1 (Anne Katrin Figge), 142.1 (DOC RABE Media), 147.1 (Jürgen Fälchle), 147.2 (Marco2811), 165.1 (gavran333), 169.1 (micromonkey), 175.1 (GordonGrand), 182.1 (XtravaganT), 198.1 (Magnus), 199.1 (TimM), 227.6 (Symbole-Matthias Enter), 249.1 (Rudie), 255.1 (digital-fineart), 273.1 (fotogestoeber)

Christian Schlüter, Essen/BV 1, Köln: S. 137.1

Zeichnungen/Karikaturen:

Friederike Schumann, Berlin/BV 1, Köln: S. 10.1, 10.2, 11.1, 13.2, 128.1, 130.1, 130.2, 130.3, 130.4, 190.1, 191.1, 200.1, 202.1, 204.1, 204.2, 205.1, 205.2, 208.1

Umschlagfoto: Mauritius Images/Alamy

Stichwortverzeichnis